HUADONG ZHENGFA DAXUE
ZHISHICHANQUAN XUEKAN

主编 ◎ 侍孝祥

华东政法大学知识产权学刊

【第一辑】

知识产权出版社
全国百佳图书出版单位

图书在版编目（CIP）数据

华东政法大学知识产权学刊. 第1辑/侍孝祥主编. —北京：知识产权出版社，2015.1
ISBN 978 – 7 – 5130 – 3094 – 6

Ⅰ.①华… Ⅱ.①侍… Ⅲ.①知识产权—文集 Ⅳ.①D913.04 – 53

中国版本图书馆 CIP 数据核字（2014）第 240054 号

内容提要

本书共收录了 35 篇研究论文，从涉及著作权、专利权及商标权的经典案例和前沿问题出发，对中国和欧美国家知识产权制度进行研究和分析，为我国知识产权立法制度的完善提供了很好的参考。

读者对象： 知识产权法研究者、高校相关专业的学生。

责任编辑： 卢海鹰	**责任校对：** 韩秀天
文字编辑： 王玉茂	**责任出版：** 刘译文

华东政法大学知识产权学刊（第一辑）
HUADONG ZHENGFA DAXUE ZHISHICHANQUAN XUEKAN

侍孝祥　主编

出版发行：知识产权出版社 有限责任公司	网　址：http://www.ipph.cn
社　址：北京市海淀区马甸南村1号	邮　编：100088
责编电话：010 – 82000860 转 8122	责编邮箱：wangyumao@cnipr.com
发行电话：010 – 82000860 转 8101/8102	发行传真：010 – 82000893/82005070/82000270
印　刷：北京科信印刷有限公司	经　销：各大网络书店、新华书店及相关专业书店
开　本：720mm×960mm　1/16	印　张：26
版　次：2015年1月第1版	印　次：2015年1月第1次印刷
字　数：490千字	定　价：88.00元
ISBN 978-7-5130-3094-6	

出版权专有　侵权必究
如有印装质量问题，本社负责调换。

华东政法大学知识产权学刊编委会

主　编：侍孝祥

副主编：何　鹏　　菅成广　　尚广振

编委会成员：

何　敏　　黄武双　　李秀娟　　王　迁

王莲峰　　王凌红　　唐　春　　董美根

尹腊梅　　贺　炯　　刘光龙　　张艳婷

秦卫俊　　晏凌煜　　宋显爱　　孙晓霞

序

2003年11月，华东政法大学知识产权学院（以下简称"学院"）成立，旨在培养懂科技、懂管理、懂法律的知识产权专业人才。知识产权专业为上海市教委重点学科、上海市教育高地。学院成立十多年以来，通过全方位的人才培养体系，为社会输送了大量知识产权专业人才，成为知识产权法学教学与研究的东方明珠。

随着知识产权在国家战略体系中的地位愈加突出、网络与科技的高速发展、商业经营模式的创新，知识产权领域内的新问题层出不穷。学院莘莘学子密切关注现实问题，在学院领导、专业教师的指导下，以问题意识为导向，结合所学知识产权专业知识，探求现实问题的解决思路，并形成学术研究的累累硕果。

学术的魅力在于讨论、交流；学术的价值在于解决现实问题。《华东政法大学知识产权学刊》编者本着这一宗旨，对华东政法大学知识产权学院本科生、研究生、博士生的论文进行筛选，并汇编成集。

期望以本书的出版为契机，进一步活跃知识产权学术研究氛围、砥砺知识产权学子不断研究现实问题、提高学生的综合素质。

《华东政法大学知识产权学刊》编委会
2014年10月

目　录

电影作品中"可单独使用的作品"研究 ································ 冯士明（1）
"法人作品"若干问题研究 ·· 倪俊豪（13）
公开传播权构成要件发展规律研究 ···································· 陈绍玲（20）
卫星广播与网播立法研究 ·· 桑清圆（35）
论网络广播组织权的保护 ·· 菅成广（49）
　　——以扩张广播组织权为中心
数字化版权视野下孤儿作品的利用与保护 ······························ 肖　月（54）
电视节目模板的著作权保护问题研究 ·································· 曹丹婷（61）
电视节目网络传播的版权问题研究 ···································· 菅成广（69）
公开课背后的版权许可协议 ·· 蒋怡芸（74）
开源软件商业化中的知识产权风险及应对 ················ 刘建臣　林　戈（83）
论版权法中技术措施的合理规避 ······································ 张　龙（89）
　　——兼评"苹果皮"侵权
美国版权法中引诱侵权规则研究 ······································ 汪西菲（95）
DMCA框架下"通知—删除"规则适用前提的引入 ······················ 练彬彬（108）
　　——以美国典型判例为研究视角
版权信托制度创新研究 ·· 菅成广（117）
网络环境下电子书传播者的版权
侵权责任分析 ···················· 殷　俊　车路平　朱墨冰　齐爽宇　徐弘韬（123）
展会著作权保护研究 ·· 练彬彬（136）
　　——以《著作权法》第50条"诉前禁令"制度为视角
商业方法专利客体要件研究 ·· 陈　磊（147）
专利法视野下的明胶专利事件辨析 ···································· 尚广振（162）
现有技术抗辩研究 ·· 郝贵茹（169）
　　——基于专利侵权诉讼典型案例的实证分析

中美专利侵权实际损失赔偿比较研究 ································ 刘　晓（180）
位置商标法律保护制度研究 ·· 毛洁莹（195）
从 Louboutin 案看美国单一颜色商标在时装领域的保护············· 董传传（217）
注册商标并行使用问题研究 ·· 李奕霖（226）
商标在先使用人利益保护制度研究 ·································· 路　欢（245）
附加适当区别标识研究 ··· 付景虎（262）
商标初始兴趣混淆研究 ··· 王安安（279）
涉外贴牌加工的合法性分析 ·· 昊　莉（291）
网络交易平台服务商帮助侵权责任研究 ····························· 梁家玮（301）
　　——兼评与比较上海法院 25 个典型案例
从商标侵权论电商交易平台经营者注意义务 ························· 李若昕（316）
避风港规则在我国商标网络侵权诉讼中的可行性及其具体适用 ···· 吴怡辰（335）
商业秘密与新闻自由之辩 ··· 李若昕（342）
　　——以 Apple Computer Inc. v. Does 案为例
构建涉及商业秘密诉讼中商业秘密存在的举证规则 ················· 戚啸贤（351）
　　——以美国法为比较研究对象
离职后竞业禁止协议效力的判断 ···································· 李　嫘（362）
　　——美国判例法研究及借鉴
美国商业秘密不可避免泄露原则的启示 ····························· 吴　鑫（377）
　　——兼评我国竞业禁止制度之不足
详解美国商业秘密案件中的引诱规则 ································ 刘　肖（393）

电影作品中"可单独使用的作品"研究

冯士明[*]

摘 要 电影作品通常是由诸多作者运用各种不同的艺术手段创作完成的，其汇聚了众多具有不同表达形式的智力劳动成果。这些劳动成果中有的在构成电影作品组成部分的同时，又可以从电影作品中分离出来，从而成为"可单独使用的作品"，例如剧本、音乐等。我国《著作权法》规定电影作品中"可单独使用的作品"的作者有权单独行使其著作权。但对于"可单独使用的作品"的性质与行使规则等问题，立法未予以具体解释。在司法实践中，在对"可单独使用的作品"相关问题的理解上未达成一致，造成了实务中的纠纷与困惑，也不利于促进作品的传播与利用。由此，本文从数起涉及"可单独使用的作品"的案例出发，对"可单独使用的作品"所产生问题进行了分析和探讨，试图为正确解释及适用相关法律规则提供参考建议。

关键词 电影作品 著作权 单独使用

---

[*] 华东政法大学2008级知识产权专业硕士研究生，本文改自其毕业论文，指导老师为王迁教授。

一、电影作品中"可单独使用的作品"产生的问题

我国《著作权法》将电影作品规定为一种独立的作品类型。在作为完整意义上的作品的同时,电影作品所包含的某些智力成果还具备单独使用的特点,如音乐作品、戏剧作品等。对于这些电影作品中"可单独使用的作品"所涉及的法律问题,《著作权法》第 15 条第 2 款规定:"电影作品和以类似摄制电影的方法创作的作品中的剧本、音乐等可以单独使用的作品的作者有权单独行使其著作权。"但对于什么是立法所规定的"可单独使用的作品",以及如何界定单独行使著作权的行为,第 15 条并未予以明确的规定。在司法实践中,对上述问题看法并不统一,由此产生了关于"可单独使用的作品"的一些争议。

(一)关于何为"可单独使用的作品"的争议

1. 案例介绍

案例 1:曲建方诉北京阿凡提餐饮发展有限公司侵犯著作权案

上海美术电影制片厂于 1979 年拍摄了美术片《阿凡提的故事》,"阿凡提"美术形象源自于原告曲建方的设计创作。2006 年,曲建方诉北京阿凡提餐饮发展有限公司侵犯其著作权。庭审中被告抗辩认为,"阿凡提"美术形象系产生于上海美术电影制片厂制作的美术片《阿凡提的故事》,原告在片中仅署名美术设计,该美术片的著作权及片中"阿凡提"美术形象的著作权均应归属于上海美术电影制片厂所有。法院审理认为,虽然上海美术电影制片厂拍摄了美术片《阿凡提的故事》,但其只是对该美术片享有整体著作权,曲建方作为该片的美术设计,对其创作的"阿凡提"美术形象是享有独立著作权的,曲建方可就此作品单独主张著作权。❶

案例 2:上海美术电影制片厂诉宏裕化妆品公司侵犯著作财产权纠纷案

上海美术电影制片厂于 20 世纪 80 年代拍摄完成了动画片《葫芦兄弟》,片中存在具有四方的脸型、粗短的眉毛、明亮的大眼、敦实的身体等共同特征的"葫芦兄弟"美术形象。2008 年,上海美术电影制片厂诉宏裕化妆品有限公司侵犯其著作权。在庭审中,法院认为上海美术电影制片厂创作的动画片《葫芦兄弟》中动态的"葫芦兄弟"形象,实际是由多幅具体、静态、平面的葫芦兄弟人物形象的绘画作品组合构成。因此葫芦兄弟形象应属于《著作权法》所规定的美术作品,上海美术电影制片厂对该美术作品享有著作权,并受我国《著作权

---

❶ 北京市第二中级人民法院(2007)二中民(初)字第 210 号民事判决书。

法》的保护。

在"葫芦兄弟"案判决后,"葫芦兄弟"美术形象的作者将上海美术电影制片厂诉至法院,要求确认其享有"葫芦兄弟"美术形象的著作权。该作者认为,"葫芦兄弟"美术形象应当属于电影作品中"可单独使用的作品",动画片是动漫形象的衍生作品,并不等同于可从电影作品中所分离出的动漫形象。❶

2. 案例所折射的问题

上述两起案例涉及的侵权纠纷客体都是电影作品中的动漫形象,但原告的身份不同,分别为动漫形象的作者以及电影作品的制片者。法院在判定侵权行为成立后,均对原告的起诉予以了支持,但在电影作品中动漫形象的归属问题上两者的意见是存在差异的。在案例1中,法院判决的依据是,美术电影的整体著作权虽然归属于制片者,但是电影作品中的动漫形象的著作权并不归其所有,因而动漫形象的作者自然可以对其单独行使著作权。因此,法院实质上认定电影作品中的动漫形象属于《著作权法》第15条第2款所规定的"可单独使用的作品"。

案例2相对于案例1的区别是,法院在判决中首先确认了原告为动画片的制片者,并同时说明动画片中的动漫形象可构成静态的美术作品,紧接着便据此判定电影制片者对该美术作品享有著作权。可见,法院并未认定动画片中的动漫形象就是电影作品中"可单独使用的作品"。

在上述两起案例中,法院对于何为电影作品中"可单独使用的作品"的看法并不一致。而要判断电影作品中动漫形象能否作为一种独立的作品主张著作权,确认其是否属于《著作权法》第15条第2款所规定的"可单独使用的作品"是不可回避的前提。对此,实务中又存在不同看法。有的观点认为,从《著作权法》第15条的条文表述看,该条未对"单独使用"加任何限定描述,因此,凡是物理上、技术上可以与电影分离而单独使用的作品都属于"电影作品和以类似摄制电影的方法创作的作品中的剧本、音乐等可以单独使用的作品"。❷不同意见则认为,从"单独"二字的理解出发,电影作品中任何一个画面、任何一个镜头都是整体结合在一起而不可分割的,从电影作品中截取任何一帧画面都不是"单独使用"该作品,动画形象是影视画面的不可分割的组成部分,与整体影视作品也不可分割,因而动画形象不属于电影作品中可单独使用的作

---

❶ 黄伟. 案中案引发"葫芦娃"著作权争夺战 [N]. 中国知识产权报, 2010-03-03 (9).
❷ 参见2009"上海文艺知识产权论坛"会议综述 [EB/OL]. [2011-02-20]. http://www.iprlawyers.com/ipr_Html/2009/2009-5/27/20090527093228434.html.

品。❶ 由此可见，有必要对何为"可单独使用的作品"的问题进行分析研究，从而使得"可单独使用的作品"的归属与行使规则得以明晰，以解决实践中所产生的困惑与争议。

（二）关于何为"单独使用"的争议

司法实践中的争议不仅存在于对"可以单独使用的作品"的认定问题上，而且在对于何为对"可单独使用的作品"单独行使著作权的认定上也引发了相应的争论。

1. 案例介绍

案例3：陈佩斯等诉湖北省扬子江音像出版社等著作权纠纷案

原告陈佩斯、朱时茂于1986年、1994年、1997年在中央电视台春节联欢晚会上创作表演了《烤羊肉串》《大变活人》《宇宙体操队选拔赛》三个小品。被告湖北省扬子江音像出版社和广东中凯文化发展有限公司将两原告在春节联欢晚会（以下简称"春晚"）上表演的上述三个小品制作成VCD予以出版发行。原告认为基于其为上述三个小品的创作者和表演者，被告未经许可使用这些小品的行为侵犯了其著作权。被告则认为，两被告使用的小品是中央电视台（以下简称"央视"）所摄制的春晚中的节目，属于电视作品。央视作为制片者，对包括上述三个小品在内的春晚所有节目享有著作权。

法院在庭审中首先确认央视所拍摄的春晚符合《著作权法》以及《著作权法实施条例》规定的电影作品的特征，应当将其归于《著作权法》第15条所规定的电影作品。其次，法院在判决中认定："虽然电视作品的整体著作权归制片者所有，但是作为电视作品中可以单独使用的作品，其作者仍享有单独行使著作权的权利。本案中，两原告创作的三个小品虽然是春节联欢晚会电视作品的组成部分，但三个小品又是能完全单独使用的作品。根据《著作权法》第15条第2款的规定，两原告对三个小品仍享有单独行使著作权的权利……他人如要出版发行两原告创作的小品，仍需征得两原告的许可并支付报酬。"❷

2. 案例所折射的问题

《著作权法》第15第2款规定了"可单独使用的作品"作者有权对其作品单独使用，但对于何为"单独使用"未作具体解释。从"陈佩斯等诉湖北省扬子江音像出版社等著作权纠纷案"的判决可知，法院实际对"单独使用"所持

---

❶ 参见2009"上海文艺知识产权论坛"会议综述 [EB/OL]. [2011-02-20]. http://www.iprlawyers.com/ipr Html/2009/2009 5/27/20090527093228434.html.

❷ 上海市第二中级人民法院（2001）沪二中知初字第1号民事判决书。

的观点是，将包含"可单独使用的作品"的一段电影画面从电影作品中分割出来加以利用即构成对"可单独使用的作品"单独行使著作权，而不是在对电影作品行使著作权。那么按法院的这个逻辑，在将春晚认定为电影作品的情况下，对于春晚中诸多可以构成"可单独使用的作品"的节目而言（例如舞蹈作品、戏剧作品、音乐作品等），电视台若要播放含有其中某一节目的春晚片段，不仅要获得央视的许可，还要得这些节目作者的许可。

针对"陈佩斯等诉湖北省扬子江音像出版社等著作权纠纷案"中法院所持的观点，有不同意见认为："著作权法所规定的电影作品中的剧本、音乐等可单独使用的作品作者有权单独行使其著作权，是指诸如剧本的文字出版，音乐的表演或者录音等完全脱离电影作品以外的单独使用的情况，与陈佩斯案所涉及的对电影作品的使用毫无关联。陈佩斯、朱时茂不可能成为中央电视台拍摄的电影作品的著作权人，也不可能在中央电视台行使电影作品著作权时主张著作权和表演者权。"❶ 可见，该观点与法院的判决在何为"单独使用"的问题上形成了鲜明对比。

对于何种行为是对电影作品本身的使用，何种行为属于对"可单独使用的作品"的单独使用，需要作出正确的区分，这样才能避免在实践中产生理解上的困惑与误区。假设实务中出现这样一起案例，涉案作品不是央视摄制的春晚，而是典型的电影作品《梅兰芳》，该影片作为京剧艺术家梅兰芳的人生传记，其中必然穿插了大量京剧经典剧目的唱腔片段，且这些唱腔设计是由其表演者创作并享有著作权的。若有人截取了影片中的唱腔片段制作光盘出版发行，该影片中所包含的唱腔设计的著作权人是否有权对此主张著作权？依据上述对"单独使用"的两种观点就会得出不同的结论，势必引起相应的纠纷。因此，对于何为"单独使用"的问题，有必要加以分析探讨并作出正确认定，这样在涉及"可单独使用作品"的使用或侵权时才能明确著作权主体，避免实践中看法上的不一致。

二、对电影作品中"可单独使用的作品"的界定

电影作品中"可单独使用的作品"能够以原作品的著作权地位予以单独保护。从电影作品属于不同作品性质的角度出发，可对"可单独使用的作品"的性质以及归属予以明确。

（一）演绎形成的电影作品中"可单独使用的作品"的性质及归属

从电影作品构成演绎作品的角度而言，电影作品是以在先作品为基础进行改

---

❶ 孙建红. 谈谈我国影视作品著作权保护的两个问题 [C]. 入世后知识产权法律服务研讨会暨全国律协知产委 2002 年会论文汇编，2002.

编摄制的，在先作品的著作权相对于电影作品是独立存在的。因此制片者从在先作品作者处获得的仅是将作品用于摄制电影以及许可发行所完成的影片等一系列权利。

1. 属于演绎作品之原作品的"可单独使用的作品"

拍摄电影通常会涉及对一系列作品的使用，例如根据文学作品、戏剧作品等进行改编摄制，这种使用行为实际上都属于对作品的演绎，因此电影作品具有演绎作品的性质。"演绎作品，又称派生作品，是指在保持原有作品基本表达的基础上，增加符合独创性要求的新表达而形成的作品"。❶ 由此可见，演绎作品的主要特征在于，其中虽包含了演绎者新的创作成果，但并未改变原作品创作构思的基本表达，新作品在包含演绎者新的创作的同时也存在原作品的具体表达。基于在先作品所形成电影作品中的"可单独使用的作品"，其著作权地位就相当于演绎作品所使用的那些原作品。对于演绎作品中原作品与整体演绎作品在表达形式上的关系，笔者认为，可体现为两种情况：第一，可以完整地从演绎作品中还原出的原作品的整个原始表达，例如从漫画作品中分离出若干个动漫形象；第二，可以从演绎作品中还原原作品的部分内容，但不能完整地还原出原作品的整个原始表达，例如将一部小说改编拍摄成电影，可以从电影中分离出的应仅是小说中的基本人物、部分对话和情节。需要指出的是，对基于在先作品所形成的电影作品而言，必须能够从电影作品中完整地还原出作品的原始形态，该原作品才能成为电影作品中"可单独使用的作品"。

在"阿凡提"案与"葫芦兄弟"案中，动画片所展现的是一个动态的、造型各异的形象所构成的故事，但其中存在一个基本的原创形象，该基本形象可以通过线条、轮廓、颜色的运用加以体现，并加以特定化和固定化，其并非抽象的概念或思想，该具体的表达符合作品的构成要件，可以单独予以保护。如"葫芦兄弟"动漫形象的共同特征为：四方的脸型、粗短的眉毛、头顶葫芦冠、颈戴葫芦叶项圈、腰围葫芦叶短裙等。在拍摄电影的过程中实际存在对动漫形象的两种改编：第一是将在先创作的"葫芦兄弟"形象的各个特征进行一些重新安排和组合，从而构成对"葫芦兄弟"形象连续、动态的影像。需要说明的是，单就这种改编行为也可能会仅仅被归于对原作品的复制，而非演绎。第二则是将这些连续、动态的动漫形象摄制成为电影，从而达到了对原作品表达类型上的改编。因此，电影作品构成了对动漫形象的演绎。就演绎作品与原作品的关系而言，"葫芦兄弟"动漫形象本身是能够完全独立于电影作品的，可以被认定为电影作

---

❶ 王迁. 知识产权法教程 [M]. 北京：中国人民大学出版社，2009：184.

品中"可单独使用的作品"。

对于《著作权法》第 15 条第 2 款中未列举的某些"可单独使用的作品",从电影作品作为演绎作品的角度出发,是能够对其中一些存在争议的"可单独使用的作品"作出正确认定的,例如对于电影作品摄制所使用的分镜头台本的认定问题。分镜头台本,也称脚本或演出本,是指导演对文学剧本经过加工、处理,适用于排练或摄制过程的底本。❶ 有观点认为,"分镜头台本不是可以单独使用的作品,只是整部电影作品创作过程中的一个链条,是将分散的不同画面之间、镜头和音像之间组接起来成为一个整体,无法单独使用。"❷ 笔者认为,可以将分镜头台本认定为电影作品中"可单独使用的作品"。首先,分镜头台本存在于电影作品的最终完成之前,其性质可类似于建筑作品的设计草图,电影作品在此基础上得以拍摄完成,分镜头台本以文字形式作为载体具备与电影作品截然不同的表达形式;其次,电影作品的创作过程涉及的是对分镜头台本的改编,但又能够从电影作品中还原出分镜头台本的原始表达。因此,分镜头台本的作者是能够对分镜头台本单独行使著作权的,例如将分镜头台本另外予以出版发行,对于动画片的分镜头台本还可以再改编为漫画作品等。

2. "可单独使用的作品"仍受到原作品著作权的控制

电影作品的制片者虽然对电影作品的整体享有著作权,但并不意味着其对电影作品中"可单独使用的作品"也自然法定地享有著作权。

电影作品中"可单独使用的作品"的著作权独立于电影作品,是演绎作品一般规则的体现。依据《著作权法》第 12 条的规定,演绎者在对演绎作品行使著作权时必须尊重原作品的权利,不得侵犯其著作权。就电影作品而言,根据《伯尔尼公约》第 14 条之一第(1)款规定,原作品著作权人不仅有权控制将其作品拍摄成电影的行为,还有权控制对电影作品以有线方式公开播放和向公众传播等行为,这说明电影作品也应当是适用演绎作品的"双重权利"规则的。当然,在实务中电影作品制片者在获得利用原作品拍摄电影的授权时,一般也会同时把对电影作品的一系列后续使用行为集中到自己手中。

但无论如何,制片者所能够法定获得的仅仅是将原作品改编拍摄成电影以及以各种方式对拍摄完成的电影进行使用的权利,原作品的作者仍保留对电影作品中"可单独使用的作品"的著作权,电影作品中"可单独使用的作品"的著作权自然独立于电影作品。尽管电影作品的整体著作权由制片者享有,但在先作品

---

❶ 朱国雄. 分镜头台本的版权归属争议初探 [J]. 人民司法, 1993 (2).
❷ 程永顺. 知识产权法律保护教程 [M]. 北京: 知识产权出版社, 2005: 158.

著作权人也能够以非电影的形式单独对其作品行使著作权。

因此，在"曲建方诉北京阿凡提餐饮发展有限公司侵犯著作权案"中，法院的判决是正确的。将"阿凡提"人物形象拍摄成美术电影《阿凡提的故事》，是对美术形象一种全新的演绎。虽然在《著作权法》第 15 条将电影作品整体著作权赋予制片者的情况下，曲建方作为在先作品"阿凡提"人物形象的著作权人无权阻止制片者对《阿凡提的故事》进行使用的行为，例如对影片的复制、发行、公开有线传播、信息网络传播等，但曲建方对"阿凡提"形象仍享有独立的著作权，对于将"阿凡提"形象进行复制或改编为漫画作品等行为，是有权予以控制的。

（二）合作创作的电影作品中"可单独使用的作品"的性质及归属

1. 属于合作作品中可分割部分的"可单独使用的作品"

电影作品的创作需要众多创作者在多个方面的共同协作，包括编剧、导演、摄影等多个环节，在拍摄过程中缺少其中的任何一项，就难以形成通常意义上的电影作品。我国《著作权法》第 15 条第 1 款肯定了电影作品具备合作作品的性质，编剧、导演、摄影等被《著作权法》列举为电影作品的合作作者。

就合作作品的归属及行使规则而言，我国《著作权法》第 13 条规定："两人以上合作创作的作品，著作权由合作作者共同享有。没有参加创作的人，不能成为合作作者。合作作品可以分割使用的，作者对各自创作的部分可以单独享有著作权，但行使著作权时不得侵犯合作作品整体的著作权。"由此可见，以各合作作者对其所创作的部分可否分割使用为依据，我国《著作权法》将合作作品划分为两种类型，即可以分割使用的合作作品和不能分割使用的合作作品。笔者认为，在电影作品本质上属于合作作品的情况下，其兼有可分割使用的合作作品与不可分割使用的合作作品的性质。对于在电影拍摄过程中所形成的诸多创作成果而言，其中可以脱离电影作品并分割使用的创作就能够构成"可单独使用的作品"。对于哪些是电影作品中可分割使用的部分，笔者在此作具体的分析。

首先，对于导演、剪辑师等作者的创作而言，这些创作无法从电影作品的表达形式中分离出来，不能被单独使用，因为这些作者在电影作品中并不具有相对独立的作品。由于他们的智力创作成果必须是依赖于电影作品的表达形式来加以展现的，因此决定了他们在对电影作品的创作过程中无法形成"可单独使用的作品"。同样，对于摄影师而言，其劳动成果由于贯穿于整部电影作品中，也已经融入其中而无法分离。需要指出的是，对于电影中的一个单独镜头而言，由于该画面是静止的，因而是作为摄影作品来对待的。虽然这一帧画面是由摄影师所创作，并且可以从电影作品中分割，但并不意味着该帧画面就成为《著作权法》第 15 条第 2 款所规定的"可单独使用的作品"。因为，虽然对于一般的摄影作品而言，摄影师享有著作权，但事实上该单帧电影画面本身是从电影作品中复制截取的，并未产生新的创作，其著作权同整体的电影作品一样，都属于制片者，当然不排除摄影师对该单帧画面享有表明其创作者身份的权利。因此，实践中如果需要从电影作品中截取画面用于制作影片剧照或出版发行，获得电影作品制片者的授权即可。

其次，对于编剧、作词作曲者以及舞蹈、美术等作品作者而言，由于其创作并不依赖于电影作品而存在，可以从中分割并成为完全独立的作品，因而这类作品属于"可单独使用的作品"。例如，电影插曲可以从影片中抽出另外制作唱片或现场表演，电影中的来源于剧本的台词、画外音、表现的故事情节也同样可以分离出来，另外予以利用。

2. "可单独使用的作品"作为可分割部分具有独立的著作权

电影作品本质上作为合作作品，仍存在一定的特殊性。制片者虽法定享有电影作品的整体著作权，并不意味着电影作品中的各组成部分的著作权也同样法定归属于制片者。《著作权法》第 15 条第 2 款所规定的剧本、音乐等作品的作者对各自的创作有权单独使用，也并非指这些作者享有的仅仅是对"可单独使用的作品"的使用权，实际上他们对"可单独使用的作品"拥有的是完整且独立的著作权。因为，首先就电影作品是可分割使用的合作作品而言，电影作品应当存在双重著作权，即一个是作为整体电影作品的著作权，一个是可以单独使用部分的著作权，分别归属于制片者与可单独使用部分的作者。"可单独使用的作品"的作者是具备独立著作权地位的。❶ 其次，编剧、作词、作曲、美术设计等作者与制片者签订合同，并不能就此视为制片者获得了剧本、音乐的全部专有权利。编剧、作词、作曲、美术设计等作者只是将为制作以及传播电影而使用其作品的权利授予制片者，具体包括了复制、发行、公开表演、公开有线传播、播放、信息网络传播或以其他任何方式公开传播电影作品的权利。

三、对"单独使用"的研究

除明确电影作品中"可单独使用的作品"的性质之外，还必须正确区分何种行为是对电影作品的整体使用，何种行为是对"可单独使用的作品"的单独使用，从而才能够在发生作品侵权时明确权利主体，避免纠纷的产生。

---

❶ 戴建志. 合作作品的著作权 [M]. 北京：法律出版社，1998：89.

（一）电影作品制片者行使著作权的范围

由于电影作品中存在"可单独使用的作品"的表达，对电影作品行使著作权时势必会涉及对"可单独使用的作品"具体表达的使用。在《著作权法》第15条第2款规定电影作品中"可单独使用的作品"的作者有权对其作品单独行使著作权的情况下，两者在行使著作权的过程中就会存在冲突。例如他人改编动画片《葫芦兄弟》并利用该新作品的行为（例如将电影改编成漫画作品出版），是否只需要经过制片者许可，而无需经过"葫芦兄弟"美术形象创作者的许可？

笔者认为，电影作品制片者并不享有自行将电影作品改编为其他类型作品的权利。因为此时，电影作品的制片者已不是在对电影作品本身进行利用或传播，而是在使用"可单独使用的作品"进行新的创作，而这应当属于"可单独使用的作品"作者著作权所控制的行为。当然，制片者也并非无权对电影作品再行演绎，只要这种演绎行为不是针对"可单独使用的作品"即可，例如对影片进行删改、剪辑或配音后形成新作品的行为。

对属于将电影作品本身加以利用的各种方式，制片者可自由地进行运用。权利范围可参照《伯尔尼公约》第14条第2款之（b）的规定及相关解释，具体包括：复制（电影的声画合成）、发行、公开表演、公开有线传播、播放、以其他方式公开传播、配制字幕、配音等。❶

（二）对电影作品中"可单独使用的作品"单独行使著作权的界定

对"可单独使用的作品"单独行使著作权无疑是指在脱离电影作品的形式下对"可单独使用的作品"单独使用的行为。在此前提下，首先需要明确电影作品的本质特征。根据《著作权法实施条例》第4条第（11）项的规定，电影作品是指"摄制在一定介质上，由一系列有伴音或者无伴音的画面组成，并且借助适当装置放映或者以其他方式传播的作品。"因此，电影作品的核心构成应当是"一系列活动的画面"，因而在对"可单独使用的作品"单独行使著作权时，如果是涉及电影作品这一核心构成的行为就不能称之为"单独使用"。

回顾"陈佩斯等诉湖北省扬子江音像出版社等著作权纠纷案"，案件纠纷的争议焦点是，被告将央视所摄制春晚中载有原告对其小品演出的一段画面制作成VCD予以复制发行，该行为是否侵犯了原告对小品所享有的著作权。在法院首先确认春晚为电影作品并认定涉案小品是电影作品中"可单独使用的作品"的前提下，案件的实质就成为对电影片段的使用如何定性的问题，即该行为是属于

---

❶ 保护文学和艺术作品伯尔尼公约指南 [M]. 刘波林, 译. 北京: 中国人民大学出版社, 2002: 69.

对电影作品本身的使用还是在对"可单独使用的作品"进行单独使用。笔者认为，解决此问题需要分清两种类型的行为：第一是对包含了"可单独使用的作品"的电影作品的某部分的使用；第二是对电影作品中"可单独使用的作品"本身的使用行为。前者属于对电影作品的复制行为，受到制片者的控制；后者则是对"可单独使用的作品"的原始表达形式进行复制乃至新的创作，受到"可单独使用的作品"的作者控制。就该案的情况而言，被告所使用的是从电影作品性质的春晚中所截取的一段画面，其直接反映的是电影"连续、活动的影像"的本质特性，而未呈现出小品作为戏剧作品的原始形态，因而实质上是在对电影作品进行部分复制。从这一角度出发，法院对于单独使用春晚片段是在对三个小品单独行使著作权的看法存在一定问题。

通过上述分析可知，区分何种行为是"单独使用"、何种行为属于对电影作品的整体使用，需要从两个方面进行判断，即是否脱离了电影作品的核心构成，以及是否还原了"可单独使用的作品"的原始形态。把握好这两个因素，是能够对"单独使用"进行正确界定的。

例如，在"王某某等诉安徽音像出版社、深圳南山书城著作权纠纷案"中，原告王某某诉两被告侵犯了《天仙配》中唱腔设计的著作权。法院在判决中首先指出，电影《天仙配》中的唱腔设计是指带声乐的戏曲旋律，其只要符合我国《著作权法》对于作品构成条件的要求，就应当受到我国《著作权法》的保护；其次，对于被告的行为是否属于对唱腔设计"单独使用"的问题，法院认为，被告出版发行黄梅戏电影作品《天仙配》VCD，是对电影《天仙配》整体作品的使用，而非脱离黄梅戏电影《天仙配》而单独使用《天仙配》中唱腔设计的行为，故原告无向被告安徽音像出版社主张该唱腔设计著作权被侵犯的请求权。❶

笔者认为，该案中法院正确区分了对电影作品的整体使用与对"可单独使用的作品"的单独使用这两种不同的行为。该案中将电影《天仙配》制作 VCD 出版发行之所以属于对电影作品整体使用的行为，是由于该行为并没有脱离电影作品的核心构成，也不属于对唱腔设计还原其原始表达后的重新利用。之所以强调脱离电影作品核心构成的重要性，是因为从根本上而言，在经过电影摄制行为后，唱腔设计已从其本身的作品类型转化为另一种作品类型，属于对原作品的一种全新演绎，而非复制。随着电影画面的播放，此时所能感受到的仅仅是电影作品的外在表达形式，并不是唱腔设计本身原始表达形式的自然再现。因此，只有

---

❶ 深圳市中级人民法院（2009）深中法民三（终）字第 86 号民事判决书。

当对唱腔设计的使用方式与电影《天仙配》无关时，例如使用该唱腔设计重新进行舞台表演等，其著作权人才能单独向侵权人主张著作权。

此外，例如在"陈佩斯等诉湖北省扬子江音像出版社等著作权纠纷案"中，陈佩斯等作者对其享有著作权的小品单独行使著作权，是指他们以非电影的形式对其创作的小品原始形态进行使用的情形，具体包括重新表演上述小品，并复制、发行、公开传播这些小品的表演，或者将作为剧本形式的小品出版发行等。但对于央视拍摄完成的电影作品，在没有授权合同的相反约定下，他们无权对该电影作品主张复制、发行、公开传播等与电影作品本身利用方式相关的那些权利。

对该案还需要指出的一点是，在判决中法院首先得出了"两原告创作的三个小品虽然是春节联欢晚会电视作品的有机组成部分，但三个小品又是能完全单独使用的作品"的结论；❶ 之后又认定对春晚片段的使用是在对小品进行单独使用。由此推断，法院实际上认为"可单独使用的作品"所指的是载有该小品演出的活动影像。而按照前文关于"可单独使用的作品"性质的论述，所能构成电影作品中"可单独使用的作品"应是指拍摄电影所使用的原作品。由于小品本身的作品类型是戏剧作品，其原始表达形式所指的就是剧本，因而对小品的"单独使用"是指根据先前创作的剧本重新表演小品的行为。

---

❶ 上海市第二中级人民法院（2001）沪二中知初字第1号民事判决书。

"法人作品"若干问题研究

倪俊豪^{*}

摘 要

《著作权法》第10条第3款规定:"由法人或者其他组织主持,代表法人或者其他组织意志创作,并由法人或者其他组织承担责任的作品,法人或者其他组织视为作者。"该条规定涉及著作权法中一个非常值得讨论的问题,即"法人作品"。之所以值得讨论,是因为我国《著作权法》中关于"法人作品"的规定与其他立法体例不一致,在将作者定义为自然人的前提下又视法人为作者,给人以互相矛盾之感;同时,又因为《著作权法》另外规定了"职务作品"制度,导致两者之间易于混淆。故笔者试对其中的问题进行研究,并认为应在参照国际通例的情况下对该制度进行改革。

关键词

法人作品　职务作品　作者著作权归属

一、我国"法人作品"制度分析

我国《著作权法》第10条第3款规定:"由法人或者其他组织主持,代表法人或者其他组织意志创作,并由法人或者其他组织承担责任的作品,法人或者其

---

* 华东政法大学知识产权学院2008级本科生。

他组织视为作者。"虽然法条中说的是"法人或者其他组织"(以下简称"法人"),但是实践中为简略起见,又为区别于自然人作品,将该款所述作品统称为"法人作品"。❶

同时,《著作权法》中还规定了与之相类似的"职务作品",即第 16 条第 1 款规定的一般职务作品(将著作权归于作者),以及第 16 条第 2 款规定的特殊职务作品(将除署名权之外的著作权归"法人"享有)。而"法人作品"和"职务作品"模糊的界限导致司法实践中对两者区分的困难,并导致许多著作权纠纷的产生。

故笔者将对我国"法人作品"制度进行详细阐述,并论述其中可能存在的缺陷。

(一)法人和其他组织的定义

我国《民法通则》第 36 条第 1 款规定:"法人是具有民事权利能力和民事行为能力,依法独立享有民事权利和承担民事义务的组织。"故法人本质上是一个组织,只是法律赋予它一种法律上拟制的"人格",即一种民事主体资格。《民法通则》第 37 条又规定:"法人应当具备下列条件:(一)依法成立;(二)有必要的财产或者经费;(三)有自己的名称、组织机构和场所;(四)能够独立承担民事责任。"而《民法通则》中没有对"其他组织"作出明确的规定。目前,我国司法实践中对"其他组织"所作的唯一有权解释是《最高人民法院关于适用〈民事诉讼法〉若干问题的意见》第 40 条的规定:"民事诉讼法第四十九条规定的其他组织是指合法成立、有一定的组织机构和财产,但又不具备法人资格的组织"。

由上述条款相比可见,法人与其他组织最大的区别就是,法人能够独立承担民事责任,而其他组织不一定能够独立承担民事责任。而这一区别对"法人作品"的构成要件有着重大的意义。

(二)"法人作品"构成要件

在明确了"法人作品"的主体之后,还需进一步对其构成要件进行讨论。构成"法人作品"的要件有三:第一,必须由"法人"主持;第二,作品必须代表"法人"意志;第三,作品产生的责任必须由"法人"承担。满足这三项要件的法人或其他组织就能成为"法人作品"的作者。《著作权法》为法人作品

---

❶ 杨述兴. 职务作品和法人作品 [J]. 电子知识产权, 2005 (5).

设置了众多的条件，说明对法人作品的立法采取了谨慎的态度。❶

"由法人或者其他组织主持"，应是由代表"法人"的人员负责组织该项创作，从创作的提出、立意、人员、日程的安排、物质技术条件的提供、创作的进程、完成等各个方面都由单位负责主持，而并非只是简单地提出任务，布置工作。

而"代表法人或者其他组织意志创作"，是指创作思想及表达方式均须代表、体现"法人"的意志。"法人"仅仅提出创作作品的任务本身以及创作者个人根据"法人"提出的原则性要求去创作，都不能认为是"代表法人或者其他组织意志"。❷

前两项要件，对于法人和其他组织而言，并无过多差异，两者皆可履行。但是，在司法实务中，却依然存在一定的问题。原因在于第二项要件尚能找到相应证据证明，即该作品是由"法人"主持创作，而不是由该"法人"工作人员自发进行；但是第三项要件则很难得到证明，即作品的创作思想及表达方式代表、体现"法人"的意志，而"法人"意志一般是通过"法人"的领导机构（如公司的董事会）和法定代表人（如行政机关的首长）依法或者依章程执行职务而体现出来的。❸

如在近来比较受人关注的"葫芦娃"角色造型纠纷一案中，❹上海美术电影制片厂即使可以证明当初导演胡进庆是在其工作安排之下创作了"葫芦娃"，而非胡进庆主动自行创作，但却很难证明"葫芦娃"的创作代表了该厂的意志，因为即使"葫芦娃"最后的形成是由该厂的领导机构讨论决定，但这个讨论决定在多大程度上影响了"葫芦娃"的创作也难以定论。故笔者认为第二项要件因在司法实务中难以认定，应当予以相应修改。

而第三项要件，则是争议最多之处。原因在于，从上述分析可以得出，"法人"有民事主体资格，能够独立承担责任，符合这一要件，从而有成为作者的资格。而"其他组织"却不具备法人资格，不一定能够独立承担责任，当其财产不足以承担作品产生的责任时，是否就没有成为作者的资格了呢？例如，当作品完成之时，"其他组织"的财产能够承担当时作品产生的责任，故成为该作品的作者，但之后，作品产生的责任超出"其他组织"的财产所能承担的范围，那

---

❶《国家版权局版权管理司关于〈快乐大本营〉一案给长沙市开福区人民法院的答复》（权司[1999] 73 号）.

❷ 陈锦川. 2009 年北京市高级人民法院著作权案例要点及评析 [J]. 中国版权, 2010（2）.

❸ 胡康生. 中华人民共和国著作权法释义 [M]. 北京: 法律出版社, 2002: 70.

❹ "葫芦娃"之父告美影厂讨著作权 [N]. 新闻晨报, 2010 - 02 - 24.

么是否意味着对该作品而言，就不再是"法人作品"，该"其他组织"也相应地失去了作者的资格？

《著作权法》或其他相关法规中对此并未进行相应规定，但笔者认为如果这样未免过于不合理。因为无论在哪个国家或地区的立法中，作者的身份一经确定，既不应该也不可能变更，可以变更的只是"著作权人"。"法人"和"其他组织"成为"法人作品"的作者，本质上并无不同，能否成为"法人作品"的作者的标准就绝不应当是能否独立承担责任。按现行立法，就势必会出现"其他组织"一方面应该成为作者，但另一方面却可能因无法独立承担责任而不能成为作者的情况。故笔者认为，《著作权法》中对于作品产生的责任必须由法人或其他组织承担这一"法人作品"构成要件的规定有所不妥。

（三）"法人"能否被视为作者之争议

需要明确的是，将"法人"视为作品的作者，与将"法人"视为作品的著作权人是不同的。著作权人既可以是自然人，也可以是法人，这一点在理论上的争论并不大。而对于法人究竟能否成为作者这一问题，在学界则有着很大的争议。

1. 著作权相关国际条约的相关规定

《保护文学和艺术作品伯尔尼公约》（以下简称《伯尔尼公约》）中并没有对这点作出明确的规定，只是反复提及了"作者"这一概念。如第1条规定，"适用本公约的国家为保护作者对其文学和艺术作品所享权利结成一个同盟。"第2条第6款规定："本条所提到的作品在本同盟所有成员国内享受保护。此种保护系为作者及其权利继承人的利益而行使。"无论是"作者"还是"权利继承人"，其含义都耐人寻味。而在第7条第1款中则明确规定："本公约给予保护的期限为作者有生之年及其死后50年。"由"有生之年"和"死后"可推定《伯尔尼公约》中"作者"一词应指自然人。正如有的学者所言，"的确，如果我们仔细分析一下《伯尔尼公约》提及'作者'的各个条款，都无疑暗示着其自然人的特征。"❶ 也就是说，我们只能推断，《伯尔尼公约》首要保护的是自然人作者对其文学和艺术作品所享权利。❷

而其他相关国际条约，如 WCT、TRIPS 中都没有对"作者"的规定，故仅从国际条约中我们无法确切得出"法人"能否成为作者这一问题的结论。

---

❶ 郑成思. 知识产权论 [M]. 北京：法律出版社，2003：155.
❷ 陈明明. 我国非自然人作品的权利归属 [J]. 人民司法，2008（15）.

2. 其他国家、我国港台地区的相关规定

那么，对于"法人"能否成为作者这一问题，其他各国、我国港台地区立法又是如何规定的？

在英美法系中，把著作权视为一般财产权，保护的重心在于作者的财产权利，以美国、英国、中国香港为典型代表，虽无明确规定，但均承认"法人"可以成为作者；而在传统的大陆法系中，则把著作权看作抽象的"天赋人权"，保护的重心在于作者的人身权利，以法国、德国、西班牙为典型代表，认为只有"自然人"可以进行智力创作，进而产生作品，而"法人"只是拟制的人，不具备这一能力，故否认"法人"能够成为作者。❶ 而日本、中国台湾则没有沿袭一贯的大陆法系立法体例，而是仿照英美法系的做法，承认"法人"可以成为作者。

综上所述，"法人"作为作者有其存在的合理性，但对这一问题一直以来都有着不同的认识。而当初我国建立"法人作品"制度主要原因之一就是：在国外也有法人可以视为作者的规定，同时在我国也有单位作品存在的事实。然而，即使在承认"法人"能够成为作者的立法体例中，也不会出现我国立法中既规定了"法人作品"又规定了"职务作品"的混乱情况，究其原因还是我国的立法体例是对两种体系的生硬糅合。❷ 对此，为避免司法实践中难以区分"法人作品"与"职务作品"的困难，应对"法人作品"制度进行相应的修改。

二、承认"法人"可以成为作者的国家或地区的相关规定

对于"法人作品"制度，我们不妨借鉴一下前文所述承认"法人"可以成为作者的国家或地区的相关规定。

美国版权法❸规定，"就雇佣作品而言，雇主或作品为其制作的其他人被认为是本法所称的作者，除非各方在由他们签署的书面文件中明确作出另外的协议，雇主或作品为其制作的其他人拥有版权所包括的一切权利。"

而英国版权法❹与中国香港的《香港版权条例》❺虽然承认"法人"可以成为作者，但是在"雇佣作品"中却不同于美国，而只是将"雇主"视为原始版权人，而非作者。

---

❶ 吴汉东. 知识产权法学 [M]. 北京：北京大学出版社，2000：(50)．
❷ 王迁. 论"法人作品"规定的重构 [J]. 法学论坛，2007 (6)．
❸ Copyright Law of the United States (2009.10) 第 2 章第 201 条 (b)。
❹ Copyright, Designs and Patents Act 1988 (1988.11.15) 第 11 条。
❺ 《香港版权条例》第 528 章第 14 条。

日本著作权法❶规定,"按照法人或使用者(以下在本条中称为'法人等')的指示,从事该法人等的业务的人在履行职责时完成的著作物(程序著作物除外),该法人等以自己的名义发表这种著作物,只要在合同或工作规章中无另外规定,则该法人等视为著作人。"

中国台湾"著作权法"第11条则规定,"受雇人于职务上完成之著作,以该受雇人为著作人。但契约约定以雇用人为著作人者,从其约定。依前项规定,以受雇人为著作人者,其著作财产权归雇用人享有。但契约约定其著作财产权归受雇人享有者,从其约定。"

综上所述,在"雇主"为"法人"的情况下,英国与中国香港只是将该法人认定为原始版权人,而非作者。美国和中国台湾的相关规定中均未对"雇主"的资格有任何要求。而日本的立法中,也只需要由"法人等"提议,并以"法人等"的名义发表即可。这样规定,一来可以明确作者的身份,二来一旦需要承担责任,也可以明确责任承担的主体,即由该"法人等"来承担责任。此时,即使该"法人等"无法独立承担责任,因作品已经以其名义发表,不会影响其作者的身份,亦不会产生上述我国立法中"其他组织"可能面临的矛盾。

美国与日本的立法十分类似,均注重保护"雇主"之利益,原则上以"雇主"为作者,而中国台湾的相关规定则恰恰与两者相反,注重保护"受雇人"之利益,原则上以"受雇人"为作者。但是,三者均有一个共同点,便是都规定了但书,即另有约定的情况除外。这一点,值得我国立法借鉴。TRIPS开宗明义地指出"知识产权为私有权",而上述的但书,因其贯彻了"意思自治原则",使得"雇主"和"受雇人"可以依自己的意志来约定权利的归属,即是对版权的私权属性的最好体现。我国"法人作品"制度理应引入相应规定。

三、对我国"法人作品"制度的合理化建议

虽然对"法人"能否成为作者在学界尚有诸多争议,而正如郑成思教授所言,"法人是否可以成为版权人,乃至原始版权人,多数国家是没有争论的。"❷我们不妨借鉴英国与中国香港对"雇佣作品"的立法例,将"法人"认定为原始版权人,这样一来既避免了对"法人"能否成为"作者"的争议,也避免了《著作权法》第11条第3款"法人或者其他组织视为作者"与第11条第2款"创作作品的公民是作者"这两条规定容易引起的混淆与冲突,且依然可以保障

---

❶ Copyright Law of Japan(2009.7.10)第2章第15条。
❷ 郑成思. 知识产权论[M]. 3版. 北京:法律出版社,2003:157.

该"法人"为该作品付出所应享之权利。

故结合以上探讨，笔者认为，《著作权法》第 11 条第 3 款修改为"由法人或者其他组织主持，并以法人或者其他组织名义发表的作品，只要无合同约定或另外规定，法人或者其他组织为原始著作权人。"是较为妥当的。并应当在之后增加一款："作者未经法人或其他组织许可，擅自以个人名义发表由法人或者其他组织主持完成的作品，若法人或者其他组织认为该作品应当以法人或者其他组织名义发表的，适用前一款规定。"

这样一来，首先，与"职务作品"区分的界限变得非常分明，即是否以"法人"名义发表，因为无论对于"一般职务作品"还是"特殊职务作品"，作者都享有署名权；其次，在司法实践中，由于由"法人"主持和以"法人"名义发表两项要件的举证较为容易，上述"葫芦娃"一案以及其他类似案件的著作权归属就不会出现因难以举证而无法严格适用相关法规的情形。

笔者注：因为国外相关立法中通常对计算机软件的保护另有规定，其情况相对传统作品而言有一定区别，且我国可以通过《计算机软件保护条例》加以规范，故本文探讨的"法人作品"并不包括计算机软件。

公开传播权构成要件发展规律研究

陈绍玲*

在公开传播权的发展过程中,公开传播权控制的行为范围、营利要件以及公开要件均发生了变化。本文将围绕公开传播权的上述三个要件讨论其发展规律。对公开传播权构成要件发展规律的探讨有利于完善我国的公开传播权立法。以公开传播权构成要件中的公开要件为例,在我国发生的一系列网吧未经许可向顾客提供视频点播的案件中,曾有过网吧侵犯著作权人的信息网络传播权还是放映权的争论。❶ 无论是信息网络传播权还是放映权都属于公开传播权,其差别在于信息网络传播权中的公开是向不特定时间、不特定地点的公众的公开,而放映权的公开大都是向特定时间、特定地点公众的公开。正因为对公开要件的研究不够深入,我国部分法院错误地将交互式传播行为认定为表演权控制的行为。由此可见对公开传播权构成要件发展规律研究的重要性。

一、公开传播权控制行为范围的扩张

早期法、英两国在设立戏剧作品公开表演权时,将表演权控制的行为范围限

---

* 中国社会科学院法学研究所博士后,华东政法大学助理研究员,本文为其博士毕业论文改编而成,指导老师为王迁教授。

❶ 类似的案件有原告北京华谊兄弟影业投资有限公司诉被告北京白云索思好景互联网上网服务有限责任公司侵犯著作权纠纷案,参见北京市西城区人民法院(2008)西民(初)字第2431号民事判决书;原告北京网尚文化传播有限公司诉被告北京亿兆先锋互联网上网服务有限公司侵犯著作财产权纠纷案,参见北京市东城区人民法院(2007)东民初字第8584号民事判决书。

定在公开剧院内的公开表演行为。随着作品传播范围的扩大,著作权人表演权经济利益的需求日益增长,如果仍将公开表演权控制的行为范围限定在剧院内进行的公开表演,将不足以维护著作权人的经济利益。此时,公开表演权控制的行为范围应扩张至任一公开场合的公开传播行为。

(一) 早期仅控制剧院中的公开表演行为

法国早期的戏剧作品表演权仅能够控制"公开剧院"内进行的公开表演,将戏剧作品表演权控制的行为范围限定于"公开剧院"内的表演行为。法国国民制宪会议于1791年颁布的表演权法第3条规定:"未经作者书面同意,任何人不得在法国公开剧院表演其作品,违者将没收其就公开表演获得的全部收入,所得利润将赔偿给作品作者。"[1] 该条款确立了戏剧作品表演权,但所谓"不得在法国公开剧院表演其作品"这样的措辞表明戏剧作品表演权的控制范围仅限于"公开剧院"内发生的公开表演,在其他公开场合发生的表演行为不在戏剧作品表演权的控制范围之内。

与法国的情况类似,英国的戏剧作品表演权在设立之初也仅能控制剧院内的公开表演。英国于1833年6月10日通过戏剧文学财产法,该法案第1条授予戏剧作品版权人以表演权,用以控制专业剧院内的戏剧表演。[2] 其后,英国于1842年实现了戏剧作品和音乐作品的平等保护,但1842年版权修订法控制的行为范围仍然是不明确的。1842年版权修订法第20条仅规定"为将前法(1833年的戏剧文学财产法)以及本法恩惠给予音乐作品之便利,因此规定前法及本法之相关条款应适用于音乐作品,展现以及表演、许可展现以及表演戏剧作品或音乐作品之独家许可权利,由作品之作者及其继承人享有,期限与本法规定之书籍保护期限相同。"[3] 其后于1848年发生的 Russell v. Smith 案涉及在非剧院场合发生的音乐作品公开表演行为是否侵权的问题。

在 Russell v. Smith 案中,原告是歌曲《燃烧之舟》(*The Ship on Fire*) 的作者。被告未经许可在一家临时剧院公开演唱《燃烧之舟》并向观众收取门票。在庭审中,被告提出抗辩认为《燃烧之舟》不属于1842年版权修订法第20条规定的音乐作品,且其公开演唱的场合也非1842年版权修订法规定的剧院。审理法院认为,《燃烧之舟》生动地描述了一艘船在海上遭遇风暴并引发火灾,人们

---

[1] See Artile 3 of See Law of January 13/19 1791 (on stage presentations (spetacles)); J. A. L. Sterling, World Copyright Law, 3ed., London, Sweet & Maxwell, [2008], p.1565.

[2] See Article 1 of the Dramatic Literary Property Act, 1833, 3 & 4 Will. IV, c.15.

[3] See Article 20 of Copyright Law Amendment Act, 1842, 5 & 6 Vict., c.45.

最终在另外一艘船的帮助之下脱险并安全返回陆地的场景，完全符合戏剧作品的定义。❶ 同时案件审理法院认为，尽管被告演出的地点并不是专业的剧院，但剧院可以同时用作演讲厅、餐厅、音乐厅，只要发生戏剧表演的地方就是剧院。❷

Russell v. Smith 案审理法院本可以将 1842 年版权修订法设立的音乐作品表演权控制的行为范围解释为任一公开场合对音乐作品的表演，进而认定被告侵权，但在案件审理过程中，法院却将涉案音乐作品认定为戏剧作品，同时将剧院解释为戏剧表演发生的场所，进而认定被告侵犯原告的戏剧作品表演权。该法院回避了音乐作品表演权控制行为范围这一问题，说明至少在其看来 1842 年版权修订法规定的表演权控制的行为范围仅限于公开剧院场合。

据上文所述，法国和英国早期设立的戏剧作品表演权控制的行为仅限于公开剧院场合的公开表演，这是由剧作家对戏剧作品表演权经济利益的认识所决定的。法、英两国的戏剧作品表演权均是在反对特许剧院对戏剧表演垄断的过程中设立的。而在戏剧作品表演权设立之初，专业剧院的数量也较少，戏剧作品的公开表演行为尚未盛行。当时剧作家自认为只要控制专业剧院场合的公开表演即能够维护其经济利益，因此不会对戏剧作品表演权立法提出过高的要求。剧作家对戏剧作品经济利益的认识对音乐作品表演权控制的行为范围也产生了影响，如英国 1842 年版权修订法即未明确音乐作品表演权控制的行为范围。而根据 Russell v. Smith 案的判决可知，1842 年版权修订法规定的表演权控制的行为范围应仅限于专业的剧院场合的公开表演行为。笔者认为，在音乐公开表演行为尚未盛行的情况下，如果将音乐作品公开表演权控制的行为范围限定于专业的剧院场合，并不会损害著作权人的经济利益。这就是早期的公开表演权仅控制剧院中的公开表演行为的原因所在。

（二）后期控制任一场合的公开表演行为

据上文所述，早期的公开表演权将权利控制的行为范围限定在剧院场合的公开表演。然而，音乐作品与戏剧作品的差异在于，针对前者的公开表演行为是随处可发生的。在音乐产业充分发展的情况下，如果仍将音乐作品公开表演权控制的行为范围限定于专业的剧院场合，将不足以维护著作权人的经济利益。因此，随着音乐作品著作权人经济利益意识的觉醒，其认识到仅控制剧院场合公开表演的表演权并不足以维护其经济利益。因此，著作权人纷纷呼吁通过立法扩张表演

---

❶ See Russell v. Smith, [1848] 12 QB 217, p. 235; 116 ER 849, p. 857.
❷ See Russell v. Smith, [1848] 12 QB 237, p. 235; 116 ER 849, p. 857.

权控制的行为范围,这在英、法两国都得到了体现。

在法国著作权法中,表演权控制的行为范围的扩张是伴随着表演权保护客体的扩张实现的。法国1791年表演权法仅设立了戏剧作品表演权,但未给予音乐作品同等保护。从1793~1847年的54年间,法国音乐作品的作者仅能依据1793年的作者权法获得复制权的保护。❶ 因此,在1791年表演权法颁布之后的多年,作曲家的经济利益并没有得到应有的尊重。当作者就其独创性劳动应获得的经济利益无法得到保障时,自然会产生呼吁立法维护自身经济利益的动力,新型权利往往会随之确立。法国音乐作品表演权之所以得以设立、表演权控制的行为范围之所以扩大,正是法国作曲家在经济利益需求下推动立法的结果。

1847年,法国作曲家保罗·亨里翁(Paul Henrion)、维克多·帕里佐(Vicor Parizot)以及作词家亚历山大·布尔热(Alexander Bourget)到巴黎一家名为Les Anbassadeurs café的咖啡馆喝饮料。其间,亚历山大·布尔热发现这家咖啡厅在演奏其创作的音乐作品。在离开咖啡馆时,亚历山大·布尔热以该咖啡馆未经许可公开表演其作品为由拒绝支付饮料费用。双方发生争执后,亚历山大·布尔热诉诸法院,申请对Les Anbassadeurs café咖啡馆的侵权行为实施禁令。❷ 法院随即发布禁令,禁止Les Anbassadeurs café咖啡馆继续公开表演亚历山大·布尔热的作品。但Les Anbassadeurs café咖啡馆拒绝执行法院的禁令,继续公开表演亚历山大·布尔热的作品。亚历山大·布尔热再次提起诉讼要求获得损害赔偿。1848年8月3日,法院判令Les Anbassadeurs cafe咖啡馆作出损害赔偿。❸ 1849年4月26日,巴黎上诉法院确认了这一判决,由此实现了对音乐作品和戏剧作品的平等保护。但事实上,仅仅将音乐作品纳入著作权保护范围而不扩张表演权控制的行为范围并无法全面维护著作权人的经济利益。在当时的法国,针对音乐作品的公开表演随处可见。但1791年表演权法仅将表演权控制的行为范围限定在"公开剧院"内进行的公开表演,这导致在其他公开场合对作品的表演行为不在著作权人的控制行为范围之内。为全面维护著作权人的经济利益,巴黎上诉法院在扩张1791年表演权法保护客体的同时,还将法案中的"公开剧院"解释

---

❶ See Law of July 19/24, 1793; J. A. L. Sterling, World Copyright Law, 3ed., London, Sweet & Maxwell, [2008], Sec. 4, p. 1569.

❷ See Trib. Com. Seine, 8 September 1847.

❸ See M. Hossam Lotfy, Haq El Aad Alany Lil Mosanfat El Mosequia, Cairo, El Haia El Masria Lil Kitab, [1987], p. 10. See Makeen Fouad Makeen, Copyright in a Global Information Society: The Scope of Copyright Protection Under International, US, UK and French Law, London, Kluwer Law International, [2000], p. 15.

为"任何公众聚集的地方"。❶ 巴黎上诉法院的判决得到了其他法院的认可,自此在任何公开场所进行的对戏剧作品和音乐作品的表演都落入了表演权控制的行为范围。

类似的情况在英国同样存在。英国 1833 年戏剧文学财产法并未对音乐作品著作权人提供保护,直到 1842 年颁布的版权法才将保护范围延伸至音乐作品。1842 年版权修订法第 20 条规定"为将前法(1833 年戏剧文学财产法)以及本法恩惠给予音乐作品之便利,因此规定前法及本法之相关条款应适用于音乐作品,展现以及表演、许可展现以及表演戏剧作品或音乐作品之独家许可权利,由作品之作者及其继承人享有,期限与本法规定之书籍保护期限相同。"❷ 但 1842 年版权修订法并未起到全面保护作曲家经济利益的作用。该法案虽然规定将 1833 年戏剧文学财产法对戏剧作品的保护扩张至音乐作品,但其设立的表演权所控制的行为范围却是不明确的。有学者将上述争议产生的原因归结于法律条文的歧义。❸ 但笔者认为,更深层次的原因在于,音乐作品的作者并未意识到其中蕴藏着的巨大经济利益,自然不会想到将任一公开场所发生的音乐表演行为纳入其享有的表演权控制范围之内。

在上文提及的 Russell v. Smith 案中,英国法院回避了音乐作品表演权控制的行为范围问题。这足以说明英国在整个 19 世纪对表演权经济利益价值认识的不足。这一问题不仅存在于法院,同样存在于学术界。当时有学者在区分复制权和表演权时,仅把复制权看作是一种真正的版权。❹ 之所以产生上述误解,是因为在整个 19 世纪,英国音乐作品著作权人专注于通过复制、发行散页乐谱(sheet music)获取经济利益。在当时人们未能充分认识到表演权的经济价值。

英国 1911 年版权法扩张了表演权控制的行为范围。1991 年版权法第 1 条第 2 款规定:"根据本法之立法目的,'版权'指以任意有形载体形式制作或者复制作品或其实质部分,或者在公开场合表演,在演讲的情况下即为朗诵作品或其实质部分的专有权利。"❺ 所谓"公开场合表演"这样的措辞表明,戏剧作品表演

---

❶ See Cour d'Appel d'Amiens, 24 decembre 1881, Gaz. Pal. 1881 – 1882. 1. 244.
❷ See Article 20 of Copyright Law Amendment Act, 1842, 5 & 6 Vict., c. 45.
❸ See Makeen Fouad Makeen, Copyright in a Global Information Society: The Scope of Copyright Protection Under International, US, UK and French Law, London, Kluwer Law International, [2000], p. 17.
❹ See E. J. Macgillivray, The law of Copyright, London, John Murray, [1902], p. 120; Makeen Fouad Makeen, Copyright in a Global Information Society: The Scope of Copyright Protection Under International, US, UK and French Law, London, Kluwer Law International, [2000], p. 18.
❺ See Article 1 (2) of the 1911 Copyright Act, 1 & 2 GEO. 5. C. 46.

权和音乐作品表演权已不再限于专业的剧院,而是任一公开场所。

(三) 公开传播权控制行为扩张的原因分析

正如上文所言,法、英两国之所以在公开传播权立法之初将戏剧作品表演权的公开传播范围限定在专业的剧院场合,是因为戏剧表演自身的特定决定了其仅能在专业的剧院表演。其后,伴随着音乐作品表演权人经济利益意识的加强,如果仍将表演权控制的行为范围限定在专业的剧院场合显然无法全面维护著作权人的经济利益。因此,法、英两国均通过判例或者立法的形式,实现了表演权控制行为范围的扩张。这一趋势也对公开传播权立法滞后的国家如美国产生了影响。

美国的公开传播权立法滞后于法、英两国,直到1856年才颁布戏剧作品版权法设定戏剧作品表演权。1856年戏剧作品版权法规定:"自今以后,根据美国法律享有版权的被设计为便于公开表演的戏剧作品的作者、权利人,及其继承人或者受让人,在版权保护期限内,专有在任一舞台或者公开场合扮演、表演该戏剧,或再现以及造成其扮演、表演或再现该戏剧的权利。"❶ 据此,美国戏剧表演权所控制的行为范围包括公开舞台在内的任一公开场所的戏剧表演。正如上文所述,美国之所在戏剧作品表演权立法之初即将其控制行为的范围扩张至任一公开场所,实际上是受到了法国表演权立法的影响。美国在设立表演权时,法国已经通过判例明确将表演权控制的行为范围由公开剧院扩张至"任何公众聚集的地方",❷ 美国剧作家在谋求对戏剧作品表演权进行保护时,自然选择较为先进的法国模式。

在公开传播权发展的早期,法、英两国之所以将戏剧作品的公开表演权限定在专业的剧院场合。这是因为当时的戏剧表演仅限于剧院场合。随着戏剧表演的流行,戏剧表演在其他场合同样可以发生。此时,仍然将戏剧表演权控制的行为范围限定在专业的剧院场合,显然无法保护剧作家的经济利益。音乐作品表演权得以设立。因为音乐作品的公开表演行为随处可以发生,因此该音乐作品表演权控制的行为范围更应该扩张至任一公开场所。随着机械表演技术、电影技术、广播技术以及数字传播技术的发展,作品传播的方式更加多元,已没有传播场合的限制。后来陆续设立的机械表演权、广播权、向公众传播权控制的行为范围已不可能限于特定场所。据此,笔者认为,著作权人对于表演权经济利益的认识决定了权利控制的行为范围。随着著作权人对表演权经济利益认识的深入,权利控制

---

❶ See [1856] Dramatic Compositions Copyright Act, c.169, 11 Stat, 138.

❷ 英国于1842年颁布了版权修订法,但该法所规定的表演权的控制行为范围是否包括任一公共场合的公开表演并不明确。

的行为范围不可能限于特定的场合。

二、公开传播权营利要件的演进

在法、英、美三国中，除美国 1909 年版权法修正案设立的表演权有"为了营利"的要求外，法、英两国的表演权立法均未规定营利要件。而且，单就美国版权立法而言，其 1856 年戏剧作品版权法、1897 年版权法也未规定营利要件，1909 年版权法修正案规定的营利要件在 1976 年版权法中也未得以保留。简而言之，美国的表演权立法经历了从不要求"为了营利"到规定"为了营利"要件，最终删除营利要件的曲折过程。美国表演权立法在营利要件上的反复产生了一个问题，即公开传播权是否需要以营利为要件？在我国的部分公开传播权侵权纠纷诉讼中，被告往往辩称其未取得经济收益，以此对著作权人提出抗辩。如在 2000 年发生的中国网络著作权第一案——"王蒙等六作家诉世纪互联案"❶ 中，被告世纪互联通讯技术有限公司认为"访问我公司的'小说一族'栏目的用户很少，没有任何经济收益"。❷ 被告企图以未获取经济收益为由否定侵权事实。但这一理由显然无法成立，因为我国《著作权法》并未规定公开传播权须以营利为要件。那么，问题在于公开传播权为何不须以营利为要件？对此，笔者将结合美国版权法中营利要件的演进历史进行分析。

（一）公开传播权营利要件的产生

美国 1909 年之前的版权立法并未规定公开传播权须有营利要件，但 1909 年版权法修正案却规定音乐作品的公开表演权需以营利为目的。❸ 这一转变是由音乐产业发展的实际所决定，在当时充分反映了音乐作品著作权人的经济利益需求。

1. 美国早期版权立法设立的表演权无须以营利为目的

在 1909 年之前，美国颁布的 1856 年戏剧作品版权法以及 1897 年版权法均未规定表演权须以营利为目的。1856 年戏剧作品版权法设立了戏剧作品表演权，并未对营利要件作出规定："自今以后，根据美国法律享有版权的被设计为便于公开表演的戏剧作品的作者、权利人，及其继承人或者受让人，在版权保护期限内，专有在任一舞台或者公开场合扮演、表演该戏剧，或再现以及造成其扮演、

---

❶ 北京市海淀区人民法院（1999）京海知初字第 57 号民事判决书、北京市第一中级人民法院（1999）京一中知终字第 185 号民事判决书。

❷ 北京市海淀区人民法院（1999）京海知初字第 57 号民事判决书。

❸ Section 1 (e) of the 1909 Act.

表演或再现该戏剧的权利。"❶ 1897 年版权法设立了音乐作品表演权,并对侵权行为设定了较为严厉的处罚,但同样未规定营利要件:"任何人未经戏剧作品、音乐作品版权人及其代理人、受让人同意,公开表演或者展现依法获得版权的戏剧作品或者音乐作品的,应负有赔偿损失的责任,有关法院在任一案件中判决的首次侵权损害赔偿数额不得低于 100 美元,继续侵权的每次追加 50 美元。"❷

正如上文所言,1856 年戏剧作品版权法设立戏剧作品表演权时,参照保护水平较高的法国表演权立法将表演权控制的行为范围扩张至任一公开场合。这在其后的音乐作品表演权立法中也得到了贯彻,1897 年版权法设立的表演权即控制任一场合的公开表演。为了应对泛滥的表演权侵权行为,❸ 美国 1897 年版权法规定了较为严厉的处罚。如 1897 年版权法规定侵犯表演权的"应负有赔偿损失的责任,有关法院在任一案件中判决的首次侵权损害赔偿数额不得低于 100 美元,继续侵权的每次追加 50 美元"。❹

美国 1897 年版权法所提供的表演权保护已经与同期的法国相当,甚至超过了当时英国的表演权保护水平。但表演权立法应以戏剧音乐产业发展的实际为根据,较高的保护标准反而会影响著作权人的经济利益。法国早在 1856 年即成立了法国作家、作曲家、音乐出版家协会,而美国直到 1856 年才设立了戏剧作品表演权,这说明当时法国音乐产业的发展水平远远高于同期的美国,美国制定超出本国音乐产业发展实际的立法反而会适得其反。1897 年版权法立法之时,美国音乐作品著作权人经济利益的主要构成仍为复制权经济利益,即通过销售散页乐谱获取收益。当时,人们购买散页乐谱除了在家庭等小范围内欣赏之外,还经常在宾馆、饭店、咖啡馆等公开场合传播。而根据 1897 年版权法,只要在公开场合发生的音乐表演行为即构成侵权,散页曲谱的销售因此受到很大的影响。而正如上文所述,音乐作品著作权人为打消散页乐谱购买人的顾虑,促进作品复制件的销售,往往会在散页乐谱中夹入允许购买人公开表演作品的授权书。❺ 这说明 1897 年的高水平版权立法反而影响了著作权人的经济利益。

2. 美国 1909 年版权法修正案设立的音乐作品表演权须以营利为目的

正如上文所述,1897 年版权法已经超越了美国音乐产业发展的实际,严重

---

❶ See [1856] Dramatic Compositions Copyright Act, c. 169, 11 Stat, 138.
❷ See [1897] Copyright Act, c 4, 29 Stat, 481.
❸ See H. R. 1191, 53rd Cong. 2d Sess. [1894].
❹ See [1897] Copyright Act, c 4, 29 Stat, 481.
❺ See Bernard Korman, Performing Rights in Music Under Seciton 110 and 118 of the 1976 Copyright Act, 22 N. Y. S. L. R. 521 [1976—1977], p 523.

损害了音乐作品著作权人的经济利益。有学者在评价这一立法时指出:"将一般的公开传播纳入表演权控制的行为范围会在当时会引起这样的担心,即如此不受限制的权利会'影响人们对音乐作品的欣赏,进而损害公共利益'。"❶ 因此,对1897年版权法音乐作品表演权的修正势在必行。

在1909年版权法修正案的修订过程中,来自美国律师协会的亚瑟·斯图亚特(Arthur Steuart)提出应区分一般的公开表演行为与以营利为目的的公开表演行为。在1906年国会关于版权法修法的听证会上,亚瑟·斯图亚特在作证时提出了这一建议,并指出:"在和音乐出版商讨论之后,无人反对在表演权中引入'营利'要件。"❷ 而音乐出版商之所以赞成在表演权中引入营利要件,原因在于当时音乐作品著作权人的经济利益仍以复制经济利益为主,1897年版权法对公开表演行为不加区分地控制,只会影响其散页乐谱的销售。因此,正如亚瑟·斯图亚特所言,"(引入'营利'要件)会保护音乐作品版权人的经济利益,同时不会影响公众的经济利益"。❸

亚瑟·斯图亚特所提出的将营利要件引入音乐作品公开表演权,无疑是符合美国音乐产业发展的实际的。这一正确的建议在1909年版权法修正案中得到了体现。美国1909年版权法修正案第1(e)条规定音乐作品著作权人享有"以营利为目的,公开表演音乐作品"的专有权利。❹

3. 美国1909年版权法修正案音乐作品表演权营利目的要件的合理性分析

正如上文所言,美国1909年版权法修正案第1(e)条设立了以营利为目的音乐作品表演权。与音乐的公开表演较为类似的是戏剧作品的公开表演,但1909年版权法修正案在设立戏剧作品表演权时并未加入营利要件。美国1909年版权法修正案第1(d)条规定戏剧作品著作权人享有"公开表演戏剧作品"的专有权利。❺

---

❶ See Borge Varmer, Study No. 16: Limitations on Performing Rights, in 2 Studies on Copyright 835, p. 838. (Arthur Fisher Mem'l ed., 1963). (Citing Hearings Before the House and Senate Committees on Patents on S. 59 – 6330 and H. R. 59 – 19853 (1906)).

❷ See Hearings Before the House and Senate Committees on Patents on S. 59 – 6330 and H. R. 59 – 19853, p. 162 (1906) (testimony of Mr. Arthur Steuart), reprinted in 4 E. Fulton Brylawski & Abe Goldman, legislative history of the 1909 copyright act (1976).

❸ See Hearings Before the House and Senate Committees on Patents on S. 59 – 6330 and H. R. 59 – 19853, at 162 (1906) (testimony of Mr. Arthur Steuart), reprinted in 4 E. Fulton Brylawski & Abe Goldman, legislative history of the 1909 copyright act (1976).

❹ Section 1(e) of the 1909 Act.

❺ Section 1(d) of the 1909 Act.

美国 1909 年版权法修正案设立的戏剧作品表演权未规定营利要件，这与音乐作品的表演权形成了差异。笔者认为这一区分恰恰说明了 1909 年版权法修正案中音乐作品表演权立法的合理性。原因在于，戏剧作品著作权人和音乐作品著作权人获取经济利益的方式存有差异。当时，音乐作品著作权人主要通过销售散页曲谱获取经济利益，而戏剧作品著作权人则主要是通过"公开表演戏剧作品获取经济利益"，❶ 而且，公众习惯于多次欣赏音乐作品，而不会重复欣赏同一戏剧作品。简而言之，戏剧作品著作权人获取经济利益的次数是远远少于音乐作品的，这使得国会有理由相信"任何公开表演戏剧作品的行为都会有影响其著作权人获取经济利益的能力"。❷

笔者认为，上述区分有效维护了戏剧作品和音乐作品著作权人的经济利益，其科学性由此得到体现。在音乐作品著作权人的经济利益仍以复制经济利益为主的情况下，在音乐作品表演权中引入营利要件，是对权利人复制经济利益的维护，同时，著作权人对表演权经济利益的需求也可以通过控制以营利为目的的公开表演行为得到满足。在 20 世纪初的美国，受音乐产业的发展水平的限制，如此的区分是符合产业发展实际的，其合理性不容置疑。

（二）公开传播权营利要件的发展

美国 1909 年版权法修正案第 1(e) 条设立了以营利为目的的音乐作品表演权，其中的营利实际上是指直接的收费，即公众必须付费才能进入公开场所欣赏音乐。但公众必须付费才能进入欣赏音乐的场合毕竟限于音乐厅、剧院等有限的场合，更多的情况是间接收费，公众无须付费即可以进入公开表演音乐的场合，例如餐馆、咖啡厅播放音乐时并不要求对公众收取费用。但是，餐馆、咖啡厅公开表演音乐的行为使得公众获取音乐的渠道增加，这对音乐作品著作权人通过复制、表演获取经济利益产生了影响。基于此，扩大解释 1909 年版权法修正案第 1(e) 条规定的营利要件有了必要性。

1. 广播技术应用之前音乐作品表演权营利目的要件的扩张

在 Herbert v. Shanley 案中，原告是涉案的音乐作品《sweethearts》的著作权人，被告是纽约的一家餐馆。被告在其餐馆公开演奏了原告享有著作权的《sweethearts》。原告认为被告的行为侵犯其表演权，被告提出抗辩认为其没有以

---

❶ See H. R. Rep. No. 60 – 2222, at 4 (1909); S. Rep. No. 60 – 1108 (1909), reprinted in 6 E. Fulton Brylawski & Abe Goldman, Legislative History of the 1909 Copyright Act S4 (1976).

❷ See Lydia Pallas Loren, the evolving role of "for profit" use in copyright law: lessons from the 1909 ACT, 26 Santa Clara Computer & High Tech. L. J. 255 [2010] . p 262.

营利为目的实施对涉案作品的公开表演。第二上诉巡回法院在案件审理中认为"只有以营利为目的的公开表演行为才可能构成侵权,但顾客无须付费就可以进入被告的餐馆,被告的公开表演行为非以营利为目的,因此不构成侵权。"❶

原告不服第二上诉巡回法院的判决,向联邦最高法院申请调卷令。联邦最高法院在受理此案后推翻了一审法院的判决。联邦最高法院认为:"如果只有对进入餐馆时收费才构成侵权,那么这样的保护是不完美的……没有必要对音乐作品的公开表演权作如此狭窄的解释。被告的表演并不是不收费的。事实上,无论是餐馆的食物还是音乐,都不是唯一的消费对象,缺少任何一部分,顾客支付的费用都会更低。顾客在音乐中就餐,可以免受嘈杂声的干扰,这是一种奢侈的享受。如果餐馆没有支付乐队的演奏费用,那么顾客单单就餐的费用会更低。如果餐馆支付了乐队的演奏费用,那么这部分费用其实是由公众支付的。无论餐馆是否支付乐队演奏费用,其邀请乐队来演奏音乐就是为了营利,而这就足以说明其是以营利的目的表演音乐作品。"❷

联邦最高法院在 Herbert v. Shanley 案中将间接收费也认定为以营利为目的。由此,无论是直接收费还是间接收费都构成了以营利为目的的公开表演。1909年版权法修正案中音乐作品表演权控制的行为范围相应扩大,音乐作品著作权人的经济利益进一步得到了维护。

2. 广播技术应用之后音乐作品表演权营利目的要件

美国联邦最高法院之所以在 Herbert v. Shanley 案中扩大营利目的的范畴,原因在于众多高级餐馆给顾客提供音乐表演的行为对著作权人的经济利益构成了损害。餐馆播放音乐的目的在于利用优美的音乐吸引顾客来就餐,因此无论餐馆是否支付乐队演奏费用都是以营利为目的来演奏音乐的。就此而言,美国联邦最高法院在 Herbert v. Shanley 案中将间接收费也认定为以营利为目的是更好地保护音乐作品权利人的利益。广播技术应用之后,音乐作品的传播范围更广,音乐作品著作权人的经济利益受到了更为严重的损害,其时美国版权法规定的音乐作品表演权仍需以营利为要件,问题在于如何在广播技术应用之后解决这一问题,维护音乐作品著作权人的经济利益。

1923 年判决的 M. Witmark & Sons v. L. Bamberger 案解决了在广播技术应用后如何理解以营利目的的问题。在 M. Witmark & Sons v. L. Bamberger 案中,原告是涉案作品的著作权人,被告是一家广播设备销售商,通过公开播放音乐作品来促

---

❶ See Herbert v. Shanley Co., 222 F. 344 (S. D. N. Y. May 01, 1915), p. 343.
❷ See Herbert v. Shanley Co., 242 U. S. 591, pp. 594 – 595.

进广播设备的销售。被告从散页曲谱商店获得了原告的作品,并通过广播进行播放,但同时提及了曲谱销售商的名称。原告认为被告的行为侵犯其表演权,遂诉至法院。该案审理法院在判决中引用了 Herbert v. Shanley 案中霍姆斯（Holmes）大法官的观点:"被告并不是慈善机构。被告所开设的广播设备销售商店是以'营利'为目的的,这使我们注意到被告广播的成本是计入其开设的广播设备销售商店的,这是被告商业模式的一部分。我们注意到被告销售广播接收设备这一事实。被告的这一项业务是否营利,并不影响本案的判决。其实,很多大型百货公司就是亏损的。正如霍姆斯法官所言,'无论被告是否向乐队支付报酬,其目的都是为了营利,这就够了。'尽管被告并未广播其销售的收音机的价格,但是其播出了在其广播中出现的广播语。公众在听到被告播出的广告语后会认为被告开设的商店是美国最好的商店。"❶

正如上文所述,美国西屋电器公司的工程师康拉德曾利用广播技术扩张音乐作品传播范围从而增加散页曲谱销售量。但在 M. Witmark & Sons v. L. Bamberger 案中,法院驳斥了被告提出的"关于广播原告的作品可以促进原告曲谱销售从而不构成侵权"的观点。M. Witmark & Sons v. L. Bamberger 案审理法院认为:"我们认为被告的广告确实可以大幅提高原告散页曲谱的销售,但是著作权人以及音乐出版商才有权决定采用何种方法促进乐谱销售。"❷ 笔者认为,法院之所以承认被告的广播可以增加原告曲谱的销售量,是因为在广播技术发展的初期这一效果确实存在。但广播组织充分发展以后,广播组织对音乐作品的广播反而会影响著作权人通过复制权或者表演权获取经济利益。法院承认被告的广播可以增加原告曲谱的销售量是对著作权人复制权经济利益的承认,但法院注意到复制权经济利益与表演权经济利益的区分,并意识到表演权经济利益的价值更大。基于此,在广播技术应用后才对营利目的要件作出了广义的解读,将间接收费也纳入其中。

（三）公开传播权营利要件的删除

Herbert v. Shanley 案判决之后,随着传播技术的发展,公众对于作品的使用越来越便利。越来越多的非营利性组织在其活动中利用音乐作品。但依据美国1909 年版权法修正案,权利人有权控制他人为了营利而表演自己的作品,或者说表演权仅仅及于为了营利的表演。如果他人不是为了营利,则著作权所有人无

---

❶ See M. Witmark & Sons v. L. Bamberger & Co., 291 F. 776, p. 779.

❷ See M. Witmark & Sons v. L. Bamberger & Co., 291 F. 776, p. 780.

权干预。❶ 但所谓非营利组织对于作品的传播同样影响了著作权人的经济利益。加之表演权经济利益在著作权人经济利益构成中的比例越来越大，为了全面维护著作权人的表演权经济利益，"为了营利"要件的删除就显得越来越有必要。

为全面维护著作权人的利益，美国1976年版权法删除了"为了营利"的要求。❷ 其众议院立法报告指出：商业性组织和非营利组织之间的界限已经越来越难以划分，许可非营利组织获得了高额的资助，可以支付版权使用费。同时，一些公共广播组织和非商业性组织也越来越广泛地公开使用享有版权的作品。除此之外，表演和展览已经越来越成为使用作品的重要方式，已经在逐步取代印刷复制品的市场。在这样一种形势下，如果固守宽泛的"为了营利"的要求，或者"是为了营利的例外"，就会使得版权在一些场合下失去意义，挫伤作者创作的积极性。❸ 所谓"表演和展览已经越来越成为使用作品的重要方式，已经在逐步取代印刷复制品的市场"是指表演权以及展览权的经济利益正取代复制权的经济利益。基于此，为全面保护著作权人的经济利益，美国在1976年版权法中删除了"为了营利"的要求。

与美国形成鲜明对比的是法、英两国。在法、英两国的公开传播权立法中从未规定"为了营利"的要求。其实，美国在1909年版权法修订之前颁布的1856年戏剧作品版权法以及1897年版权法也未规定表演权需以营利为目的，但应该注意到，美国的1856年戏剧作品版权法仅与南北战争相隔4年，1897年版权法的表演权保护水平已经与同期的法国相当甚至超过了英国。当时美国的经济发展水平以及音乐产业的发展水平与法、英两国都是无法比拟的，其过早采用脱离本国发展实际的、先进的立法模式，只会对本国著作权人的经济利益造成损害。因此，后来的1909年版权法修正案之所以要规定"为了营利要求"，是为了防止以营利为要求的公开传播权立法对著作权人的复制权经济利益产生损害。但在1909年版权法修订之后，随着广播技术等传播技术的应用，表演权中的"营利要件"已经没有实际的作用。但由于直到1976年才修订版权法，美国不得不采用扩大营利要件内涵的方法来维护著作权人的经济利益。从广播技术应用之前的Herbert v. Shanley 案到广播技术应用之后的 M. Witmark & Sons v. L. Bamberger 案，实际上都是这一思维的反映。即在版权法未能及时修订的情况下，美国只得利用判例来维护著作权人的复制权经济利益。

---

❶ 李明德. 知识产权法 [M]. 北京：法律出版社，2008：183.
❷ See 17 U. S. C. A. 106.
❸ See H. R. Report No 94 – 1476, 94th Cong, 2d Sess. (1976), for Section 106, pp. 62 – 63.

(四) 公开传播权营利要件演进的原因分析

根据上文的分析可知，公开传播权是否应该设立营利要件，关键在于公开传播权产生的经济利益在著作权人收益中的比重。如果公开传播权经济利益尚未成为著作权人经济利益的主要构成，那么著作权人往往需依靠行使复制权获取经济利益。而不在表演权中纳入营利要件往往会导致公众因害怕承担侵权责任，而不愿购买散页曲谱进行公开表演。此时，不在表演权中纳入营利要件，往往会促进曲谱的销售。例如美国1909年版权法设立的音乐作品表演权须以营利为目的即为这一思路的典型反映。但如果公开传播权产生的经济利益已经成为著作权人收益的主要构成，那么规定公开传播权须以营利为要件则没有必要。而在我国制定《著作权法》时，广播技术以及数字传播技术已经成为传播技术的主流，著作权人经济收益的主要构成已是公开传播权的经济收益。正因此，我国《著作权法》并未明确规定公开传播权须以营利为要件。"王蒙等六作家诉世纪互联案"的审理法院才会认定："被告作为国际互联网内容提供服务商，其丰富网站内容的目的是吸引用户访问其网站内容的经营行为，在经营活动中是否盈利，只是衡量其经营业绩的标准之一，并不影响被告侵权行为的成立。"❶

三、结论：公开传播权公开要件的发展规律

上文对公开传播权构成要件的演进过程及其原因进行了分析。笔者认为，无论公开传播权的构成要件如何发展，经济利益因素都是促使其发展的主要原因。

首先，公开传播权控制行为范围的扩张是经济利益因素主导下的产物。法、英两国在公开传播权立法之初将戏剧作品表演权控制的行为范围限制在剧院场合。其后，随着音乐作品公开表演行为的盛行，如果仍将表演权控制的行为范围限定在专业的剧院场合显然无法全面维护著作权人的经济利益。因此，法、英两国均通过判例或者立法的形式，实现了表演权控制行为范围的扩张。这一扩张在根本上是为了维护著作权人的经济利益。

其次，公开传播权营利要件的发展同样是经济利益因素主导下的产物。根据上文的分析可知，如果公开传播权产生的经济利益尚未成为著作权人经济利益的主要构成，那么著作权人的收益构成往往是复制权产生的经济利益。如果不在表演权立法中纳入营利要件，那么任一公开表演行为即属侵权行为。而著作权人为避免承担侵权责任，往往不敢任意公开表演作品。散页曲谱的发行量自然会因此

---

❶ 北京市海淀区人民法院（1999）京海知初字第57号民事判决书。

而降低，著作权人依靠行使复制权所获取的经济利益往往会受到影响。此时，除非在表演权中纳入营利要件，否则不足以维护著作权人的经济利益。但如果公开传播权产生的经济利益已经成为著作权人收益的主要构成，那么规定公开传播权须以营利为要件则没有必要。

最后，公开传播权公开要件的发展仍然是经济利益因素主导下的产物。公开传播权的公开要件从特定时间、特定地点的不特定公众发展到特定时间、不特定地点的不特定公众，进而发展到不特定时间、不特定地点的不特定公众。之所以产生上述演进过程，是因为著作权法以增设公开传播权的方式化解了新型传播技术对著作权人的经济利益的影响。而新型传播技术的发展正是经历上述了三个阶段。简而言之，著作权法对著作权人经济利益的维护导致了公开要件的发展。

综上可知，无论公开传播权的构成要件如何发展，都必须立足于维护著作权人的经济利益。著作权法对著作权人经济利益的维护导致了公开传播权构成要件的发展，这是公开传播权要件的发展规律。

卫星广播与网播立法研究

桑清圆[*]

摘　要

为了保护作者的利益，《伯尔尼公约》赋予了作者控制作品通过广播进行传播的权利，使作者能够通过作品的广播获得合理的报酬，各国著作权立法也对广播权做了规定。随着技术的发展，广播不再限于最初的无线电传播的方式，卫星广播、网播等广播的新形式为广播权立法带来了挑战，是否应该使作者通过广播权控制这些传播作品的新方式成为我们需要考虑的问题。中国《著作权法》中广播权的规定直接来自于《伯尔尼公约》，由于《伯尔尼公约》的起草时间较为久远，已无法跟上技术的飞速发展，因此中国《著作权法》中广播权的规定一直为人所诟病，而广播权与信息网络传播权的关系也需要进一步厘清。现在正值《著作权法》第三次修改进行之际，笔者希望通过本文对卫星广播、网播的立法研究，以明确这两种作品传播行为应当受何种专属权利控制。

关键词

广播权　无线广播　有线广播　网播　交互式传播

---

[*] 华东政法大学2009级知识产权专业硕士研究生；本文修改自其毕业论文，指导老师为王迁教授。

一、卫星广播属于无线广播

地面无线广播是最传统的无线广播类型,随着技术的发展,卫星广播是否属于无线广播进而受广播权控制成为一个问题。

(一) 广播卫星的分类:"直播卫星"和"固定服务卫星"

卫星广播起源于20世纪60年代,其目的在于将广播信号通过卫星传输到接收不到传统广播的地方。卫星广播运行的基本原理是:"起源组织"(originating organization)❶ 将电视广播信号发送到卫星(上行传输),然后经该同步卫星将经过解调的电视广播信号传输到地面组织(下行传输),卫星广播由上行传输和下行传输构成。用于广播的卫星可以分为两种:"直播卫星"(direct broadcasting satellite)和用于固定服务的通讯卫星("固定服务卫星")(fixed service satellite)。"直播卫星"可以通过个体接收来完成,是卫星广播的高级阶段,公众可以通过卫星接收天线直接观看卫星转发下来的节目;"固定服务卫星"一般是以集体接收来完成传输的,卫星信号经卫星转换后被传送给地面组织,地面组织再通过电缆电视系统(有线),或通过无线方式,供一定范围内的用户接收。不过,随着固定服务的通讯卫星的性能和功率逐步提高,以及用户接收卫星信号的接收设备的性能不断完善,这种卫星播送的节目也逐渐地可以为人们直接接收,因此这种卫星事实上也变成了直播卫星。❷

(二)"直播卫星"的广播行为定性

由于《伯尔尼公约》中广播权的规定是在1948年的布鲁塞尔会议中产生的,当时尚不存在卫星广播,因此该规定并未直接涉及卫星广播的内容。伯尔尼公约指南第11条之8中指出:"广播涉及通过电磁波发送信号,并包括所有类似的发送方法,要点是发射天线和接收天线之间没有中间体介入。"❸ 因此,根据伯尔尼公约指南,由于"在发射天线和接收天线之间"存在卫星这一中间体,卫星广播似乎不能成为《伯尔尼公约》意义上的"广播"。

---

❶ 根据《关于播送由人造卫星传播载有节目的信号的公约》(Convention Relating to the Distribution of Programme – Carrying Signals Transmitted by Satellite. [EB/OL]. [访问日期不详]. http://www.gapp.gov.cn/cms/html/205/1874/200701/671795.html.),"起源组织"(originating organization)是指决定发射的信号将载有何种节目的人或法律实体。

❷ 米哈依·菲彻尔.版权法与因特网[M].郭寿康,万勇,相靖,译.北京:中国大百科全书出版社,2009:228.

❸ 克洛德·马苏耶(Mr. Claude Masouye).保护文学和艺术作品伯尔尼公约(1971年巴黎文本)指南[M].刘波林,译.北京:中国人民大学出版社,2002:55.

但事实并不是这样，1985年3月，当时的WIPO总干事——阿帕德·鲍格胥（Arpad Bogsch）博士在WIPO/UNESCO关于卫星进行直接广播的版权方面的专家组会议上提出，"通过直播卫星进行的广播属于《伯尔尼公约》第11条之2意义下的广播"，而专家委员会基本上都支持这一观点。❶ 在1990年7月召开的WIPO版权领域的法律示范条款专家委员会第三次会议准备的工作文件中，有涉及卫星广播的这样一段论述："《伯尔尼公约》第11条之2第（1）款第（1）项规定：文学艺术作品的作者享有'授权广播其作品或以任何其他无线传送符号、声音或图像的方法向公众传播其作品'的专有权。该条款中的'或以任何其他无线传送符号、声音或图像的方法向公众传播〔其作品〕'明确地表明：在《伯尔尼公约》中，广播是一种通过无线传送的方法向公众传播的形式（最典型的形式）；此外，还有其他可能的通过无线传送的方法向公众传播的形式。"❷ 其隐含的意思是：卫星广播尽管不属于狭义的、我们通常所理解的那种典型的广播，但却属于《伯尔尼公约》广播权规定的第一种"无线广播"行为的一种，属于"其他可能的通过无线传送的方法向公众传播的形式"。

WPPT对"广播"的定义也证实了这一观点。WPPT第2条规定"广播"系指以无线方式的播送，使公众能接收声音、或图像和声音、或图像和声音表现物。通过卫星进行的此种播送亦为"广播"。根据上下文的对应关系，这里的"此种播送"指的应当是以无线方式进行的播送，也就是说，WPPT承认了完全通过无线方式进行传输的卫星广播属于"广播"，应当属于广播权控制的第一种行为。

在此基础上，有线或无线传播（转播）"直播卫星"广播的作品（条件是不对卫星信号进行改变，且"二次传播"是与广播同步）就应当被认定为《伯尔尼公约》广播权所控制的第二种行为——有线或无线转播广播的行为。❸

（三）"固定服务卫星"的广播行为定性

由于"固定服务卫星"的技术性质，从信号发出到信号被最终受众接收的

---

❶ 米哈依·菲彻尔. 版权法与因特网 [M]. 郭寿康，万勇，相靖，译. 北京：中国大百科全书出版社，2009：242.

❷ WIPO, Doc. CE/MPC/Ⅲ/2, Committee of Experts on Model Provisions For Legislation in the Field of Copyright, Third Session, Geneva, July 2 to 13, 1990, Memorandum prepared by the International Bureau of the World Intellectual Property Organization (WIPO), p23, para 97.

❸ 米哈依·菲彻尔. 版权法与因特网 [M]. 郭寿康，万勇，相靖，译. 北京：中国大百科全书出版社，2009：254.

过程并不是"一气呵成"的,除了直播卫星需要经历的上行和下行传输,还有一个地面组织接收下行传输后再将节目信号传输给公众的过程,这一过程可能是无线的,而在大多数情况下,更可能是通过有线电缆完成的。因此若要将通过有线电缆传输卫星信号的过程也视作"广播"的一部分,显然是不合逻辑的,因为"无线"是"广播"的首要特征。那么,应当如何界定"固定服务卫星"的传播行为呢?曾经,没有地面组织的"接力",公众是无法直接接收通过卫星传输的信号的,但是,如上文所述,随着通讯卫星的固定服务性能和功率逐步提高,以及用户接收卫星信号的接收设备的性能不断完善,这种"固定服务卫星"的广播节目也逐渐能够为公众所直接接收,在这种情况下,"固定服务卫星"实际上变成了"直播卫星"。因此,对这类实际具有"直播卫星"功能的"固定服务卫星"所进行的传播行为,完全可以适用上文对"直播卫星"广播行为的定性,属于广播权控制的行为。

尽管,几乎所有的"固定服务卫星"都变成了"直播卫星",❶但只要还存在公众不能直接接收的"固定服务卫星",讨论这种类型的传播就有意义。那么,应当如何定性这类卫星广播行为呢?首先要对"固定服务卫星"传播中的上行、下行传输过程进行界定,对此存在两种观点。第一种观点建议将这种公众不能直接接收的"纯信号传输"排除出"广播"的定义范围,因为根据《国际电信联盟无线电规则》对"广播"和"卫星广播"的定义,"广播服务"是指"以一般公众直接接收为目的而进行传输的无线电传播(radiocommunication)服务"(第1.3.17条),而"卫星广播服务"是指"以一般公众直接接收为目的而通过空间站进行传播和转播信号的无线电发送(radiodiffusion)服务",因此,这种类型的卫星广播根本不属于广播权所规定的向公众传播(communication to the public)的行为,而只是一种"发送"行为。❷

第二种观点主要体现在 WIPO 版权领域的法律示范条款专家委员会第三次会议准备的工作文件里有关"广播"的定义中。"广播"是一种通过无线传输向公众传播的行为;"转播"(rebroadcasting)是指对广播作品的广播。当通过卫星进行广播时,传播的过程包括了传输的上行和下行阶段,并且当作品提供给了公众

---

❶ 米哈依·菲彻尔. 版权法与因特网 [M]. 郭寿康,万勇,相靖. 译. 北京:中国大百科全书出版社,2009:254.

❷ WIPO, Doc. CE/MPC/III/2, Committee of Experts on Model Provisions For Legislation in the Field of Copyright, Third Session, Geneva, July 2 to 13, 1990, Memorandum prepared by the International Bureau of the World Intellectual Property Organization (WIPO), p23, para 97.

时，该传播就被视为完成，至于公众是否实际接收到了广播，则在所不问。❶ 因此，这种观点认为，尽管公众无法实际（直接）接收卫星信号，但由于该传输过程（包括上行和下行阶段）的目的是为了向公众提供作品，因此，该过程应当被视作为"传播"，即"广播"行为。

根据 WIPO 国际局为伯尔尼议定书委员会第四次会议的会议文件，由于各方在通过卫星直播广播的问题上存有分歧，委员会不打算继续讨论卫星广播这一议题了，❷ 因此，关于上述固定服务卫星广播的问题并没有通过国际公约产生定论。但综合 WIPO 的相关文件可以发现，就卫星广播可以适用《伯尔尼公约》的有关条款，各方已经达成了共识。❸ 正如 WIPO 在一份文件中评述的那样，"尽管公众不能接收通过卫星传播的发射信号，也不管在传播的最初阶段，一般公众是否已经接收到了该信号，但从一开始，该信号就是为了公众接收而发射的……另一方面，即便最初发射的信号不能为公众获得，但如果是以一种单方面决定的过程传播，而这个过程又由旨在到达一般公众的多个后续阶段组成，则应当被认为是广播"，❹ 因此正如在传统广播中，公众由于"山高路远"或接收水平有限无法接收广播而通过有线或无线方式接收二次传输的节目信号那样，地面组织同时并不改变信号内容地传输固定服务卫星广播的行为应当被认定为有线或无线转播行为，受广播权的控制。

综上所述，同时的、对卫星信号不加改变的卫星广播行为应当受到广播权的控制，其中，卫星直播属于广播权控制的第一种"无线广播"行为，而通过地面组织对卫星信号进行进一步传播的行为属于对卫星广播这种"无线广播"的再次传播行为，是《伯尔尼公约》第 11 条之 2 第（1）款第（2）项规定的"无线或有线转播广播行为"。

（四）WCT 的"向公众传播权"能够控制卫星广播行为

前文提到，卫星广播的议题在 WCT 制定过程中消失。但实际上，WIPO 国际

---

❶ WIPO, Doc. CE/MPC/III/2, Committee of Experts on Model Provisions For Legislation in the Field of Copyright, Third Session, Geneva, July 2 to 13, 1990, Memorandum prepared by the International Bureau of the World Intellectual Property Organization (WIPO), p26, para 108.

❷ WIPO, Doc. BCP/CE/IV/2, Committee of Experts on Possible Protocol to Berne Convention, Fourth Session, Geneva, December 5 to 9, 1994, Questions Concerning Possible Protocol to Berne Convention, Memorandum Prepared by International Bureau.

❸ 米哈依·菲彻尔. 版权法与因特网[M]. 郭寿康，万勇，相靖，译. 北京：中国大百科全书出版社，2009：10.

❹ 米哈依·菲彻尔. 版权法与因特网[M]. 郭寿康，万勇，相靖，译. 北京：中国大百科全书出版社，2009：256.

局为伯尔尼议定书委员会第五次会议（第一次联席会议）的会议文件就"通过卫星广播向公众传播"这一议题指出：主席建议将卫星广播这一议题从委员会的议程中取消。他认为这是一个重要的议题，并且已在过去的几次会议中对其进行过讨论……主席注意到，由于技术的发展，国与国的边界变得越来越模糊，法律适用问题因此已经成为一个具有普遍性的问题，而不仅限于卫星广播的范围。主席认为，这一议题将会在以后更为广泛的框架内进行讨论，或许在"数字议程"的框架内"❶，而"事实上，在剩下的筹备工作阶段以及后来的外交会议上，卫星广播这一议题都没有被再讨论"。❷ 因此，可以推断，卫星广播已经被默认为可以被归入"数字议程"产生的"向公众传播权"中，根据"向公众传播权"技术中立的性质，也应当进行这样的判断。

（五）各国著作权法关于无线广播的规定

纵观各国著作权立法，尽管规定"无线广播"方法各异，有的以表演权控制该行为，有的以"向公众传播权"控制该行为，有的以广播权控制该行为，但均将包括卫星广播在内的无线广播纳入控制范围。法国知识产权法典第 L.122-2 条规定，表演是指通过某种方式尤其是下列方式将作品向公众传播：（1）公开朗诵、音乐演奏、公开演出、公开放映以及在公共场所转播远程传送的作品；（2）远程传送：是指通过电信传播的一切方式，传送各种声音、图像、资料、数据和信息；（3）向卫星发送作品视为表演。

英国 1988 年版权、设计和专利法第 20 条规定了"向公众传播权"，其中"对作品进行广播"属于"向公众传播权"控制的一种行为，而根据关于"广播"的定义的第 6 条，"广播"指的是对视觉图像、声音或其他信息的电子传输，该电子传输：(a) 以公众中的成员的同时接收并且能够为他们合法接收为目的，或 (b) 按照为向公众成员进行展示而进行传输的人独立决定的时间而进行传输。这一对广播的定义包含了地面无线广播行为。第 6 条第（4）款同时规定："为了本部分的目的，无线广播产生的地方是，（在广播制作人的控制下、并由其负责）带有节目的信号被引入到一段不间断的（uninterrupted）传播链（chain

---

❶ WIPO, Doc. BCP/CE/V/9 - INRCE/IV/8, Committee of Experts on Possible Protocol to Berne Convention, Fifth Session, Geneva, September 4 to 8, 1995, Committee of Experts on Possible Instrument for the Protection of the Right of Performers and Producers of Phonograms, Fourth Session, Geneva, September 4 to 8, 1995, Report, adopted by the Committees, p21, para 84.

❷ 米哈依·菲彻尔. 版权法与因特网 [M]. 郭寿康, 万勇, 相靖, 译. 北京：中国大百科全书出版社, 2009：331.

of communication)的地方(包括在卫星传输的情况中,指向卫星的传输链和指向地球的传输链)",由于卫星广播就是包括指向卫星的传输链(上行传输)和指向地球的传输链(下行传输)在内的一个传播过程,因此,这样的规定是明确承认了卫星广播为无线广播的一种。❶

与英国1988年版权、设计和专利法相同,西班牙著作权法也规定了一项向公众传播权,在其列举的各种"公开传播"行为中,包括现场表演、机械表演、放映、无线广播(包括卫星广播)、有线广播和交互式传播等。可见,西班牙著作权法也将卫星广播视为无线广播的一种。

德国著作权法单独对广播权作出了规定。德国著作权法第20条规定"广播权是指,通过广播使公共可接触作品的权利,广播的形式包括:广播电台或电视台播放、卫星广播、有线广播或其他类似技术方式。"由此可见,德国著作权法直接肯定了卫星广播是广播行为的一种。此外,德国著作权法所列的广播的形式同时包括卫星广播和有线广播,因此也等于间接承认了卫星广播为一种无线广播的形式。

(六)无线广播应当涵盖所有通过无线方式进行非交互式传播的行为

地面无线广播是广播的最初形式,能够以无线电信号的方式向公众传播作品,因此理应受到作者著作权的控制。《伯尔尼公约》对无线广播的规定为各国著作权立法对无线广播行为的控制打下了基础。随着技术的发展,卫星广播的出现为著作权立法带来了又一次的挑战,推动着著作权立法的又一次更新,尽管《伯尔尼公约》由于其修订时间的限制无法对卫星广播作出规定,但WCT的"向公众传播权"填补了这一空缺。此外,各国著作权法也通过不同的专有权利对卫星广播作出了规定,使其成为作者能够控制的行为。著作权法顺应技术发展,将与地面无线广播在传播的性质和效果上相同的卫星广播归入无线广播的范围,也是技术中立原则的体现。

二、网播应当属于广播行为

(一)网络传播行为的类型及其性质

网络传播(communication)大致可以分为两类:网播(webcasting)和网络

---

❶ 本文中英国《1988年版权、设计和专利法》法条原文来自英国国家档案馆(The National Archives)网站:http://www.legislation.gov.uk/ukpga/1988/48/contents,中文译文为笔者所译。

点播。其中，网播又可以分为"同步广播"（simulcasting）和狭义的网播。❶

根据 WIPO 在讨论关于保护广播组织条约❷的相关文件的定义："网播"系指以有线或无线的方式，通过计算机网络，利用能为公众中的成员基本同时获取载有节目的信号，播送声音、或图像、或图像和声音、或图像和声音表现物，供公众接收的行为。此种播送如果加密，只要网播组织或经其同意向公众提供解密的手段，即应被视为"网播"。❸ "同步广播"，根据 WIPO 在上述文件中的描述，指的是"广播组织同时并不加修改地网播其本组织的广播节目的行为"，❹ 最典型的是中国网络电视台（CNTV）的"直播中国"等直播服务，通过这类直播服务，网络用户可以在同时或几乎同时收看或收听电视或电台正在播放的节目。现在有些网站未经许可把通过无线或有线系统传播的广播电视信号转化成数字形式在网上转播，如一些网站截取电视台对重大体育赛事节目的现场直播信号并通过网络加以同步转播，这种行为无疑会损害作者的权益。

而狭义的网播是指网络广播组织（webcasting organization）通过互联网进行的首次传播，网站通过信息网络在预定的时间向公众播出节目。这种类型的网络传播与传统的广播一样，公众只能收听或收看网站在当时正在播出的节目，无法自行进行选择。网络广播电台甚至与传统广播电台一样有主持人，只不过网络电台主持人被称作 NJ，即 Net Jockey，而传统电台广播主持人被称作 DJ，即 Disc Jockey。与"同步广播"不同的是，狭义网播的内容直接来自于网络广播组织，而非电视或电台组织，例如在下文将要分析到的"成功多媒体诉时越公司案"❺中，"UUsee 网络电视"对电视连续剧《奋斗》按照预先设定的节目时间表逐级播出，就属于这种类型的网播。网络广播组织若在其节目中未经许可使用了作品，那么这种行为与传统广播未经许可使用作品的情况一样，会损害作者的权益。

网络点播是指网站通过互联网向用户提供点播服务，用户可以在其选定的地

---

❶ "同步广播"和"网播"的分类方式及翻译来自《世界知识产权组织保护广播组织条约基础提案草案》（SCCR/14/2）中《关于保护网播问题的非强制性附录》里的相关条款和解释性意见。

❷ 该条约是 WIPO 正在努力制定的一部能够在网络时代有效保护广播组织的国际公约，由于各国就应当如何保护广播组织的问题并未形成一致意见，因此，尽管该条约的谈判已持续了十年，但仍未取得实质性进展。

❸ WIPO, Doc. SCCR/14/2，《世界知识产权组织保护广播组织条约基础提案草案》（中文版本），第 2 条定义 (a)，第 76 页。

❹ WIPO, Doc. SCCR/14/2，《世界知识产权组织保护广播组织条约基础提案草案》（中文版本），第 3 条适用范围 (2)，第 79 页。

❺ 北京市海淀区人民法院（2008）海民初字第 4015 号民事判决书。

点和时间收听或收看其选择的节目,不受节目播出时间的限制。这类网络传播目前在网络非常流行,大型视频网站例如优酷、土豆等会将视频或音频内容分为电影、电视剧、综艺、动漫等栏目供用户点播收看或下载。与前两种网络传播相似,未经许可供用户点播收看或下载作品会损害作者的权益。

根据上述对网络传播行为的描述可知,网播(包括"同步广播")具有定时、非交互式的特点,节目播放的时间或者由传统广播组织决定,或者由网播组织决定,接收网播的用户是无法决定节目播出的时间的,只能被动的根据预先的时间表收听或观看节目。而网络点播则不同,控制节目播放时间的是用户,用户可以根据其需要点播收看或收听节目,这是一种典型的"交互式"传播方式。

(二)网播行为的定性

由于网播行为与通过无线电波方式向公众广播作品一样,采用的都是"点对多""非交互式"的传播方式,无论在性质上还是后果上都没有本质差别,只有技术手段的不同。按照"技术中立"的立法原则,它在法律上的定性本应与无线广播行为相同,因此理应受到广播权的控制。WIPO制定关于保护广播组织条约的相关文件也可以对这一观点进行支持。

通过查阅WIPO版权及相关权常设委员会会议的文件可以发现,关于保护广播组织的条约的最新一稿"基础提案草案"产生于第十五届版权及相关权常设委员会会议(2006年)。❶ 在该"基础提案草案"中,上届会议中产生的《关于保护网播问题的非强制性附录》被删除,而"网播保护"问题被搁置。❷ 也就是说,就该草案来看,WIPO并不认可网播为广播的一种。

但是,根据由2011年4月保护广播组织非正式磋商会议主席编拟的《〈保护广播组织条约草案〉要件》❸,WIPO的这一观点有所改变,该文件指出:……过去数年中,广播在不断演变,尖端技术也在不断发展中得到使用,同时,人们也在进一步期待新技术得到快速发展……信号盗播现象在包括手机、网络/互联网在内的所有平台都很普遍,而不再限于诸如卫星、电缆和地表频率之类的传统平台……若继续制定一份忽视技术发展和条约所应具有的实际意义的条约草案,上述因素会给我们带来问题。我们已经充分考虑了技术发展所带来的影响,尤其是其对数字平台所产生的影响,广播体育赛事时发生的严重的信号盗播情况就是这

---

❶ WIPO, Doc. SCCR/15/2,《世界知识产权组织保护广播组织条约经修订的基础提案草案》。

❷ WIPO, Doc. SCCR/15/2,《世界知识产权组织保护广播组织条约经修订的基础提案草案》(中文版本),第3页。

❸ WIPO, Doc. SCCR/22/11.

种影响的最好印证。❶ 该文件进一步指出：在广播活动不再限于传统平台的技术交汇时代，条约草案应以下列内容为依据……技术中立的方法，以确保广播组织进行广播活动的所有平台均受到充分保护。❷ 在随后的一份报告中，保护广播组织非正式磋商会议主席更是明确建议对"广播组织的'同步广播'应当受到草案中规定的'广播'一样的保护"这一问题进行讨论。❸

由此可以看出，网播作为一种与传统广播有着完全一样性质的传播方式，应当受到广播权的控制。

英国1988年版权、设计和专利法关于广播的定义印证了这一点。1988年版权、设计和专利法第6条第（1A）项规定，除了下列情况，任何通过互联网所进行的传输都不属于"广播"：（a）该传输在互联网和其他平台都同时发生，（b）现场活动的同时传输，或（c）由负责传输的人提供的、对被录制下来的活动的图像或声音（作为节目服务一部分）的传输，该传输属于一种服务，属于该服务的节目以负责传输的人所决定的固定的时间（scheduled time）被传输。❹

综合分析这几种列明的互联网传播行为，可以发现，无论传播的时间是由同步播放的广播组织决定（第1A款第（a）项），是由现场活动的时间决定（第1A款第（b）项），还是由"网播组织"所决定（第1A款第（b）项），它们都具有"定时"的特点，即网络传播的时间都不是由接收传播的一方所控制的，结合上文的分析可知，这三种情况都属于典型的"网播"行为。因此，修改后的"广播"行为不仅包括"有线"传播行为，还明确包括了"网播"行为。这样的规定实际上是将所有"非交互式"传播的方式都纳入了"广播"的范围，而无论这样的传播方式是有线还是无线，是网上还是网下。

（三）中国《著作权法》的广播权和信息网络传播权不能控制网播行为

2001年修改的《著作权法》为著作权人增加了一项专有权利：信息网络传播权。《著作权法》第10条第1款第13项规定：信息网络传播权，即以有线或者无线方式向公众提供作品，使公众可以在其个人选定的时间和地点获得作品的权利。通过对比中国《著作权法》关于"信息网络传播权"的规定和WCT第8

---

❶ WIPO, Doc. SCCR/22/11, Elements for a Draft Treaty on the Protection of Broadcasting Organizations, p2. 中文译文为笔者所译。

❷ WIPO, Doc. SCCR/22/11, Elements for a Draft Treaty on the Protection of Broadcasting Organizations, p3. 中文译文为笔者所译。

❸ WIPO, Doc. SCCR/23/9, Report on the informal consultations on the protection of broadcasting orcanications, p6.

❹ 这部分规定均为2003年修法所添加。

条关于"向公众传播权"的规定可以发现,"信息网络传播权"的表述与WCT第8条"包括"后的部分❶基本完全一样,参与2001年修法的立法者也承认:"信息网络传播权的定义,直接来自于《世界知识产权组织版权条约》第8条的表述"。❷因此,中国《著作权法》中的"信息网络传播权"实际上覆盖的行为范围要比WCT的"向公众传播权"小,其仅控制"交互式"传播,不能控制"非交互式"传播,而"向公众传播权"控制了包括"交互式"和"非交互式"传播在内的所有种类的非现场传播行为。

由于中国《著作权法》关于广播的规定直接来自《伯尔尼公约》,广播权无法控制通过有线方式(网线)直接进行传播的网播。同时,根据上文的分析,由于网播行为属于非交互式传播行为,因此也无法受信息网络传播权的控制。

然而,对于这个问题,曾经有法院得出相反的结论。在"宁波成功多媒体通信有限公司诉北京时越网络技术有限公司著作权纠纷案"(《奋斗》案)中,❸原告宁波成功多媒体通信有限公司是电视连续剧《奋斗》在中国内地的独家"信息网络传播权"人,被告北京时越网络技术有限公司在其经营的网站上提供客户端下载,通过该客户端,用户可以观看按照预先设定的时间逐集播放的《奋斗》。也就是说,当用户在某个时间点选择观看《奋斗》时,该用户只能观看到当时正在播出的那集《奋斗》的内容,而不能自由选择观看其想观看的任何一集,这种情况就是我们上面所说的网播。

对此,一审法院认为:"只要网络用户通过信息网络在其选定的时间可以获得作品的部分内容,作品传播者就构成了《中华人民共和国著作权法》第10条第1款第12项所规定的'使公众可以在其个人选定的时间和地点获得作品'。法律并未规定要使公众在其选定的时间获得作品的全部或任意一部分内容,通过信息网络传播作品者才构成对作品信息网络传播权的行使。本案的公证书表明,虽然网络用户在其选定的时间不能够获得《奋斗》的全部或任意一集的内容,但却能够获得网站正在播放的那一集的内容。因此,北京时越网络技术有限公司的

---

❶ WCT第8条规定:在不损害《伯尔尼公约》第11条第(1)款第(2)项、第11条之二第(1)款第(1)项和第(2)项、第11条之三第(1)款第(2)项、第14条第(1)款第(2)项和第14条之二第(1)款的规定的情况下,文学和艺术作品的作者应享有专有权,以授权将其作品以有线或无线方式向公众传播,包括将其作品向公众提供,使公众中的成员在其个人选定的地点和时间可获得这些作品。

❷ 胡康生.中华人民共和国著作权法释义[M].北京:法律出版社,2002:56。

❸ 北京市海淀区人民法院(2008)海民初字第4015号民事判决书;北京市第一中级人民法院(2008)京一中民终字第5314号民事判决书。

行为构成对《奋斗》的信息网络传播权的行使。"❶

然而，这样的认定是对"信息网络传播权"的一种误读。首先，被告对电视剧的播放是一种按照预先设定的时间表进行的定时播放，与广播电台和电视台按照节目表播出节目没有本质区别，两者都满足非交互式传播"受众为同时接收传播的不特定多数"和"传播由传播者单独决定"的特征，只是在传播的技术平台上有所变化（信息网络而非传统的广播网络）。因此，通过信息网络进行的非交互式的定时播放与"交互式"传播方式是两种截然不同的传播方式，不可能受信息网络传播权控制。

其次，一审法院认为"法律并未规定要使公众在其选定的时间获得作品的全部或任意一部分内容，通过信息网络传播作品者才构成对作品信息网络传播权的行使"，但是"对于一部长达 32 集的电视连续剧而言，尽管其作为一个整体可以被视为一部作品，但其中的每一集都是相对独立的作品。如果受众无法在个人制定的时间选择其中一集加以欣赏，'交互性'就无从谈起"❷。极端一些说，信息网络传播权所涉及的这种"交互性"传播方式应当能够使得用户在其选定的时间可以欣赏到其希望欣赏到的作品的任何一个片段。

尽管通过信息网络进行"定时播放"既不属于"广播权"控制的行为，又不属于"信息网络传播权"控制的行为，但是，未经许可对他人作品进行"定时播放"的行为显然侵犯了著作权人的利益，是对著作权人作品的一种利用方式，并且，根据 WCT 第 8 条的要求，这种定时播放行为应当属于"以有线方式向公众传播"的行为，因此，通过信息网络进行的"定时播放"行为应当受到著作权人专有权利的控制。根据我国《著作权法》的规定，应当使用《著作权法》第 10 条第 1 款第 17 项"兜底条款"❸来对此进行规制。

在"安乐影片有限公司与北京时越网络技术有限公司、北京悠视互动科技有限公司侵犯著作财产权纠纷案"（《霍元甲》案）中，原告为电影《霍元甲》在中国大陆地区相关权利的权利人，被告未经许可通过互联网对电影《霍元甲》进行了定时播放。一审法院通过审理认为："北京时越网络技术有限公司的上述行为（未经许可定时播放《霍元甲》）侵犯了安乐影片公司对该影片享有的著作权中的通过有线和无线方式按照事先安排之时间表向公众传播、提供

---

❶ 北京市海淀区人民法院（2008）海民初字第 4015 号民事判决书。
❷ 王迁. 论信息网络传播权的含义——兼评成功多媒体诉十月公司案一审判决 [J]. 法律适用，2008（12）.
❸ 中国《著作权法》第 10 条第 1 款第 17 项：应当由著作权人享有的其他权利。

作品的定时在线播放、下载、传播的权利，依法应当承担停止侵害、赔偿损失的民事责任。"据此，法院根据《著作权法》第 10 条第 1 款第 17 项认定被告构成侵权。❶

在二审中，法院明确解释了定时播放行为应当适用"兜底条款"的理由，认为："根据《中华人民共和国著作权法》的规定，信息网络传播权是指以有线或者无线方式向公众提供作品，使公众可以在其个人选定的时间和地点获得作品的权利。根据上述定义，我国《著作权法》规定的'信息网络传播权'针对的是'交互式'的网络传播行为，即网络用户对何时、何地获得特定作品可以主动选择，而非只能被动地接受传播者的安排。本案中，'悠视网'提供的是对涉案电影作品定时在线播放服务和定时录制服务，网络用户只能在该网站安排的特定时间才能获得特定的内容，而不能在个人选定的时间得到相应的服务，因此，该种网络传播行为不属于信息网络传播权所限定的信息网络传播行为。同时，因该种行为亦不能由《著作权法》第 10 条第 1 款所明确列举的其他财产权所调整，故一审法院认定其属于《著作权法》第 10 条第 1 款第 17 项'应当由著作权人享有的其他权利'调整的范围是正确的"。

这是我国法院自 2001 年《著作权法》修改之后第一次适用"兜底条款"。❷在随后的"上海观视文化传播有限公司、江苏省广播电视总台与上海聚力传媒技术有限公司侵犯著作财产权纠纷案"❸等案件中，法院认为：被告在其网站上设定了影视作品的播放时间，通过 PPLIVE 视频播放软件，直接向公众提供涉案电视剧的在线定时播放，损害了原告作为权利人的合法利益，应当承担侵权的民事责任，并再次对"定时播放"行为使用了"兜底条款"，印证了"《霍元甲》案"的正确性。

2010 年 5 月 19 日，北京市高级人民法院颁布了《关于网络著作权纠纷案件若干问题的指导意见（一）（试行）》，该指导意见对"未经许可的'定时播放'行为的法律适用问题"作出了明确的规定："网络服务提供者通过信息网络按照事先安排的时间表向公众提供作品的在线播放的，不构成信息网络传播行为，应适用《著作权法》第 10 条第 1 款第 17 项进行调整。"该意见的出台正是对上述案件的很好的总结。

---

❶ 北京市第二中级人民法院（2008）二中民初字第 10396 号民事判决书。
❷ 王迁. 网络环境中的著作权保护研究［M］. 北京：法律出版社，2011：129.
❸ 上海市浦东新区人民法院（2008）浦民三知初字第 483 号民事判决书。

三、广播权修法建议

由于目前中国《著作权法》中控制非现场传播行为的权利为广播权和信息网络传播权,而根据上文的分析,上述权利覆盖范围存在缺陷,因此,笔者就此提出以下两种修法方案,供立法者参考。

(一)仅对广播的定义做修改

由于中国已经根据 WCT 第 8 条的规定增加了"信息网络传播权",以单独控制"交互式"传播行为,因此,在不改变"信息网络传播权"权利覆盖范围的情况下,同样控制非现场传播的"广播权"应当能够控制 WCT 第 8 条"向公众传播权"中"信息网络传播权"所不能控制的行为,即"非交互式"非现场传播行为。根据上文中对现行广播权规定缺陷的分析可知,目前广播权无法控制的"非交互式"非现场传播行为包括有线广播、网播,而这两者之所以不能被广播权所控制,主要是因为"广播"在中国的"无线"性质。因此,笔者建议学习英国 1988 年版权、设计和专利法中关于"广播"的定义,扩大中国《著作权法》中"广播"的定义范围,使其覆盖所有"有线"和"无线"的"非交互式"传播行为,并且明确以"定时播放"为特征的"网播"(包括三网融合后的广电网和电信网)受广播权控制。此外,为了避免歧义,可以明确规定卫星广播(上行和下行传输过程)属于广播行为,而对卫星广播所进行的同时地面传播行为则属于广播权控制的第二种"转播"行为。对卫星广播进行明确规定也与大多数国家著作权立法相吻合。这样修改的好处在于,广播权和信息网络传播权的组合既完全覆盖了"向公众传播权"所控制的行为,又以小幅度的修改最大限度地维护了法律的稳定性。

(二)规定"向公众传播权"以替代原来的"广播权"和"信息网络传播权"

一种更为简便的修法方式是直接利用 WCT 第 8 条"向公众传播权"的规定替代"广播权"和"信息网络传播权",这种方式与日本、英国的做法相同。日本著作权法在第 23 条第(1)款中规定了"公开传输权"后,又通过第(2)款对"公开传输权"的后续行为进行规定,"对于已被公开传输的作品,其作者应当享有通过接收设备公开传输的权利",该权利用在广播行为上,就是对广播进行转播的情况,因此,如果中国《著作权法》直接规定了"向公众传播权",那么,可以借鉴日本著作权法第 23 条第(2)款的规定,也对"向公众传播权"的后续传播行为进行规定,以明确转播行为将继续受到法律的控制。

论网络广播组织权的保护

——以扩张广播组织权为中心

菅成广*

摘　要

　　随着数字技术、网络技术的不断发展,传统的广播形式发生了翻天覆地的变化。我国现行《著作权法》对广播组织权保护规定存在缺陷,网络广播无法完全受到转播权以及录制、复制权的控制。因此有必要对广播组织权进行扩张,将转播权延伸至网络环境,同时设立重播权。

关键字

　　网络广播　广播组织权扩张

　　网络广播（webcast）是一种媒体的文件传播方式,其实质是利用互联网的流媒体技术将单一来源的内容面向大众传播的广播形式。❶ 根据播出形态的不同,网络广播主要有三种类型:一是网络同步转播,即网络广播组织将电视台正在播出的广播节目信号通过数字化处理后在网站上向公众播出;二是网络广播,网络广播组织在规定时间向公众播放节目;❷ 三是网络点播,网络广播组织将录制好的视听节目置于网站中供用户"点播",用户可以在其选定的时间收看或收

---

* 华东政法大学知识产权学院2009级本科生。该文发表于《新闻界》2012年第1期第69页。
❶ 陈明涛. 网络服务提供商版权责任研究 [M]. 北京:知识产权出版社, 2011.
❷ 邢瑜. 论信息网络条件下对广播组织知识产权的保护 [J]. 政治与法律, 2005.

听到该节目,不受节目播出时间的限制。虽然我国现行《著作权法》对广播组织权已有规定,赋予广播组织转播权、复制权、录制权三项邻接权利。❶但面对网络技术的冲击,原有广播组织权、邻接权已不能完全规制网络环境下的广播行为。

一、网络同步转播行为无法受到"转播权"控制

在网络广播转播的三种类型当中,只有网络同步转播在播放时间上和广播组织的播出时间相同,符合公约中"转播"的同步性特征。但正如前文所述,我国对转播权的规定严格参照了《罗马公约》,根据《罗马公约》的解释以及当时的技术背景,转播权的主体显然不包括网络广播组织。转播仅指某一广播电台、电视台以有线或者无线的形式同时播放另一个广播电台、电视台的节目。然而在现实当中,随着宽频技术、视频软件技术、"三网合一"技术的组合与"联姻",出现了以众源网络公司 PPS、聚力传媒技术公司 PPlive❷为代表的专业网络广播组织。网络广播具有诸如不易受到干扰、画面质量好、节约无线频谱资源等优点,受到大众的青睐。任何网站经营者只要具备一些基础设备,就可以轻易地将广播电视节目信号转化为数字形式在网络上播放。❸

我国《著作权法》没有规定广播组织享有禁止或者许可将其播放的广播电视向公众传送的权利。在 TRIPS 第 14 条第 3 款则规定,广播组织应禁止下列未经其授权的行为:录制其广播、复制其录制品及通过无线广播方式转播其广播,以及将同样的电视广播向公众再转播。如果有成员未授予广播组织这种权利,则应在符合《伯尔尼公约》规定的前提下,赋予广播内容的版权所有以阻止上述行为的权利。目前我国已经加入 WTO,如果不加以调整将导致我国不能完全履行 TRIPS 的国际义务。从国外立法来看,WIPO 正在考虑制定一部在网络环境下保护广播组织者利益的国际条约,该条约草案也已形成,应当说根据技术发展趋势修改"转播权"范围已经成为国际发展趋势。

二、网络广播不能受到复制权控制

我国《著作权法》第 10 条将"复制权"定义为"以印刷、复制、拓印、录

---

❶ 王迁. 知识产权法教程 [M]. 北京:中国人民大学出版社,2009.

❷ 维基百科 [EB/OL]. [访问日期不详]. http://zh.wikipedia.org/wiki/PPStream, http://zh.ikipedia.org/wiki/pplive.

❸ 常青. 论广播电视组织的邻接权 [J]. 法学杂志,2005(5).

音、录像、翻录、翻拍等方式将作品制作一份或者多份的权利"。虽然该条例中没有明确将上传行为归为复制权所能控制的范围。但总结各国立法，不难发现复制行为具有两个要件。一是该行为能在有形物质载体上再现作品。这也是复制行为与其他再现表演行为如表演、广播和放映等行为最根本的区别。如果再现作品的行为并非借助有形物质载体，则该行为不可能是著作权法意义上的复制。比如记忆一段歌曲或者一篇文章，由于没有在有形载体上再现作品，因此不能称为复制。二是作品能被相对稳定和持久地"固定"在有形物质载体之上，形成作品的有形复制件。❶数字化处理后的广播节目上传完全符合这两个构成要件。而且，我国《关于制作数字化制品的著作权规定》中已明确指出将已有作品制作成数字化制品，即以数字代码形式固定的有形载体，无论以何种形式固定和表现已有作品，均属于著作权法意义上的复制行为。笔者认为虽然上传行为属于数字复制，但复制权无法控制上传行为。

自安娜女王法制定以来，复制权便是著作权人的核心权利。传统环境下的复制往往可以是公开的、有明显侵权意图的行为。但是随着网络的出现，任何数字化的作品可以近似无成本地、不受改变质量的复制，在有形载体下"复制"的障碍在数字环境下荡然无存。❷传播权的重要性日渐凸显，"传播"意指向未在传播起源地的公众进行传输，尤其是网络传播则更离不开复制行为。在网络传播的过程中，复制者的意图是将作品进行传播，而不是取代原件。❸用复制权来控制与网络广播作品的行为虽然从法律条文的字面上来看没有问题，但是在实际的操作中却有可能无法充分保护权利人的利益。

三、网络点播行为无法受到广播组织权控制

在以往的广播模式下，广大公众不能自由选择节目播放的时间和地点，只能被动地接收。相比于传统的广播方式，网络点播摆脱了过去单一的"点对多"模式，具有"交互式"传播的特征。在交互式播放的情形下，信息传播的发送者与受众之间是存在交互的过程的，传播具有双向互动性，不再是单一的点到面，而是点到点，遵循终端对等原则。用户不仅能在任何地点，任何时间选定节目的播放，还能够在播放过程中暂停、快进或后退播放操作。"交互式"广播对传统的广播模式带来了深刻的影响，借助网络点播技术用户不用在节目规定播出

---

❶ 王迁. 著作权法 [M]. 北京：北京大学出版社，2007.
❷ 高富平. 信息财产——数字内容产业的法律基础 [M]. 北京：法律出版社，2009：118.
❸ 王振清. 网络著作权经典判例 [M]. 北京：知识产权出版社，2011.

的时间守候在电视机前等待节目开始。通过互联网,可以不再受时间、空间的拘束,欣赏喜爱的广播节目。

通常作品要在互联网上进行传播,必须经过三个过程:一是将有关的作品数字化,即通过数字技术将作品转化为由 0 和 1 所构成的能被计算机所读取的数字作品;二是将数字化的作品在网上传输,作品通过上传等手段实现在服务器和计算机中的复制;三是社会公众可以在自己选择的任何时间和地点,访问或者获得有关的作品,即前面所说的"交互性"特点。❶

从网络点播的传播过程来看,网络点播行为完全属于信息网络传播权所控制的行为范围,但是我国目前并未将信息网络传播权赋予广播组织。当然,如果广播组织不仅播放了节目,其本身也是节目的制作者,则广播组织作为著作权人对节目享有著作权,其他网站未经许可上传广播节目的行为侵犯了广播组织的信息网络传播权。如果广播组织仅是节目的录制人,则可以获得录音录像制作者所享有的信息网络传播权。但如果广播组织在节目的播出过程中仅从事了播放行为,则广播组织无法控制其他网站将电视节目用于网络点播服务的行为。

在司法实践中此类案件频发,却难以从现行著作权法中找到处理的依据。由于网络点播在播放效果上与传播广播没有本质差别,公众可以通过网络轻易得到被信号盗版的广播节目。这将会降低广播节目的收视率,阻碍广播电视产业的发展。❷

四、对广播组织权的扩张

(一)广播权主体延伸至网络广播组织

随着科技的发展,世界知识产权组织关于保护广播组织的条约草案首次将计算机网络纳入广播的范围,如果草案最后能够得以通过并被各缔约国转化为国内立法,广播组织权就能获得与著作权相当,在网络环境中的较高水平保护。❸

相比于无线广播、有线广播,网络广播的唯一区别就在于广播节目的传播介质。根据技术中立的原则,网络广播在效果上与传统并没有区别,法律没有必要专门对此作出特别的规定。此外,为网络广播组织提供较高水平的保护同样是网

---

❶ 李明德,许超. 著作权法 [M]. 北京:法律出版社,2009.

❷ 世界知识产权组织. 著作权与邻接权法律术语汇编 [M]. 北京:北京大学出版社,2007:186. 注释:在著作权和邻接权领域通常理解为未经适当授权,而以任何适宜的方式复制已出版作品或者录音制品用于公开发行,以及转播他人的广播电视节目。

❸ 胡开忠. 世界知识产权组织保护广播组织条约制定中的问题分析 [J]. 知识产权,2008(7).

络产业发展的需要，赋予其网络广播组织以专有权能够防止未经授权信号盗版行为，防止网络收视率的流失。

（二）广播组织权客体应当是信息流

郑成思教授曾提出知识产权的客体是信息，信息产权既可以涵盖现行的知识产权，又可以把不被视为知识产权的创作纳入其中。传统著作权法一般认为广播组织权的客体是广播组织播放的节目信号。与无线、有线广播技术不同，网络广播所采用的流媒体技术运用数字化技术把连续的声音和图像经过压缩后放在网站服务器，使用户一边下载一边欣赏。网络广播传输的都是数字信息，可以称其为"信息流"。其他网站未经许可截取了合法网站上传输的"信息流"，然后将其播放，实质上是对广播组织的信号盗版。将广播组织权客体定义为"信息流"，涵盖了节目信号的定义，同时也能够包括网络广播中流媒体传播的形式。

（三）广播组织权的内容应延伸至网络环境

1. 扩大转播权的权利范围

"转播权"是广播组织权中最重要的一项权利，网络时代对广播组织的最大冲击在于未经广播组织许可，把通过无线或者有线传播的广播电视信号转化成数字形式在网上传播。❶ 从技术特点来看，无论是无线转播、有线转播，还是网络转播其本质上都属于转播行为，都符合同时转播的特点。而且信号盗版确实会影响广播组织的收视率，给其造成严重的损失。因此对转播的含义进行扩大解释，应当将其定性为"转播"行为。

2. 设立重播权

对于网络广播以及网络点播这一类延时性网络播放，因不符合"转播权"必须同时播放的特征而不在其控制范围之内。重播行为不仅会损害著作权人的利益，而且也会损害播出该节目的广播组织的利益，只有赋予广播组织单独的对重播进行控制的权利，广播组织才能单独提起诉讼来保护其合法权益。笔者认为，我国在下次修改《著作权法》时，可以借鉴草案的做法，为广播组织设置一个"重播权"，无论是电视台、广播电台，还是网络电台要对广播节目进行重播都必须得到广播组织的许可。

---

❶ 李小侠. 利益平衡视角下广播组织邻接权制度的完善［J］. 新闻界，2010（1）.

数字化版权视野下孤儿作品的利用与保护

肖 月[*]

摘 要

孤儿作品由于权利人不明或无从寻找，很难得到充分的利用，发挥其社会效用。数字化时代中，孤儿作品的利用和保护问题日益突出。我国尚未对此问题给予高度关注，建议在现有的法律框架之下，将孤儿作品纳入法定许可的范围内，在"合理的勤勉寻找"的基础之上，规定"有限使用"和"合理补偿"原则，强化著作权集体管理和许可制度，平衡著作权人和社会公众的利益。

关键词

孤儿作品　著作权利用　法定许可

引 言

2004年年底，全球最大的网络搜索引擎经营商谷歌公司公布了一项庞大的谷歌图书馆计划。这一举世瞩目的计划从诞生之日起就频频遭遇版权壁垒，为了解决公司与大小利益群体的矛盾，谷歌公司先后两次拟定了和解协议。然而2011年3月，谷歌图书馆计划再次受到重击：纽约南区法院否决了谷歌公司与美国作

---

[*] 华东政法大学知识产权学院2009级本科生。

家协会、出版商协会达成的价值 1.25 亿美元的和解协议。虽然修改版的和解协议对于平衡各方利益作出了些许让步，然而由于涉嫌垄断等因素的存在导致这次和解协议再度破产，其中还有一个至关重要的问题就是对于孤儿作品版权利用的质疑。目前，孤儿作品的版权问题在法律上始终悬而未决。在数字化版权时代之中，研究孤儿作品的版权利用与保护，推动有关孤儿作品的相关立法，对于整个社会公众领域都将产生积极意义。本文从孤儿作品的法律界定着手，厘清孤儿作品的利用现状与困境，希望能对我国未来有关孤儿作品的立法提供一些有益借鉴。

一、版权法意义上"孤儿作品"的界定

（一）"孤儿作品"的定义

孤儿作品（orphan work）是指仍在版权法的保护期限内，受版权法保护，但权利人不明或版权人虽然确定但是无从寻找的作品。在美国，孤儿作品是指那些尚处于版权保护期内，使用者打算以依法征得版权人许可的方式进行使用，虽然经过勤勉的努力寻找，但仍然无法找到其版权人的作品。[1]

因此，孤儿作品应当具备以下特征：首先，符合独创性的要求，属于版权法保护的客体。大陆法系和英美法系这两大法系经过有关版权客体要件的理论与司法实践的不断发展与进步，最终都确立了版权的独创性原则，即拥有独创性是成为版权法保护客体的判断基准。不具备最低限度的独创性要求，就谈不上版权法的保护。

其次，作品仍然处于版权法的保护期间之内。依据《伯尔尼公约》，各国可以规定不同的版权保护期限，作品在版权保护期内享受版权法的保护，过了版权保护期，作品就进入公有领域成为公有财产，可以供公众自由地使用。

再次，作品的版权人不明确或虽然明确但无从寻找。按照版权法的一般规则，对于受版权法保护的作品的利用都需要经过权利人的许可，否则会造成对于版权权利人的著作权侵权。然而对于孤儿作品而言，由于版权人不明确或者难以寻找，此类作品获得授权使用就十分的困难。

最后，应当通过合理勤勉的努力仍然无从找寻作品的版权人。寻找作品的版权人应当付出合理并勤勉的努力，不能未经任何努力就任意地断定一个作者尚不

---

[1] United States Copyright Office, Report on Orphan Works (2006). [EB/OL]. [访问日期不详]. http://www.coptright.gov/orphan/orphan-report.pdf.(p1).

明确的作品是真正意义上的孤儿作品。

(二)"孤儿作品"的范围

依据孤儿作品的定义,可以将其范围划分为四类:第一类是真正的孤儿作品,即该作品的权利人已经灭失或没有寻找到的可能,这类作品成为无主财产。第二类是表见的孤儿作品,此类作品的权利人经过合理、勤勉的努力,尚未寻找到,但是有再次出现并被确认的可能。表见的孤儿作品的权利归属具有不确定性,其实用规则最值得探讨和进一步研究。第三类是伪称的孤儿作品,其权利人只是表面上的不明确,其认定并未经过合理、勤勉的寻找,不应当属于孤儿作品的范畴。第四类是事实上的孤儿作品,这类作品在法律上存在相关的权利人,但事实上处于"无主"状态,其著作财产权无法得到真正的行使。最典型的就是我国《著作权法》规定的"无人继承的作品"。

二、"孤儿作品"的利用现状及困境

(一)"孤儿作品"的社会价值及利用现状

版权法为作者创作作品获得合理报酬提供保护屏障,为天才之火浇上利益之油来刺激、鼓励创作行为,使公众获得更多可供消费的文化作品,促进新思想的迸发与交流,从而推动文化市场的繁荣以及社会的进步。这当中应该也包含着孤儿作品。然而,目前对于孤儿作品的利用实际上只是凤毛麟角。据不列颠图书馆估计,其藏品中大约有40%已经无法找到权利人。❶ 孤儿作品之中有不少作品本身具有很高的历史研究价值,如对于民国时期的文献和胶片,图书馆、博物馆的馆藏的利用,由于无法寻找权利人,只能作罢。特别是现代社会对于信息交流的需求,许多数字化的作品也因为难以确认权利人只能在合理使用的小范围内使用,造成了社会资源的浪费。从著作权经济学角度看,福利最大化要求所有的商品被引导进入最有价值的使用。如果允许使用者在特定条件下使用这类作品,将会吸引额外的资源进入著作权作品的创作,并可能导致产生更多的额外作品。❷ 因此,需要对"孤儿作品"进行充分的利用。

(二)"孤儿作品"的利用困境

1. 大量作品的"孤儿化"

由于版权保护的自动取得制度的确立、版权法所赋予作者署名的自由、网络

---

❶ Digital Libraries Initiative: Agreement between Cultural Institutions and Right Holders on Orphan Works [EB/OL]. [访问日期不详]. http://merlin.obs.coe.int/iris/2008/7/article6.en.html.

❷ 冯晓青. 知识产权法利益衡平理论 [M]. 北京:中国政法大学出版社,2006:242.

数字化的推动以及作者个人情况的变动等因素，导致现实生活之中涌现出大量难加以利用的孤儿作品。

孤儿作品产生的根由是作品自动保护原则在各国的确立，自动保护原则是一种大陆法系国家普遍采取的制度，它与大陆法系将著作权视为如生命健康权一样的自然权利有着直接关系。❶ 作品一经创作完成，就自动收到版权法的保护，无须登记作为形式要件，并且署名权是法律赋予作者的一项基本的人身权利，出于对社会文化大环境或作者个人因素等的种种考虑，从作品产生之初就存在一些作者未署名或署假名的现象，正是这种原因导致他人无法明确地从作品上辨别出作者的身份。

另外，互联网的普及以及现代数字化技术的发展都在事实上导致作品的"孤儿化"。如基于网络平台的作品交流，终端用户及网络运营商不负责任，不加规范地上传，转载和拆分作品。都导致不少作品因最终无法认定权利人而成为孤儿作品。欧盟发布的绿皮书：知识经济中的版权认为，孤儿作品现象是在大规模数字化过程中引人注目的。❷ 作者个人情况的变动也可能导致作品的"孤儿化"，如作品由于原作者死亡，并未对作品版权经行处分或权利人的多次变动信息更新不及时，使作品的权利人难以明确或无从寻找。

2. 现行使用规则的缺失

孤儿作品问题的核心是权利清算与责任承担两个紧密相连的主要方面：第一，当权利人难以确定或无法找到时，是否允许他人使用其作品，以及如何解决程序问题；第二，当权利人复出并主张权利时，是否并如何对其进行公平合理地救济。❸ 然而，我国现行的《著作权法》并没有就以上两个方面作出明确的规定，这导致我国著作权法对孤儿作品给予的是一种事实状态上的强保护，许多有利用需要的人由于害怕权利人的出现而承担侵权责任，被迫放弃对孤儿作品的利用计划，这也就必然阻止了社会公众接触到这些优秀的作品，与我国著作权法的立法精神背道而驰。

3. "孤儿作品"的侵权救济难以实现

由于著作权案件属于民事案件的范畴，因而也必须遵循不告不理的民事纠纷司法原则，这也是导致孤儿作品最容易受到侵害的重要原因。孤儿作品的权利人本身就不明确或难以寻找，更加无法及时有效地维护自己的权利。一些以营利为

---

❶ 刘春田. 知识产权法 [M]. 北京：中国人民大学出版社，2006：415.
❷ See Green Paper. Copyright in the Knowledge Economy, COM (2008) 466/3.
❸ 周艳敏，宋慧献. 版权制度下的"孤儿作品"问题 [J]. 出版发行研究，2009 (6)：67.

目的的使用孤儿作品行为侵权成本极低,又往往能够获得可观的收入,因此,也会滋生出无限制的利用"孤儿作品"的现象。

三、我国"孤儿作品"保护制度的完善

(一) 我国目前的立法现状

孤儿作品是一个全球性的问题,目前世界各国都在积极地寻求其利用和保护之道。然而,我国并没有对此给予高度的关注。《著作权法》及相关法规尚未规定具有普遍适用意义的有关孤儿作品利用和保护规则。

1. 关于"作者身份不明的作品"的规定

我国《著作权法实施条例》第 13 条规定:"作者身份不明的作品,由作品原件的所有人行使署名权以外的著作权。作者身份确定后,由作者或者其继承人行使著作权。"据此,对作者身份不明确的未发表的作品,在作者身份确定前,由作品原件的所有人行使除署名权以外的著作权。但是该项规定未能真正解决孤儿作品的利用问题,首先未能明确规定作者身份确认后,作品原件的所有人是否应当向其支付之前的使用费,应当按怎样的标准支付合理的使用费用。并且也未明确规定对无法找到版权人的已发表的作品应当如何使用与支付费用。另外,对于何为"原件"也存在法律上的争议,在网络数字化时代中,作品的原件和复制件没有任何实质性的差别。

2. 关于"无人继承的作品"的规定

依据我国《著作权法》第 19 条以及《继承法》第 32 条的规定,尚处于著作权保护期间内的作品,自然人作者死亡后无继承人和受遗赠人,著作财产权归国家所有,法人或其他组织为著作权主体的,在其变更、终止后,如果没有权利和义务承受者,著作财产权也归属于国家。但是国家作为著作财产权的享有者,怎样行使法律给予他的权利,又应该由哪一国家机关来行权,始终都没有明确的规定。这导致现实中既不存在一个代表国家行使著作财产权的法律授权机关去许可有使用需要的人对这些作品加以演绎和利用,也没有受权机关真正代表国家去追究侵权的法律责任的情形,这些作品处于现实的"无主"状态。❶

(二) 解决"孤儿作品"问题的立法建议

1."无人继承的作品"进入公有领域

如上所言,我国"无人继承的作品"在保护期内的著作财产权由国家享有,

---

❶ 董慧娟. 孤儿作品的利用困境与现行规则评析 [J]. 中国出版,2010,9(下):39.

但这不能够真正地使这些作品得到妥善的利用和保护,建议修改《著作权法》第19条的规定,让这些作品进入公有领域,使公众可以自由地获取和利用。这既可以扩大作品的影响力,减少使用作品不必要的限制,又从根本上符合我国著作权法的立法精神,丰富文化市场,传扬先进文化。

2. 将"孤儿作品"纳入法定许可的范畴

当下对于孤儿作品的利用是必须和有益的,因此建议在我国现有的立法框架之下,将孤儿作品纳入法定许可的范畴。一方面,满足公众接触、获得和自由使用这些作品的需要;另一方面,通过完善有关权利救济的规定,保护作品的权利人出现后的使用费用的补偿权利。具体应当在法律中明确以下内容:

(1) "合理的勤勉寻找"原则。

"合理的勤勉寻找"原则,即限定免除侵权的前提为使用人在使用孤儿作品之前善意地实施了合理的勤勉寻找,但最终却无法找到作品的版权人。具体的实践之中,判定合理的勤勉寻找可以从作品是否进行过版权登记,能否从公共渠道了解作品版权权利人信息等方面考虑。

(2) "有限使用"原则。

首先,孤儿作品的使用应当是非排他性的,❶ 对于使用人使用的作品,其他社会公众也享有同等的法定许可使用的权利;其次,原权利人复出后,使用人的继续使用应当与权利人达成协议使用,同时权利人应当允许使用人继续使用对其作品演绎而产生的新作品。❷

(3) "合理补偿"原则。

当孤儿作品权利人复出并主张权利时,经过"合理勤勉寻找"的使用者虽可免除侵权责任,但应向权利人支付数额合理的使用费。建议修改《著作权集体管理条例》第47条的规定,该类作品也纳入相关的版权集体管理组织的管理范围内,由集体管理组织代收使用费,经原版权人申报权利后再转交版权人。这既有利于实现版权人的利益,也有利于解决使用者使用作品的后顾之忧,平衡二者的权利。

四、结 论

在数字化版权视野之下,必须重视对孤儿作品的利用和保护。然而目前我国

---

❶ 李凤琴. 试论孤儿作品的利用困境及立法策略 [EB/OL]. [2010 – 10 – 20]. http://www.civillaw.com.cn/Article/default.asp?id = 35452.

❷ 袁泽清. 论孤儿作品的利用与保护 [J]. 西南民族大学学报,人文社科版. 2008,2 (198):247.

法律没有对该问题进行系统全面的规定。笔者建议在现有的法律框架之下进一步完善立法，将孤儿作品纳入法定许可的范畴内，允许有使用需要的人在《著作权法》规定的例外情形之下支付合理的费用利用作品，同时明确"合理的勤勉寻找"原则，"有限使用"原则和"合理补偿"原则，强化著作权集体管理制度，使孤儿作品发挥更大的社会价值，以实现著作权人和社会公众利益的平衡。

电视节目模板的著作权保护问题研究

曹丹婷[*]

摘　要　　电视节目，尤其是娱乐类节目之间相互借鉴、模仿甚至抄袭在业内可谓司空见惯。但这种行为是合法的行业惯例还是侵犯著作权的侵权行为，在业界尚有不同的认识。本文试图从分析电视节目模板的法律性质入手，通过比较其在各国的保护情况，以探求我国电视节目模板的法律尤其是著作权保护途径。

关键词　　电视节目模板　抄袭　著作权　思想　邻接权

"到底是不是抄袭？"近两年已经成为电视界的热门话题，而引爆这个话题的导火索事件正是 2009 年英国独立电视公司 ITV 称湖南卫视侵犯了其节目"Who Dares Sings"版权，向国家新闻出版广电总局投诉。ITV 公司以 50 万美元的价格把节目版权授予江苏卫视，协议开设综艺节目《谁敢来唱歌》。他的母版正是源于 ITV 公司于 2008 年推出的"Who Dares Sings"（谁敢来唱），该节目的核心设计理念是用 SAM———一个强大的音频分析软件，来分析演唱者在节奏和音准上与原唱的吻合度，该软件由 ITV 公司耗时 1 年、由英国牛津剑桥大学的专家专门为该节目研制开发的。与此同时，湖南卫视也开发了一档新节目《挑战麦克

---

[*]　华东政法大学知识产权学院 2007 级本科生。

风》。ITV 公司称湖南卫视侵犯了其节目版权，向国家广电总局投诉，要求湖南卫视停止播出该节目。湖南卫视则回应称，《挑战麦克风》对节目进行了本土化改造，软件也是自行设计的，节目理念是全民娱乐，在环节、道具、主持人设置上差别很大，根本不构成抄袭。

其实，这并不是外国电视公司投诉中国电视台的第一起案件，江苏卫视也并不是唯一一家通过购买取得电视节目版权的电视台。早在 1998 年，中央电视台购得英国电视节目"Go Bingo"的版权，催生了收视率极高的《幸运 52》。2004～2006 年，湖南电视台的《超级女生》节目也曾被英国电视制作公司 Fremantle Media 认为抄袭其"Pop Idol"的模板。本文就是从版权的角度来讨论电视节目模板居于何种地位，以及如何对电视节目模板的创作者加以保护。

一、电视节目模板的定性及我国的保护现状

（一）电视节目模板

目前中国还未对"电视节目模板"有一个的权威定义，学者们在谈论到这一话题时众说纷纭，有人认为电视节目模板就是节目的主要安排形式，有人认为经过创意、摄制和播出才能形成节目模板。笔者认为正是由此而导致了对其法律保护的缺失。

国际知名百科网站 Wikipedia 对"TV Program Format"给出的解释是"a program format describes the overall content and branding of a copyrighted television program. Stations license to produce and broadcast a national version of a foreign programs. Formats are a major part of the international television market."❶ 这个解释也许不准确，但或许可以从中窥出一些端倪：播放他人节目或借用他人节目模板制作新节目应当经过他人的授权。

（二）电视节目模板是思想还是表达

在著作权法领域，一个基本的原则是"思想——表达"二分法，即著作权保护不能延伸到作品中包含的思想，而只能延伸到作品中这些思想的特定表达，否则会造成作者对思想的垄断。

那么电视节目模板是纯粹的思想吗？笔者认为，除了包含一系列技术性的、艺术性的、商业性的方法步骤，电视节目的模板在本质上其实一种创意。

如同未来会成长为胎儿，最后成长为婴儿和成人的受孕卵一样，创意应该

---

❶ [EB/OL]. [2012-02-12]. http://en.wikipedia.org/wiki/Program_format.

被看做是其他传统知识产权客体的雏形阶段❶，所以，创意是一种精神性或思想性的东西，但它又不是纯思想的与工具材料、物质无关的，它是孕育中的知识产权客体，创意能够在人们之间进行传播，并能够被利用而在生产与社会活动中产生效益，具有一定价值，它与知识产权客体的差别仅在于其具体性上，创意在具体性上略差于传统的知识产权客体。正是由于创意与传统知识产权客体的这种差异，使得电视节目模板介于思想和表达之间，而现阶段对其法律保护尚不完善。

（三）《著作权法》对电视节目模板的保护现状

世界各国的知识产权立法都明确排除了对思想的保护。《世界知识产权组织版权条约》规定："版权保护延及表达，而不延及思想、过程、操作方法或数学概念本身。"《与贸易有关的知识产权协议》也规定："对版权的保护可延伸到公式，但不得延伸到思想、程序、操作方法或数学概念等。"故现阶段，我国《著作权法》未对节目模板进行保护，其最主要原因还是将它认定为"思想"。

因为它们没有"可复制性"，对它们在版权意义上的"侵权"无从发生，故谈不上保护。❷ 但是，多数国家立法也都在著作权之外设定了邻接权的保护。

那么电视节目模板可不可能受我国规定的邻接权保护呢？根据邻接权产生的原因，可以将邻接权定义为：不构成作品的特定文化产品的创造者对该文化产品所享有的排他性权利。❸ 我国的《著作权法》规定了其范围包括表演者权、录音录像制作者权和广播组织权。这里需要讨论的是，广播组织权是否保护电视节目模板。电视台是广播组织的一种，享有转播权和录制、复制权。值得注意的是，这里广播组织权针对的客体是"广播组织自己播放的节目信号"，强调的是信号而非节目本身，当然更不可能是节目的模板。其所谓录制、复制是指将广播组织播出的节目录制在有形物质载体上并进行再复制。电视节目模板显然不能构成这样意义上的被录制和复制的对象。

二、世界各国对电视节目模板的法律保护

世界知识产权组织（WIPO）相关规定指出，广播电视节目可以作为各国立

---

❶ 曾言. 创意保护的法律考量 [J]. 法治论丛，2008，23（1）.
❷ 沈仁干. 郑成思版权文集 [M]. 北京：中国人民大学出版社，2008：59.
❸ 王迁. 知识产权法教程 [M]. 2版. 北京：中国人民大学出版社，2009：200.

法保护的客体,至于节目模板,暂不视其为单独的保护客体。❶ 然而,各国在司法实践中没有统一的结论,其判决大致可分为以下三种类型。

(一) 不保护电视节目模板——英国、美国

英国法律史上第一起对节目模板提出权利要求的案件发生在 1989 年,即 Green v Broadcasting Corporation of New Zealand。❷ 电视节目主持人 Hughie Green 请求法院保护其对节目概念的一个设想"Opportunity Knocks",法官强调了英国版权法的一项基本原则,即不保护思想,驳回了原告请求。❸

2003 年,美国两大电视台 CBS 与 ABC 的案件表明了美国在这个问题上的立场。CBS 称 ABC 的电视节目"I'm A Celebrity Get Me Out of Here"抄袭其"Survivor",要求 ABC 停止播出该节目。本案法官 Loretta Preska 以与英国法官完全相同的理由驳回了诉讼。❹

(二) 以版权法保护电视节目模板——荷兰、巴西

在 2004 年荷兰最高法院判决的 Castaway Television Productions Ltd & Planet 24 Productions Limited v Endemol 一案中,荷兰法院认为,一个版式由很多不受版权法保护的元素组成,如果所有的元素都被剽窃了,那么毫无疑问成立侵权,如果只有一个元素被剽窃了,那么侵权显而易见并不成立,问题的关键是抄袭多少元素构成侵权,这取决于每个案件的具体情况。虽然这个案子最终没有判定侵权,但显然法官在判决中承认了节目模板应当受到版权法的保护。❺

而在巴西的诉讼中,作为原告,Endemol 认为自己享有的一档叫做"Big Brother"的电视节目模板被巴西的 TV SBT 公司侵权,制作出"Casa Dos Artistas(the Artist's House)"。❻ 被告辩称节目模板只是思想,而真人秀的节目形式更是处于公有领域。此外,由于真人秀节目不存在事先设定的台词,抄袭也无

---

❶ Ben Challis & Jonathan Coad: Format Fortunes: Is there Legal Recognition for the Television Format Right? First published on the Music Business Journal, and see Law Updates (August 2004).
原文为 "Broadcast content can also be protected by copyright and related rights, depending on the national legislation. Television formats, however, have not been discussed at WIPO as subject of a separate international protection."
❷ Green v Broadcasting Corporation of New Zealand (1989) RPC 469.
❸ Green v Broadcasting Corporation of New Zealand (1989) RPC 700. see Ben Challis & Jonathan Coad: Format Fortunes: Is there Legal Recognition for the Television Format Right?
❹ CBC v ABC (2003), Law Updates (January 2003).
❺ Castaway Television Productions Ltd & Planet 24 Productions Limited v Endemol (2004), Simkins Partnership Early Warning (June 2004) (JKC), and see Law Updates (August 2004).
❻ Endemol Wins Copyright Protection for Big Brother in Brazil, Simkins Partnership Early Warning (June 2004) (JKC), and see Law Updates (July 2004).

从说起。❶ 法官援引专家的观点，提出"电视节目模板是一个综合的概念，不仅包括节目的构思，同时包含了技术支持、艺术手法、商业价值的一系列信息。"❷ 该案中，原告的节目中不仅是对真人秀的如实记录和气氛营造，还包含了一系列独特细节，例如将麦克风置于节目参与者的身上并处于 24 小时开启状态、音乐风格、参与者与外界联系的途径、播送方式等，这些都属于模板的范畴。❸ 被告的节目在这些方面都与"Big Brother"的模板有惊人的相似，法官由此判定这些相似不是巧合，而是卑劣的抄袭行为，❹ 对被告处以巨额的赔偿金。

（三）以著作权法以外的法律保护电视节目模板——法国

法国法院承认电视节目模板可以受到著作权法保护，但前提必须是能够证明该模板已经以有形形式表现或实施出来。但实践中会遇到两点困难，一是模板的创造性不易判定，二是模板到底还处于思想的范畴还是已经表现出来的界限难以确定。为了规避这两个实践上的难点，法国法院又承认电视节目模板可以受到反不正当竞争法的保护。2005 年巴黎法院审判的 Saranga Production v Canal Plus 案就采取了这一新途径。❺

---

❶ Ben Challis & Jonathan Coad：Format Fortunes：Is there Legal Recognition for the Television Format Right? First published on the Music Business Journal, and see Law Updates（August 2004）.
原文为"The defendants claimed that a reality show is no more than an idea, citing the lack of scripts."

❷ Ben Challis & Jonathan Coad：Format Fortunes：Is there Legal Recognition for the Television Format Right? First published on the Music Business Journal, and see Law Updates（August 2004）.
原文为"Television programme format, in the sense employed by the television business media, is a much wider concept that does not only include the central idea of the programme but also encompasses an extensive group of technical, artistic, economical, business... information."

❸ Ben Challis & Jonathan Coad：Format Fortunes：Is there Legal Recognition for the Television Format Right? First published on the Music Business Journal, and see Law Updates（August 2004）.
原文为"The format consists of details such as the use of microphones tied to the participants' bodies, linked 24 hours a day, music styles, the form through which the participants will have contact with the external world, activities, among others."

❹ Ben Challis & Jonathan Coad：Format Fortunes：Is there Legal Recognition for the Television Format Right? First published on the Music Business Journal, and see Law Updates（August 2004）.
原文为"The whopping similarity between both programmes does not stem from chance, but from a badly disguised and rude copy of the format of the programme Big Brother."

❺ Oliver Banchereau：What's in a format – the protection of television program formats in France Copyright World（February 2006）.

三、对电视节目模板抄袭的认定

在电视节目模板提供保护的过程中，对模板抄袭的界定是一大难题，但一些法院的判例给我们提供了很好的参考。

2003 年英国的 Miles 诉 ITV Network Ltd❶一案虽然最终判定节目模板只是创意而不能被保护，但其中法官作出的关于认定"抄袭"的方法值得我们思考学习。被告诉称自己在 1998 年 1 月向第一被告英国独立电视台（ITV）提供了一系列关于名为"Trusty and his friends"的卡通节目的材料，其中包括一个简短的视频样片，后来独立电视台根据这一创意推出了电视动画节目"Dream Street"并大获成功。原告 Miles 认为 ITV 的行为侵犯了其著作权，虽然他承认两部动画从总体内容和主题来看都不相同❷，但他认为两者在许多细节特征上有共同之处，完全构成抄袭。法官认为，两部动画的相同之处仅在于"以拟人化的交通设施作为动画形象"，况且原告的控诉只是建立在自己的推测上，因为他并不能提供确切证据证明自己在第二被告制作出"Dream Street"之前向其展示过自己的创意。❸ 这些联系过于微弱，且都建立在原告自己的认定和推论上，❹ 不足以认定为抄袭。

前文提到过的荷兰最高法院对于抄袭有一段论述值得借鉴：节目模板是许多受保护因素和不受保护因素的集合，只有对那些受保护因素的能够被辨识的模仿才构成侵权。如果所有因素都相同，那显然构成侵权；如果只是模仿了其中不受保护的因素显然侵权之说不成立。至于到底有多大比例的相似才构成抄袭并没有一个固定的标准，需要具体问题具体分析。❺

---

❶ Miles v. ITV Network Ltd. EWHC 3134 (CH), (2003).

❷ Miles v. ITV Network Ltd. (2003) EWHC 3134 (CH) 原文为 "Dream Street is very different in overlook and feel to 'Trusty and his friends'. This is accepted by the claimant."

❸ Miles v. ITV Network Ltd. (2003) EWHC 3134 (CH) 原文为 "Mr. Miles does not say that he can identify how the features of his program or at least those on which he now relies, passed from his to the Defendants and made their way into the 'Dream Street' program."

❹ Miles v. ITV Network Ltd. (2003) EWHC 3134 (CH) 原文为 "The mere fact that the Claimant feels intensely that his idea has been taken is not enough to justify continuation of these proceedings."

❺ Oliver Banchereau: What's in a format – the protection of television program formats in FranceCopyright World (February 2006).
原文为 "An infringement can only be involved if a similar selection of several of these elements have been copied in an identifiable way. If all the elements have been copied, there is no doubt. In that case copyright infringement is involved. If only one (unprotected) element has been copied, the situation is also clear: in that case no infringement is involved. A general answer to the question of how many elements must have been copied for infringement to be involved cannot be given; this depends on the circumstances of the case."

从这些案例中，笔者认为认定电视模板抄袭可以从两点进行关注：

（一）相似点必须是显著的，能为一般公众所感知的

在这点上，可以借鉴英国将"显著模拟"作为判断节目模板侵权标准的做法。法院在认定是否侵权的过程中指出，原告所提出的相似点的"联系过于微弱，且都建立在原告自己的认定和推论"，故予以反驳。

其实这是因为模板首创者比普通大众更熟悉了解自己的成果，尤其是细节，而且出于对自己劳动成果的维护，更容易发现别人与自己的相似点，更强烈地感觉到雷同之处。事实上，这些相似点往往并不会影响观众对节目的辨识度，因此在认定时要从一般公众的角度来分析，具体到某一档电视节目，就应该是该电视节目针对的主要收视人群，而不能只是建立在自己的相对主观的认定和推论上。

（二）相似点必须是受法律保护的因素

处于公有领域的因素当然不能成为法律保护的对象，而节目中的原创音乐、舞蹈等作品则应当受到著作权法的保护。此外，笔者认为节目中具有自身特色的口号、标志等如果符合首创性等要求也可以受到商标法的保护。

以前文提到的江苏、湖南两卫视之争作为例子来说。《谁敢来唱歌》节目最核心的物质基础是一款音频分析软件，由软件对参加者唱歌的音准、节奏、歌词准确度进行评分，《挑战麦克风》也使用了相同功能的软件，这就是两节目的唯一相同之处。在节目的其他方面，譬如游戏环节的设置、惩罚道具的设计、主持人的风格等都有显著差异，观众能够很容易辨别其中差异。其实，用软件对演唱水平进行评分并不是两电视台首创的设计，事实上多年前就已经出现了可以自动打分的卡拉OK机，因此就不能认定为抄袭。

四、对我国保护电视节目模板的立法设想

从立法本意看，《世界知识产权组织版权条约》指出"出于以尽可能有效和一致的方式发展和维护保护作者对其文学和艺术作品之权利的愿望，承认信息与通信技术的发展和交汇对文学和艺术作品的创作与使用的深刻影响，强调版权保护作为文学和艺术创作促进因素的重要意义……"。据此，我国《著作权法》总则第1条就阐明了其立法理由："为保护文学、艺术和科学作品作者的著作权，以及与著作权有关的权益，鼓励有益于社会主义精神文明、物质文明建设的作品的创作和传播，促进社会主义文化和科学事业的发展与繁荣。"由此而达成立法本意上的合意。

在电视节目版式版权交易已经如此繁荣的背景下，将电视节目版式强行划入

思想的范畴、不予以著作权法保护的做法，首先，会造成节目模板首创者由于被抄袭而导致的一系列经济损失；其次，会助长抄袭之风，导致节目模式单一化；最后，将引发恶意竞争，不利于我国广播电视事业的发展。法律的本质在于维护社会的公平与正义，对电视节目模板实施法律保护正符合法律的功能。

首先可以利用现行的著作权法对电视节目模板进行基本的保护，具体从三个方面来进行：第一，电视节目模板的策划书、创意书是作品，并且是我国著作权法明确规定的文字作品。第二，著作权虽然不保护其思想，但是保护其作品的表现形式。这样，电视节目的各个部分的表现形式，如歌舞、戏剧等都可以受到著作权的保护。第三，电视节目作为一个整体作品，通过申请版权登记而受到著作权的保护。综上所述，电视节目模板虽然无法直接从著作权法当中直接找到列举性的保护依据，但是能巧妙地从著作权的保护对象出发，寻求合理有效地保护。

但是这些还只是从形式的"表达"上保护，并未触及电视节目模板真正具有价值意义的"创意"部分，这样显然不够。笔者认为，对于我国而言，比较恰当的方式是直接将电视节目模板纳入邻接权保护的范围。这是因为邻接权是不构成作品的特定文化产品的创造者对该文化产品所享有的排他性权利[1]，其本质就是对著作权的一种补充，将电视节目模板作为不构成作品的特定文化产品来保护，符合著作权法创设邻接权的立法本意。

另外，作为著作权法保护的补充，其他法律也可以提供一定程度的保护。第一，如果节目模板的名称、口号等符合我国商标法对商标的显著性等要求，就可以将其纳入商标法的保护范围；第二，如果他人对节目模板的模仿是出于恶意竞争的，也可以在反不正当竞争法中出台相关规定予以限制；第三，模板创作者应当尽量为自己的创意保密。一方面通过与员工签订保密合同以及竞业禁止合同，防止员工在为自己工作期间或者之后泄露模板创意以及一些制作细节；另一方面，在签订使用许可合同时与对方签署一个"保密条款"，避免对方在获得创意后即终止谈判、自行制作节目。

---

[1] 王迁. 知识产权法教程［M］. 2版. 北京：中国人民大学出版社，2009：200.

电视节目网络传播的版权问题研究

菅成广[*]

摘　要　　电视节目是电视媒体领域的支柱产业,电视节目的经营是整个电视产业的基础。作为我国版权产业的一部分,电视节目的版权保护问题一直备受重视,近年来也经常有涉及电视节目版权方面的诉讼见诸报端。随着互联网时代的到来,网络传播改变了传统电视节目的传播渠道,由此也衍生了电视节目在网络传播中的版权问题。本文主要是从规范电视节目网络传播版权的重要性和如何规范电视节目网络传播版权这两方面对此问题进行阐述。

关键词

电视节目　网络传播版权

目前,中国的版权相关产业正处于发展的关键期,一方面,版权是脑力劳动、智力成果的集中体现,在版权广泛运用的现代社会,国家鼓励创新、有良好的保护知识产权氛围,必将推进版权产业进一步发展;另一方面,随着创新成果的不断涌现,也为版权保护提出了巨大的挑战。版权是法律对享有版权人的劳动的肯定,而互联网技术的发展,P2P技术的广泛应用,视频网站的大量出现,对版权保护工作增加了很大的难度。

---

[*] 华东政法大学知识产权学院 2009 级本科生。

一、相关概念

电视节目是指电视台或社会上制作电视节目的机构，如电视广告公司、电视文化传播公司、影视制作公司等为播出、交换和销售而制作的表达某一完整内容的可供人们感知、理解和欣赏的视听作品。电视节目类型多样，一般来说主要是包括新闻类节目、文艺和娱乐类节目、纪录片、电视剧等。

网络传播就是指通过计算机网络的信息传播活动。在网络传播中的信息，以数字形式存储在光、磁等介质上，通过计算机网络高速传播，并通过计算机或相关电子设备阅读使用。网络传播以计算机通信网络为基础，进行信息传递、交流和利用，从而达到信息传播或营利目的。

版权是指某一单位或个人对其创作的文学、艺术、科学作品享有印刷出版和销售等法定权利的一个法律术语。任何人要复制、翻译、改编或演出等均需要得到版权所有人的许可，否则就是对他人权利的侵权行为[1]。这种权利制度使创作者确信在传播其作品时不用担心遭受未经许可的复制或盗版。总的来说，版权是一种无形的知识产权，其标的是用文字、符号、颜色、声音、形象表现某种情感或反映某些客观事物的作品，是智力劳动成果的体现。

二、规范电视节目网络传播版权的重要性

电视节目是电视业的支柱商品，要让电视业市场繁荣，不仅要有商品，还得要有经济利益吸引市场主体积极参与，[2]而保护电视节目版权就是保障其经济利益的基本前提。丰富的网络资源为我们提供了极大的便利，只需鼠标一点，就能欣赏到最新的电视节目，就在我们沉浸在电视节目带来的喜怒哀乐之时，极少有人想到这会给版权人带来巨大的损失，版权人正在为我们的行为买单。

（一）电视节目在网络传播中侵权现象泛滥

根据《中华人民共和国著作权法》规定，著作权包括下列人身权和财产权：发行权，是指以出售或者赠与方式向公众提供作品的原件或者复制件的权利；信息网络传播权，是指版权人在信息网络上通过有线或无线的方式传播作品，使公众可在其个人选定的时间和地点获得作品的权利。传统的发行是需要有很多硬件条件的，发行作品不是一件容易的事情，而随着网络技术的发展，毫不夸张地

---

[1] 王素玉. 网络版权保护的经济分析 [J]. 当代法学, 2006 (6).
[2] 罗自文. 当前我国电视节目经营的问题和对策 [J]. 中国广博电视学刊, 2006 (8).

说,每个人都可以发行作品。用户通过网络将作品向其他用户上传,使得其他人可以从个人电脑中下载并获得复制件,也就是说用户向不特定的其他网络用户提供了作品复制件,这无疑就是一种类似于发行行为的活动。❶ 这是用户个人对个人的行为,还有一类是视频网站,网络上存在大量收费或免费的视频网站,用户只需进入这些网站,就能观看很多的电视节目,而这些借此牟利的网站所播放的电视节目绝大多数是没有获得版权许可的。

我国在版权规定方面有一项合理使用制度,即指在特定条件下,法律允许他人自由使用享有版权的作品而不必征得版权人的同意,也无须向版权人支付报酬的制度。❷ 而这个特定条件一般来说就是指为个人学习、研究或者欣赏,在不影响该作品的正常使用,也不损害版权人合法利益的前提下,而使用他人已发表作品,可以不经版权人许可,也不必向其支付报酬。这也就是说合理使用一是限于使用者本人使用,二是限于不以营利为目的的使用。而网络传播使得合理使用的界定十分的困难,使用群体如此的广泛,作品传输速度如此的惊人,只要有一台联网的电脑,鼠标一点,就能尽拥电视节目,而且还不必为此付费,版权人的合法利益根本得不到保障。

技术的进步方便了大众获取信息的同时也造就了盗版的泛滥,损失最大的只有版权人,在这样的情况下,版权人的利益被一步一步地侵蚀,当版权人的智力劳动得不到回报的时候,就会严重打击其创作积极性,创作作品也就逐渐减少;极端一点说,当越来越多的人在免费瓜分盗版利益的时候,将可能面临无版可盗情况,那么这时,又该怎么办呢?所以必须在事态还没到无法挽回的时候,采取措施,保护版权人合法利益,打击非法营利,维护电视节目市场的健康发展。

(二) 网络版权或成电视节目经营新盈利点

在这样一个多元化的社会,网络传播的趋势已是不可逆转,而传统的电视节目经营市场也日渐饱和,那么网络版权的交易所带来的利益就是打破传统电视节目经营僵局的新盈利点。据调查数据表明,传统电视的注意力资源正在被网络新媒体加速分化,特别是年轻受众群体更是明显❸。受众减少,广告收入也就随着减少,传统电视节目的生存已经是略显尴尬。传统电视节目观众的减少并不意味着电视节目观众的减少,正好相反,观看电视节目的观众不减反增,只是换了一种观看节目的方式。观众可以借由网络以直播或点播的方式欣赏到感兴趣的电视节目,只要具备

---

❶ 成晓娜, 郝文江. 网络版权保护现状与几点建议 [J]. 信息网络安全, 2009 (2).
❷ 王云娣. 数字信息资源的开发与利用研究 [M]. 武汉: 武汉大学出版社, 2005: 320.
❸ 王虎. 媒介融合背景下传统电视与新媒体的整合营销策略 [J]. 视听界, 2009 (1).

了联网电脑,就不受时间、地点的限制,这比电视有明显的优势。

目前有许多的电视节目看到网络传播力量强大、市场可观,而这种覆盖面更广、效率更高的传播模式也更受广告商的青睐,❶ 所以电视节目也开始尝试以独立经营或联合经营的方式采用网络传播这一传播途径。可以看到,网络传播确实是有利可图,十分有市场前景,凡是有利可图的地方,如若不加以规范,就容易产生混乱。

通过合法途径取得版权许可而进行网络传播所付出的成本肯定是比未经许可而进行传播的成本高,这二者根本就是处于一个不平等竞争的状态,如果没有规范电视节目的网络版权,就会出现劣者驱逐良者的现象,合法经营不但没有获得利益还处于竞争不利地位,那电视节目产业就只能畸形发展。

三、规范电视节目网络传播版权的措施

电视节目网络传播是一个十分复杂的过程,涉及了很多的关系人、技术、法制等,所以要对电视节目网络传播的版权进行规范是一项艰难工程。综合各个方面的因素,下文就建立电视节目版权补偿金制度、发展数字权利管理技术、完善法制、加强执法力度、健全电视节目版权交易平台这几种规范电视节目网络传播版权的措施进行阐述。

(一) 建立电视节目版权补偿金制度

如前文所述,传统的合理使用制度背景下的版权人与使用者之间的利益平衡已被打破,无法针对互联网中的某个特定使用者提出补偿要求,这是不实际的,而为了切实保护版权人的合法利益,版权补偿金制度应该是不可缺少的。版权补偿金制度通过从传输或承载媒介上收取一定的费用补偿给版权人,这既保障了版权人的利益,也方便了广大的网络用户。可以先成立一个电视节目版权集体管理组织,由这个组织负责收取著作权补偿金,然后由这个组织按照法定或事前约定的方式分配给各个代收组织,最后由代收组织按程序将征得的补偿金分配给版权人。集体管理组织作为补偿金收取人,经授权后代表版权人行使权利既可以节省经济成本,版权人也可以避免直接陷入纷争。再说一个组织的力量总比个人的力量强大,在与使用者之间的博弈也较有优势,比较有权威,运作起来也容易规范。

(二) 发展数字权利管理技术

在完善法律制度和健全商业运作模式之前,技术措施也应当成为维护版权人利益的重要途径。随着数字制作技术的发展,数字权利管理技术也应同步发展,

---

❶ 张艳. 电视剧版权收益的蓝海 [J]. 视听界, 2011 (1).

对数字内容的传播使用进行权利保护、控制和管理。数字权利管理技术，通过对数字内容添加规则，从而限制数字产品的传播和使用，使得电视节目只能被授权使用的人按照授权的方式在授权使用的期限内使用。主要可以采取的手段包括对数字内容进行加密和利用附加使用规则对数字内容进行保护，使用规则可以判断用户是否符合播放数字内容的条件，也可以防止内容被复制，将传播次数限制在规定范围内。这种技术的应用就可以有效阻止用户任意复制版权作品，防止侵权行为的发生，防患于未然，在侵权行为未发生之前予以阻止效果总比侵权行为发生后予以追究来得要好，维权成本也较低，所以发展数字权利管理技术，不失为一条经济、有效的规范电视节目网络传播版权交易的措施。

（三）完善法制、加强执法力度

目前，《中华人民共和国著作权法》及其实施细则和《信息网络传播权保护条例》都为电视节目网络传播版权方面的问题提供了法律依据，而上文也有所述及，这些法律条规的规定有些过于模糊不清的部分，与发展迅速的社会现在也存在脱节的地方，相关部门应就这些情况出台新的相关规定，或对模糊不清的部分进行解释。而面对网络的非法侵权行为，国家工商总局、国家新闻出版广电总局、信息产业部等相关部门要联合起来在其主管范围内加强执法力度，追踪侵权网站，打击侵权行为。要规范电视节目网络传播版权问题，维持电视节目经营市场的稳定发展就必须完善和落实相关法律法规的建设和执行，在电视节目经营中的各种合同也应该明确版权概念、版权权限、版权期限等实施细节问题，使在发生纠纷时能够有所凭据，依法办事。

（四）健全电视节目版权交易平台

网络传播是电视节目经营的新的盈利点，而电视节目制作与网络传播经营之间缺乏完善的交易平台。目前电视行业协会组织的年度交易会还远远不能满足行业的发展需要，交易会组织的频率过少，会上有效的交易时间有限，交易会时间之外供需商只能采取零散、个别的交易。这种单独的或小范围的洽谈和协商，无疑是增加了供需双方所要投入的人力、物力、财力。除了几个大的、实力较强的视频网站，多数视频网站还处于起步阶段，实力较薄弱，资金也没那么雄厚，一般都没有那么多的人力、物力、财力可以与电视节目制作方单独接洽。如此不健全的电视节目版权交易平台，会使电视节目产业始终无法蓬勃发展起来。健全电视节目版权交易平台，利用网络和电子商务逐步建立一些固定的、畅通的版权交易渠道，使电视节目网络传播版权交易成为一种日常化的常态经营，定能使电视业进入一个新的发展阶段。

公开课背后的版权许可协议

蒋怡芸[*]

摘 要

公开课越来越热门，可是其背后的版权协议却容易被忽视。笔者以外国公开课的知识共享协议为主线进行研究，在必要处与中国公开课的版权许可协议进行对比，并提出建议。

关键词

公开课 版权许可协议 知识共享协议

2011年，公开课席卷互联网，全国各地都刮起了"淘课热"。首先，是国外的世界顶级高校如哈佛、耶鲁等大学的公开课通过网易进入了人们的视野。接着，有我们国内的"985高校"纷纷参与进来，传播自己学校的公开课。根据《教育部关于国家精品开放课程建设的实施意见》，"十二五"期间，计划建设1000门精品视频公开课，并且在"十二五"期间，还计划建设5000门国家级精品资源共享课。❶ 可见，公开课在中国将不是一时的潮流而已，它已经进入国家政策的范围，会大规模迅速地发展壮大。可是，在这

---

[*] 华东政法大学知识产权学院2009级本科生。

❶ 中华人民共和国教育部．教育部关于国家精品开放课程建设的实施意见 [EB/OL]． [2011-10-12]． http://www.moe.gov.cn/publicfiles/business/htmlfiles/moe/s3843/201111/xxgk_126346.html.

些公开课陆续进入千家万户的同时，其背后的版权许可协议是否也如公开课般为人们所熟知；在这些公开课被使用的时候，使用者是否想过自己是否正当使用了公开课，这种使用方式会不会侵犯别人的版权，这些问题，恐怕很容易被人们忽视。为此，笔者认为有必要对公开课背后的版权许可协议进行探索，使其更好地推动公开课的传播，使版权保护的步伐跟上公开课传播的步伐。

目前，公开课背后的版权许可协议主要有两大类。一类是国外公开课普遍采取的 CC 协议，即知识共享协议；另一类是中国公开课采取的知识产权许可协议。因为中国公开课还刚刚萌芽，其协议的具体内容也是不公开的，只能从相关文件中窥出一二。所以，笔者以研究知识共享协议为主线，并在必要处比对中国公开课采取的知识产权许可协议，提出意见。

一、知识共享协议产生的背景

知识共享（Creative Commons，CC）协议的发源地是美国。在美国大约 200 年的版权法发展历程中，由于一些行业巨头的努力游说，其版权保护期限不断延长。具体数据如下：美国 1790 年的联邦版权法也将版权的保护期限规定为可重新延续的 14 年，1976 年的版权法则将版权保护期限延长为作者终身及其死后 50 年，1998 年美国国会又通过版权期限延伸法，将个人版权期限延长到作者死后 70 年，将公司的版权延长为 95 年。❶ 对于这一现象，英国剑桥大学的一位博士生 Rufus Pollock 运用经济模型进行估测后也说"（对版权）保护的程度通常并非由仁慈理性的决策者决定而是依赖游说"。❷ 过长的版权保护期限使得大量的作品处于长期垄断的状态之中，迟迟不进入公有领域。

因此，很多美国人都担心版权法对作品的版权保护过甚，很可能适得其反，阻碍创新，违背版权法的立法初衷。反版权（copyleft）运动因此兴起。反版权运动中产生了多种版权许可协议，而知识共享协议就是其中之一。2001 年，在一贯致力于推动信息共有的公共领域中心的支持下，以美国斯坦福大学法学院教授劳伦斯·莱斯格（Lawrence Lessig）为首的一批精通网络法律和知识产权的专家共同成立了知识共享（Creative Commons）组织。2002 年，该组织发布了知识

---

❶ 华劼. 知识共享机制的构建与推进——知识共享在香港 [J]. 重庆邮电大学学报（社会科学版）2009，21（5）.

❷ 版权费难道没有期限？可以一直收下去？[EB/OL]. [2008 - 12 - 05]. http://hi.baidu.com/longjf126/item/c7e5dbccc7b 31c3099b49807.

共享许可协议。❶

二、知识共享协议进入中国的必要性

知识共享协议产生的地方是美国,而我国的背景与美国不同。所以,有人担心知识共享协议并不适合我国国情。但是,我们需要注意的是,有些原理是无国界的,如果这些普遍使用的原理能证明知识共享协议的必要性,那么在我国应用知识共享协议也应该是必要的。

(一) 满足创新需要

创新需要一个想法和另一个想法或更多想法的碰撞、融合。

当一个人要完成一件创新时,他需要借助前人的思想。浙江大学董平教授在讲授公开课《王阳明心学》时也说过:"任何一种思想,哪怕是在历史上来说,它是具有创造性的、创新性的思想,实际上它也是有来源的。只有在继承的过程当中,才有可能实现创新。没有继承的创新,基本上是不能的。"巧妇难为无米之炊。而现今我国的著作权保护期限为作者生前加死后 50 年。根据联合国网站列出的数据,中国在 2010~2015 年的人均期望寿命为男性 72 岁,女性 76 岁。❷一份作品被保护的期限长达百年甚至更久都是有可能的。我们不能轻易使用与我们现代生活最紧密联系的现代作品。虽然《著作权法》的立法精神是保护作品的表达,而不延及思想,但是,思想与表达是同时存在于作品中,有机结合,难以分割的。如果阻碍了作品中的表达的传播,其实,也就同时阻碍了作品中的思想的传播。例如,一篇作品不能随意上传到网络进行传播,因为这会侵犯作者的信息网络传播权,那么,如果不考虑广大网民从其他可得到的作品中接触了同一思想的可能性,这些网民就连作品中承载的思想也不能通过网络得知了。

当一个人要完成一件创新时,他往往需要更长的时间。个人创新周期一般较长是因为他的思想交换是通过自己在不同时间接触到的不同思想的融合,是一种纵向的思想交换。他可能将一个点子埋在大脑中很长时间,直到碰到下一个在他看来可以和前一个点子结合的点子出现时,才能将两者结合起来。

所以,一个人的创新可能有可供创新的材料的数量不足、时效性差、个人创新周期长等问题。因此,笔者更推崇多人合作创新的模式。

---

❶ 版权费难道没有期限?可以一直收下去?[EB/OL].[2008-12-05]. http://hi.bai du.com/longjf126/item/CTe5dbccc7b 31c30099b49807.

❷ 何亚福. 中国人均寿命究竟是多少 [EB/OL].(2011-09-05)[2012-01-12]. http://finance. stockstar. com/SS2011090500003231. shtml.

多人合作创新可以共享各自的点子，而且创新周期也相对较短。合作者可以在彼此的思想上构筑思想，可以从另一个角度看待彼此的思想。如果要交换点子，就不能对自己的点子过于保护而采取封闭的状态。在这种情况下，作者就不适宜将作品的全套版权都紧握在手里。取而代之的，是作者须要适当放权，合理管理好自己的版权，使其能够满足思想碰撞的需要，满足创新的需要。为了满足这种思想碰撞的需求，知识共享协议应运而生。

（二）帮助版权人实施许可

其实作者不一定希望自己作品的全套版权都被自己紧握在手里。但是，这样的作者往往不清楚自己有许可部分权利的选择权，或者即使作出了一定的许可，但是由于许可协议的不规范化，而导致协议的效力受损。例如，并不是每一个人的作品都有机会出书的，所以有些作者就选择将作品上传至网络，如果他只在自己上传的作品附近标注"本作品对公众开放"，但并未标明该作品是否允许公众改编成其他形式的作品，那么，在发生侵权纠纷时，可能就会出现维权困难。因为其版权许可声明可能过于抽象、宽泛，在法律适用上会产生歧义。知识共享协议是对互联网上早就出现的各种私人的、个别的、不规范的版权声明的正规化和标准化。有了这样的标准，愿意共享一部分权利的版权者就可以非常自由地选择授权内容，从烦琐的、复杂的版权事务（而 CC 协议只需要一分钟的点击选择即可完成）中解脱出来。❶

（三）使版权保护更精确

从"保留所有权利"到"保留部分权利"（From "All Rights Reserved" to "Some Rights Reserved"）❷，作者和使用者都可以更精确地了解一件作品的受保护的权限。一件作品在创作完成之时，作者即享有对该作品的版权。这种版权是概括式的、打包式的，可能作者并不了解这版权具体意味着哪些权利。也许，当他了解后，他就不会希望所有的版权权利都紧握在手了。知识共享协议的推广其实也是使作者对自己版权重新产生更深刻、更具体的认识的一种宣传活动。知识共享协议并没有超过版权法的范围，而是在版权法的框架内构筑一种更为灵活的授权方式，充分表达了对版权法的尊重。知识共享协议的传播壮大对版权法、对版权保护而言，都是有益的。

---

❶ 郑丽航，余秋英."创作共用"许可协议感悟 [J]. 图书与情报，2008 (1).
❷ 王玉卿. 从"保留所有权利"到"保留部分权利"——解析"知识共享组织"及"CC"协议 [J]. 图书情报工作，2006，50 (10).

三、知识共享协议的内容

知识共享协议的内容主要围绕 4 大类版权相关权利,它们分别为 "署名(Attribution)""非商业性使用(Noncommerical)""禁止演绎(No Derivative Works)"与"相同方式共享(Share Alike)"。其具体内容如表 1 所示❶:

表 1 版权相关权利的符号的含义

版权相关权利	符号	含义
署名	(图标)	您允许他人对自己享有著作权的作品及演绎作品进行复制、发行、展览、表演、放映、广播或通过信息网络向公众传播,但在这些过程中对方必须保留您对原作品的署名
非商业性使用	(图标)	您允许他人对您享有著作权的作品及演绎作品进行复制、发行、展览、表演、放映、广播或通过信息网络向公众传播,但仅限于非商业性目的
禁止演绎	(图标)	您允许他人对您的作品原封不动地进行复制、发行、展览、表演、放映、广播或通过信息网络向公众传播,但不得进行演绎创作
相同方式共享	(图标)	只有在他人对演绎作品使用与您的原作品相同的许可协议的情况下,您才允许他人发行其演绎作品

作者可以选择这 4 类权利中的一类或几类进行搭配。但是,通常作者都会选择"署名",而且,"禁止演绎"与"相同方式共享"是两种互相冲突的权利大类,不能同时选择,所以最后知识共享协议给予作者的权利搭配为 6 种,如表 2 所示❷:

表 2 协议种类的符号

协议种类	符号
署名—非商业使用—禁止演绎	(图标) (图标) (图标)

---

❶ 知识共享中国大陆项目组.许可协议说明[EB/OL].[访问日期不详]. http://cn.creativecommons.org/licenses/licenses_exp.

❷ 参见知识共享中国大陆项目组.知识共享许可协议文本[EB/OL].[2012-01-13]. http://cn.creativecommons.org/licenses/meet-the-licenses.

续表

协议种类	符号
署名—非商业性使用—相同方式共享	👤 🚫$ ↻
署名—非商业性使用	👤 🚫$
署名—禁止演绎	👤 =
署名—相同方式共享	👤 ↻
署名	👤

并且，对于同一类知识共享协议，同时提供普通文本与法律文本两种文本。普通文本用语更平民化、生活化，也更简洁；法律文本更多使用法言法语，更严谨、更具体、更完整。通过普通文本可以迅速了解该种许可协议许可哪些权利；通过法律文本可以更清楚地了解普通文本中未提及的相关法律问题，在发生侵权时，可以用法律文本作为举证依据。

四、知识共享协议在我国的应用

知识共享协议几经修改，在我国也形成了几个版本。其主要应用于网络之中，放置于网页之上。该协议引入我国不足 10 年，影响力还有限，一些涉及知识共享协议的侵权行为已经发生。该协议与我国公开课采取的协议有所不同，可以适当借鉴。

（一）知识共享协议的版本

2006 年 3 月，知识共享中国大陆项目组完成了知识共享许可协议的本地化工作，正式发布了简体中文版知识共享许可协议。❶ 根据知识共享中国大陆官方网站的信息，知识共享协议已经进行了 3 次版本更新，而在 2011 年的波兰 CC 全球峰会上已经确认要尽快开始 CC4.0 版本的讨论，即对知识共享协议第 4 版更新的

---

❶ 参见知识共享中国大陆项目组．知识共享中国大陆版许可协议正式发布［EB/OL］．［2012 - 01 - 13］．（2006 - 03 - 30）．http://cn.creativecommons.org/2006/03/30/launch．

讨论。目前,该讨论正式拉开序幕。

(二) 知识共享协议在网页中的位置

笔者浏览了公开课的主要提供网站网易中的最热门的国外公开课之一——《公正》的网页页面,发现 CC 协议的置放位置并不够突出。如图 1 所示❶:

图 1　网易网站的 CC 协议位置

CC 协议被放在页面最底部的靠左的位置(如图 1 箭头所指位置),在点击了这一标志后,可以链接到协议的普通文本,在普通文本页面又可以链接到协议的法律文本。该页面内容较长,因为在课程下方设置了供网友讨论的跟帖区,一般人很少会将这样的页面拉到最底部并且观察到 CC 协议的图标。而且在图标附近也没有说明点击该图标会显示 CC 协议的文字、图片或其他内容。所以,尽管国外公开课都在网易上都使用了 CC 协议,但这些 CC 协议很容易被忽视。

(三) 涉及知识共享协议的侵权行为

虽然目前还没有在我国提起的诉讼涉及网知识共享协议的案例,但是知识共享协议的侵权行为却是存在的。例如,在淘宝网上可以轻易地搜到我国个人卖家销售存储公开课视频的碟片或移动硬盘,部分视频网站在公开课播放页面嵌入大量商业广告等违反知识共享协议的侵权行为。国外公开课通常采取的是"署名—非商业性使用—相同方式共享"的知识共享协议,大家却容易忽视"非商业性使用"这一因素,将免费、易获得的公开课当作公有领域(Public Domain)中的作品一般对待,试图直接利用高人气的公开课赚钱。

(四) 与我国公开课的版权许可协议的对比

中国公开课的版权许可协议是用文字来进行说明的。笔者在网易上浏览了中国公开课的页面,其版权许可协议如图 2 所示❷:

点击"中国大学……,请勿转播"这行文字后,会跳出"知识产权声明"的网页。其中有这样的说明"爱课程(www.Icourses.edu.cn)为'中国大学视频公开课'的官方唯一网站,高等教育出版社独立拥有或与相关内容提供者共同

---

❶ 公开课——哈佛大学《公正:该如何做是好?》[EB/OL]. [2012-01-13]. http://v.163.com/special/justice.

❷ 中国大学视频公开课 [EB/OL]. [2012-01-14]. http://v.163.com/special/cuvocw.

> About NetEase - 公司简介 - 联系方法 - 招聘信息 - 客户服务 - 隐私政策 - 网络营销 - 网站地图
> 中国大学视频公开课适用于《中华人民共和国著作权法》
> 中国大学视频公开课经高等教育出版社许可使用。未经书面允许，请勿转播
> 除非另有声明，本平台其它视频作品采用Creative Commons知识共享署名-非商业性使用-相同方式共享 2.5 中国大陆许可协议进行许可

图2　网易中国公开课的许可协议

拥有'爱课程'网站内相关内容（包括但不限于文字、图片、音视频资料及页面设计、编排、软件等）的版权和/或其他相关知识产权。未经高等教育出版社书面许可，对于高等教育出版社拥有版权和/或其他知识产权的任何内容，任何人或单位不得以复制、镜像或其他任何方式进行使用。"而已正式被授权传播"中国大学视频公开课"单位名单中只有央视国际网络有限公司与网易公司两家公司。❶ 可见，我国公开课的传播并不是采取自由、大胆放权的方式，而是严格地对大公司进行正式授权后，才允许其传播课程。

至于公开课作者的报酬，可以从《教育部关于国家精品开放课程建设的实施意见》中发现相关内容"国家精品开放课程建设纳入'十二五'期间实施的'高等学校本科教学质量与教学改革工程'。对完成建设且上网后社会反响良好的精品视频公开课，以及符合建设标准、共享使用效果良好的精品资源共享课，给予荣誉称号和经费补贴。"❷ 所以，不同于国外公开课，我国公开课是由政府牵头，根据情况给予公开课作者以"经费补贴"。

五、对于版权许可协议的建议

在研究与比较了我国与国外公开课的版权许可协议后，笔者提出以下意见。

（一）加大推广知识共享协议

知识共享协议在页面中以简洁的符号置于页面之上。虽然起到了直观的作用，但对于不了解该协议的人们来说可能会感到不明所以，或者忽视这个符号。而且符号附近也没有任何形式的说明来指引人们点击该符号以链接到协议的具体内容页面去。所以，在现阶段，推广知识共享协议仍然非常重要。并且，需要构思并实施更明显的 CC 协议在页面中的放置方式，以引起人们的注意。

---

❶　中国大学视频公开课知识产权声明［EB/OL］.［2012-01-14］. http：//www.icourses.edu.cn/chanquan.

❷　中华人民共和国教育部. 教育部关于国家精品开放课程建设的实施意见［EB/OL］.［2012-01-14］（2011-10-12）. http：//www.moe.gov.cn/publicfiles/business/htmlfiles/moe/s3843/201111/xxgk_126346.html.

（二）我国公开课许可协议草根化

中国公开课的普及是自上而下的，并且是十分注重精英意识，由国家挑选精品课程，按照"十二五"规划逐步实施的，这在我国公开课的推广初期是非常必要的。但是，从长远来看，这样可能导致一些小众文化的课程难以进入我国公开课的名单。而且，封闭式的许可协议也从一定程度上限制了我国公开课的传播。可以考虑借鉴知识共享协议，将其也运用到我国公开课中，帮助我国公开课更好地推广。

（三）中国公开课的报酬

广大高校并不具有与国家政府同等的谈判力，所以公开课的作者也是国家在视其作品传播以后反映教良好的情况下，才给予的经费补贴。作者无力商讨该经费补贴的金额。而且，如果反映达不到良好的情况下，作者可能就得不到经费补贴了。我国的公开课不同于国外，并非完全是高校自发自愿的，而是由政府主导的。如果我国公开课的作者难以获得应有的报酬，对于作者是不公平的。所以，笔者建议，报酬最好在视频传播之前就达成每个作者都享有的协议，除非作者自愿放弃。至于报酬多少，可再视乎其传播反响而确定。

六、结束语

可以预见，在未来的几年内，公开课的发展将越来越快，它将影响大众的受教育模式，丰富大众的精神生活。笔者在研究了中外公开课背后的版权许可协议后认为，有必要更大力地推广知识共享协议，我国的公开课协议可以适当借鉴或使用知识共享协议，尽力使版权协议的推广跟上公开课传播的速度。

开源软件商业化中的知识产权风险及应对

刘建臣 林 戈[*]

摘 要

开源软件商业化已成为其发展的主流趋势,与以往不同的是,开源软件在商业化运作过程中更需要知识产权的法律上的保护来应对风险。此外,不同许可协议对权利义务要求的严密程度不同,在开源软件商业化中,应选择适宜的许可协议。开源软件商业化未来的发展势头将更加猛烈。

关键词

开源软件商业化 知识产权许可协议

一、开源软件商业化概述

开源软件(open‑source software)是指其源码可以被公众使用的软件,并且此软件的使用、修改和分发也不受许可证的限制。[❶] 开源软件起源于20世纪80代的自由软件,其宗旨为打破大型商业软件公司的垄断从而使社会公众能够从中获益。从设立初的绝对开放和自由发展到现在的商业化运作,这正是开源软件在

---

[*] 华东政法大学知识产权学院2009级本科生。

[❶] [EB/OL]. [2011‑10‑21]. http://baike.baidu.com/view/444964.htm。

传播与保护过程中与商业软件斗争的必然结果。

商业软件盈利来源于软件产品的销售，而开源软件在许可协议的约束下要靠软件的直接销售而获得利润也就变得十分困难，开源软件的运作需要全新的商业模式。目前最常见的几种模式有：在企业级和行业应用中提高服务等附加费用；通过与独立软件开发商、系统集成商、硬件制造商及服务提供商联合，增加商机和扩大市场，从而间接赢利；利用嵌入式软件的巨大市场需求，充分发挥开源软件源代码易剪裁和免费的特征，合理推动其在嵌入式软件领域的应用等。

虽然开源软件与商业软件在市场上并存的格局已日益形成，但是开源软件商业化进程中所突显的法律问题，尤其是与著作权法、专利法、商标法和合同法等法律法规的兼容性与风险性问题仍有待解决，笔者将在下文中予以详述。

二、开源软件商业化与知识产权法风险分析与应对

开源软件虽在理念上有反抗传统知识产权法之处，但是却在行动上寻求知识产权法的保护，在其商业化运作在进行风险应对中体现地更为明显。

（一）开源软件与著作权法

1. 权利行使方式

开源软件在承认著作权和著作权制度的前提下，通过许可证来实现对开源软件的约束。后续开发者只有遵守许可协议的条件、保证源代码的开放状态才能复制、修改和发行软件。开源软件后续开发属于对开源软件的演绎行为，后续开发者享有演绎作品的著作权，但以不侵犯在先权利人的权利为基础。

2. 开源软件商业化面临的著作权风险

（1）开源软件发布和修改未注明在先的版权信息。

后续的开发者须在显著的位置标记原版权人的信息，这是在修改和再发布过程中各开源许可证都明确要求的。如果行为人没有在显著位置注明相关的版权信息，则不仅构成违约行为，也侵犯了在先开发者的署名权。著作权人可以对侵权行为或者违约行为依法进行追究。但值得注意的是，后续开发者对原版本的提高和改善部分享有的著作权并不因违约和侵权而消失。❶

（2）违反许可协议将开源软件私有化。

目前，很多公司存在违反开源软件协议的问题，比如将开源软件中的源代码

---

❶ 知识产权部供稿．开源软件涉及的相关知识产权问题分析［J］．中国集成电路，2010（10）：73.

重新编译后放入自己软件中的侵权行为。2007 年,华硕公司的易 PC 遭遇开源软件版权问题,原因是其采用了开源软件 Linux 作为操作系统,却违反了开源软件的 GPL 协议,未公开其对高级配置与电源接口的部分程序文件修改结果的全部源代码。事后,华硕公司迫于压力,不久即公布了原先未公布的全部源代码。现在,国内对于开源软件法律保护还没有准确的法律定位,立法的缺位使得开源软件的知识产权诉讼存在诸多法律障碍。

3. 开源软件商业化著作权风险的应对

(1) 重视保护作者与修改者的署名权。

由于开源软件许可证对软件的经济权利相对于一般商业软件要求低很多,如此一来,署名权所代表的精神权利的意义就突出起来。另外,匿名性会使软件责任归属不明确,从而使得软件容易被侵权、被私有化。所以,必须重视保护作者与修改者的署名权。❶

(2) 限制用户将开源软件私有化的修改行为。

许可证规定过严会使一部分用户望而却步,过于宽松又容易使程序被恶意"窃取"。鉴于此,有学者建议:将衍生程序分成两类,一类是实质性修改的衍生程序,其修改者应该与传统著作权法中的演绎作品作者一样享有著作权;另一类是未经实质性修改的衍生程序,必须保证该程序继续以开源软件的模式发布,防止一些用户通过对程序作一些修改就将开源软件转化为商业软件。

(二) 开源软件与专利法

1. 开源软件商业化面临的专利风险

后续开发者中有人将基于源代码修改的软件申请专利后占为私有。开源软件是不断"共享和贡献"的结果,在开源软件的发布、改进的过程中很难知道到底有多少人参加了软件的开发,也很难知道其中是否混杂着在先专利的源代码。所以使用这种开源软件源代码极有可能涉及软件的侵权,如果一旦出现软件纠纷,开源软件发行者和用户都要承担法律责任。

2. 开源软件商业化专利风险的应对

(1) 开源社区或一些开源厂商可以通过申请宣告专利无效和提供担保条款等方式使用户免受专利侵权诉讼。(2) 鼓励申请专利后在许可证下发布软件,这就把申请软件专利作为防御;尽早地将软件的开发思想和修改的构思发表在公共论坛上,这样就提高专利的申请难度;充分利用专利法中合理使用的条款来对

---

❶ 吴卓修. 从"绿坝"抄袭事件谈开源软件的著作权保护 [J]. 法制与社会, 2010 (2): 76.

抗其他软件等。

(三) 开源软件与商标法

开源软件的盈利模式有限，现阶段其出售服务是主要手段。随着商业化的到来，开源软件企业对商标和商标权的许可问题开始更加重视，因为这将是更为快速有效的盈利方式。

1. 开源软件商业化面临的商标风险

(1) 反向假冒。所谓的反向假冒是指软件生产厂商去掉其他厂商的源程序包中的商标，再经过加工，加上自己的商标集成到新的发布版本中。虽然看似没有危害到别人的商标，但是这种行为使得他人商标在同类产品市场上的影响力下降。因此，这种反向假冒行为根据我国《商标法》规定构成对他人的商标权的侵犯，属于一类特殊的商标侵权问题。根据商标法的规定开源软件企业在将其他企业厂商的源程序包经编译集成到自己的产品过程中，一定要保留原来的商标，否则就将会侵犯其他开源软件企业的商标权。❶

(2) 商标侵权。经 OSI 认可的开源软件，被授权其在产品上适用 OS、OSI 等证明商标，从而得到开源软件界的认可。现阶段开源软件企业以提供服务获得利润的方式并不明朗，这种情况下，以商标许可使用方式来盈利是较为快速有效的。因此，开源企业都会把商标战略运用到经营上来，在不久的将来，商标侵权诉讼将会时有发生。

2. 开源软件商业化商标风险的应对

OSI 应在积极对侵权行为追究责任的同时，保护好自己的商标，防止商标淡化。企业如果将其他厂商的源程序包经编译，集成到自己的产品中，一定要注意保留其原来的商标和版权说明，否则就会构成对他人商标权的侵犯。

三、开源软件商业化中许可协议的选择适用

除却知识产权法上的保护外，开源软件更侧重于运用一系列许可协议支撑起来的体系来进行自身保护，这些许可协议在软件的传播使用中发挥了极其重要的作用。软件许可协议是指软件出版商与用户之间签订的、旨在指导和规范软件如何使用的合同。与商业软件许可协议中规定不同的是，开源软件的许可协议里明确指出软件著作权人放弃了复制权、发行权、修改权等权利，这就说明用户基于软件源代码修改后的软件可以为复制、发行，而不视为侵权，当然前提是遵守许

---

❶ 知识产权部供稿. 开源软件涉及的相关知识产权问题分析 [J]. 中国集成电路，2010 (10)：85.

可协议的约束。

(一) 许可协议简介

目前像自由软件联盟（GNU）、IBM、NESCAPE 等的开源软件许可证都得到了 OSIA 的认证。其中包括：GPL、LGPL、BSD、MPL 等 78 种。❶ 其中较为著名的有 GPL、LGPL、BSD、MPL 等，这 4 种许可证的使用率已经占据全部开源软件的 80% 以上。为充分对比许可协议给开源软件商业化带来的影响，本文仅选取两种许可协议进行简单介绍。

GPL 许可证是自由软件联盟 GNU 的开源软件许可证一种，是开源软件领域最负盛名的一种许可证，但同时，GPL 许可证也是开源软件领域对被许可人权利限制最严格的一种。GPL 许可证最大的特点在于它要求根据 GPL 许可证发布的软件（如 Linux 操作系统）修改、翻译的演绎作品，甚至只要其中任何一部分代码是以 GPL 发布的，那么全部程序也必须受 GPL 许可证的约束，即继续遵守 GPL 许可证的规定。

相对于其他许可证，特别是 GPL，BSD 许可证是对被许可人最宽容的，因为它尽可能地赋予了被许可人使用源代码的权利。只要标明了源代码的出处，被许可人在以下问题将不受限制：再许可问题、将这些源代码用在自己的程序中而按自己的要求进行程序的发布和软件的许可。❷

(二) 开源软件商业化许可协议的适用

GPL 许可证对后续开发者版权取得和开源软件商业化最具阻碍。按照《著作权法》的规定，开源软件这类由众多开发者共同开发的软件作品属于合作作品。需要说明的是，依照 GPL 等许可证开发的开源软件，除最初许可证颁发者（或原始开发者）外，其他后续参与开发的人员，仅是一个被许可者或下一轮被许可者，无论其贡献多大，都不是真正意义上的版权所有者，即不能对其开发部分、更不能对该软件整体充分行使版权。同时，GPL 许可证是开源软件中最重要的、最充分体现开源软件自由精神的许可证，但给 Linux 等由 GPL 发布的开源软件的商业应用带来了一定的困难，这突出表现在 Linux 等桌面产品方面的赢利模式乏力。❸

BSD 许可证为开源软件的商业化应用提供了很好的便利条件。如果想将软件

---

❶ [EB/OL]. [2011-09-23]. http://www.opensource.org/licenses/category.

❷ 张平，马骁. 共享智慧：开源软件知识产权问题解析 [M]. 北京：北京大学出版社，2005：61.

❸ 参见软件行业协会. 开源软件与商业软件知识产权报告 [EB/OL]. [2011-09-24]. http://tech.sina.com.cn/it/2005-10-31/1125752269.html.

用于商业性发行且不愿意发行自己所修改的源代码，那么可以选择 BSD 许可证，它能使修改保持专有，也可将基于源代码修改设计的软件去申请专利，前提是遵守许可证内容将原作者作标记。与 GPL 许可证不同，按照 BSD 许可证发布的软件无需一定在 BSD 许可下发行。BSD 许可证允许他人使用、修改和再发行软件的源代码和目标码，允许他人将原软件和自己的源代码结合开发出新产品，且派生作品可以以开源方式，也可以以商业软件许可方式发行。因此 BSD 许可证十分便于企业将其发布的开源软件转化成市场产品，再商业化几乎没有障碍。

双重许可。所谓双重授权模式是指一种是 GPL 模式，一种是非 GPL 商业授权模式。在 GPL 模式下，用户必须按照 GPL 协议公开源代码；而在非 GPL 商业授权模式下，用户只需向软件的原始开发者支付一定的费用，便可以对软件进行修改而不需要公开源代码，从而对其进行基于一种专有权控制下的商业化运作。

四、结　语

开源软件虽在理念上有反抗传统知识产权法之处，但是却在行动上寻求包括著作权法、专利法、商标法、合同法的保护。甚至只要利用好专利合理使用制度，专利法也能成为它的庇护者。这些保护与许可协议合在一起试图为开源软件建立一套类似专有软件的知识产权保护体系。开源软件商业化已成为其发展的主流趋势，其前景也十分乐观，笔者相信，在世界各国政府、商业软件公司、计算机爱好者以及全球用户的关注下，开源软件商业化未来的发展势头将更加猛烈。

论版权法中技术措施的合理规避
——兼评"苹果皮"侵权

张 龙[*]

摘 要

"苹果皮"掀起了一大热潮,笔者认为"苹果皮"侵权中关键的法律问题是其通过"越狱"方式,安装第三方软件是否合法。本文主要探讨用户"破解"生产商技术措施的行为在各国立法中的适用,以及我国《版权法》对技术措施的保护现状和发展建议。

关键词

苹果皮　越狱　技术措施

2010 年 8 月初,一款名为"苹果皮 520"的产品引起了苹果迷的极大注意,并且迅速蹿红整个网络。

所谓"苹果皮",实际上是为 ipod touch(以下简称"itouch")量身定做的一款背壳配件。与普通的 itouch 背壳配件不同的是,"苹果皮"内安装了一个通信模块,来帮助 itouch 实现通信功能。模块上有锂电池和全套的 GMS 手机系统(SIM 卡槽、听筒等相关设备),并可以通过专门的数据接口和配套软件与 itouch 进行数据交换,从而让 itouch 拥有 iphone 的语音通话和短信功能。由于"苹果皮"和 itouch 的结合能实现 iphone 的功能,使其是否属于山寨,以及是否构成对

---

[*] 华东政法大学知识产权学院 2008 级本科生。

苹果公司的侵权，在网上引起了巨大的争议。

尽管"苹果皮"并非简单的仿造苹果的产品，甚至在一定意义上可看做独立研制并掌握核心技术的原创性产品，但究竟在法律上尤其是在版权法层面上如何定性，值得进行深入的探讨。由于 itouch 没有拨号程序，要想使用电话，itouch 要先安装第三方软件（即"越狱"：开放用户权限、越过苹果自由安装和运行第三方程序），然后在 itouch 上安装专用的拨号和发短信程序，❶ 因此，"苹果皮"侵权中关键的法律问题是，其通过"越狱"方式，安装第三方软件是否合法。本文主要探讨用户"破解"生产商技术措施❷的行为在各国立法中的适用，以及我国《著作权法》对技术措施的保护现状以及发展建议。

一、各国对技术措施的法律保护

（一）国际条约对技术措施的保护

1996 年缔结的《世界知识产权组织版权条约》（WCT）第 11 条规定，各缔约方应规定适当的法律保护和有效的法律补救办法，制止规避由作者为行使本条约或伯尔尼公约所规定的权利而使用的、对就其作品进行未经该有关作者许可或未由法律准许的行为加以约束的有效技术措施。这条规定确定了规避用以保护版权人作品的有效技术措施之行为属于违法行为。

《世界知识产权组织表演和录音制品条约》（WPPT）第 18 条则规定，各缔约方应规定适当的法律保护和有效的法律补救办法，制止规避由表演者或录音制品制作者为行使本条约所规定的权利而使用的、对就其表演或录音制品进行未经该有关表演者或录音制品制作者许可或未由法律准许的行为加以约束的有效技术措施。这条规定将类似自力救济的权利授予了表演者与录音制品制作者。

两个国际条约仅是提出了对成员方立法的要求，并未具体规定技术措施的例外情形，各成员方应该根据自身需要，制定技术措施的例外规定，从而避免技术措施的滥用对公众利益造成影响。

（二）美国对技术措施的保护

1998 年为了应对数字环境下的挑战，通过各方生产商以及版权组织的游说，美国国会通过了《数字千年版权法》（DMCA）。DMCA 规定，无论是规避"接触

---

❶ 参见杨海艳. "苹果皮"五大猜想［EB/OL］.［2010 – 11 – 20］. http：// www. chinaipmagazine. com/journal – show. asp？id = 795.

❷ 本文所说技术措施为接触控制措施。

控制措施"还是制作、进口或销售规避工具或者提供规避服务，均构成违法行为。但是，"接触控制措施"本身无法识别接触作品的目的，完全可能被版权人滥用，成为限制对作品进行正当使用的工具。为此，DMCA 不但列出了允许规避"接触控制措施"的 7 种例外情形，还特别规定了一个灵活应对滥用行为的机制：如果"特定类别作品"的使用者有可能在此后 3 年时间内，受到禁止规避"接触控制措施"条款的不利影响，使其无法根据版权法对该"特定类别作品"进行非侵权使用，则禁止规避"接触控制措施"的条款就不应对其适用。同时，DMCA 还规定了在 DMCA 颁布后 2 年，以及此后每 3 年，应由美国国会图书馆，根据美国版权局经咨询美国商务部后呈交的报告和建议，通过行政规则制定程序，颁布这些"特定类别作品"的使用者进行非侵权使用的情形。❶

根据规定，美国国家图书馆于 2010 年 7 月 27 日颁布了保护"接触控制措施"的 6 种例外情形。其中，最令人关注的就是增加了所谓的允许"越狱"的例外情形：针对能使无线手提电话运行应用软件的计算机程序，如果单纯为了使合法获得的应用程序与无线手提电话中的该程序相兼容，可以对该程序进行规避。❷这就意味着，目前美国版权法认为"越狱"行为合法，并不侵犯手机生产商的合法利益，但仅限于"能使无线手提电话运行应用软件的计算机程序"。对此，美国国家版权局也给出了理由：

首先，"越狱"的目的是为了让用户在自己购买的手机中增加功能，以进行私人性质的、非商业性的使用。

其次，"越狱"与 DMCA 明确规定的"反向工程例外"有类似之处。该例外是指：合法获准使用计算机程序的人可以为确定和分析程序中的要素而规避"接触控制措施"，以便使一独立编写的计算机程序具有和其他程序协同工作的互用性。条件是上述要素无法轻易获得。虽然"越狱"并非为了"确定和分析程序中的要素"，因此不能直接适用"反向工程例外"，但其目的也是为了使第三方为手机编写的应用软件与手机中的系统软件相兼容。

再次，"越狱"只需要对手机中的系统软件进行极少的修改，涉及的字节长度不过 50k，仅占系统软件全部长度的十六万分之一。

最后，"越狱"并不会实质性地损害手机中系统软件的价值和潜在市场价值。该系统软件无法脱离手机独立销售，因此"越狱"不会导致该系统软件的销售受到影响。相反，用户只有购买了固化了该系统软件的手机才能进行"越

---

❶ 王迁. "越狱"与"刷机"合法化的背后——评美国保护技术措施的新例外［J］. 中国版权，2010 (5).
❷ See Digital Millennium Copyright Act, Anti-circumvention exemption.

狱",允许"越狱"反而增加了该系统软件(固化在手机内)的销售量。因此,"越狱"所损害的并不是该系统软件本身的价值,而是苹果公司的商业模式,而这并非版权法所应当保护的。

因此,美国版权局认为"越狱"是一种对手机中系统软件的合理使用,而这种非侵权性使用作品的能力受到了手机中验证程序"接触控制措施"的不利影响。美国国会图书馆接受美国版权局的建议,颁布针对这种技术措施的例外情形。❶

但实际上此例外情形并不能从根本上认可"越狱"行为。因为大多数的手机终端使用者自身并不具备"破解"技术措施的能力,只能通过网络上的破解教程以及收费的破解服务进行破解。而根据 DMCA 的规定,无论是为客户提供"越狱"或"刷机"服务,还是编写并提供相关程序或教程,均是违法行为。这样就从源头对"破解"行为进行了规制,使此规定无异于一纸空文。

(三)欧盟对技术措施的保护

欧盟委员会 2000 年 6 月通过的著作权指令第 6 条规定了成员对技术措施的保护:成员应根据适当的法律保护,制止对任何有效的技术措施规避的行为,制止制造、进口、发行、出租、从事广告以销售或出租或以商业目的拥有设备、产品或者提供服务。

同时,欧盟著作权指令第 10 条也规定了对技术措施的限制性措施,即成员国有义务采取适当措施,使例外受益人能有效地享有下列行为带来的利益:图书馆复制、临时复制、非商业性目的社会组织的广播、为教学和科研的使用、残疾人使用和为社会公共利益而使用等。该规定旨在避免技术措施产生对作品不合法垄断的后果,通过这样的适当限制和例外的措施确保公众能够受益。该规定还表明,法律保障技术措施不能限制正常的合理使用。为了实现合理使用而规避相关技术措施的,应以侵权例外对待。❷

根据以上两条规定,充分给予欧盟成员国权利,根据本国需要去规定规避技术措施的相关例外。例如,英国 2003 年的版权条例,对规避技术措施提出了法律救济的要求。❸

(四)我国对技术措施的保护

我国 2001 年修订的《著作权法》增设了关于保护技术措施的规定。其第 47

---

❶ 王迁."越狱"与"刷机"合法化的背后——评美国保护技术措施的新例外[J].中国版权,2010(5).

❷ Thomas Dreier, Digital Right Management. 21 世纪科技发展与知识产权保护中德学术研讨会论文集[C].北京:[出版者不祥],2004.

❸ 版权条例第 296ZE 条要求在使用人提出请求时版权人保证其能够获得"合理使用"的积极义务。

条（现行《著作权法》第48条）第（6）项规定，未经著作权人或者与著作权有关的权利人的许可，故意避开或者破坏权利人为其作品、录音录像制品等采取的保护著作权或者与著作权有关的权利的技术措施的行为为侵权行为，法律、行政法规另有规定的除外。《信息网络传播权保护条例》第5条也规定，未经权利人许可，任何组织或者个人不得进行下列行为：（1）故意删除或者改变通过信息网络向公众提供的作品、表演、录音录像制品的权利管理电子信息，但由于技术上的原因无法避免删除或者改变的除外；（2）通过信息网络向公众提供明知或者应知未经权利人许可被删除或者改变权利管理电子信息的作品、表演、录音录像制品。

同时该条例规定了属于下列情形的，可以避开技术措施，但不得向他人提供避开技术措施的技术、装置或者部件，不得侵犯权利人依法享有的其他权利：（1）为学校课堂教学或者科学研究，通过信息网络向少数教学、科研人员提供已经发表的作品、表演、录音录像制品，而该作品、表演、录音录像制品只能通过信息网络获取；（2）不以营利为目的，通过信息网络以盲人能够感知的独特方式向盲人提供已经发表的文字作品，而该作品只能通过信息网络获取；（3）国家机关依照行政、司法程序执行公务；（4）在信息网络上对计算机及其系统或者网络的安全性能进行测试。

虽然我国对规避技术措施也规定了例外情况，但还远远不能削减滥用技术措施对终端消费者所造成的影响。

二、对我国技术措施法律保护进一步完善的建议

首先，确立对技术措施限制的原则。在权利保护基础上的动态的利益平衡原则是整个知识产权立法的着眼点和灵魂，包括知识产权人与相关民事主体以及其他社会公众之间的利益平衡，保护工业发达国家相对知识产权优势和保留发展中国家合理发展空间的利益平衡，发生权利冲突或权利竞合的知识产权人之间的利益平衡。❶根据利益平衡原则，我国立法既要保护生产商合法的技术措施，也要满足消费者使用作品的需要。为了协调合理使用和技术措施的关系，《著作权法》可规定技术措施权利人应为合理使用者提供合法破解控制使用作品的技术措施的技术。作为对价，合理使用者在合法地破解该技术措施后不得超越合理使用著作权作品的范围，并且对破解该技术措施的技术承担保密义务。❷

其次，明确技术措施保护的条件。我国《著作权法》对技术措施保护应仅限

---

❶ 陶鑫良. 网络时代知识产权保护的利益平衡思考 [J]. 知识产权, 1999 (6).
❷ 冯小青. 技术措施与著作权保护探讨 [J]. 法学杂志, 2007 (4).

于权利人阻止他人非法接触和使用著作权作品的行为❶，并且其保护措施应有正当的目的性，不能为了自己的商业利益而进行诸如捆绑销售等行为。著作权法仅保护作者从作品中获得合法报酬的权利，而不能保护商家为了获取更多利益所设计的商业销售模式。对此，《北京市高级人民法院关于审理涉及网络环境下著作权纠纷案件若干问题的指导意见（一）（试行）》第32条明确规定："下列情形中的技术措施不应认定为应受著作权法保护的技术措施。（1）用于实现作品、表演、录音录像制品与产品或者服务的捆绑销售的；（2）用于实现作品、表演、录音录像制品价格区域划分的；（3）用于破坏未经许可使用作品、表演、录音录像制品的用户的计算机系统的；（4）其他妨害公共利益保护、与权利人在著作权法上的正当利益无关的技术措施。"此外，北京精雕科技有限公司诉上海奈凯电子科技有限公司著作权侵权纠纷案❷也明确了技术措施合理规避的情况。

最后，确定技术措施设置的范围。技术措施设置的范围应仅限于对自身作品的合理防御，而不应带有任何攻击性质。例如：北京江民新科技有限公司的"KV300逻辑锁"事件、微软"黑屏"事件，都超过了技术措施保护的必要限度，对消费者的使用造成影响。技术措施的设置只能是为了保护自身著作权，限制他人非法接触和使用作品的行为。❸ 我国《著作权法》也规定了权利人或者专有使用权人采取技术措施时，不得干扰、损害他人的计算机等设备、系统或者威胁网络、信息安全。

三、结　论

《著作权法》保护技术措施的本意是在数字化时代，保护作者从他人对作品的利用中获得报酬的权利，防止损害著作权人利益的行为发生。但是，由于当前生产商对技术措施的滥用，导致了生产商对产品配件市场的垄断以及捆绑销售的出现，剥夺了消费者对作品进行"合法使用"的权利，严重侵害了消费者的合法利益。对此笔者认为，我国应该采取更严厉的立法政策，完善规避技术措施的例外情形，维持消费者、生产商以及社会公众利益平衡，使技术措施真正发挥保护作者合法利益的积极作用，防止其妨碍竞争和损害社会公共利益。

---

❶ 冯小青. 技术措施与著作权保护探讨［J］. 法学杂志, 2007 (4).

❷ 著作权人为输出的数据设定特定文件格式，并对该文件格式采取加密措施，限制其他品牌的机器读取以该文件格式保存的数据，从而保证捆绑自己计算机软件的机器的市场竞争优势的行为，不属于上述规定所指的著作权人为保护其软件著作权而采取技术措施的行为。著作权人以他人研发软件读取其设定的特定文件格式构成对其软件著作权的侵犯，主张他人承担相应法律责任的，人民法院依法不予支持。

❸ 刘志刚. 试论版权法中技术措施的规避与利用［J］. 情报理论与实践, 2005 (5).

美国版权法中引诱侵权规则研究

汪西菲[*]

摘 要　新技术的发展大大提高了个人的复制、传播能力，使得版权人与新技术提供者之间的利益平衡不断遭受挑战，版权引诱侵权规则是美国联邦最高法院试图解决此利益冲突所确立的规则。尽管我国与美国的版权制度因不同的法律体系、历史发展而有所不同，但是促进创新之版权立法目的，维护版权人、技术提供商与公众之间的利益平衡，以及实现社会利益的最大化这一最终目标并无实质区别，且新技术的发展所带来的挑战和困境也是类似的，因而本文试图通过对美国版权引诱侵权规则的背景、最终确立和最新发展的研究，构建版权引诱侵权规则体系，以期对我国著作权制度的发展提供借鉴和参考。

关键词　引诱侵权　帮助侵权　主观意图教唆

一、美国版权法中引诱侵权规则概述

版权是一种法定权利，其是通过赋予版权人在一定期限内享有专有权利的方式保护版权人的利益，从而实现促进创作的根本目的。在未经许可实施受专有权

---

[*]　华东政法大学 2009 级知识产权专业硕士研究生；本文修改自其毕业论文，指导老师为王迁教授。

利控制的行为,且没有特定的法定事由(如"合理使用"或"法定许可")的情况下,将构成对版权的直接侵权。

然而,在网络环境下,个人用户的复制、传播能力大为提高,这就给版权人维权带来了新的挑战:针对个人用户提起诉讼费时费力,收效甚微,且侵权损害后果严重。基于此,各国都在司法实践中运用了间接责任理论。

美国版权法中的"间接责任"(Secondary Liability)包括"替代责任"❶和"帮助侵权"❷两种。关于帮助侵权较为完整的定义是1971年的"Gershwin"案,构成帮助侵权有两个要素:第一,主观上知道他人的行为构成版权侵权;第二,客观上实施了引诱、促使或提供实质性帮助的行为。❸"引诱行为"最早是作为帮助侵权客观行为的一种表现方式被提出。

但是,在早期的司法实践中,帮助侵权理论的逐步丰富和完善,引诱侵权理论却仍然停留理论阶段,很少有人在实务中运用该理论,出现这种截然不同现象的原因在于:第一,在传统技术条件下,"引诱行为"往往伴随着"帮助行为";第二,"引诱行为"是行为人希望并试图说服他人实施某种行为,换言之,第三人实施侵权行为是引诱行为人刻意追求的结果,所以其主观过错必然是"故意"。而帮助行为的主观状态,既包含故意,即在明知他人的行为构成版权侵权的情况下仍然提供实质性帮助,又包含过失,即在应当知道他人的行为构成版权侵权的情况下仍然提供实质性帮助。显然,证明故意状态下的引诱行为比证明故意或过失状态下的帮助行为更为困难。

二、Grokster案:美国版权法中引诱侵权规则的确立

帮助侵权规则经过半个多世纪的发展,其认定规则已逐步健全与完善,引诱侵权规则似乎相对显得多余,然而新技术(尤其是P2P技术)的发展充分体现出引诱侵权规则在认定间接责任时的优越性。

P2P技术的发展也经历了几个阶段:第一代P2P软件是集中式的,需依赖中央服务器,该中央服务器并不直接存储任何文件,但是用户必须依靠它完成文件

---

❶ 来源于"雇佣责任原则",参见 John Henry Wigmore, Responsibility for Tortious Acts: Its History, Harv. L. Rew. 317, 384, 441 (1894). 转引自 Peter S. Menell and David Nimmer: Unwinding Sony, at 89, UC Berkeley Public Law Research Paper No. 930728.

❷ 来源于"共同行为造成损害,由共同实施损害的行为人以及提供实质、关键帮助使损害发生的人承担侵权责任,因为在这种情况下他们所处的地位是一样的。"Peter S. Menell and David Nimmer: Unwinding Sony, at96, UC Berkeley Public Law Research Paper No. 930728.

❸ Gershwin Publishing Corp. v. Columbia Artists Mgt., 443 F. 2d 1159 (2d Cir. 1971).

搜索功能。第二代 P2P 软件则是无中心、纯分散式的，用户只要安装了软件，即成一台能够提供完整目录和文件服务的服务器，并会自动搜索其他同类服务器，从而联成由无数 PC 组成的网络超级服务器。❶

1999 年，A&M 等多家唱片公司针对 Napster 起诉，这是第一代 P2P 软件服务提供者遭遇具有代表性的版权诉讼。在该案中，用户可以在 Napster 网站上免费下载音乐分享（MusicShare）软件，如果用户将其计算机中的音乐文件存储在"用户收藏夹"目录下，软件将会自行搜索收藏夹中的文件。❷

该案中，第九巡回上诉法院在认定帮助侵权责任时明确指出，推定 Napster 具有"帮助侵权"主观意图的不是 Napster 提供的软件被用户用来实施侵权行为，而是 Napster 在提供软件的同时还提供了文件编目和索引服务。

以 Napster 为代表的第一代 P2P 软件正是因为其有中央服务器存储、编排、分享文件的目录，帮助用户搜索联网的其他用户计算机中的文件，而被认定具有主观过错并承担帮助侵权责任。那么对于无需中央处理器的第二代 P2P 软件，软件提供商是否不再具有帮助侵权的主观意图，而无需为用户的侵权行为承担任何责任呢？

随后的 2003 年 Grokster 案中，美国法院即面临这一现实问题。该案中，被告 Grokster 公司、StreamCast 网络公司分别向用户免费提供各自的 P2P 软件，这些软件都是以 FastTrack 技术为基础，且用户最终是被连接到同一个 P2P 网络中分享文件。❸ 用户利用被告的软件分享各自计算机中的文件，其中包含大量原告享有版权的文件，据此，原告针对被告提起版权帮助侵权和替代责任之诉。❹

关于被告主观意图的认定，地区法院和第九巡回上诉法院均认为：因被告提供的软件都具有实质性非侵权用途，因而不能仅仅因为存在用户利用软件实施直接侵权行为，而推定被告具有帮助侵权的主观意图。并且，被告无法控制用户的行为，在其向用户提供软件后，即便其倒闭，用户仍然能够使用该软件分享文件。因此，法院认为无法认定被告既不"应知"，也不"明知"，因而无法认定

---

❶ 徐一文. P2P 革命中的版权——共享网络中的版权侵权问题研究 [M]. 知识产权研究.18 卷. 北京：知识产权出版社，2007：148.

❷ A&M Records, Inc v. Napster, 239 F. 3d 1004 p. 1012（9th Cir. 2001）.

❸ 尽管 StreamCast 公司之后不再使用 FastTrack 技术，并开发自己的以 Gnutella 技术为基础的 Morpheus 软件用以代替 Kazaa Media Desktop，但这并不影响其分散式 P2P 软件的定性。

❹ Meetro - Goldwyn - Mayer Studios v. Grokster, 259 F. Supp. 2d 1029, pp. 1031 - 1032（C. D. Cal, 2003）.

构成帮助侵权。

随后，版权人向美国联邦最高法院提起上诉。美国联邦最高法院清楚地指出，该案问题的关键在于既有合法用途又有非法用途的产品提供者，在何种情况下，需要为第三方的直接侵权行为承担侵权责任。❶ 索尼案规则的提出是针对这样一种观点：销售者销售一种同时具有合法和非法用途的产品的同时知道他人用以实施侵权、销售行为本身就足以推定产品销售者具有主观过错。而第九巡回上诉法院将索尼案规则解读为：只要产品具有一种实质性合法用途，产品设计者和销售者就不会为第三人的侵权行为承担帮助责任。❷ 美国联邦最高法院强调索尼案规则并没有代替任何其他间接责任理论，继而指出如果有其他证据证明软件设计者和提供者的主观意图，则根据来自普通法的以过错为基础的责任规则，索尼案的实质性非侵权用途将不能阻止其为用户的直接侵权行为承担责任。

美国联邦最高法院认为在早期案例中发展而来的引诱侵权理论如今并没有什么不同。❸ 并且美国国会早在1952年就将引诱侵权规则编入美国专利法，其第271（b）条规定："任何积极引诱和教唆他人侵犯专利权的负有专利侵权的法律责任"。❹ 美国联邦最高法院肯定了这样一种观点：

"如为一种侵权用途进行广告宣传或者为他人如何从事侵权行为作指导、表明产品被用于实施侵权行为的积极意图以及证据表明其鼓励实施侵权行为，如果被告没有实施上述行为而只是从事具有合法用途商业产品的销售，则不再认定其责任"。❺

在寻找普通法渊源以及再次借鉴专利法原则的基础上，美国联邦最高法院最终确立了引诱侵权理论：

如果明确的言语表达或者采取的其他积极措施能够证明一个人是为了达到促进版权侵权用途的目的而散发一种设备，而不仅仅是在散发时知道第三方的行为，应当为第三方使用该设备导致的侵权行为承担责任，而无论该设备是否具有合法用途。❻

同时，美国联邦最高法院认为，该案中的原告已经提供足够证据证明Grokster公司和StreamCast公司的言语和行为正是具有这种"促进版权侵权"的

---

❶ Meetro – Goldwyn – Mayer Studios v. Grokster, 545 U. S. 913, p. 918.
❷ 同上，pp. 933 – 934.
❸ 同上，p. 936.
❹ 35 U. S. C. § 271（b）.
❺ Meetro – Goldwyn – Mayer Studios v. Grokster, 545 U. S. 913, p. 936.
❻ 同上，p. 914.

引诱意图：第一，Grokster 公司和 StreamCast 公司表明他们了解用户实施版权侵权的需求，其目的就在于满足此类前 Napster 用户的市场需求。❶ 第二，米高梅公司还证明了 Grokster 公司和 StreamCast 公司都未曾试图开发过滤软件或者采取其他途径以减少利用其软件实施侵权的行为，这也进一步说明了两公司的非法目的。❷ 第三，Grokster 公司和 StreamCast 公司是通过销售广告空间、通过将广告显示在使用其软件的用户的计算机屏幕上获得盈利。正如证据显示，软件利用率越高，出售的广告会越多，广告收入也会相应增多。既然软件的利用率决定了网络服务商的获利大小，企业的商业经营高度依赖于大量的使用行为，而证据显示这种使用多是侵权性的。❸ 美国联邦最高法院同时指出单独的第二个和第三个行为本身都不足以认定被告的"引诱"意图，但是综合所有行为，却可以充分证明被告的"引诱"意图。

自此，美国联邦最高法院为实质性非侵权用途规则的适用加上了一个严格的前提：没有其他证据能够证明销售者有意教唆和引诱他人侵权。换言之，如果销售者帮助他人侵权的意图已得到了证明，则根本没有"实质性非侵权用途"规则的适用余地，❹ 这就使得版权引诱侵权理论在版权法领域获得了相对独立性，使得版权人利益获得进一步保护。

三、美国版权法中引诱侵权规则的构建

（一）版权引诱侵权的构成要件

在 2005 年美国联邦最高法院对 Grokster 案判决后，除了美国加利福尼亚州中区法院根据联邦最高法院判决于 2006 年对 Grokster 案进行重新审理的案件外，美国下级法院已有三起案件直接根据引诱侵权规则作出判决，在这些案件中，原告证明被告的引诱侵权责任通常从两方面入手：第一，证明有直接侵权行为的发生；第二，被告具有故意引诱他人实施版权侵权的主观意图。❺

证明直接侵权行为的存在相对比较容易，这是一种客观行为，然而，"主观意图"却是一种主观心理状态，只能从外在的客观事实出发加以推断。因而，如

---

❶ Meetro - Golduyn - Mayer studios v. Grokster, 545 U. S. 913, p. 939.
❷ 同上。
❸ 同上，p. 939 - 940.
❹ 王迁. 网络环境中的著作权保护 [M]. 北京：法律出版社，2011：138.
❺ 参见 Columbia Pictures Industries v Gary Gung, 2009 U. S. Dist. LEXIS 122661 (CD. Cal, 2009)、Arista Records v Lime Group, 2010 U. S. Dist. LEXIS 46538 (SDNY, 2010)、Arista v USENET. com, 2009 U. S. Dist. LEXIS 55237 (SDNY, 2009) 等一系列案件。

何认定行为人具有故意引诱他人实施版权侵权的主观意图就成为认定引诱侵权责任的重中之重。自美国联邦最高法院在 Grokster 案中确立引诱侵权理论之后,下级法院在司法实践中根据具体案件事实对美国联邦最高法院确立的三个考量因素进行了细化,对于引诱侵权理论的构建具有重要的参考价值。笔者将对这些案件进行介绍,并对认定主观意图的考量因素进行类型化总结,使主观意图的认定更具可操作性。

2009 年的 Arista 诉 USENET. com 案中,原告是唱片公司,被告经营 USENET 网站,这是一个供用户上传和浏览信息的 BBS。❶ 原告指称被告网站上音乐组中提供的超过 94% 的内容都是侵权的或者有高度侵权可能性的,❷ 要求被告为用户的直接侵权行为承担责任。

同年发生的 Columbia 诉 Gary Fung 案中,原告是电影公司,被告 Gary Fung 经营多个 BT 网站。BT 技术是第三代 P2P 技术的代表,BT 技术不需要集中的目录服务器,但是却需要分布式服务器,参与发布资源信息、定位服务等环节。用户需要通过网站定位种子文件,而本案中的被告经营的网站正是提供此类服务的。原告起诉被告,声称其网站中的高达 95% 的种子文件都是未经许可的。

在 2010 年发生的 Arista 诉 Lime 案中,原告是唱片公司,被告 LimeWire 公司发布了一款名为 LimeWire 的软件,这是一个基于第二代 P2P 技术的文件分享程序。用户使用该软件可以实现对文件的搜索定位和分享。原告声称用户利用被告的软件下载和分享未经授权的数字唱片,构成直接侵权,因而被告应当为其提供和发行软件的行为承担侵权责任。❸

在这些案件中,法院根据美国联邦最高法院在 Grokster 案中确立的引诱侵权规则,结合各个案件事实,分别提出了认定引诱之意图的考量因素,笔者认为可以归纳为以下几个因素。

1. 通过广告宣传等言语或行为进行积极引诱

证明引诱意图最基本的行为表现方式就是通过言语(如广告)直接引诱他人侵权,最高法院在 Grokster 案中就明确指出:"有关证明非法目的直接证据的典型情形是一个人引诱另一人从事侵权行为,如通过广告'诱使、劝说'他人从事侵权行为"。❹ 随后发生的几起有关引诱侵权的案件中,通过言语引诱都是重

---

❶ Arista v USENET. com,2009 U. S. Dist. LEXIS 55237, p. 1 (SDNY, 2009).
❷ 同上,pp. 2 – 3.
❸ Arista Records v Lime Group, 2010 U. S. Dist. LEXIS 46638 pp. 10 – 11 (SDNY, 2010).
❹ 同上,p. 2779.

要的认定引诱之主观意图的证据。主要表现在：第一，积极吸引侵权用户。如在 Arista 诉 Lime 案，被告故意向曾用文件分享程序分享过版权唱片的用户或者是表达过有此意向的用户推销其软件，极尽可能地吸引侵权用户。❶ 第二，在网站宣传及网页设置中突出其服务的侵权用途。例如，网络服务商在网页元标签中设置"盗版""Kazaa"等词，便于用户通过搜索引擎找到网站；❷ 各网络服务商积极吸引侵权用户、以侵权用户为目标客户群，以其服务的侵权用途为卖点进行推广，其对网站的运营及言语都明确地表达了引诱用户实施侵权行为的意图。

2. 商业模式依赖于大规模的侵权行为

无论是最初的 Grokster 案，还是最近发生的几起案件，网络服务商的商业模式均是建立在大规模侵权行为发生的基础上。行为人的商业模式在于随着用户群的扩大而增加收入，而用户群规模扩大依赖于大量版权作品的无偿分享，正如加利福尼亚州中区法院在判决中所言，这种商业模式的高度吸引力就在于"获得音乐的无成本"并且"可以获得所有音乐"。❸ 当然，在这种商业模式下，或许可以通过用户之间的"口口相传"来实现用户群的增长，因而最高法院也曾强调，此类商业模式本身并不足以推出非法意图。❹ 但是，如果在这种商业模式下，网络服务提供商还存在其他广告宣传等积极行为，则将是认定网络服务商具有引诱他人实施侵权行为的主观意图的有利证明，因为这样的行为完全符合其利益需求。

3. 软件或服务被用于实施侵权行为的事实及网络服务商的主观知晓状态

在上述案件中，一方面，网络服务商提供的软件或服务绝大多数被用来实施侵权行为。如在 Arista 诉 Lime 案，LimeWire 软件用户分享和下载的几乎所有文件都是享有版权、却未经授权的。❺ 另一方面，网络服务商对其软件或服务绝大多数被用来实施侵权行为是知晓的。例如，有些网络服务商积极吸引 Napster 的前用户，Napster 案曾引起广泛关注，网络服务商却以这些特定的侵权用户为目标用户群，并且不同于专利的是，特定的技术程序是否被授予专利权并不能马上辨别，而流行音乐和热门电影是享有版权的，这是一个常识性问题。❻ 因而，网

---

❶ Arista Records v Lime Group, 2010 U. S. Dist. LEXIS 46638 p. 60 (SDNY, 2010).

❷ Olumbia Pictures Industries v Gary Gung, 2009 U. S. Dist. LEXIS 122661, at 42 – 43 (CD. Cal, 2009), Arista v USENET. com, 2009 U. S. Dist. LEXIS 55237, p. 20 (SDNY, 2009).

❸ Metro – Goldwyn – Mayer Studios v. Grokster, 454 F. Supp. 2d 966, pp. 988 – 989 (CD. Cal,2006).

❹ 同上，pp. 939 – 940 (CD. Cal, 2006).

❺ Arista Records v Lime Group, 2010 U. S. Dist. LEXIS 46638 p. 57 (SDNY, 2010).

❻ Metro – Goldwyn – Mayer Studios v. Grokster, 454 F. Supp. 2d 966, p. 985 (CD. Cal, 2006).

络服务商辩称其不知道用户分享的文件享有版权是站不住脚的。尽管第三人实施侵权行为本身不足以认定 StreamCast 公司引诱意图，但是如此大规模的侵权行为进一步证明了 StreamCast 公司对非法用途的容忍，并将成为衡量网络服务商所有行为的重要的背景要件。❶

4. 对软件或服务侵权用途的消极容忍乃至积极支持

在网络服务商的商业模式高度依赖于大量用户群，而网络服务商提供的软件或服务又事实上被大量用于分享版权文件、实施侵权行为，如果网络服务商在知晓这一事实的情况下，不但不试图采用过滤技术屏蔽侵权文件，甚至通过向用户提供技术支持，从而为侵权行为提供便利，以维持壮大用户群，将进一步说明网络服务商具有引诱用户侵权的主观意图。

诚然，网络服务商确实没有义务阻止侵权行为，其对侵权行为的容忍乃至提供便利的行为本身都无法直接认定其具有引诱用户实施侵权行为的意图，但是当其商业模式正是依赖于通过提供版权文件吸引用户时，同时伴随着其他积极的宣传侵权用途的行为，则此时对侵权行为的容忍和提供便利行为将是其具有引诱用户实施侵权行为的有利证明。

5. 引诱侵权意图认定小结

美国法院在网络服务商引诱侵权意图的认定方面，提出了诸多考量因素（如表 1 所示），为引诱侵权规则的实际应用提供了参考。

在上述考量因素中，言语广告宣传是最直接、最基本的认定因素，如果网络服务商在广告宣传、内部交流文件明确表示其就是通过向用户提供侵权服务以吸引用户、获得盈利，这种"明确表态"当然足以认定其具有引诱侵权的主观状态。

但是大部分因素本身并不足以认定行为人存在主观过错，如知晓用户的侵权行为，在网络环境下，存在大量版权侵权行为这是一个常识，如果仅以对侵权行为的概括了解即认定存在帮助侵权的主观意图，则对网络服务商的这种苛责将导致网络服务商运营的举步维艰。也正因为此，在认定帮助侵权时，无论是"明知"还是"应知"的证明，都必须是知晓用户的特定侵权行为，而如果仅仅是对侵权行为存在的概括了解是很难认定帮助行为人具有主观过错的。但是，如果被告在知晓用户侵权行为存在的同时，还存在其他积极鼓励侵权的行为，如通过为侵权行为提供技术协助、帮助用户逃避版权人的追踪、或以其软件的侵权能力作为吸引用户的关键，则此时即使网络服务商不知道特定侵权行为的存在，亦足以认定网络服务提供商具有"故意引诱"他人侵权的意图，从而成立引诱侵权责任。

---

❶ Metro–Goldwyn–Mayer Studios v. Grokster, 454 F. Supp. 2d 966, pp. 986–987（CD. Cal, 2006）.

表1 认定网络服务商引诱侵权意图的诸多考量因素

考量因素小结	Grokster 案（2005）最高法院判决	Grokster 案（2006）加利福尼亚州中区法院重审判决	Columbia 诉 Gary Fung 案（2009.12）	Arista 诉 USENET.com 案（2009-2010）信息存储空间	Arista 诉 Lime 案（2010.5）
言语广告宣传吸引侵权用户	1. 意图抢占 Napster 公司留下的市场，并尽力争取 Napster 原先的用户	2. 被告设法获得在侵权方面臭名昭著的 Napster 的前用户	1. 被告向用户传递的信息：网站的设计就是用来鼓励他人实施侵权行为的	2. 被告积极吸引实施侵权行为的用户 4. 被告雇员的言行以及被告的广告宣传表明被告提供服务的目的正是鼓励侵权	2. 被告尽力吸引侵权用户
商业模式的成功依赖于大规模的侵权行为	3. 被告的商业依赖于大规模的侵权性使用	5. 被告的商业依赖于大规模的侵权性使用	4. 被告的商业模式取决于大规模的侵权性使用	6. 被告的商业模式以侵权为基础	4. 被告商业上的成功依赖于侵权行为
软件或服务被用于实施侵权行为的事实及网络服务商的主观知晓状态		1. 被告的 P2P 软件绝大多数被用于侵权 7. 被告无法合理地辩称自己不知道侵权行为		1. 被告网站音乐组中94%的内容是侵权或极有可能是侵权的	1. 被告知晓其用户实施的大规模侵权行为
对软件或服务侵权用途的消极容忍乃至积极支持	2. 没有尝试开发过滤工具	6. 被告没有试图采取过滤措施去阻止侵权行为 3. 被告对侵权用户提供了协助 4. 被告确保其技术具有侵权能力	2. 被告对实施侵权的用户提供了协助 3. 被告采用技术手段促成版权侵权——不成立❶	6. 被告从未试图使用过过滤技术去限制版权侵权 5. 被告的雇员还为用户获得版权内容提供技术支持	5. 被告没有对侵权行为进行控制 3. 被告努力使用户可以实施侵权，并对侵权行为提供便利

❶ 实际上，搜索定位技术并非 BT 网站所特有的，类似于一般的搜索引擎，这一技术上实际上仅仅是对现有技术的整合，具有"实质性非侵权用途"，笔者认为，法院用此中立性技术来证明被告具有引诱侵权的意图却是不合理的。

（二）引诱侵权规则与帮助侵权规则的关系

"引诱"最早是作为帮助侵权规则中客观行为的表现方式之一而出现，引诱侵权理论是否仍然作为广义帮助侵权理论的一个考量因素，还是能够与帮助侵权一起作为独立的诉因，美国法院对此问题并没有形成一致观点。

帮助侵权与引诱侵权最大的区别就在于主观过错的认定方面。帮助侵权的主观过错包括"故意"和"过失"两方面，且受索尼案确立的"实质性非侵权用途"规则的限制，即如果产品或服务具有实质性非侵权用途，则不能以产品或服务被用户用于侵权而认定产品或服务提供者具有主观过错，只有当产品或服务提供者知晓特定的侵权行为存在时，却仍然提供产品或服务的情况下，才能认定提供者的主观过错。[1] 引诱侵权规则主观过错仅限于"故意"，虽然故意的证明责任相对较高，但引诱侵权规则不受实质性非侵权用途的限制，即只要能够证明产品或服务提供者具有引诱他人实施侵权的主观故意，则即使其提供的产品或服务具有实质性非侵权用途，也不影响对其主观过错的认定。此外，就引诱侵权而言，如果证据证明网络服务商存在故意引诱行为，就足以认定网络服务商的主观过错，其自然没有适用避风港的可能。

引诱侵权规则之所以在相当长的一段时期内并没有充分发展与运用，是因为其本身的证明责任比帮助侵权更高，而技术的发展使得版权人不得不充分运用这一规则以保护自己的权利，其优越性正是体现在不受实质性非侵权用途规则之限，且侵权人无法以避风港作为抗辩理由。因而，从体系的架构来看，引诱侵权规则实际上已经获得了区别于帮助侵权规则的相对独立性。

四、版权引诱侵权规则在我国的适用

（一）我国具有引入引诱侵权规则的立法基础

尽管我国并没有对"引诱侵权"行为的明确立法，但是并不排除适用引诱侵权规则的可能性。《最高人民法院关于贯彻执行〈民法通则〉若干问题的意见（试行）》第148条规定："教唆、帮助他人实施侵权行为的人，为共同侵权人。"《最高人民法院关于审理涉及计算机网络著作权纠纷案件适用法律若干问题的解释》第4条同时规定："网络服务提供者通过网络参与他人侵犯著作权行为，或者通过网络教唆、帮助他人实施侵犯著作权行为的，人民法院应当根据《民法通

---

[1] Perfect 10, Inc. v. Amazon.com, Inc., 508 F. 3d 1146, p. 1172 (9th Cir. 2007).

则》第 130 条的规定，追究其与其他行为人或者直接实施侵权行为人的共同侵权责任。"《侵权责任法》第 9 条也明确规定："教唆、帮助他人实施侵权行为的，应当与行为人承担连带责任。"

笔者认为，上述法律及相关司法解释中规定的"教唆行为"与本文所论的引诱侵权中的"引诱行为"并无实质区别，引诱侵权规则完全具备在我国适用的法律基础。

第一，根据文义解释，教唆是指怂恿指使；引诱是指诱导、劝导；❶ 教唆行为就是故意唆使他人实施侵权行为，这里的唆使包括劝说、利诱、授意、怂恿等手段。❷ 引诱行为就是指通过明确的语言表达或采取的其他积极措施诱导、劝导他人实施侵权行为。❸ 简言之，二者均是通过一定的积极行为，如言语唆使，力图使第三人实施侵权行为，其行为手段相似、追求的行为结果相同。

第二，从立法目的来看，但凡规定共同侵权行为的民法典，大多数都对教唆（和帮助）侵权作出了明确规定。如，德国民法典第 830 条第 2 款规定："教唆人（和帮助人）视为共同侵权人。"法律要求教唆人为被教唆人实施的侵权行为承担责任，是因为直接侵权行为是在教唆人的教唆之下而为之，如果不要求教唆人承担责任将显失公平，且不利于阻止侵权行为的发生。同样的，第三人实施侵权行为亦是引诱人积极追求的结果，如果没有行为人的积极引诱，第三人不会实施直接侵权行为。因而，如果法律要求教唆人承担侵权责任，与其有着相似行为手段和相同结果的引诱人也必定应当承担侵权责任。

（二）我国司法实践对引诱侵权规则的吸收借鉴

引诱侵权规则对于缓解新技术提供者和版权人之间的冲突、调节网络环境下各方的利益平衡具有重要的作用，且在我国具备适用的法律基础，但上述美国引诱侵权规则中认定引诱意图的规则并不能完全移植于我国。因为引诱侵权责任认定的重点在于行为人引诱意图的认定，根据笔者上文对美国近期司法实践对引诱意图认定的考量因素进行的总结，上述考量因素中大量证据来自于当事人的内部资料，诸如雇员之间交流的电子邮件等，这得益于美国民事诉讼制度中对证据披露程序规定的应用，❹ 而我国并没有这种证据披露程序，且法院取证范围也十分

---

❶ 参见在线新华字典 [Z/OL]. http://xh.5156edu.com.
❷ 张新宝. 侵权责任法立法研究 [M]. 北京：中国人民大学出版社，2009：249.
❸ Meetro - Goldwyn - Mayer Studios v. Grokster, 545 U. S. 913, p. 914.
❹ 李响. 美国民事诉讼法的制度、案例与材料 [M]. 北京：中国政法大学出版社，2006：390. 根据美国《联邦民事诉讼规则》第 26 条规定，凡是和案情有些微关系的证据都在可披露的范围之内。

有限。

尽管美国民事诉讼程序与我国有较大差异,并不代表我国司法实践中完全没有适用的余地。而且前述内部资料只是证据的一部分,前文列举的各项因素是一个综合考量的过程,只要案件事实能够证明当事人具有主观过错足矣。

目前,我国无论是P2P软件提供商还是专门提供信息存储空间的服务商,在其提供的网站服务中,往往对资源进行了分门别类的设置,其中包括"原创""电影"等频道设置。在这种情况下,对网络服务商主观过错的认定,如果仅仅停留在其是否知道用户上传特定的侵权内容,将有可能对著作权人产生不利的后果。因为如果权利人不发侵权通知,而网络服务商又没有提供类似榜单的服务,则很难认定网络服务商知道其网络上存在特定的侵权内容,从而无法认定其主观过错。而实际上,电影、电视剧的制作成本高,制片人不会自行或授权他人将正片上传至网络中供用户免费欣赏或下载;而网络服务商将"原创"与"电影""电视剧"等频道并列,等于是默认"电影""电视剧"频道内的视频并非是网友原创,换言之,"电影""电视剧"频道内的内容很有可能是侵权作品。另一方面,网络服务商正是依赖这些热门的影视作品吸引用户,从而提高其网站广告的点击量获得盈利。也就是说,网络服务商或许不知道特定的侵权内容,却对其网站上存在大量侵权内容有概括的认知,并且其利用这些侵权内容获得盈利,在这种情况下,理应要求网络服务商承担更高的"注意义务"。

在司法实践中,已有法院对网络服务商的主观过错的认定不再局限于"知道特定侵权内容的存在",而要求在网络服务商根据其具体行为,承担相应的、更高的"注意义务"。2008年"广东中凯文化发展有限公司诉广州数联软件技术有限公司"一案中,广东中凯文化发展有限公司享有电影《杀破狼》的信息网络传播权,广州数联软件技术有限公司向用户提供POCO软件、在线视频娱乐平台等服务,用户利用POCO软件及网站分享电影,广东中凯文化发展有限公司要求广州数联软件技术有限公司承担侵权责任。❶

在该案中,法院指出,被告广州数联软件技术有限公司的行为不止于提供软件和技术平台,其还存在"积极引诱"的行为:

首先,被告广州数联软件技术有限公司以其下载多媒体资料的用途吸引用户,如使用"免费下载海量多媒体资源"等广告语,将POCO软件的用途直接指向影音下载区;其次,被告广州数联软件技术有限公司还在POCO网上预先设定了程序,使网络用户可以发布帖子上传电影海报与剧情简介,并在电影下载区作

---

❶ (2006)沪一中民五知初字第384号民事判决书。

分类编排以方便网络用户传播侵权电影作品等；最后，法院还指出广州数联软件技术有限公司是知晓用户上传的电影下载链接是未经许可的；从而认定被告既是教唆、帮助网络用户方便、快捷地获取侵权电影作品的行为，又是引诱其他网络用户搜索与链接侵权电影作品的行为。❶ 二审法院还进一步指出：

"网络服务提供商就防止侵权行为应承担的注意义务，应当与其具体服务可能带来的侵权风险相对应，正是由于被告所谓商业模式存在很大的帮助侵权风险，被告才应承担更大的注意义务。"❷

在该案中，法院实际上正是通过一系列证据的证明，最后综合考量认定网络服务提供商具有借助侵权行为获利的意图，足以认定其具有主观过错。

在2009年"激动网诉VeryCD"一案中，原告激动网享有电影《大四喜》的信息网络传播权，而被告利用其"电驴eMule"软件向用户提供电影的下载和传播，并通过在影片的下载页面投入广告进行营利。

法院首先指出，被告是知晓用户利用其软件实施侵权行为的，"电影作品的制作需耗费大量的人力、物力和财力，电影作品的著作权人通常情况下不会将电影作品无偿提供给广大网络用户"；而被告却仍然采取了积极的行为，如在网站上设置电影频道，并对电影类型进行事前编辑；被告在对用户利用其软件免费分享享有版权的电影，导致侵权后果进一步扩大可预知的情况下，未采取有效措施进行防止，还设置电影推荐栏目以吸引网络用户进行下载。"因此，被告显然具有鼓励、帮助侵权影视作品传播的意图。"❸

由此可见，我国法院在实践中已经根据案件的具体情况，在认定网络产品或服务提供商主观过错时吸取了引诱侵权规则的精华。即以商业模式作为认定网络服务商是否具有主观过错的重要考量因素，而不再仅限于要求网络服务提供商知道特定侵权内容。

---

❶ （2006）沪一中民五知初字第384号民事判决书。
❷ 同上。
❸ （2009）沪一中民五知初字第46号民事判决书。

DMCA 框架下"通知—删除"规则适用前提的引入
——以美国典型判例为研究视角

练彬彬[*]

摘 要 由于我国现行法律未规定网络服务商对反复侵权者停止服务的义务，因此侵权者重复侵权的行为屡禁不止，"通知—删除"规则被架空。这一现象产生的原因在于我国引入"通知—删除"规则时未引入其适用前提，使得法院对网络服务商帮助侵权案件的审判没有实现解决网络服务商侵权纠纷以及预防侵权行为反复发生的预期效果。本文欲结合美国典型判例对"通知—删除"规则适用的前提条件进行分析，以期弥补我国立法的缺陷。

关键词 通知—删除规则 适用前提 反复侵权者 合理实施

一、引入"通知—删除"规则适用前提的必要性

在部分网络服务商案例中，原告针对同一用户的侵权行为连续多次向网络服务商发出侵权通知，网络服务商在每次接到通知后都依法删除了涉嫌侵权作品信

---

[*] 华东政法大学知识产权学院 2007 级本科生。

息，但是由于我国未规定网络服务商对反复侵权者停止服务的义务，因此侵权者重复侵权的行为屡禁不止。例如，百度文库、各大小视频分享网站等网络服务商日常运营中此种现象日趋泛滥。

目前，学术界对于网络服务商针对这种反复实施侵权的行为是否有义务采取制止措施还存在争议。由于没有统一标准，司法实践中各法院也是操作不一。例如在"新传在线公司诉土豆网案"中，有用户先后多次在"土豆网"上发布侵权作品，法院因此认定"土豆网"没有行使拒绝为反复侵权用户提供服务的合理注意义务而应当承担赔偿责任。❶ 而在"依恋（上海）时装贸易有限公司诉徐某、淘宝网"一案中，法院未判定淘宝网承担此责任，以致判决生效一年多后卖家依然在销售侵犯该案原告商标权的商品，其销售特定侵权商品的行为未得到法律有效规制，造成立法资源的极大浪费，类似情况非常普遍。

可见，目前我国法院对网络服务商帮助侵权案件的审判没有实现解决网络服务商侵权纠纷以及预防侵权行为反复发生的预期效果。很多情况下，"通知—删除"规则成了网络服务商的"安全港"甚至逃避承担侵权赔偿责任的"挡箭牌"。在司法实践中，部分法院甚至将"通知—删除"规则滥用演变为原则。

笔者建议，基于法律效率原则，考虑到网络服务商运营中侵权行为重复发生的特殊性，单独实施"通知—删除"规则难以有效制止侵权行为再次发生，在不给网络服务商增加过重负担的情况下，可以考虑参考美国 DMCA 第 512 条第（i）款，引入"通知—删除"规则的适用前提，规定网络服务商适用免责条款必须履行合理的基本义务。

二、"通知—删除"规则适用前提的理论依据

我国从 DMCA 中移植引入"通知—删除"规则时并未引入其适用前提，但实际上违反适用前提的网络服务商很可能因"应知"而具有主观过错，从而构成帮助侵权承担侵权责任，不能适用"通知—删除"规则而免责。

（一）"通知—删除"规则的立法渊源

"通知—删除"规则源于 DMCA，我国的《信息网络传播权保护条例》中有类似规定。该规则为搜索网站和分享网站等网络服务商创设了"通知—删除—免责"的程序：在网络服务商不明知侵权行为的发生时，权利人向网络服务商发出符合规定的通知，如果网络服务商按权利人的通知要求断开侵权链接或删除侵权

---

❶ 许春明. 新传在线公司诉土豆网案［N］. 中国知识产权报，2011-11-02（4）.

内容，则免除其赔偿责任。

DMCA 同时规定了适用"通知—删除"规则的前提条件：该网络服务提供商已经采取并合理实施了在适当情况下对作为反复侵权者的网络用户和账号持有者停止服务的政策，并将这一政策通知了网络用户和账号持有者。❶ 我国在引入"通知—删除"规则时并未引入上述前提条件❷，这是我国立法中的缺陷。

（二）违反"通知—删除"规则适用前提可能构成帮助侵权

DMCA 中规定了网络服务商只有"已经采取了并合理实施了在适当情况下对作为反复侵权者的网络用户和账号持有者停止服务的政策，并将这一政策通知了网络用户和账号持有者"，才有可能因符合"通知—删除"规则而免责。但由于我国未规定此前提条件，仅符合规则本身而不符合此前提条件的网络服务商也可免于承担责任。但实际上，对此前提条件的违反很有可能构成帮助侵权。

"通知—删除"规则是对网络服务商帮助侵权责任的免责条款。帮助侵权是指，行为人意识到直接的侵权活动存在，而教唆、参与或者为第三人实施该侵权行为提供实质性帮助。构成帮助行为有两个核心条件：第一，知道侵权行为存在，即帮助行为人主观上有过错；第二，以引诱、促使或者以提供物质手段的方式帮助侵权，即有帮助行为。❸ 我国《信息网络传播权保护条例》在第 22 条、第 23 条对于帮助行为人主观上的过错分别规定为"不知道也没有合理的理由应当知道"以及"明知或者应知"。

网络服务商为侵权者实施侵权行为提供了网络服务平台，起到实质性帮助作用，符合帮助侵权的客观要件。因此，网络服务商帮助责任的承担与否的关键是网络服务商在主观上是否具有过错。

有学者认为：因为用户利用网络服务实施侵权，是已经过去的行为，网络服务提供者无法仅凭用户过去的侵权记录，就合理地预见该用户日后还会实施侵权行为。因此，在缺乏法律明确规定的情况下，很难因网络服务提供商继续向过去曾经实施侵权行为的用户提供网络服务，就认定其有帮助用户在日后实施侵权的

---

❶ 美国版权法第 512 条第（i）款第（1）项对免责资格条件的规定，See Copyright Law of the United States of America. §512.(i)(1)(A).

❷ 《信息网络传播权保护条例》并未对网络服务提供者规定此义务；《最高人民法院关于审理涉及计算机网络著作权纠纷案件适用法律若干问题的解释》也只是原则性地规定"网络服务提供者通过网络参与他人侵犯著作权行为，或者通过网络教唆、帮助实施他人实施侵犯著作权行为的，人民法院应当根据《民法通则》第 130 条的规定，追究其与其他行为人或者直接实施侵权行为人的共同侵权责任。"

❸ 张今．网络上第三人版权责任的构成要件［J］．华东政法大学学报，2007（4）．

主观过错。❶

笔者认为以上观点值得商榷。如果网络服务提供商能根据权利人发出的符合 DMCA 规定的多次通知具体定位反复侵权人或者能根据红旗标准❷发现侵权人反复侵权行为的存在，即使网络服务商已根据收到的通知或红旗标准删除了每一次的侵权作品，但是作为一个理性人的标准，其应该能合理预期到侵权人很有可能会再次上传侵权作品，因此有必要停止向其提供服务，以防止侵权行为发生。法律上的过错，是指欠缺法律上必要注意之心理状态。❸ 在具备合理理由知晓侵权行为存在的情况下，如果网络服务商不仅不采取合理措施防止侵权行为的发生，还采取了视而不见、予以放任的态度，其主观上就应认定为具有过错，应当承担相应的侵权民事法律责任。

并且，笔者认为反复侵权人上传的不一定要是"同一作品"，根据同一侵权人曾多次上传不同侵权作品的事实，同样可以具备合理理由知晓即将发生的侵权行为的存在。

美国的司法实践也可有所借鉴：在 Napster 案中，法院判决被告承担赔偿责任的一个原因正是在于其明知有用户反复进行上传和下载 mp3 文件的行为，却没有封掉这些用户的账号。在另一起针对接入网络服务提供商的诉讼中，美国法院认定：接入网络服务提供商只要在知晓侵权行为之后封掉了侵权者的账号，就尽到了合理注意义务，不应承担侵权责任。❹

综上所述，网络服务商未对反复侵权的网络用户和账号持有者停止服务，很有可能构成"应知"而在主观上具有过错，从而不应直接适用"通知—删除"规则免于承担责任，而因构成帮助侵权承担侵权责任。

三、"通知—删除"规则适用前提的构成要件分析

DMCA 中将此前提条件规定为：网络服务商已经采取并合理实施了在适当情况下对作为反复侵权者的网络用户和账号持有者停止服务的政策，并将

---

❶ 王迁．网络环境中的著作权保护研究［M］．北京：法律出版社，2011：268．

❷ "红旗标准"同样源自于 DMCA，其目的是为防止"通知—删除"规则被滥用，我国的《信息网络传播权保护条例》也已作出类似规定。所谓的"红旗标准"，就是当侵权行为明显到如同鲜艳的红旗一样时，基于一个理性诚信之人应当知道其所链接或者提供的内容是侵权的，网络服务商就不能够再视而不见，应该负起删除、排除的义务，否则，应知侵权而构成过错，应当承担侵权赔偿责任。

❸ 李锡鹤．论责任是违法的法律后果——从《侵权责任法》第 2 条的逻辑矛盾说起［J］．东方法学，2010（5）．

❹ 王迁．网络环境中的著作权保护研究［M］．北京：法律出版社，2011：268．

这一政策通知了网络用户和账号持有者。此条款并未对"合理实施""适当情况""反复侵权者"这三个构成要件作出很明确的解释，在已有的判例中仅有为数不多的法院对此作出了解释，尤其 Perfect 10❶、YouTube❷、Veoh❸等经典案件判决中法官作出的解释对于此条款今后的适用具有很大的借鉴意义。

（一）对"适当情况"的解释

反复侵权行为必须在适当情况下终止，在 DMCA 中用语是不明确的，但根据美国相关判例的精神可以解释为：（1）网络服务商通过权利人的通知已实际获知侵权人存在重复侵权行为；（2）网络服务商可以通过红旗规则发现侵权行为的存在。

Perfect 10 Inc. v. CCBill LLC 一案，美国加州第九巡回上诉法院作出二审判决❹，认定被告 CCBill 公司享有"通知—删除"规则的保护，原告向被告发出的通知信息不充分，不能视为有效通知。该判决被美国法律界解读为再次确认"通知—删除"规则对网络服务商的适用，并全面阐述了权利人应遵守的通知程序，将对后续案件产生指导性作用。

1. DMCA 对通知要件的严格规定

原告 Perfect 10Inc. 是一家成人杂志的出版商并拥有一个同名网站。原告就其制作并展示在网上的图片已经在美国联邦版权局办理版权登记。被告 CCBill❺公司及其关联公司为成人网站提供主机以及在线信用卡支付服务。

原告诉称大量原告网站上的图片未经许可出现在其他与其有竞争关系的成人网站上。许多提供原告图片的侵权网站都是由被告提供上述服务。因此，原告起诉被告与其他侵权网站构成共同侵权。被告则声称，被告仅提供了导向侵权成人网站的链接，根据避风港原则应该免于承担共同侵权责任。该案经过初审和上诉，加州地区法院和加州第九巡回上诉法院均判决被告应享有避风港原则的保护，并对"通知—删除"规则进行了更详细的阐述。

该案中，原告曾先后三次向被告发出通知。但加州第九巡回上诉法院认为，

---

❶ Perfect 10, Inc. v. CCBill LLC, 488 F. 3d 1102 (Sep. Cir. 2007).
❷ Viacom International, Inc. v. YouTube Inc., WL, 2532404 (S. D. N. Y.), (2010).
❸ IO Group, Inc. v. Veoh Networks, Inc., 586 F. Supp. 2d 1132 (2008).
❹ U. S. App. LEXIS 12508 488 F. 3d 1102 (2007).
❺ 比如，如果用户想进入一个特定的成人网站，需要先向被告提供信用卡号码，然后被告会代表网站运营者与信用卡公司联系。在用户完成付费交易后，被告重新把用户导向成人网站的入口界面。

原告所发出的每一次通知，都没有完整包含 DMCA 规定的通知要件❶：（1）权利人的签名；（2）被侵权的版权作品信息；（3）如要求移除侵权作品，应向网络服务提供商提供足够的信息，使侵权作品的位置能得以确定；（4）权利人的联络信息；（5）权利人的陈述，保证权利人善意的怀疑其指控的作品未经授权；和（6）权利人的保证，表示通知所提供的信息真实准确，并愿意承担伪证罪的风险。原告的做法等于是要求被告自己从散乱的材料中拼凑出足够的信息。因此法院驳回了原告的主张，认为原告发出的每一次通知都是不完整的，而按照避风港原则的要求，权利人应当向网络服务提供商寄送一份完整独立的文件。

我国《侵权责任法》并未对通知的合格条件作出规定，而我国《信息网络传播权》第14条对此作出了规定，具体包含三个要件：权利人姓名和联系方式、要求删除或断开链接的涉嫌侵权作品等的名称和网络地址、构成侵权的初步证明材料。其中"构成侵权的初步证明材料"究竟要达到何种证明程度缺乏法律明确规定，是司法实践中认定的难点。但笔者认为"构成侵权的初步证明材料"只要能够证明被控侵权作品极有可能侵犯权利人的权利内容即可，不需要获得法院生效判决的认可，否则，将过重的举证责任分配给版权人承担显然违背了版权人和网络服务商之间的利益平衡原则。

2."红旗标准"的谨慎适用

原告又诉称即使提供的通知书存在瑕疵，也不能免除被告的责任，因为被告完全无需原告的通知，就能够意识到所链接的网站是非法的。原告指出，在被告提供服务的成人网站中，不少网站的 URL 地址中即注明"非法"（illegal.net）或"偷来的名人照片"（stolencelebritypics.com）等字样，这些事实足以构成"鲜艳的红旗"，让被告有合理理由知晓明显的侵权行为。在此情况下，被告不能享受"避风港"的保护。但加州第九巡回上诉法院驳回了原告的上述主张。该院审理法官在判决中写道："仅仅因为被链接的网站的名字（包含'非法'的字样），并不足以使被告免于避风港的保护。因为单单从名字来看，不能必然推导出链接网站包含侵权的照片。网站名字可能是玩笑，可能是为了增加点击率而采取的策略。这些不足以向被告拉响警报，显示侵权行为的存在。"❷ 尽管原告举出的事实很可能推导出侵权行为的存在，但并非确定无疑的。因此，该法院审理法官不认为上述事实足以构成"红旗"。

---

❶ 美国版权法第512条第（d）款第3项对通知的要求，See Copyright Law of the United States of America. § 512.(d)(3).

❷ U. S. App. LEXIS 12508 488 F. 3d 1102 (2007).

由此可知，只有当权利人发出的通知包含 DMCA 规定的全部通知要件或者网络服务商根据"红旗标准"能够发现侵权行为时，才符合对"适当情况"要件的解释，但对于"红旗标准"应该谨慎适用。

（二）对"反复侵权者"的解释

DMCA 对此要件没有作出具体规定，在实际操作中，不同的利益主体均选择对自己有利的解释，立法没有统一规制。

在 Viacom 诉 YouTube❶ 中，YouTube 采取了类似三振出局（Three-strikes law）❷ 的政策：向侵权者发出三次警告后如果侵权者还未停止侵权行为，则将其认定为"反复侵权者"，停止对其的服务。Viacom 声称 YouTube 在实施政策时对"反复侵权者"的认定是不对的：不管是在收到权利人针对侵权者上传大量侵权视频发出的一次通知还是针对同一侵权者两小时内发出的多次通知后，YouTube 均只向涉案侵权者发出一次警告。甚至当上传视频的内容经过版权作品 DNA 比对识别系统❸检测后发现与权利人作品实质性相似以致侵权时，YouTube 仍不同意向上传者发出警告。❹ 然而，法院却以 UMG Recordings, Inc. 诉 Veoh Networks, Inc. ❺ 中的判决理由支持了 YouTube：立法委员会在制定此条款时即赋予网络服务商对"反复侵权者"较为宽松的解释权利。

笔者认为该判决理由值得商榷，首先经过版权作品 DNA 比对识别系统发现侵权的作品后至少应向侵权者发出一次警告，而不是视而不见，网络服务商此时已构成明知侵权行为的存在，若不发出通知，则应认定为具有帮助侵权的主观故意；其次尽管立法委员会没有对"反复侵权者"作出解释，但是长期大量上传侵权内容的用户当然应被定义为"反复侵权者"，其侵权的主观恶意足以使其失去接受网络服务商提供服务的机会。❻

---

❶ Viacom International, Inc. v. YouTube Inc., WL 2532404 (S. D. N. Y.) (2010).

❷ 三振出局法案：若同一终端用户收到了三次或三次以上的侵权警告却仍不停止侵权行为，网络服务提供商则应将上述反复侵权用户名单报至法院或行政部门，由法官或行政官员对此进行评审，并根据具体情形作出处罚决定。三振出局政策作为政府、网络服务提供商及权利人三方会谈的结果，最初来源于法国 HADOPI 法案。中国台湾和韩国已经制定了"三振出局法案"。

❸ YouTube 从 2010 年就开始研发一套新的版权作品 DNA 比对识别系统。通过后台的搜索技术，为存在于服务器上的所有视频内容添加版权标签，并为之构建一套单独的数据库。目的在于自动分析某段视频内容的版权归属于哪家公司，并以此作为未来与该公司进行利益分享的评判标准。当然前提是版权拥有方提前和网络服务商达成合作协议。

❹ Viacom International, Inc. 718 F. Supp. 2d at 528.

❺ UMG Recordings, Inc. v. Veoh Networks, Inc., 665 F. Supp. 2d 1099, 1108 (C. D. Cal. 2009).

❻ H. R. Rep. No. 105 - 551, pt. 2, at 61 (1998).

但也有学者认为应该进行严格解释，美国著名版权法学者 David Nimmer 认为此条款中的"反复侵权者"应被解释为至少有一次以上在侵权案件中被判决为版权侵权者。❶

笔者认为 DMCA 此条款中的"反复侵权者"不宜作出过于严格的限制。如果网络服务商所能针对的侵权者只能是曾经案件判决为版权侵权者的，此条件过于苛刻，将使此前提条件适用范围大幅度缩小，进而起不到过滤筛选的作用。

（三）对"合理实施"的解释

1. 网络服务提供商只需尽到合理的注意义务

在 Viacom 诉 YouTube 中，法院认为：网络服务提供商仅有义务终止已在权利人发出的通知中具体定位的特定侵权人的账号，而没有义务去寻找权利人通知以外的其他相关链接。❷ 正如 DMCA 的解释报告中指出：本法没有对服务提供商施加寻找"红旗"的义务，但如果知道"红旗"的存在而不采取措施则不能免责。可见，"红旗标准"要求网络服务商尽到合理的注意义务，而非一般审查义务。❸

在 CorbisCorp. 诉 Amazon. com，Inc. ❹ 案中，原告 Corbis 诉称被告 Amazon 制定的针对侵权者的政策没能阻止从事反复侵权行为的卖家以假名在网站平台上重新出现，因此 Amazon 并未合理实施此政策。法院认为 Amazon 制定的政策是合理的：DMCA 不需要无瑕疵地针对侵权者的政策。用户以不同的身份重新享受网站服务仅是事实问题，并不涉及 Amazon 制定的针对侵权者的政策实施的程序上的合法性问题。同样，在 IO Group，Inc. 诉 Veoh Networks，Inc. ❺ 案中，原告认为 Veoh 没有合理实施此政策，用户获得邮箱地址很容易，已被终止账号的用户可以再匿名注册新账号从事侵权活动。法院同样没有采纳此种观点。法院认为 Veoh 已经合理地实施了针对侵权者的政策：根据权利人发出的符合要求的通知及时删除了重复侵权者的账号并采取措施防止相同内容上传。❻

这清楚地表明网络服务商只要在用户政策中描述了侵权后果并将其传达给所有用户，一旦在符合"适当情况"的要求时能终止对"反复侵权者"的服务，

---

❶ David Nimmer, Repeat Infringers, 52 J. Copyright Soc'y U. S. A. 2005: 167, 195 – 98.

❷ Viacom v. YouTube, supra note 61, at 14.

❸ WIPO Copyright Treaties Implementation and On – line Copyright Infringement Liability Limitation, Rep. 105 – 551, part 1 and part 2, on the DMCA.

❹ Corbis Corp. v. Amazon. com, Inc., 351 F. Supp. 2d 1090, 1108 W. D: Wash. 2004.

❺ IO Group, Inc. v. Veoh Networks, Inc., 586 F. Supp. 2d 1132, 2008.

❻ IO Group, Inc. v. Veoh Networks, Inc. supra note 60, 1150 – 1154.

就符合 DMCA 此条款的意旨，即符合了适用"通知—删除"规则的前提条件，并不要求网络服务商终止对潜在的反复侵权者的服务。

2. 网络服务商不得妨碍权利人收集侵权信息

Amister[1]是一个运用美国在线的即时通信技术的 P2P 服务提供商，Amister 的用户只要其他用户在线或者登录到经由即时通迅服务的聊天室就能相互交换文件。在该案中，Amister 系统对用户的文件传输进行了加密，其能够阻止来自除其用户的任何人包括其自己的监控从而使他人不能知道用户的侵权行为；并且通过改变邮箱地址来妨碍权利人对侵权者信息的收集：比如记录侵权网站的网主的邮箱地址和姓名。该案审理法院认为网络服务商只有建立一套有效的通知处理体系来处理权利人发出的符合 DMCA 规定的通知并且没有妨碍权利人收集发布通知所需的相关信息，才是对政策的合理实施。而 Amister 采取加密措施妨碍权利人对侵权者信息的收集，显然应认定为未合理实施该政策。

四、完善我国"通知—删除"规则的立法建议

我国"通知—删除"规则是移植和强化美国 DMCA 中"通知—删除"规则的结果。[2] 但是在移植过程中，我国没有将其适用前提纳入，造成我国对于"通知—删除"规则应用的门槛远低于美国，结果导致"通知—删除"规则被架空，使得知识产权权利人周而复始地提起诉讼。

我国这种无条件适用免责规定的做法，恰好使得本来无须经过免责规定考量就必须承担侵权责任的情况，在我国反而可能得以免责，在极大程度上放任网络服务商的帮助侵权行为。为了恢复"通知—删除"规则原有的适用意义，避免免责条款的滥用，让网络服务商承担与其能力和所得收益相适应的责任，使合理促进新兴产业发展与保护权利人合法权利、保护公众利益三个目标达到协调平衡的状态，我国法律有必要增加网络服务商免责条款的适用前提，并结合我国网络服务商具体的商业模式，借鉴美国的司法实践完善我国立法，从而弥补我国立法的缺陷。

---

[1] A&M Records, Inc v. Napster, 239 F. 3d 1004 (9th Cir. 2001).
[2] 王迁. 网络版权法 [M]. 北京：中国人民大学出版社，2008：169.

版权信托制度创新研究

菅成广[*]

摘　要

　　随着时代的发展，著作权与人们生活紧密相联。当前我国版权制度所遭遇的问题主要有，版权者的合法权益无法得到有效的保障以及版权作品内在价值无法实现的困境。这是与我国传统的知识产权观念薄弱以及制度不足紧密相关的。而金融学上的信托制度则为著作权保护提供了一个良好的机制，可以依托信托制度推动著作权集体保护制度，同时依托信托制度以融资手段提前实现作品价值。这对维护著作权人的合法权益，并且实现版权信托，可以认为是信托行业的一个创新，也是金融创新。

关键词

　　知识产权　版权　信托收益　法律制度

　　自 20 世纪中后期开始，随着电子信息技术以及网络技术的蓬勃发展，人类进入了信息以及网络技术普及的时代。人类的科技水平以及文明水平随着技术的发展而达到了前所未有的高度，甚至超越了数千年来人类科技进步成就的总和。新兴的电子信息技术产业因其拥有较高的科技含量以及高额的回报率而成为世界

---

[*] 华东政法大学知识产权学院 2009 级本科生。该文章发表于《商业时代》（原名《商业经济研究》）2012 年第 25 期第 104 页。

各国所关注的重点。所有的信息技术、生物技术、科学理论发展以及其他的科技成果最终都归入一个企业,乃至一国的知识产权的发展水平。知识产权作为一个权利束,其中包含着著作权、商标权、专利权等一系列的权利。随着时代的发展,著作权与人们生活紧密相联。小至日常生活中阅读的电子书,听的音乐,大至动辄投资上亿的商业电影,无一不与著作权有着紧密的关联。而通过信托制度保护版权和促进版权制度的发展,成为本文所要考察的问题。

一、版权制度当前所遭遇的问题

(一) 版权者的合法权益无法得到有效的保障

我国的《著作权法》对于著作权的保护有以人身权利和财产权利为主要内容的 16 项具体的权利,可谓保护之充分。虽然法律规定得详细,却由于我国公民对知识产权保护意识的薄弱,以及相关部门未能尽责履行保护职责,导致著作权人的合法权益受到严重侵害。[1] 与此相关的包括盗版书籍、翻印书籍以及盗版软件的横行,都给著作权人的合法权益带来了严重的损失。

(二) 版权作品内在价值实现的困境

著作权作为一种精神成果,其本身蕴含着作者的无差别劳动。也正是基于此,对著作权保护的内容中很重要的内容就是著作权人的财产权保护问题。著作权人财产权的保护,一方面是对作者所付出的劳动而形成的成果的肯定,另一方面也是对创作行为的肯定。21 世纪是知识产权的时代。知识产权究其本质是一种创新能力在权利领域的实现结果。创造意识的构建以及创新人才的培养,是一国知识产权战略的重要内容,"我国将建立部门协调机制,统筹规划知识产权人才队伍建设;加快建设国家级和省级知识产权人才库和专业人才信息网络平台;建设若干国家知识产权人才培养基地,加快建设高水平的知识产权师资队伍。"

纵然知识产权对于一个企业,乃至一国有着非凡的意义。知识产权中的著作权作品作为一种文学、艺术、自然科学、社会科学、工程技术等作品。其本身主要是以精神内容而存在,其价值隐含在作品之内。如何在作品被认可或者被接受之前发掘其内含的价值,给予作者对作品成果一定的物质回报,以鼓励其继续进

---

[1] 百度公司的"百度文库"产品是百度为网友提供的信息存储空间,是供网友在线分享文档的开放平台。中国文著协、盛大文学、磨铁图书三方共同发布《针对百度文库侵权盗版的联合声明》称,百度文库"对自己的公然侵权盗版行为毫不收敛,近期更大肆宣扬、炫耀,趾高气扬的践踏道德、挑衅法律",这种行为严重伤害了我国作家利益和知识产权的尊严,因此,盛大文学等三方誓要与百度文库斗争到底,并将"对百度的诉讼进一步上升到行政和刑事层面。从而引发了百度文库对著作权侵犯的质疑之声"。

行创作以及推广其作品成为一个严重的问题。举例来讲，《红楼梦》作为我国古典小说的杰出代表，其艺术、文化、历史价值无与伦比，作为一部伟大的文学作品受到人们的普遍赞誉，但是其作者曹雪芹先生却是在极度的困难与潦倒中写就了这部文化名著的前八十回。作品的巨大成功与作者的潦倒困境的巨大反差，直接原因就是蕴含在作品中的价值无法得到有效挖掘的结果。

二、版权制度困境的原因

由于认识到文学、艺术、自然科学、社会科学、工程技术等作品在发展社会科技，提升人类文明的重要意义。世界范围内对知识产权以及著作权的保护都置于非常重要的地位。这不仅是对作者成果的认可，还是对作者创作行为的一种鼓励，通过合理保护的手段一方面来促进整个社会科技以及文化的发展，另一方面也维持了权利人继续进行创作的动力和积极性。

（一）观念原因

古代的中国创造了璀璨的文明成果，以四大发明为代表的科技成果以及以诗词歌赋为代表的文学作品，都是古代中国人思想以及聪明智慧的结晶，也是我们民族的宝贵财富。但是现代的版权保护却不是从有着灿烂文明成果的中国诞生的，"15世纪末，威尼斯共和国授予印刷商冯·施贝叶在威尼斯印刷出版的专有权，有效期5年，这被认为是西方第一个由统治政权颁布的，保护翻印之权的特许令"❶ 我国纵然在宋代就已经有了对作者作品的保护，但是由统治阶级颁布，特许权利为内容却是没有的。而明清之后，随着我国的闭关锁国政策，失去了与世界发达国家交流与沟通的机会，使得知识产权的保护制度没有更深入地发展，加之作者本身保护意识的不强，这直接影响了后世中国人对文学作品权利的认识和看法。因此要破除著作权的保护困境，首先需要革新我国大众的观念。

（二）制度原因

中国的法制现代化事实上从一开始就处于相对不利的环境之中。即相对于西方国家特别是发达资本主义国家已经建成的相对成熟的政治体制、经济体制以及比较发达的物质文明而言，我国在各个方面都相对落后。我国的法治现代化属于外发型的，在对中国法制变革进行研究时，国内外有些学者常常认为西方法制发展属于"内发型"法制现代化，而我国则属于"外发型"法制现代化，是对西方现代化的冲击而做出的回应。❷ 法律制度的建立是基于对国外先进制度的借鉴

---

❶ 郑成思. 知识产权论 [M]. 北京：法律出版社，2003：22.
❷ 公丕祥. 中国法制现代化的进程 [M]. 北京：中国人民公安大学出版社，1991：78.

形成的。知识产权保护作为新兴权利保护领域，我国在理论研究以及制度建设方面都有着可喜的成果。但是，结合我国国情，必须认识到，我国生产力水平还较为落后，我国法治水平总体还不高，贸然全盘引进国外知识产权保护的制度，不利于我国生产力的发展以及技术的进步和革新。

三、信托制度促进版权价值的实现以及推动版权制度发展

（一）版权以及信托制度的基本内容

在我国，版权亦与著作权是作为同义语而存在的，只是在平时所表述的习惯或者场合不同而已。我国的《民法通则》以及《著作权法》都采用的是著作权法的称谓，版权一般存在于现实用语习惯之中，比如"版权所有，翻印必究"，依照我国的《著作权法》的规定，我国公民、法人或者其他组织的作品，不论是否发表，依照本法都享有著作权。而著作权的客体，即著作权所保护的作品有口述作品；音乐、戏剧、曲艺、舞蹈、杂技艺术作品；美术、建筑作品；摄影作品；电影作品和以类似摄制电影的方法创作的作品；工程设计图、产品设计图、地图、示意图等图形作品和模型作品；计算机软件；法律、行政法规规定的其他作品。可以说作品的表现形式是多样的。

"信托是指委托人基于对受托人的信任，将其财产权委托给受托人，由受托人按委托人的意愿以自己的名义，为受益人的利益或者特定目的，进行管理或者处分的行为。"❶ 信托管理制度并不是法律上的概念，其实是金融领域内的资产管理方式移植到法律上的著作权保护而形成的版权信托制度，其以信托制度为管理模式，将版权保护的内容纳入信托管理之下，以实现版权保护的一种法律制度。信托制度起源于中世纪英美衡平法，后为大陆法系所接受，信托制度一旦设立，则受托人取得了信托财产的所有权，像真正的财产所有权人一样管理和处分信托财产，而由此产生的信托利益归委托人或者其他的受益人所有，即信托法上的所有权与利益分离的原理。❷ 信托关系与委托关系的根本不同点在于，委托行为应当在著作权人的授权范围内按著作权人的指令以著作权人的名义实施（隐名代理的从法律规定）。信托行为则是在著作权人的授权范围内，依据维护著作权人利益的目的以出版社的名义实施。因此，在信托情况下发生著作权侵权情况，出版社可以用自己的名义维护著作权权利。例如，中国音乐著作权协会对音乐作品的管理就是一种信托行为。因此，中国音乐著作权协会在法庭上都是以自己的

---

❶ 《中国人民共和国信托法》第2条。
❷ 刘淑华. 论信托法远离在著作权集体管理关系中的运用 [J]. 湖南税务高等专科学校学报，2004 (1).

名义起诉侵权人,从而达到维护著作权人权益的目的。信托制度不仅实现了所有权与利益的分离,还可以实现著作权的集体保护,专业保护的优势。

(二)依托信托制度推动版权制度的发展举措

1. 依托信托制度推动著作权集体保护制度

著作权在现代私权中扮演着重要的角色,对其进行保护也是有利于人类文明的前行与发展的。但是单个作者的著作权保护,纵然法律规定了详细的权利种类,如果让其个人进行著作权的维权工作。由于地域性的限制以及精力的有限,必然是顾及不暇,这会客观上造成侵害而无法保护的事实。如何进行集中有效的著作权保护成为著作权保护法律制度有效实现的重要内容。我国《著作权法》第8条即为著作权集体保护制度,其内容是:"著作权人和与著作权有关的权利人可以授权著作权集体管理组织行使著作权或者与著作权有关的权利。著作权集体管理组织被授权后,可以以自己的名义为著作权人和与著作权有关的权利人主张权利,并可以作为当事人进行涉及著作权或者与著作权有关的权利的诉讼、仲裁活动。著作权集体管理组织是非营利性组织,其设立方式、权利义务、著作权许可使用费的收取和分配,以及对其监督和管理等由国务院另行规定。"与我国近年颁布的《信托法》相结合,"作权人与著作权集体管理机构订立信托合同,就自己所拥有的某几项财产性著作权授予其管理。受托人接受委托后,以自己的名义为著作权人的利益在授权的范围内,忠诚勤勉地为权利人管理财产,包括与第三人(使用者)订立许可使用合同,向使用者收取使用费;向权利人转付使用费;并进行相关诉讼、仲裁等。"❶ 在通过信托组织管理著作权过程中,信托机构应该本着积极为著作权人的利益增加考虑,履行忠实,积极义务。

2. 依托信托制度以融资手段提前实现作品价值

版权作为知识产权的重要组成部分。其价值的实现可以通过前文所述的集体管理而得到充分的保障。但是这种保障也是事后性的,即作者在完成自己的作品之后的一段时间才能获得相应的报酬,这不利于作者权益的实现。因为现实中往往会遇到许多"怀才不遇"的著作权人,其需要资金去继续创作或者去推介自己的作品,现代营销手段认为"好酒也怕巷子深"。在现代信息资讯膨胀的时代,因为信息的获取途径较广,同时信息量很巨大,必须使优秀的作品能够获得"广而告之"机会才能获取更多人的认可。

传统的民商事法律中虽然承认知识产权的价值,可以利用知识产权进行抵押或者质押,但是以前拥有自主版权的文化创意公司拿着版权等无形资产做抵押物

---

❶ 刘韶华. 信托视角下的著作权集体管理制度 [J]. 法律适用, 2006 (5).

去贷款时，很难获得贷款。因为银行很难认定文化企业的无形资产到底有多少价值。但当信托公司介入后，文化创意公司把作品版权信托给信托公司，信托公司再以这部分信托资产做抵押物，协助申请贷款。由于在资金出现问题时，信托公司对信托资产有全权处置权，即降低了银行的风险。作品需要继续创作或者推介则需要资金的保障。以信托制度，给予著作权人一个融资与交易的平台，这必然能实现著作权价值实现和增值的目的。

知识产权这种无形资产也能成为融资担保方式的一种，对我国企业特别是资金不足的中小企业发展自主知识产权是个很好的动力；同时，版权信托能加强银信合作中信托公司的主导地位。银行与信托公司合作进行融资不再是银行里的客户资金，而需要信托公司先进行无形资产的资产评估，并进行风险控制等。并且如果版权融资能发展壮大，虽然都是中小企业单个融资规模不大，但是整体而言发展潜力是巨大的，也许版权融资将来能成为银信合作理财产品的重要部分。通过这种版权信托，信托公司以借款企业的版权作为保障，设计产品，向社会融资。在信托运行的过程中，信托公司将对贷款项目进行全过程监控，随着该文化企业产值增加，投资者也可获得回报。版权信托可以认为是信托行业的一个创新，也是金融创新。

四、结　语

21世纪是一个科技的世纪，也是一个知识产权的时代。知识产权作为一个可以掌控未来的信息制高点，无论哪个国家，只要能够在知识产权领域取得突破并且使之转化为社会生产力，那么这将使该国握有打开"未来之门的钥匙"。因此世界各国都将知识产权战略列为一国发展的战略重点。我国同样也不例外，我国于2008年6月5日颁布实施《国家知识产权战略纲要》，明确到2020年把我国建设成为知识产权创造、运用、保护和管理水平较高的国家，5年内自主知识产权水平大幅度提高，运用知识产权的效果明显增强，知识产权保护状况明显改善，全社会知识产权意识普遍提高。商标权作为知识产权中的重要权利，其对识别企业和企业本身产品，以及对企业品牌的创建和营收都具有重要意义。这是我国第一次将知识产权的发展提高到国家发展的战略地位，其对发展我国的知识产权具有积极意义。同时，知识产权制度的发展紧紧依靠自身的技术创新与进步是远远不能实现知识产权强国战略的。知识产权制度的发展需要依托一定的科学发展手段，结合信托制度发展知识产权则是一种有益的尝试，这样才能真正充分发掘其所蕴含的价值。

网络环境下电子书传播者的版权侵权责任分析

殷 俊 车路平 朱墨冰 齐爽宇 徐弘韬[*]

摘 要

　　根据其具体行为及获利模式的不同，所需要承担的侵权责任也就明显不同。相关行为是否落入著作权的范围，是判定其直接或间接侵权的根据。在责任认定中应当阐明免责事由、红旗标准、避风港原则等。笔者提出完善网络服务提供商的侵权原则、建立电子书上传行为人实名制度、建立多层次网络电子书版权审查模式，这三个方面旨在完善电子书传播的立法规制的修改意见。

关键词

　　网络电子书传播者　侵权行为　侵权责任

引　言

　　在过去的十年中，中国有接近五成的民营书店倒闭，近两年，包括号称"拥有全国最大连锁渠道"的民营连锁书店光合作用、第三极书局、风入松书店等在北京乃至全国都有很大影响力的民营实体书店先后陷入经营危机。而在大洋彼岸的美国，第二大连锁书店博德斯集团也在今年宣布破产。

---

[*] 华东政法大学知识产权学院2013级硕士研究生。

为了规范这个还处于混沌中的网络电子书市场,笔者提出了一种可以适应这个新兴市场,并可能有效实现多方利益平衡的网络电子书传播模式。除此之外,笔者从完善网络服务提供商的侵权原则、建立电子书上传行为人实名制度、建立多层次网络电子书版权审查模式三个方面提出了完善电子书传播立法规制的修改意见。

一、网络电子书传播者的侵权行为类型

网络电子书传播者可分为五种不同的表现类型,故我们要厘清他们的具体行为,分析一个或几个典型传播者,从而去认定其侵权责任。

(一) 复制行为

复制权,是著作权人众多经济权利中的一种。由于复制是对作品的最初始、最基本、也是最重要和最普通的传播利用方式。❶ 其他的经济权利的实现无一不与其相伴,使复制权成为各种经济权利的基础,对复制权的行使是作者行使著作权的集中体现。❷ 甚至有学者认为,"版"权法在今天,已不是"印刷""出版"权法的意思,而是"复制"权法的意思了,即以保护精神作品的创作者的复制权为基础的法律。❸ 故要理解复制权,必须明晰哪些行为是受复制权控制的复制行为。

"复制行为"应当满足以下两个要件:第一,该行为应该在有形物质载体之上再现作品。在有形物质载体之上再现作品,是复制行为与其他在线作品行为,如表演、广播和放映等行为最根本的区别。如果再现作品的行为并不借助于有形物质载体,则该行为不可能是著作权法意义上的复制。第二,该行为应当是作品被相对稳定和持久地"固定"在有形物质载体之上,形成作品的有形复制件。❹ 我国《著作权法》的"复制权"定义中"将作品制作一份或者多份",而要产生作品复制件,就必须将作品相对稳定持久地固定在有形物质载体之上。

新浪文化读书频道即是作为网络服务提供商有复制行为的典型代表。它首先和例如人民文学出版社、上海文艺出版社、作家出版社等几十家出版单位、中国作家网、红袖言情小说等媒体以及和北发图书网、中关村图书大厦等书店形成合作伙伴关系,将纸质书电子化后,形成了相对稳定和持久的复制件,并将之存储

---

❶ 刘春田. 知识产权法 [M]. 北京:北京大学出版社,2000:57.
❷ 张念. 网络中复制权的界定 [J/OL]. [2004-06-18]. 中顾法律网.
❸ 郑成思. 版权法 [M]. 北京:中国人民大学出版社,1990:16.
❹ 王迁. 网络版权法 [M]. 北京:中国人民大学出版社,2008:2.

在其服务器上，并且在自己的网页平台上进行提供，既有免费形式提供，也有收费形式提供。我们不仅可以看到纸质书的电子书版本，也可以看到最新作品连载。而电子书的传播形式完全由网络服务提供商自己控制，例如在新浪文化读书的页面上"从这里开始搜书……"，键入你感兴趣的相应书籍的名称或作家或出版社，网页就会自动跳转到和你搜索的关键词相匹配的页面上。而搜索到的作品则明显是新浪文化读书频道本身将该作品上传至网络服务器，导致作品以数字化格式在网络服务器硬盘中形成永久性复制件，是典型的复制行为，但我们必须注意的是复制行为中不包括没有在本地计算机硬盘中产生永久性复制件的在线阅读、浏览或欣赏作品的行为。

上传至网络存储空间的行为人当然也符合复制权所控制的复制行为。而且低成本、高质量和高效率的复制设备使得私人复制行为在生活中愈发普遍、对权利人的影响日益增大。❶ 上传行为人利用通道入口，根据网站给出的操作过程，从本地计算机中找到需要上传的电子书文件，电子书的复制件就进入了远程计算机系统上。网络形成复制件这一过程并不会导致作品的物质载体在物理空间中的转移，而是让原文件及其物质载体仍然保留在服务器中的情况下，由网络服务器自动生成一份文件并将其传送至下载者的计算机中，这使得复制件在网络环境下有传播的可能性。而网络传播的结果可以形成新的复制件，但不涉及向公众提供原有复制件，换言之，新的物质载体形成了新的作品复制件，导致作品复制件数量的绝对增加。这其中包含通过网络向其他计算机用户发送作品；以及将作品从网络服务器或他人计算机中下载到本地计算机中。

此外，P2P（peer to peer）网络用户也涉及复制行为。P2P 网络用户的网络电子书传播行为即将自己电脑中的电子书作品置于"共享目录"供其他 P2P 用户下载使用。即 P2P 用户可以从一种网络服务器或他人计算机"共享目录"中下载将导致作品被永久性地保存在本地计算机硬盘，也完全符合复制行为的构成要件。

（二）信息网络传播行为

网络出现之后，世界上只有美国选择用"发行权"（同时适用结合"复制权"和"表演权"）来控制通过网络传输作品的行为，其他国家均选择"网络传播权"而非"发行权"来控制这一行为。从逻辑上看，在同时规定了"发行权"和"网络传播权"的国家，通过网络传输作品的行为绝不可能是"发行"行为，也不可能构成对"发行权"的侵权，否则会导致"网络传播权"失去意义。我

---

❶ 王迁.《版权法中私人复制问题研究——从印刷机到互联网》评价 [J]. 中国版权，2010（2）.

国《著作权法》于 2001 年修订时，为了加强在网络环境中对著作权的保护，新增了"信息网络传播权"，即"以有线或者无线方式向公众提供作品，使公众可以在其个人选定的时间和地点获得作品的权利"。故我们讨论一下有关上述网络电子书提供者表现类型中典型的信息网络传播行为。

要构成著作权法意义上的网络传播行为，应当具备以下条件：首先，该行为应当通过网络向公众提供作品。所谓"提供作品"，仅仅是指使公众获得作品的可能性，而不要求实际将作品发送至公众手中，即非他们已经获得作品的状态。其次，该行为应当是"交互式传播"行为。公众不再是被动的接收者，只能在作品传播者指定的时间或者指定的地点欣赏作品，这是属于由受众被动接收的"单向传播"。❶ 对于"交互式传播"的定义是：只要将作品上传至向公众开放的网络服务器上，只要作品本身没有被删除以及网络服务器保持开机和联网状态，任何用户即可在任何一台联网的计算机上（自己选定的地点），在任一时间（自己选定的时间）点击下载作品或在线收看。网络服务器何时开始播放这部作品，以及向哪一部联网的计算机传送，主动权都掌握在用户手里。自主选择时间，选择地点，进行"点对点"的方式进行点播，这也是网络传播行为区别于传统传播行为的本质特征。

百度文库的行为即是典型的信息网络传播行为，用户上传作品，百度文库作为一个共享的存储空间平台，通过网络向公众提供作品。而在任何时候、任何地点，公众均可以在百度信息搜索模式下进行文章的搜索，若该文章在百度文库搜索范围之内，也即在搜索之前有行为人进行过同篇文章的上传，则公众可在百度搜索引擎首页看到相关的搜索链接。公众只要直接点击即可进入百度文库内的该篇文章展示，此外用户还可根据页面上显示的"下载本文档需要登录，并付出相应财富值"，在文章下方出现文档的大小和所需财富值，用户只要登录百度，支付财富值即可"下载此文档"，而该财富值是百度文库的一种虚拟货币，你可以通过上传文档、创建文辑、评价文档、评价文辑等方式获得相应的财富值进行文档的下载。百度文库的这种形式就属于数字化作品置于开放的网络服务器上供用户在线欣赏或下载，即信息网络传播行为的典型表现形式。

我们也必须认清楚一个概念，"提供"指的是什么？因为百度文库作为一个直接共享的存储空间服务，上传的文章数量相当可观，但不是每一篇文章均能被人搜索到，有些文章可能处于无人问津的状态下。事实上，只要将作品"上传"至或放置在网络服务器中供网络用户下载或浏览，就构成对作品的"提供"，这

---

❶ 王迁. 网络版权法 [M]. 北京：中国人民大学出版社，2008：68.

里指的"提供"就是一种能使他人获得作品的"可能性",而无论是否有人实际进行过下载或浏览;此外,任何导致公众在线接触作品内容的行为,如在线阅读、收听、观看文艺作品和在线安装、运行软件(如"在线杀毒")等,均使公众可以"获得作品"。

但是提供对作品的深层链接或其他辅助传播手段均不构成"信息网络传播行为",提供直接指向第三方网站中侵权文件的"深层链接"使得用户只点击当前网站中的链接就可以从第三方网站下载或在线欣赏作品,而相关的网络服务提供商所提供服务的本质在于链接通道服务,即没有直接向公众传播作品,而是帮助用户找到相关作品,提供相关方式,在定性上可属于帮助被链接网站实施侵权的行为。一旦当被链接网站移除或删除相关的文件,则链接服务提供商就没有任何办法阻止或是搜寻成功,故深层链接的主体还是被链接网站,除非是第三方网站有选择性地向公众"推荐"被链接的文件,并按照相关设置逐步引导用户点击下载网络电子书,则应当认为是设链者向公众提供了被链接的作品。

这就是所谓的跳转的链接服务和不跳转的链接服务,"快眼看书"属于一种跳转的链接服务,当输入关键词进行搜索后,网站会罗列出有关的最新章节以及具体篇目题目。"快眼看书"自建站以来专注于提高搜索的速度和阅读的舒适性。将更好的书站介绍给读者,对于书友和书站是免费原则。点击某一个网站链接,网页就自动跳转该网站,均显示了第三方网站的原始情况,而不论被链接网站的相关情况。但反之,例如不跳转的链接服务,是将第三方网站的作品直接展示于自己的网页平台上,而文件仍处于第三方网站的服务器上。

我们也需要认识到复制权与信息网络传播权仍然存在重大区别。复制权控制的复制行为是一种一次性、不可持续的行为,而信息网络传播权控制的则是一种使公众得以获得作品的持续性状态,仅规定复制权不足以在网络环境中保护权利人的利益。

(三) 获利行为及模式

网络时代下,数字化产物,其产品形式是"虚拟的"和非实物的,其传播方式是通过网络,而非实物的销售[1],无论网络环境下网络电子书传播者的表现类型如何,其最终目的还是在于能实现经济的盈利模式。我们可以从本文上述的典型例子中得出作为网络电子书的平台发布者和传播者,在此过程中的行为可分为直接获利行为和间接获利行为。

---

[1] 耿宝生. 数字化出版的态势分析 [J]. 编辑之友, 2010 (12).

在此处所指的"直接获利行为"是指：网络电子书的提供者由于"网络电子书"而直接获利。起点中文网是典型的直接获利的电子书发布平台。起点中文网的电子书发布平台提供电子书的形式包括在线和下载两种。其中"在线收费阅读"形式更是起点中文网于 2003 年首创的。起点中文网设置了 VIP 会员和普通会员两种，普通会员通过向网站支付相应费用，将获取相应作品收费章节的内容。1 个起点币相当于 0.01 元人民币，然后订阅你想阅读的章节，普通会员需要为阅读一个章节支付 15 个起点币，即 0.15 元。而等到普通会员消费到一定程度的时候，便可以升级成为起点中文网 VIP 的初级用户，此时会员由原来的 15 个起点币一个章节变成 9 个起点币一个章节，即可以以优惠价格 0.09 元购买一个章节。起点中文网承诺成功定制起点中文网 VIP 账号的用户在向账号内充值后，可以获取相应价值的起点中文网虚拟币，并凭借这些虚拟币订阅任何起点中文网电子书发布平台上的 VIP 电子书作品，并承诺 VIP 部分的内容会有每周百万字的更新量。

而作为链接服务提供商，也可以通过设置相关网络电子书的链接而获得收益。"快眼看书"作为国内较为完整的第三方链接网站，其内容之全面为很多人所看中，其中也包括著作权人的网络电子书。因为在现今的情况下，著作权人通过出版实体书从而能获得更大的版权收益，而如何能出书成册则是一个问题，即要让自己的网络电子书有更多的受众面和广泛知晓度，这时作为链接服务提供商则派上了用处。版权人通过给"快眼看书"这样的链接平台一定的资金和许可，使自己的小说能在该平台被链接。而作为链接服务提供商的"快眼看书"也避免了可能的侵权官司，实属多赢的实现。

除了"直接获利模式"之外，还有"间接获利模式"，即是一种由网络电子书所带来的增值性盈利方式，其主要方式是通过广告商。网络电子书作为一种新兴市场，其未来前景和可持续发展性都毋庸置疑。故广告商当然也不能放过这一宣传自身的机会，因为电子书籍拥有书的本来属性，即是需要花费时间去看，同样在看文章的时候，广告标识和 logo 也存在于网页之上，能被更多的人所获知。无论是属于电子书发布平台提供商，还是链接服务提供商，抑或是存储空间服务提供商，P2P 模式的网络服务提供商均可以采取此种获利模式。即便是百度文库和谷歌数字图书馆，在相关对应的网页上的确不存在所谓的广告商，他们也声称没有获利行为，由此规避侵权责任。但是我们也可以知晓，由于拥有网络电子书的平台，他们就可以吸引更多的用户，得到更多的点击率，从而在其他的模块下可以实现更多的广告效应。

二、网络电子书传播者侵权行为责任认定

侵权行为并不等于侵权责任，网络电子书传播者被认定为侵权，并不一定意味着要承担侵权责任，还需要根据侵权责任认定规则来进一步判断。

（一）红旗标准

所谓的"红旗标准"，就是当侵权行为明显到如鲜艳的红旗一样时，基于一个理性人或者一个诚信人应当知道其所链接或者提供的内容是侵权的，网络服务商就不能够再视而不见，应该负起删除、排除的义务，否则，应知侵权而为构成过错，因此应当承担侵权赔偿责任❶。目前通常认为"红旗标准"是"避风港规则"的例外，其实，"红旗标准"不仅仅是"避风港规则"的例外，更大程度上是适用避风港规则的前提条件。在适用"避风港规则"之前，应当先检验红旗标准。也就是说，在适用"避风港规则"之前首先要考虑是否已存在"红旗"，如果"红旗"已经高高飘扬，那就没有必要适用"避风港规则"。

"红旗标准"应被用于对间接侵犯"信息网络传播权"行为的认定。根据"间接侵权"原理，只有在行为人知晓他人意欲实施或正在实施直接侵犯"信息网络传播权"行为的情况下，对该直接侵权行为提供实质性帮助，或教唆、引诱他人实施直接侵权行为时，才构成"帮助侵权"或"引诱侵权"，应与直接侵权者承担连带责任❷。

（二）避风港规则

"避风港规则"源于美国1998年制定的《数字千年版权法》，该规则为网络服务提供商创设了"通知—移除—免责"的程序，即权利人向网络服务上发出符合规定的通知，是网络服务商承担赔偿责任的前提，但如果网络服务上按权利人的通知要求断开侵权链接或删除侵权内容，就免除其赔偿责任。我国的电子商务环境尽管没有美国完善，但发展也相当迅速。互联网开拓了新的商业经营模式，但同时也不可避免地触动了传统行业的利益。知识产权法的初衷是保护作者和发明者的智慧成果，鼓励创作和发明，最终促进社会的技术进步。如果为了提高打击侵权的效率，而对网络服务提供商施加沉重的义务，将会为网络服务提供商招致大量的诉讼，使得网络服务提供商不得不停止经营，最终可能阻碍网络技

---

❶ 许春明. 百度文库"避风港"遭遇"红旗"[J]. 检察风云, 2011 (9).

❷ Melvile B. Nimmer & David Nimmer. Nimmero on Copyright, § 13.05[A][2]; Matthew Bender & Company, Inc., (2003); PaulGoldstein, Copyright (2nd Edition) Vol. 2, Part Three, § 6.0, 6.1, Aspen Law & Business, (2002).

术的发展,甚至损害普通网络用户的言论自由权利。网络服务提供商并非网络警察,因此不应当要求网络服务提供商主动审查第三方提供内容的合法性。面对涉嫌侵权行为的多样性和复杂性,网络服务提供商也没有能力独自判断第三方行为的合法性。

"避风港规则"清楚地界定了版权人和网络服务提供商的权利义务,其目的在于平衡双方利益。因此,我国法院在司法实践中也应该严格适用"避风港规则",谨慎地考察权利人是否依法向网络服务提供商提供了有效通知,并审查网络服务提供商是否及时删除或断开具体侵权作品的链接。对于"避风港规则"的例外情形,应当谨慎适用,以避免带来不恰当的后果。

A&M Records, Inc. v. Napster❶案中,原告专门从事版权音乐作品和录音制品的复制、发行和销售;而被告则是P2P软件的开发者。原告诉称,被告的P2P技术为第三人的版权侵权提供便利,属于版权侵权的帮助侵权人和替代侵权人。原审法院签发禁令,禁止被告在没有得到权利人许可的情况下从事或者帮助第三人复制、下载、上传或发行原告享有版权的音乐作品和录音制品。而上诉法院则在其判决中进一步指出,本案被告在收到权利人通知、明知有大量用户利用其服务器提供的文件检索和编目系统分享音乐作品和录音制品时,完全可以通过技术措施避免这一结果的发生。但被告放任用户实施版权侵权行为,其行为虽不属于提供侵权链接,但仍构成网络服务提供商的间接侵权。

该案是美国版权法领域关于网络服务提供商之注意义务与避风港规则的经典案例。双方争议的焦点在于,虽然被告没有直接实施受原告版权权利控制的行为,但在明知第三人通过其所开发的技术侵犯他人版权时采取的默许与放任态度,是否仍然构成版权侵权。法院的判决结果给出了肯定的答案。就网络服务提供商的注意义务而言,只有在明知或应知存在侵权而放任其发生时才需要承担相应责任。明知的判定并不复杂,但应知的标准由于需要综合考虑各方面因素,所以显得模糊不清。而该案所确立的规则在于,当侵权行为大量存在或程度极为严重时,一般的网络服务提供商都应该对此有所注意,并采取适当的措施以规避此类侵权行为。版权法的确不要求各个网络服务提供商以同样的技术手段、判断标准来审查网络服务空间内是否存在侵权行为,也不要求网络服务提供商超出自身技术能力进行侵权审查,但当侵权行为极为明显以至于一般理性公众都能够加以注意时,网络服务提供商就不能再以未曾注意到侵权行为发生为由躲避责任,否则,这种默许与放任的行为便可能构成版权共同侵权。这也就是美国版权法领域

---

❶ A&M Records, Inc. v. Napster 239 F. 3d 10004.

所确立的"红旗规则",即对显而易见的侵权行为,网络服务提供商不应采取放任的态度。

(三) 我国的相关免责条款

近几十年来,互联网不断地发展,更多新的问题出现,要求法律适时修正以解决网络环境中的新问题、保证网络服务提供商的合法经营不受干扰。因此,在保护著作权的同时促进网络服务业的发展,包括我国在内的许多国家效仿美国《数字千年版权法》(DMCA),在立法中规定了网络服务提供者在特定条件下不承担责任的条款,即"避风港规则"。

我国2006年颁布的《信息网络传播权保护条例》第22条规定:"网络服务提供者为服务对象提供信息存储空间,供服务对象通过信息网络向公众提供作品、表演、录音录像制品,并具备下列条件的,不承担赔偿责任:(一)明确标示该信息存储空间是为服务对象所提供,并公开网络服务提供者的名称、联系人、网络地址;(二)未改变服务对象所提供的作品、表演、录音录像制品;(三)不知道也没有合理的理由应当知道服务对象提供的作品、表演、录音录像制品;(四)未从服务对象提供作品、表演、录音录像制品中直接获得经济利益;(五)在接到权利人的通知书后,根据本条例规定删除权利人认为侵权的作品、表演、录音录像制品。"根据前文所述直接侵权与间接侵权的认定条件可知,第22条中第3项和第5项是直接侵权的免责条件,第2项是间接侵权的免责条件。例如,如果不符合与主观过错有关的免责条件时,网络服务提供者应承担帮助侵权责任。也就是说,不能武断地下结论"免责条款"就是对已构成侵权、本应承担侵权责任者的"免责"。"免责条款"并不是去限制、减轻网络服务提供者根据认定帮助侵权的正确规则应当承担的责任,而是避免让其无条件承担严格责任。

贾佳与百度公司侵犯著作权纠纷[1]一案中,原告贾佳为小说《愁城纪》与《爱情呼叫转移》的作者。其发现被告百度公司的网络服务产品"百度文库"中未经许可存储了上述涉案作品,遂以侵犯其著作权为由提起诉讼。被告辩称,涉案作品为用户个人上传,"百度文库"并未直接实施上传行为,亦没有合理的理由知晓涉案作品的权利归属,故不应承担侵权责任。该案一审法院认为,被告属于网络信息存储空间服务提供商,对于上传作品是否侵权一般不负有事先主动审查的义务。涉案作品并没有相当的知名度,也不在"百度文库"热门文档的范

---

[1] (2010) 京一中民终字第20479号民事判决书。

围之内，因此并无充分证据能够证明被告知道或有合理的理由知道"百度文库"中存在的涉案作品侵犯他人著作权。同时，被告并未对涉案作品进行编辑、修改，也未从中直接获利，并在接到权利人通知后对相关内容予以删除，符合法律规定可予免除赔偿责任的情形。本案二审法院以相同的理由维持原判，驳回上诉。

事实上，对于本案被告性质的认定并非难事。双方当事人提供的证据足以表明，"百度文库"仅仅为用户提供内容存储的空间，其本身并不对作品进行编辑或修改。因此，本案争议的焦点实际上在于，"百度文库"未注意到涉案作品真正的权利归属是否违背了合理的注意义务。换言之，"百度文库"需要尽到何种程度的注意义务才能够通过"避风港规则"进行免责。法院在审理意见中对此表述地很明确，即"百度文库"没有事先审查的义务，同时对于不知名作品而言，也难以要求"百度文库"施以足够的合理注意。应当说，这一审理意见在普遍层面上并无不妥，但避风港规则的适用与个案有着紧密的联系。就该案而言，如果仅要求"百度文库"对于知名或热门作品加以合理注意，则显然注意义务的程度过低。从文化市场整体角度来看，作者创作作品的数量极为庞大，知名作品只是其中沧海一粟。如果要求诸如"百度文库"一类的网络存储空间服务提供商进行事先审查，当然要求过于苛刻，甚至很可能超出其技术水平所能支持的范围。但同时，如果在缺乏事先审查的情况下，网络存储空间服务提供商又对非知名、非热门作品的上传视而不见，则同样是对网络著作权侵权的放任。"百度文库"是否尽到注意义务，不仅需要考虑作品整体的知名程度，也需要考虑作品传播地域、作品性质等多方面因素。唯有如此，"避风港规则"才不至于成为放任侵权的托辞。

三、新模式下网络环境的制度改善

在前文中笔者已经对网络电子书侵权责任认定作出了具体的阐述，时代的变革为电子书的传播不断提出新的问题，仅仅有新的传播模式不足以应付复杂多变的社会环境，所以完善网络电子书的法律规制将起到举足轻重的作用。

（一）完善网络服务提供商的归责原则

网络服务提供商著作权侵权责任在国外特别是美国是通过判例法发展起来的[1]，我国近年来关于网络服务提供商著作权侵权责任的立法也在发展，但同网

---

[1] 许鲲. 浅析网络服务提供商的著作权侵权责任 [J]. 信息网络安全，2006 (8).

络发展速度相比,我国的立法,尤其是著作权立法就滞后了很多。

对网络服务提供商而言,我国现行法律仅对互联网上有关侵犯著作权的行为规定如下:

《最高人民法院关于审理涉及计算机网络著作权纠纷案件适用法律若干问题的解释》第4~6条的规定具体阐述了有关互联网服务提供商的法律责任。从中可知,网络服务提供商是否承担责任以"明知"这种主观意识状态为前提,其在"不知"或"应当不知"的情况下,即使造成了侵权后果也无需承担责任。但由于我国法律并没有关于侵犯网络虚拟财产权侵权责任的相关规定,我们也就无法推测立法者对该领域的归责原则倾向,继而在司法上也就不能断定网络服务提供商应承担何种责任以及如何承担。

但是要解决网络传播中的侵权行为,就必须对网络服务提供商的侵权责任进行法律上的规制。

根据现行法律,只提供服务的网络服务提供商,对即时发布的内容无法控制,所以当侵权行为发生时,没有主观过错即可免予承担侵权责任。但服务商经权利人提醒或服务商施以一般注意已足以判断有侵权内容后,仍未删除该内容,则应被认定构成侵权。在这种情况下,侵权行为往往会持续相当长的一段时间,或者持续发生下去。网络服务提供商的审查义务因为其审查难度的存在被降到很低的位置,责任的承担也仅仅是作为所谓"知错不改"的承担,这对著作权人是很不利的,其著作权利益被网络服务提供商侵吞,却很难得到赔偿。笔者认为,法律应该加大对网路服务提供商的责任要求。网络服务提供商提供服务的目的在于自身的获利,但这种获利不应该建立于著作权人利益的损害上,它应该为其获利付出相应的对价,也就是加大对通过它的平台传播的电子书事前审查的力度,要求内容提供者证明电子书的版权归属,并由专门的工作人员作出版权审查。法律应该认定没有作出合理的审查措施以致侵权行为发生的网络服务提供商也作出了间接或辅助的侵权行为。

(二)建立电子书上传行为人实名制度

因为我国的网络并未采取实名制度,即使是尝试使用实名注册的部分网站也只是做了门面功夫,我国对侵权的电子书上传行为人无法做出法律上的惩戒。

因此,健全网络电子书上传的追责制度最有效的措施就是立法规定网络实名制的实施。每个网站都要求填报真实姓名、住址、身份证号、职业等详细信息。为了杜绝虚假信息,网站还应对每个申请人的姓名和身份证号核实无误后,才提供帐号。通过这种方式,可以对电子书的上传行为人的用户真实资料进行备案,使每个网站都有用户的真实资料,有助于解决网络电子书上传、转载过程中的侵权责任无法归责的问题。

(三) 建立多层次网络电子书版权审查模式

1. 自主审查。网络服务提供商是首先接触到要被传播的电子书的,是可以最早对其实施版权审查的主体,侵权作品如果可以在源头被拦下,造成的损失是最小的。

2. 用户审查。读者是最频繁并深入的接触电子书的主体,读者对电子书真正的版权归属也许较之网络服务供应商和相关管理机构更为清楚,法律可以规定网络服务供应商对提出某电子书版权质疑的读者予以奖励。

3. 行业协会审查平台。通过定期对网络服务提供商所提供的电子书进行抽查,对于违规者,行业协会代表整个行业向其施加压力,迫使其完善其自我审查和读者审查机制。❶

四、结 论

本文中,笔者对网络环境下的电子书传播者作了侵权责任的认定,并提出了合理的电子书传播模式,也对网络电子书传播者的法律规制提出了建设性的意见。但面对日渐庞大的网络电子书市场,还有太多新的问题需要考虑。

诚然,电子书具备很多信息时代带来的天然优势,它可以将声音、影像与文字组合,让单调的阅读更生动;它使酷爱阅读的人的出行更便利,不再需要为携带厚重的纸质书籍而烦恼;它缩减了烦琐的出版环节,节约了成本的同时减少了对地球资源的浪费;它可以个人定制,允许单独获取个人所需的章节;它的传播速度很快,即使是在国外发布的电子书,也可以在第一时间获取;它使文化和文明的记录传承更稳定,因为它不易被损坏且容易备份。

但不管时代如何演变,电子书都没有办法完全取代纸质书籍,因为纸质图书的形状和尺寸通常也是阅读体验的一部分,尺寸和形状可以成为情感体验、知识体验的一部分,无法用电子格式将其标准化。(Junko Yokota 教授——美国路易斯大学儿童图书教学中心主任)。而很多人也认为翻着书页,闻着书香才是真正的阅读。同时,电子书阅读还会引起视觉疲劳、网络迷失、传统阅读习惯冲突、阅读选择困难等问题;此外它还受到网络普及程度、读者文化水平和经济条件等方面的制约。

---

❶ 陈璞. 网络传播的著作权问题探析——以百度文库侵权事件为例 [J]. 新闻前哨, 2011 (6).

因此，由电子书市场崛起并膨胀所带来的全新的版权问题和电子书市场与传统图书市场共存和衔接所带来的问题都对版权法的立法提出了新的挑战。如何厘清电子书版权的归属，如何保证网络环境下的作者和出版商的利益，如何为内容质量参差不齐的电子书设定新的市场准入门槛，如何在地域销售中对电子书划分版权归属，如何加强网络电子书侵权的监管，如何分别管理作品的电子版权和实体版权都是值得我们继续深思的。

展会著作权保护研究

——以《著作权法》第 50 条 "诉前禁令" 制度为视角

练彬彬[*]

摘　要

当前在展会场合，针对作品发行权、展览权、表演权等权利的侵权行为已经严重影响到著作权人的经济利益，并且危害到市场秩序。根据现行法规，著作权行政执法机关可以通过行政执法、法院可以通过司法裁判来维护著作权人的经济利益。但展会短期性和著作权侵权认定专业性、长期性之间的矛盾使得法院无法及时解决展会著作权侵权纠纷。此外，著作权行政执法以侵权行为损害公共利益为前提，因此在很多情况下著作权行政管理机关无法介入展会著作权纠纷。而诉前禁令制度因具有灵活适用的特点，可以解决展会场合的著作权侵权问题，但现行著作权法关于诉前禁令制度的规定并不适用于展会场合，笔者建议细化诉前禁令中 "侵权可能性" 和 "难以弥补的损失" 等要件，甚至修改现行法规中关于诉前禁令制度的规定以解决展会著作权保护的问题。

关键词

展会著作权侵权　诉前禁令

---

[*] 华东政法大学知识产权学院 2007 级本科生。

一、展会著作权侵权场合适用行政执法的难点分析

在展会著作权保护中，由于"对公共利益的损害"难以界定和"多头管理，综合执法"的行政执法特点等，通过行政程序解决展会著作权侵权问题效率较低。

《著作权法》第47条规定："有下列侵权行为的，应当根据情况，承担停止侵害、消除影响、赔礼道歉、赔偿损失等民事责任，同时损害公共利益的，可以由著作权行政管理部门责令停止侵权行为……"著作权行政管理部门的执法以损害公共利益为前提，对于绝大部分的侵权行为缺乏威慑力。并且何为"同时损害公共利益"，法律并未作出明确解释，著作权行政管理部门在执法中经常处在非常被动的地位。2001年在广东省高级人民法院审理的一起涉及公共利益的案件中，被告大量复制原告公司依法享有著作权的美术作品并印制在装饰布上，在市场上销售，广东省版权局根据《著作权法》第47条规定，对被告作出行政处罚，被告不服，以未损害公共利益为由向法院起诉，经过上诉后，法院最终认定被告的行为不仅侵犯了原告公司的著作权，且扰乱了文化市场和社会管理秩序，对社会公共利益造成了损害，被上诉人有权根据《著作权法》第47条规定对上诉人作出行政处罚。由于法律并未对何为"同时损害公共利益"作出明确界定，行政执法中缺乏执法依据。

另外，由于行政执法强调"多头管理，综合执法"，通过运营、审批等著作权各方面来制止侵权行为，导致各行政部门在整个著作权保护中的相互配合与制衡等方面难以协调。在2009年上海举行的Chinajoy会展发生的有关展会著作权侵权的案件中，由于双方均完成了著作权登记，参展的游戏内容均经新闻出版总署审批，双方也都获得了由文化部颁发的网络经营许可证，因此，从所有行政管理部门角度出发，两款游戏均是合法有效的，但却出现纠纷。在这种情况下，行政机关的介入就是不合适的，本案最终以司法调解结案。

笔者认为，由于行政执法中的问题短期之内难以解决，通过司法程序来解决展会著作权侵权问题成为必由之路。司法程序对于绝大部分行为能够起到威慑作用，并且诉前禁令制度具有及时性，可以应对展会短期性与著作权侵权认定的长期性之间的矛盾。

二、展会著作权侵权场合适用"诉前禁令"制度的难点分析

《著作权法》第50条对诉前禁令规定："著作权人或者与著作权有关的权利人有证据证明他人正在实施或者即将实施侵犯其权利的行为，如不及时制止将会

使其合法权益受到难以弥补的损害的,可以在起诉前向人民法院申请采取责令停止有关行为和财产保全的措施。"另外,《最高人民法院关于审理著作权民事纠纷案件适用法律若干问题的解释》第30条第2款也规定:"法院在著作权案件中采取诉前措施,参照商标禁令解释的规定办理。"根据有关司法解释,诉前禁令书面申请状应当载明当事人及其基本情况、申请的具体内容、范围以及申请的理由,包括有关行为如不及时制止,将会使权利人或者利害关系人的合法权益受到难以弥补的损害的具体说明。申请人提出诉前禁令申请时,还应当提交下列证据:申请人证明自己是权利主体以及权利真实有效的证据、被申请人正在实施或者即将实施侵权行为的证据。❶

但是现实中展会场合很少应用禁令制度。根据笔者调研统计,上海市第一中级人民法院自2003年2月11日首次适用诉前禁令,至2006年总计处理了21件诉前禁令案件,其中支持14件、驳回6件、申请人撤回1件。这21件诉前禁令案件中没有一件是发生在展会场合请求法院进行处理的。在现实的展会知识产权保护中,诉前禁令的审查非常严格,权利人由于会期短、取证难等原因,很少有人进行申请。

笔者认为,禁令制度在展会场合难以施行的原因体现为立法以及司法两个方面。

首先,从立法角度而言,法条中可以概括出禁令申请的三个要件:(1)申请人符合资格审查标准;(2)被申请人的行为经初步判断可认定为侵权行为;(3)有关行为如不及时制止,将会使权利人或者利害关系人的合法权益受到难以弥补的损害。禁令制度在实际应用中对第一个要件"申请人符合资格审查标准"产生的异议并不多,申请人只需证明是著作权的权利人或利害关系人并提供相应的证据证明该权利是合法有效的,可以提供已发表的作品原件、著作权登记证书。但是关于后两个要件,即"被申请人的行为经初步判断可认定为侵权行为"以及对"难以弥补的损害"的界定是颇具争议的。实践中,对"被申请人的行为经初步判断可认定为侵权行为"这一要件的审查过于严格。对于展会场合而言时间紧迫,而著作权侵权鉴定又有着长期复杂性,这也是导致展会场合禁令难以适用的原因之一。至于"难以弥补的损害",我国法律和司法解释均未对其作出明确的规定,在实践中特别是展会场合更是难以适用。

其次,从司法角度而言,对于"被申请人的行为经初步判断可认定为侵权行

---

❶ 参见《最高人民法院关于诉前停止侵犯注册商标专用权行为和保全证据适用法律问题的解释》第3条、第4条。

为"这一要件的判断应该是在案件审判中解决的问题。因为诉前禁令多发生在情况紧急的时候,而被申请人的行为是否侵权,应由法院于庭审之后综合整个案情作出裁判。在情况紧急的情况下根本无法给予双方当事人庭审听证、质证的机会和陈述的权利,如果仅根据申请人的证据即得出被申请人"侵权初步成立"的结论,则属于未审先判,有违法律的公正。法官担心前后判决不一致,而不轻易作出诉前禁令。❶

综上所述,笔者认为,现行禁令制度无论从立法和司法角度而言在展会场合均难以施行。如果想更好地发挥禁令制度的作用,必须对其加以改造或进一步细化对"难以弥补的损害"这一要件的解释。

三、展会著作权侵权场合下对"诉前禁令"制度的适用

(一)"侵权初步成立"的解释

禁令申请的第二个要件"被申请人的行为经初步判断可认定为侵权行为",即"侵权初步成立"应理解为申请人"胜诉的可能性"。对"胜诉可能性"的理解,我国司法实践中存在不同的认识。"胜诉可能性"在我国《著作权法》第50条中体现为:"权利人有证据证明他人正在实施或者即将实施侵犯其权利的行为……"最高人民法院司法解释规定的条件则是:被申请人正在实施或即将实施的行为构成侵权。❷法律或司法解释从字面上将"侵权初步成立"解释为"被申请人所面临的行为是一种侵权行为",则得出权利人必然胜诉的结论。但笔者认为仅是"胜诉的可能性",而非"胜诉的必然性"。

首先,TRIPS第50条第3款规定:"司法机关有权要求权利人提供任何可合理获得的证据,以使司法机关有足够程度的确定性确信该权利人为权利持有人,且该权利人的权利正在受到侵犯或此种侵权已迫近。"国际条约中仅规定为"胜诉的可能性"。其次,实践中也无法得出"胜诉的必然性"的结论。在情况紧急的情况下,如果仅根据申请人的证据即得出"胜诉的必然性"的结论,则属于未审先判,有违法律的公正。所以,笔者认为著作权法中有关诉前禁令申请条件的规定是值得商榷的,将申请条件规定为"胜诉的必然性",无疑加重了申请人

---

❶ 上海市第一中级人民法院在2003年至2006年14例支持诉前禁令的案件中,2例当事人达成和解而未起诉,2例案件起诉后达成侵权赔偿调解,9例案件的申请人获得胜诉判决,禁令结果与后续处理的一致率达到92.86%。在被驳回的6起诉前禁令案件中,禁令结果与后续处理的一致率为83.33%。

❷ 《最高人民法院关于诉前停止侵犯注册商标专用权行为和保全证据适用法律问题的解释》第4条第2款。

的举证责任，不利于对申请人合法权利提供及时有效的保护，容易造成无法弥补的损失。

对著作权侵权可能性的评判，美国的司法实践多采用实质性相似加接触原则，申请人为证明"胜诉可能性"，除须证明自己享有著作权外，还须证明被申请人的作品与申请人享有著作权的作品具有实质相似性和有接触申请人作品的可能性。同时，还应考虑被申请人合理使用的可能性。展会中使用作品多为商业性质，"三步检验标准"应该是"个人使用"的最终认定标准。应考察对享有著作权的作品整体而言被使用部分的数量和重要性，对复制件的利用方式是否会与作品的正常使用相冲突，是否会不合理地损害作者的经济利益，对享有著作权的作品的潜在市场或其价值的影响等。法院在审查著作权侵权的禁令申请时可借鉴和参考上述观念，并结合我国著作权法中的合理使用制度进行综合判定。对于技术性很强的纠纷，必要时法庭可向相关领域的技术专家进行咨询后再作出胜诉可能性的评判。此外对于相同的事实和理由、针对相同知识产权客体所作侵权与否的在先裁判也可作为裁判的依据。

（二）"难以弥补的损害"的判断

对于禁令申请的第三个要件"有关行为如不及时制止，将会使权利人或者利害关系人的合法权益受到难以弥补的损害"，TRIPS及各成员方域内法均未规定具体的适用标准，而是赋予法官以充分的自由裁量权。我国著作权立法中虽然将其作为禁令申请的必备条件，但在司法实践中缺乏适用这一要件的统一标准，成为我国禁令制度在展会难以施行的原因之一。据此笔者认为：我国可以借鉴德国等禁令制度较为成熟的国家的实践经验，明确第三个要件的含义。

在德国法中，证明"难以弥补的损害"并不是申请禁令的条件。在申请诉前行为保全措施中，申请人只需提供能够使人相信的证明材料。德国司法当局对申请人的申请条件并不进行实质审查，无需任何具体证据，也不需要对证据进行公证或鉴定。但申请人必须提供足够的担保，以保证将来能赔偿被申请人可能因此导致的损失。❶

笔者认为，德国禁令申请的低举证标准对我国禁令的使用有一定借鉴意义。诉前禁令并非诉讼程序，不应要求实施与诉讼程序一样严格的举证责任。在许多情况下，侵权人对受害人的商誉或市场份额的影响无法用金钱衡量且无法弥补。因此法院在审查禁令申请条件时应作出临时、快速的决定，以免损失扩大，否则

---

❶ 参见德国民事诉讼法第294条、第920条第2款、第936条。

禁令便失去了存在价值。而对于"难以弥补的损失"这一要件的证明是很漫长和复杂的过程，需要结合整个案情。因此权衡利弊，对"难以弥补的损失"的证明在案件审判程序中进行更为合适，笔者建议将此项要件从法条中删除。

（三）双方当事人利益平衡

我国法律及司法解释并未明确提出对这一因素的考量，但借鉴美国的司法实践，法院下达诉前禁令时对双方当事人的影响也是法院考虑的因素之一。法院在颁发禁令前，应对颁发临时禁令给被申请人所造成的损失与不颁发临时禁令给申请人所造成的损害之间的利益进行权衡。临时禁令制度同时也制约着申请人的行为，申请人应充分切实地举证证明颁发禁令与否对双方当事人造成的损害，否则可能在双方利益权衡中失败而无法获得禁令或承担高额担保。

（四）公共利益的界定

社会公共利益是知识产权制度设立的目的之一。但诉前禁令制度在我国法上是新生事物，何谓诉前禁令侵犯公共利益也尚无先例，且最高人民法院的司法解释也未说明。❶ 有学者认为在著作权诉讼中，公共利益基本上不是作出临时禁令时所应考虑的一个因素。❷ 但笔者认为，著作权诉前禁令中公共利益也是应该考量的因素。对于什么是损害公共利益，目前立法和司法机关对此没有任何解释。学理上认为所谓公共利益是指不特定第三人的利益以及社会经济秩序的价值。有学者将公共利益解释为：（1）危害国家公序的行为；……（7）违反公平竞争行为；（8）违反消费者保护的行为……官方权威的解释是国家版权局所作的行政解释，该行政解释认为：构成不正当竞争，危害经济秩序的行为即可认定为损害公共利益。❸

笔者认为，在大型展会上，不管实际上侵权与否，可能因为诉前禁令的采取，造成公共利益的损害。比如屡见不鲜的中国参展商在国际大型展会中被申请诉前禁令，被责令撤出可能侵权展品，销毁宣传材料，这对中国参展商而言，不仅仅是可得的经济利益的损失，更是商誉的毁损，仅仅由于尚未被证实的可能的侵权行为而导致提前退出竞争，这本身也是一种不公平竞争，势必会造成公共利益的损害。

---

❶ 参见张广良. 知识产权侵权民事救济 [M]. 北京：法律出版社，2003：51.
❷ 参见张广良. 知识产权侵权民事救济 [M]. 北京：法律出版社，2003：52.
❸ 参见《国家版权局关于查处著作权侵权案件如何理解适用损害公共利益有关问题的复函》（国权办 [2006] 第43号）。

（五）程序的完善

1. 听证程序

诉前禁令制度的立法目的是司法机关防止可能侵权行为的发生或进一步扩大而作出及时有效的临时措施，在追求效率的同时不免以牺牲程序正义为代价。诉前禁令的实施对被申请人利益容易造成严重的冲击和影响，特别在大型展会的场合，这种损害更为明显。TRIPS 和我国著作权立法均未设立禁令发布前的听证和法庭辩论程序。这意味着法院甚至可以在采取禁令时不通知被申请人，不给予其任何陈述申辩听证的权利。根据英美等国判例，法庭一般都要经过庭审听证后才作出核准或驳回禁令的裁决。因为法官们认为"禁令案件大体上像其他不经陪审团的诉讼一样进行。其中有诉答及证据开示阶段，随后为审理。相同的证据规则和法庭辩论陈述规则一般同样适用。"❶ 仅在申请人证明情况非常紧迫，法庭如不迅速采取有关措施将使其利益遭受难以弥补的损害时，法庭才可依申请人的请求而发布临时禁令，向被申请人作非常简短的通知，或在极少数情况下不通知被申请人。同时法庭作出禁令决定后应及时举行听证，以决定对这种临时禁令是否变更、撤销、中止或延续。在某些法院，如果未经通知或未为当事人提供听审机会，就不会发布临时禁令。而随后的初步禁令审查中法院一般都会举行听证，而且质证意见作为案件实体审理的一部分记录在案。但无论是核发禁令前通知被申请人、举行听证还是在发布禁令后通知被申请人、举行听证，都要给当事人提供听审的权利和机会。我国澳门特别行政区的"民事诉讼法典"也有类似规定，法院需于命令采取保全措施前听取申请所针对人之陈述，但听取该陈述可能严重妨碍该措施致达其目的或产生效力者除外。同时规定如法庭决定在采取措施前听取被申请人陈述的，可对其提出传唤以听取其申辩。如经传唤不到庭者，将产生普通诉讼程序之效果。还规定如未经听取申请所针对之人陈述而命令采取保全措施，将在采取该措施后将命令该措施之裁判通知该人。关于传唤之规定适用于该通知，该法还规定了相应的听证程序。❷

TRIPS 及我国有关的司法解释中所规定的对临时禁令裁决的复议程序是应被申请人的请求而启动的，而英美等国判例中禁令发布前后的听证程序一般由法庭依职权进行。笔者认为，我国应该借鉴英美等国的司法判例，为我国诉前禁令的适用设置听证、辩论程序，除非被申请人的侵权行为对申请人造成的损害迫在眉

---

❶ 杰弗里，C. 哈泽德米歇尔，塔鲁伊. 美国民事诉讼法导论 [M]. 张茂，译. 北京：中国政法大学出版社，1998：164.

❷ 赵秉志. 澳门民事诉讼法典 [M]. 北京：中国政法大学出版社，1999：113.

睫，才可以省去上述环节。

2. 法庭辩论

辩论原则是民事诉讼制度中的一项重要原则。根据此原则，当事人可以选择书面或口头方式，在民事审判程序中就案件争议的事实和法律问题提出自己的主张和依据，互相进行反驳答辩。我国现行法律对此规定：人民法院在对诉前行为保全申请进行审查的期限内，需要对有关事实进行核对的，可以传唤单方或双方当事人进行询问。由此可见，辩论不是审理诉前行为保全申请的必经程序。法官可以根据案件的实际情况自行决定具体的审查方式。虽然这在一定程度上反映了诉前临时禁令的立法目的，即最大限度地保证司法机关对防止侵权行为的发生或侵权后果的扩大作出及时迅速的反应，但片面追求审查速度却是以牺牲程序正义为代价的。笔者认为，现代社会的诉讼是以正义和效率的统一为目标的，建议法院可以通过简化的辩论和询问，在完成形式审查的同时对涉案的实体法律关系形成一定的观点，从而作出相应的裁决。

笔者建议法院应建立以下辩论质证规则：(1) 确立当事人行使辩论权的范围包括对诉前禁令实体方面和程序方面上的争议问题；(2) 辩论质证的形式包括口头和书面两种形式；(3) 明确未经辩论质证的证据因缺乏有效性而不能作为裁定的依据；(4) 法院应保障当事人充分行使辩论质证权。

3. 担保制度

要求申请人对其申请的诉前禁令提供一定的担保，是防止申请人权利滥用的主要措施。我国法律规定的诉前行为保全制度要求申请人提供担保，申请人不提供担保的，驳回申请。关于担保的方式，我国立法未限制保证和抵押等形式，也没有限制权利质押担保方式。但笔者认为，应多采用现金担保的方式。因为担保的目的既是限制权利滥用，更是对保全错误后对被申请人能够作出有效的赔偿或补偿。关于担保的范围，我国法律规定必须提供足额担保，而且知识产权临时措施规范中还明确了追加担保的规定。裁定实施的临时措施可能给被申请人造成更大损害的，法院可以责令申请人追加相应的担保。申请人不追加相应担保的，可以解除有关措施。这样的立法更能够平衡申请人和被申请人之间的权利义务关系。间接损失即为可得利益损失，对于是否可以将间接损失列入赔偿范围，进而要求申请人提供担保，笔者认为不宜将间接损失部分开始就列入足额担保的范围畴，但法院采取行为保全措施后，可以根据申请人丧失可得利益可能性大小等实际情况要求申请人追加担保。

在确定申请人应提供的担保数额时，应综合考虑被申请人的生产规模、销售情况、销售收入、利润情况，诉前禁令可能给被申请人造成的实际损失及诉前禁令可能持续的时间等因素综合确定，上述实际损失包括直接损失和间接损失，并应考虑合理的仓储、保管费用及人员工资等合理费用支出。法院可以组织听证程序由双方当事人协商申请人应提供担保的具体数额，协商不成的，法院也可根据双方当事人的陈述综合予以确定。

除此以外，我国司法解释规定法院在受理禁令申请后48小时内作出裁定❶，但在司法实践中不符合法律规定超出48小时的情况很常见。诉前禁令48小时的审查时间因过于注重程序及时终结性而导致对被申请人诉讼权利保障不力，使得诉讼效率与强化程序保障间存在一定紧张关系。在司法实践中，为使这一紧张关系得到一定程度的缓解，各地法院对48小时的审查时间作出相应的变通。如江苏省高级人民法院规定法院举行听证会或进行相关调查咨询后作出裁定的，不受48小时限制。可见法院在实践中决定是否作出禁令裁定时，要受到权利稳定性、案件具体难易程度的影响，一般要求在48小时内作出裁定可能过于急促而使各方受到不公正的对待。但对于展会这样特殊的场合，必须通过司法途径尽快要求被申请人立即停止其可能构成侵权的行为，在紧急情况下，还是可以规定在48小时内作出裁定的。

四、现行著作权法制度下"诉前禁令"构成要件的细化

著作权法关于诉前禁令的规定存在很多缺陷，以至于该规定在实践中未能得到很好的利用。但不可回避的问题是：在现行著作权法制度下，诉前禁令应如何解释，如何细化其适用规则，以应对眼下发生的展会著作权侵权问题。

对于禁令申请条件三个要件的解释，主要疑难点集中在证明"难以弥补的损害"这一要件上。在美国法中，"难以弥补的损害"也是申请禁令条件之一。❷"难以弥补的损害"在美国司法判例中被理解为难以用经济赔偿予以充分弥补的损害。在知识产权侵权领域中，如果申请人能够证明其实体胜诉的可能性，则法院将推定其将受到难以弥补的损害。❸ 同时，证明难以弥补损害的要求程度与合理证据证明"胜诉可能性"成反比关系。也就是说能证明"胜诉可能性"程度越高，证明难以弥补的损害的要求越低。美国司法实践还从 Sony Corp. Of America 诉 Universal City Studios, Inc 案等判例中确立了一项规则：未经许可使用他人

---

❶ 参见《最高人民法院关于诉前停止侵犯注册商标专用权行为和保全证据适用法律问题的解释》第9条。

❷ 参见李明德. 美国知识产权法 [M]. 北京：法律出版社，2003：325.

❸ 参见张广良. 知识产权侵权民事救济 [M]. 北京：法律出版社，2003：47.

享有著作权的作品，若非商业用途，损害可能性需要加以证明，若为商业用途，损害可能性可被推定。此项规则对于我国展会著作权保护应有所启示。笔者认为，展会多为商业性质，损害可能性可被推定，因此对于申请人证明"难以弥补的损害"的举证责任可适当减轻。

在侵犯著作权纠纷中，因著作权是具有人身权及财产权双重性质的权利，对作者人身权的侵犯，以及因歪曲、篡改作品而对作者名誉造成的损害，同样难以用经济赔偿的方法予以弥补。❶ 如果申请人举证证明被申请人的行为得以造成其非财产性利益的损害，如造成申请人名誉、商业信誉、商品声誉、知识产权的价值、产品潜在的市场销路、市场份额、竞争地位等不利，则难以弥补的损害即得以证明。

笔者认为，在判断难以弥补的损害时，还应结合其他相关因素。比如申请人提出禁令申请的时机和被申请人的资产信用状况等。如果申请人自知道他人侵权可能性时起，无正当理由未及时向法院申请禁令，特别对于具有短期性特点的展会而言，则可推定为其受到的损害可以弥补。同时，如果被申请人的资产信用状况良好，具有侵权成立的偿付能力，则对于申请人证明"难以弥补的损害"的举证责任应适当加强。因为即使损害可以量化，可以赔偿损失代替禁令，但被申请人的现有资信状况表明其没有足够的偿付能力或居无定所等原因，申请人的经济损失也许根本得不到物质上的足额补偿。此时如果法院及时下达禁令，制止侵权行为的发生，则申请人的损害得以减免。因此，被申请人的资信程度越差，越有可能被采取诉前禁令措施。除此以外，被申请人的行为是否处于持续状态，如果被申请人正在实施的行为对申请人的知识产权构成持续性的威胁、危险或损害，则法院易于核准申请人的临时禁令申请。

综合考虑相关因素，笔者建议，对于这一要件可确立四条判断标准：（1）涉及著作人身权的侵权行为；（2）侵权行为的持续将严重影响权利人的市场份额；（3）侵权行为如果不制止将扩大侵权行为的损害后果；（4）有证据表明被申请人没有足够的偿付能力。反之，如果可以通过金钱来衡量的，那就认定这种损失不是不可弥补的。

五、结　语

对于知识产权这种无形权利的侵害具有持续性和不可恢复性。特别是在展会中，由于受众的广泛性和传播的迅速性，有时甚至会造成不可弥补的损害，所以

---

❶ 参见张广良. 知识产权侵权民事救济 [M]. 北京：法律出版社，2003：49.

司法权在程序中提前介入和干预，是对实质正义追求的必然结果。我国立法可以通过借鉴国外成熟的司法实践，进一步完善诉前禁令制度，以使禁令制度在展会场合更好地施行，从而弥补展会场合中行政程序难以充分实施的遗憾。

在我国司法行政并行对知识产权进行保护的体制下，如何在展会的持续时间内，运用司法或者行政的手段既维护知识产权权利人的权利，又保证被投诉人的合法权利，防止权利被滥用，平衡各方的利益，这本身就是一个两难的选择。而如何更大地发挥司法行政之外第三方力量介入展会知识产权保护，也成为研究会展知识产权保护问题的长期探索和探讨的话题。建于实践之上，本文对展会知识产权保护进行了初步研究，分析了目前我国展会知识产权保护体系的现状，指出了其中的不足之处，并借鉴国外展会知识产权保护的成功经验提出了完善的措施。然而还有很多问题受限于笔者的能力和认知范围难免论述不全或者存在遗漏，因此希望本文起到抛砖引玉的效果，吸引更多的后来者对此进行研究。笔者也将不断地在实践中检验本文的相关理论，通过各方的不断努力，最终解决我国展会知识产权保护问题。

商业方法专利客体要件研究

陈 磊[*]

摘 要

本文从商业方法的概念与特点出发,探寻了商业方法专利客体发展历程,分析了发达国家对待商业方法专利政策的演变,并结合我国司法实际情况,讨论适应我国国情需要的商业方法专利保护模式。

关键词

商业方法专利 专利客体 技术方案

一、商业方法专利保护概述

(一)商业方法的基本概念

商业方法在社会生活中司空见惯,但至今仍未形成统一的概念。为进行深入研究,本文对相关概念给予如下界定。

世界知识产权组织认为:商业方法是指有创造性的、借助于计算机网络技术经营商业的方法。[❶] 2000年美国《商业方法专利促进法案》中指出,商业方法是指下列方法之一:(1)一种经营、管理或其他操作某一企业或组织、包括适用

---

[*] 华东政法大学2008级知识产权专业硕士研究生;本文改自其毕业论文,指导老师为何敏教授。
[❶] 参见黄毅、尹龙.商业方法专利[M].北京:中国金融出版社,2004:29.

于财经信息处理过程的技术方法；（2）任何应用于竞技、训练或个人技巧的技术方法；（3）上述两项中所描述的由计算机辅助实施的技术或方法。❶ 2004年10月，国家知识产权局发布了《商业方法相关发明专利申请的审查规则（试行）》，对于商业方法解释为：商业的含义是广义的，包括金融、保险、证券、租赁、拍卖、投资、营销、广告、旅游、娱乐、服务、房地产、医疗、教育、出版、经营管理、企业管理、行政管理和实务安排等，商业方法相关发明专利申请是指以利用计算机和网络技术完成商业方法为主题的发明专利申请。

从以上几个定义中，我们可以总结出"商业方法"一词的两层次含义：第一，传统意义上的商业方法是一组应用于商业活动之中的行为序列，人们通过该行为序列对生产经营活动进行组织与管理；第二，通过计算机设备或网络技术对传统意义上的商业方法进行执行，便产生了现代意义上的商业方法。

（二）商业方法的专利保护

从历史上看，对商业方法进行专利保护经历了从排斥到标准放松、再到限制的过程。而各国基于自身经济实力与科技发展水平的不同，对商业方法专利的态度也不尽相同。

1. 计算机软件对商业方法专利保护的影响

许多年来，美国专利商标局（USPTO）始终认为"从事商业活动的方法"不可专利。但是，随着20世纪80年代和90年代计算机与网络技术的快速发展，越来越多通过计算机与网络技术实施的商业方法申请被提交到USPTO。1998年联邦巡回上诉法院（CAFC）作出的State Street Bank案❷判决更是确立了"实用、具体及有形的结果"标准。State Street Bank案判决作出后，日本、欧洲等国家重新修改了各自的审查指南，增补了许多有关商业方法软件发明的指导意见，并不再将审查重点放在商业方法专利作为客体是否能够获得专利保护上。虽然在国际社会与具体的判例法中，有关商业方法软件能否成为专利保护客体尚有非常对立的观点，但美、日、欧三方专利局更多关注商业方法软件发明的三性问题。❸

2. 商业方法专利保护及其特征

我国专利法律制度中从未出现过"商业方法除外"这一概念，而对于专利

---

❶ 参见张平．回顾与分析——美、日、欧在商业方法软件上的专利保护之争［M］//陶鑫良．上海知识产权论坛．上海：上海大学出版社，2002：32.

❷ State Street Bank & Trust Co. 149 F3d 1368.

❸ 参见张平．论商业方法软件专利保护的创造性标准——美日欧三方专利审查之比较［M］//周林．知识产权研究．13卷．北京：中国方正出版社，2006：25.

客体的适格性问题，我国法律一贯持"技术性"标准。也即，请求获得发明的"技术方案"必须"使用技术手段、解决技术问题、产生技术效果"。从法律层面上看，我国并不存在对商业方法进行专利申请的特殊限制，只要能够满足"技术性"标准、不属于"智力活动的规则和方法本身"且满足了实质性要件，商业方法仍然能够在我国获得专利保护。

从现阶段对商业方法授予专利的案例来看，大多数是将传统商业方法与电子技术、计算机技术或网络技术相结合的产物。而通过计算机实施的商业方法专利占了绝大部分，由于其通常是以计算机软件的形式表现出来，又被称为商业方法软件专利。❶ 这些商业方法专利通常具有以下几个特征：其表现形式为计算机软件与硬件的结合；依赖于计算机或计算机网络来实施或实现；核心是计算机程序；目的是提高商业活动的效率和精确度。❷

3. 商业方法专利保护存在的问题

在相当长的历史时期内，商业方法之所以受到世界范围内的排斥，是因为人们无法在"商业方法"与"抽象思想、自然法则、智力活动的规则与方法"之间作出明确区别。的确，早期的商业方法虽然肯定了商业方法可以获得专利这一事实，但是从专利实践的具体情形来看，大多数国家在专利审查标准中均强调了"技术"的重要性。欧洲、日本和中国在专利客体的审查阶段就必须审查请求保护的方案是否具有"技术性"。在2000年美、日、欧三方会谈上，美国也同意了利用计算机实施的商业方法必须具有"技术内容"才有获得专利权的资格这一观点。❸

2010年，美国联邦最高法院在Bilski v. Kappos案中肯定了商业方法的可专利性，并再一次指出除非属于"自然法则、自然现象与抽象思想"，否则没有任何限制因素能够阻止商业方法专利作为一项"方法"受到专利保护。但是，对于如何区分不可专利的"抽象思想、智力活动的规则和方法"与可专利的"方法"，美国联邦最高法院始终没有给出令人信服的判断标准。笔者认为，我国对商业方法专利申请的审查应坚持"技术性"标准。该标准的使用既能尊重专利制度产生的历史背景，又满足了科学技术现代发展的需要，还考虑了我国的客观现实。"技术性"标准能够很好地解决包括商业方法在内的专利客体适格性问

---

❶ 参见郎贵梅. 专利客体的确定与商业方法的专利保护 [M]. 北京：知识产权出版社, 2008: 47.
❷ 参见郭海峰. 电子商业方法专利保护研究 [D]. 上海：上海交通大学, 2009: 13.
❸ 参见周航. 商业方法专利的审查模式研究——技术性要件的内涵详析 [D]. 北京：中国政法大学, 2008: 32.

题，是保证审查质量所必须予以坚持的准则。下文中，笔者将论述为何应当以"技术性"标准来对商业方法专利的适格性进行判断。

二、商业方法专利客体地位的确定

客体是民事主体权利义务所指向的对象。研究商业方法专利权的客体要件，不仅是基于民法逻辑的需要，更具有鲜明的实践意义。从学理上讲，知识产权的客体由于其无体性而异于物权客体，而专利权客体的确定，更因承载了众多利益的博弈而被披上了一层变色的外衣。

（一）技术性与商业方法专利客体地位的确定

1. 可专利客体与智力活动规则方法的区别

智力活动的规则与方法不能受到专利法的保护，这是一项放之四海皆准的原则。对此，各国均有明确的法律规定。比如，美国以判例法的形式确立了"自然现象、自然法则与抽象思想"不可专利的规则；❶《欧洲专利公约》规定"进行心智活动的规则或方法"不能被认为是专利法意义上的"发明"等。❷

但是，"智力活动规则与方法"可专利性的排除仅仅针对的是该规则与方法"本身"。也即，任何人不能对自然法则、抽象思想"本身"主张专利保护，而自然法则、抽象思想的具体应用则可能获得专利保护。对于如何区分不可专利的抽象思想、自然法则与可专利的客体，我国学者认为，"从专利理论上说，一项发明申请若想获得专利授权，必须符合两个层次的要求：其一是专利的资格条件，即必须符合技术性要求，属于可专利性主题的范畴……"❸ 因此，技术性是发明专利的前提条件，不具备技术性的申请不能通过客体审查，无法获得专利权。评价是否"利用了技术手段、解决了技术问题并产生了技术效果"的"三要件"标准是我国法律制度下判断不可专利的抽象思想、自然法则与可专利客体的基本思路。

2. 从智力活动的规则与方法到技术方案：商业方法身份嬗变

计算机技术和网络技术的引入，使得某些抽象思想能够通过这些高科技手段予以实现，这一过程满足了传统学理中判断专利客体适格性的技术性"三要件"标准。商业方法即成功完成从智力活动的规则方法到技术方案的身份转换。通过

---

❶ See Parker v. Flook, 437 U.S. 584, 588–589, 98 S. Ct. 2522, 57 L. Ed. 2d 451 (1978).

❷ 参见《欧洲专利公约》第52条。

❸ 张平. 回顾和分析——美日欧在商业方法软件上的专利保护之争 [M] // 陶鑫良. 上海知识产权论坛. 上海：上海大学出版社，2002：37.

计算机网络技术的应用，某些商业方法从"抽象思维"转变为"技术方案"，具有明显的技术特征，解决了技术问题、采用了技术手段并且获得技术效果，具备了获得专利保护的最基本条件。不能仅仅因为商业方法专利将会被应用于"商业"这一传统上与技术无关的领域而拒绝对其提供保护。虽然对商业方法授予专利保护在某种程度上未必有利于商业创新，且许多商业方法专利申请无法满足"三要件"标准，尤其是其中的"解决技术问题、产生技术效果"，但对于通过专利客体审查并满足实质三性的商业方法申请，对其授予专利是逻辑的必然结果。

（二）商业方法专利客体审查的重要性

在传统认识中，商业方法与智力活动的规则与方法相类似，其不仅具有主观性，更没有利用任何自然规则。比如，"一种摆放货物以使得产品销量最大化的方法"。但计算机软件与网络技术的兴起使得纯粹的商业方法披上了一层技术的外衣。另外，通过适当的专利撰写，原本近似于"智力活动规则"的商业方法中技术性与非技术性的区别被大大降低。随着 2000 年以来美国对商业方法专利的狂热追逐，国内要求放开商业方法专利禁忌、主张"主动出击"的声音也越来越强。

但是正如波斯纳所告诫的那样，"没有任何人知道，现有的知识产权保护水平是否就是最优的。请记住，超过为诱使社会性最优化生产出这些产品所必需的水平而增加有关创造知识财产的激励，将导致给社会带来高昂成本的寻租行为。"❶ 国内学者指出，美国和日本等发达国家在授予商业方法以专利的时候，肯定不是基于严谨的法律分析，而是从本国国家利益作出的决策，国家利益和经济扩张是其扩大商业方法专利的深层原因。❷

因此，对商业方法专利申请的客体要件进行审查不仅逻辑上顺理成章，在实践中更是意义重大。一方面，从逻辑上看，先于实质三性进行的客体审查无须对申请获得保护的方案整体进行分割，其关注的仅仅为该方案本身。这种方法最有利于判断申请所指向的是一个可专利的技术方案还是不可专利的抽象思想与自然法则。由于不需要比对现有技术，审查人员也不是戴着有色眼镜对商业方法专利申请进行考察，从而防止了客体是否适格的判断受到创造性高低的影响。

另一方面，从专利审查实践来看，关于商业方法的现有技术数据十分匮乏。

---

❶ W. M. 兰德斯，L. A. 波斯纳. 知识产权法的经济结构 [M]. 金海军, 译. 北京: 北京大学出版社, 2005: 479.

❷ 张平. 论商业方法的可专利性 [M] //网络法律评论. 2 卷. 北京: 法律出版社, 2002: 145.

这一点对于我国的商业方法审查实践而言意义重大。现今并不存在一个完整的商业方法数据库，该领域的国外资料也难以找寻。在客体审查阶段便对专利的"技术性"进行严格审查，可以防止那些早已被人们广泛使用却缺乏文献记录的商业方法申请轻易地获得专利授权，从而尽量避免对我国造成的巨大经济冲击；此外，在客体审查阶段排除此类申请获得专利授权的可能，免去了审查新颖性、创造性时检索对比文件、找出区别特征、判断现有技术是否存在启示等耗时耗力的工作，提高了审查效率。❶

三、各国对商业方法专利客体的限制

（一）美国的实践

美国对商业方法专利态度的变化以 Bilski 案为分水岭。在该案判决以前，美国联邦巡回上诉法院与业界一道，共同为商业方法的专利保护扫清了包括客体适格性在内的所有障碍。而在 Bilski v. Kappos 案（以下简称"Bilski 案"）判决之后，美国法院所持观点急转直下，至今仍对商业方法专利持相对保守与观望之态度。

1. Bilski 案：实用性标准的终结

（1）Bilski 案：实用性标准的覆灭。

Bilski 案推翻了 AT&T 和 State Street Bank & Trust Co. 案的"实用、确定、有形的结果"的要求，重新强调了"机器或转换"标准为判断方法权利要求是否为可专利性客体的适当准则。根据该标准，被请求获得保护的方法权利要求若满足以下条件，便符合美国专利法第 101 条的要求：

①限定于特定的设备或机械；或者

②能够让特定的物质状态或其本身发生改变❷。

也即，"机器或转换"标准要求：首先，使用特定机器或者对物体进行转换必须对方法权利要求的范围附加有意义的限制以获得可专利性；其次，将被主张保护的方法限定于特定的机器或者使物质状态发生的变化不能仅仅是非显著的后处理活动。对于 AT&T 及 State Street Bank & Trust Co. 案确立的"实用、确定、有形的结果"标准，CAFC 认为"实用、确定、有形的结果"标准过于宽泛。

（2）Bilski v. Kappos 案：商业方法专利劫后余生。

在 CAFC 否定了原告讼争权利要求的可专利性后，该案专利申请人要求美国

---

❶ 参见周航. 商业方法专利的审查模式研究——技术性要件的内涵详析 [D]. 北京：中国政法大学, 2008：37.

❷ 545 F. 3d 943, at 953. 援引自 409 U. S. , at 70, 93 S. Ct. 1048.

联邦最高法院调卷审理此案。联邦最高法院9名大法官一致认为：Bilski 所申请的商业方法权利要求并非美国专利法第101条中所规定的法定客体。

美国联邦最高法院的多数意见指出，美国专利法第101条规定了宽泛的方法专利客体，且这一宽泛的客体规定仅存在三项由判例法发展出来的例外情形：自然法则、自然现象与抽象思想。多数意见认为现有的判例法规则已经对这一问题进行了解答。根据其解释，判断"方法"权利要求专利适格性的标准为：❶

（1）完全独占某项抽象思想的权利要求不可专利。

（2）对某项抽象思想所进行的创新适用，如果该适用并不意图完全独占该抽象思想本身，那么其是可专利的。

（3）如果专利申请仅仅将对抽象思想的占有局限于特定"使用领域"中，或者仅仅对该抽象思想增加了非创新性的"后处理活动"（insignificant post-solution activity），那么该申请不可专利。

2. Bilski v. Kappos 案之后的发展

Bilski v. Kappos 案判决作出后，美国专利商标局发布了《审查方法权利要求客体适格性的临时指导意见》，❷ 该指导意见承认"机器或转换"标准仍然是判断方法权利要求是否可专利的实用工具，并为审查员们提供了多项参考要素，以帮助他们更好地判断某项方法是否通过覆盖一项通用概念或概念的结合从而主张了一个抽象思想，以及某项方法是否被限定在对某一概念的特定具体运用之上：

"在分析权利要求整体以判断一项方法权利要求是否指向一个抽象思想时，审查员应考察如下要素。

（1）对机器或转换进行了描述（无论是明示地描述还是默示地描述）。

（2）权利要求直接指向了对自然法则的运用。

（3）权利要求不仅仅是对概念的陈述。

（4）权利要求仅仅是对通用概念的陈述。"

作为科技创新实力最强的国家之一，美国在商业方法专利客体判断标准问题上的踌躇发人深省：State Street Bank 案以来，CAFC 应金融产业界的强烈要求，在未经严密的正当性论证的情形下放松了商业方法专利的客体审查标准，其采用了一种以实用性标准代替客体审查的方法对待此类专利申请。2007年以后，应

---

❶ Jeffrey R. Kuester, Steve D. Perkins, Taylor English Duma, In The Aftermath of Bilski v. Kappos [J]. PLI/Pat 2010（1021）：49.

❷ See Interim Guidance for Determining Subject Matter Eligibility for Process Claims in View of Bikski v. Kappas [EB/OL].［访问日期不详］. http：//www.uspto.gov/patents/law/exam/bilski_guidance_27jul2010.pdf.

各界的强烈要求，美国法院不得不重拾严格的客体审查标准以抑制泛滥的商业方法专利申请，因为只有审查流程的源头，也即客体要件上控制商业方法申请，才能够将不属于专利保护的对象予以剔除。

（二）欧盟的实践

1. 欧盟商业方法专利的审查基准

《欧洲专利公约》第 52 条第（2）款规定："以下不应当被认为是发明：……（c）进行心智活动、玩游戏或从事商业活动的计划、规则或方法；以及计算机程序"。《欧洲专利局专利审查指南》对此作出了解释：《欧洲专利公约》第 52 条第（1）款意义上的发明必须具有具体的和技术的双重特征。《关于欧洲专利授权的实施细则》进一步规定：专利必须针对技术领域，必须与技术问题有关，并且应该把权利要求限定在发明的技术特征范围内。该款规定似乎完全排除了商业方法的可专利性，但第 52 条第（3）款的规定对前款进行了限定："被第 2 款规定排除可专利性的客体或行为仅指涉及此类客体或行为本身的欧洲专利申请或欧洲专利。"

如果相关客体通过了技术性的表面检验，则审查员应继续对创造性步骤进行判断。在判断是否存在创造性步骤时，审查员应确定发明所解决的客观技术问题。对该问题的解决构成发明对该领域的技术贡献。技术贡献的存在证明了发明具有技术特征并因此属于《欧洲专利公约》第 52 条第（1）款意义下的发明。如果审查员无法找到所要解决的客观技术问题，则该客体至少无法满足关于创造性步骤的要求，由于不存在对该领域的技术贡献，权利要求应根据这一理由予以拒绝。"❶

2. 欧洲判例法的发展

虽然《欧洲专利公约》对不可专利的客体作出了相关规定，但是长期以来，欧洲专利局、欧洲法院及各国司法机构对何为"不可专利的商业方法本身"理解不一，这使得专利申请人通过欧洲专利局申请与通过各国专利局申请时将面临不同审查标准。

（1）欧洲专利局的观点演变。

a. "技术贡献"判断法的确立

欧洲专利局早期认为，虽然计算机程序本身不可专利，但如果发明整体对该领域作出了贡献，则包含了计算机程序的专利申请便具备了表面的可专利性。❷

---

❶ Guidelines for Examination in The European Patent Office, pt. C, ch. IV, 2.3.6.

❷ T208/84 VICOM/Computer–related invention [1987] O. J. EPO 14.

根据这一时期欧洲专利局的观点,"技术贡献"判断法包含以下三个步骤:

①对权利要求进行审查并找出其新颖之处为何;

②审查这一新颖之处是否包含了"技术"效果;

③如果不包含"技术"效果,则权利要求并非可专利的发明。

但在 IBM 案 (T1173/97、T935/97)❶ 中欧洲专利局开始认为,在新颖性与创造性审查中对"发明所作出的技术贡献"进行评价,较在判断发明是否属于被禁止保护客体时对该问题进行评价更合适。❷

b. "技术特征"判断法的兴起

在 Sohei 案 (T769/92) 中,❸ 欧洲专利局上诉委员会认为,对经改进的用户界面的使用能够解决"如何更有效率地处理信息"这一问题。因此,虽然该发明的使用是为了更有效率地进行商业活动,且该方法通过计算机予以实施,但该发明因导致设备更好地运转而产生了技术特征。该案指出,一个技术方法并不会仅仅因为被用于非技术目的而失去自身的技术特征。❹

之后作出判决的 Pensions Benefit System Partnership 案 (T931/95) 更加强调了"技术特征"的重要性。欧洲专利局上诉委员会指出:"仅涉及经济概念或进行商业活动实践的方法并非《欧洲专利公约》第 52 条第 (1) 款意义下的发明。"而对于权利要求 5 中的设备,欧洲专利局上诉委员会认为该设备具有"物理实体意义下有形设备的特征,其为人造并用作实用目的的",仅仅从事商业活动的"方法"被第 52 条第 (2) 款所排除,对于设备权利要求不存在此项限制,即使该设备的设立是为了实施一项商业方法,因此,该设备属于《欧洲专利公约》第 52 条第 (1) 款意义下的发明。在客体判断阶段,欧洲专利局上诉委员会不再要求专利申请体现了"技术贡献"。

Hitachi 案 (T258/03)❺ 延续了欧洲专利局在 PBS Partnership 案中的判断方法。欧洲专利局上诉委员会特别指出,包含有技术特征与非技术特征的权利要求通常应被认为是第 52 条意义下的发明。至此,只有那些主张了"缺乏任何技术

---

❶ T1173/97 IBM/Computer program product [1999] O. J. EPO 609; T935/97 IBM/Computer programs [1999] R. P. C. 861; [1999] E. P. O. R. 301.

❷ See IBM/Computer programs, T1173/97 [2000] EPOR 219. IBM/Computer programs, T935/97 [1999] EPOR 301.

❸ Sohei / General - purpose management system, T796/92 [1996] EPOR 253.

❹ Andrew Rudge, Guide to European Patents, §7: 7.

❺ See Hitachi, T 258/03 [EB/OL]. [2011 - 3 - 27] http://legal.european-patent-office.org/dg3/biblio/t030258ex1.htm.

意义的纯粹抽象概念"以及相似内容的权利要求才有可能被欧洲专利局认为被排除在第 52 条第（2）、(3) 款的范围之外。不过通过第 52 条第（2）、(3) 款检验的权利要求还必须满足可专利性的其他实质性要件。❶ 至此，欧洲专利局对涉及商业方法发明客体的判断标准完成了由"技术贡献说"至"技术特征说"的转变。

（2）英国法院对商业方法专利的客体审查。

由于欧洲专利局上诉委员会所作出的判决对欧盟各个国家的国内法院并不具有拘束力，欧盟各国对商业方法专利的态度也不尽相同。英国法院在根据《欧洲专利公约》第 52 条第（2）、(3) 款规定并参考欧专局上诉委员会意见的过程中，自身也形成一套客体判断法则。

Merrill Lynch 案在英国正式创设了"技术贡献"判断法。❷ Fox 法官指出："打着产品的名号而对第 1 条第（2）款所排除的客体主张专利是不被允许的。"在涉及计算机程序的案件中，对包含有该程序的传统计算机主张专利保护。我认为申请获得专利保护的发明中必须具有以某种新效果方式（比如，Vicom 案中的数据处理速度的实质性提升）存在的对于现有技术的技术优势。

在 Aerotel 案中❸，英国法院总结了检验相关发明（客体）是否可专利的四步法则：

①解释权利要求；

②找出该发明的实际贡献；

③辨别该贡献是否落入了法律所禁止保护的客体之列；

④检查实际或所谓的贡献是否是技术性的。

在判断发明所做出的贡献是否属于被禁止保护的客体时，英国上诉法院采纳了"技术效果"判断法，也即"检查权利要求中所定义的发明是否对已知技术做出了技术贡献，如果没有做出技术贡献，则《欧洲专利公约》第 52 条第（2）款的规定得以适用。新颖及具有创造性的纯粹被禁止保护的客体不能被视为'技术贡献'"。

（3）欧洲专利局与英国法院的分歧。

在 Hitachi 案判决作出之后，欧洲专利局上诉委员会对待《欧洲专利公约》

---

❶ See Terrell on Patents, Chapter 2 – The Nature of Patentable Inventions, 5. – Excluded Inventions, UK TERRELL 2 – 28.

❷ ［1989］R. P. C. 561.

❸ ［2007］R. P. C 7.

第52条第（2）、（3）两款规定的前后不一致意见引发了各界的广泛争议。主审Aerotel案的Jacob法官就认为欧洲专利局上诉委员会的判决"人为制造了矛盾"，并要求欧洲专利局对此予以澄清。在Duns Licensing Associates案❶判决作出之后，英国法院与欧洲专利局之间的分歧进一步加剧。欧洲专利局批评英国法院的做法"违背欧盟法律的精神"。❷

英国法院在2009年判决的AT&T Knowledge Ventures LP案❸中对自身所坚持标准中的术语进行了解释，进一步对"技术效果"的一些实例进行了阐述，具体而言：

①如果不通过计算机来实施，那么该方法是否还能够产生这种技术效果；
②技术效果与所处理的数据和所运行的软件之间的关系；
③该技术效果是否导致计算机以一种新的方式运行；
④计算机的运行速率与可靠性是否有所改进；
⑤所申请的发明是否克服了技术问题，还是仅仅绕过了该问题。

四、我国商业方法专利客体审查的应对策略

（一）我国现行法律制度框架及存在的问题

从法理上说，《专利法》对专利授权规定了十分具体的条件：发明申请想要获得授权，除了满足形式要件、新颖性、实用性与创造性之外，还必须首先是一项"技术方案"。"技术方案"的要求独立于实质三性的审查，并且从逻辑上讲，判断发明是否构成"技术方案"是实质性审查中的门槛性要件。

1.《专利法》的规定

《专利法》第2条第2款规定："发明，是指对产品、方法或者其改进所提出的新的技术方案。"第25条规定："对下列各项，不授予专利权：……（二）智力活动的规则和方法……"《专利审查指南2010》第二部分第一章"引言"指出："专利法所称的发明，是指对产品、方法或者其改进所提出的新的技术方案，这是对可申请专利保护的发明客体的一般性定义，不是判断新颖性、创造性的具体审查标准。技术方案是对要解决的技术问题所采取利用了自然规律的技术手段的集合。技术手段通常是由技术特征来体现的。未采用技术手段解决技术问题，以获得符合自然规律的技术效果的方案，不属于《专利法》第2条第2款规定的

---

❶ Duns Licensing Associates，T154/04.
❷ See Duns Licensing Associates T 0154/04.
❸ [2009] EWHC 343 (PAT).

客体。"

《专利法》第 2 条第 2 款与第 25 条的规定提出了我国专利客体适格性的基本要求。根据《专利法》与《专利审查指南 2010》的规定，商业方法申请只有在构成"对要解决的技术问题采取的利用了自然规律的技术手段"的技术方案、且"获得符合自然规律的技术效果"时才属于《专利法》意义上的发明。为了使审查更具操作性，实践中审查员将主要对"是否获得了符合自然规律的技术效果"与"是否采用了技术手段"进行判断。

2.《专利审查指南 2010》的规定

在实践中，商业方法专利申请很大程度上将与计算机程序相结合，因此，《专利审查指南 2010》第二部分第九章"关于涉及计算机程序的发明专利申请审查的若干规定"能够对判断相关申请是否满足了客体要件起到有益的帮助作用。

《专利审查指南 2010》对何为"通过利用自然规律的手段解决技术问题，产生受自然规律约束的效果"进行了阐释：既可以是按照自然规律完成对该技术数据实施的一系列技术处理，从而获得符合自然规律的技术数据处理效果，也可以是为了改善计算机系统内部性能，按照自然规律完成对该计算机系统各组成部分实施的一系列设置或调整，从而获得符合自然规律的计算机系统内部性能改进效果等。❶

因此，我国对涉及计算机程序商业方法专利申请的"三要素"的态度为，必须解决技术问题、计算机程序的运行及对数据的处理必须采用利用了自然规律的技术手段、获得受自然规律约束的技术效果。我们可以通过"审查示例"对以上"三要素"判断法的适用有一个清晰的了解。该部分内容所列举的三类属于专利保护客体的情形为：第一，通过计算机程序的执行实现了一种工业工艺流程（例 4、例 7）❷；第二，通过计算机程序的执行实现的是对外部数据的处理（例 6）❸；第三，计算机程序的执行改善了计算机的内部性能（例 5）❹。

3. 专利客体相关法律法规之阙如及反思

《专利法》第 2 条第 2 款仅仅对所有发明专利申请提出了一般意义上的限制，要求其必须为针对产品、方法或者其改进所提出的新的技术方案，缺乏对"技术方案"的详细定义与解释。而《专利法》第 25 条的规定仅从反面将"智力活动

---

❶ 参见《专利审查指南 2010》第二部分第九章。
❷ 例 4 为"一种控制橡胶模压成型工艺的方法"，例 7 为"一种利用计算机程序测量液体粘度的方法"。
❸ 例 6 为"一种去除图像噪声的方法"。
❹ 例 5 为"一种扩充移动计算设备存储容量的方法"。

的规则与方法"排除出专利保护的客体范围之列,直接略过了可专利的"方法"与不可专利的"智力活动的规则与方法"的划分标准问题。

历经多次修改的《专利审查指南2010》对商业方法与计算机软件专利审查标准的相关规定越来越详细,可操作性也逐渐增强。但是,《专利审查指南2010》的规定还有不尽如人意的地方,需要引进一些新的制度,具体表现在:

第一,未对有关商业方法的发明进行定义。《专利审查指南2010》仅将涉及计算机程序的发明定义为以计算机程序处理流程为基础、通过计算机执行按上述流程编制的计算机程序、对计算机外部对象或者内部对象进行控制或处理的解决方案,而没有对涉及商业方法的发明进行定义。而2004年10月由国家知识产权局发布了《商业方法相关发明专利申请的审查规则(试行)》现已不再适用。故现今缺乏对有关商业方法发明定义的明确界定。

第二,《专利审查指南2010》没有说明未与计算机或者计算机程序相连接的商业方法能否获得专利保护,也没有进一步回答可专利的"方法"与不可专利的"智力活动的规则与方法"的划分标准为何。如果认为构成技术方案的商业方法申请才属于可专利的"方法",那么对作为技术方案"三要件"之一的"技术手段"的定义便显得过于简略,《专利审查指南2010》未对计算机或者计算机程序以外的技术手段进行说明。具体阐述"技术手段"的种类既有助于保护那些应当受到鼓励的商业方法发明,又能够排除那些实质上属于抽象思想、应为专利制度所摒弃的发明申请。

此外,《专利审查指南2010》只是一个部门规章,影响力有限,我们还需要《专利法》的支持。所以,不论是专利客体制度,还是专利审查标准的设置,软件的专利保护制度还有许多需要完善之处。

(二)应对策略

就立法层面而言,保留《专利法》相对抽象的规定并将具体操作流程交由《专利审查指南2010》处理是一种可取的立法模式。由于《专利审查指南2010》对商业方法专利客体规定存在缺陷,笔者认为应对相关法律规定进行完善。

首先,《专利法》第2条第2款关于"技术方案"与第25条关于"智力活动的规则与方法"排除的规定可不作改动,但《专利审查指南2010》应对何为"技术方案"以及"技术方案"中的三要件"技术问题、技术手段与技术效果"进行更为详细的说明与解读。正如本文上一节所述,由于专利实践中已经弱化了"解决技术问题"的限制,故如何通过"技术问题"与"技术手段"之间的互动保证专利权利要求的"技术性"成为商业方法专利客体审查的新难题。此外,商业方法申请所产生的"技术效果"亦应当成为保证权利要求"技术性"的重要评判标准。笔者认为在"技术效果"的认定问题上可以借鉴欧盟"进一步的技术贡献说"中的相关部分：除了硬件与软件之间普通的交互作用外，运用商业方法申请所产生的效果，特别是利用计算机程序进行操作的商业方法申请应当对计算机程序产品产生、或者能够产生进一步的技术效果。❶

其次，《专利审查指南2010》应对《专利法》第25条规定所遗留下来的问题——如何区分"智力活动的规则与方法"与"可专利的方法"——进行解答。从《专利审查指南2010》的立法模式上看，可以从直接与间接两方面要素对该问题进行分析。从正面看，满足"技术方案"三要件的商业方法申请即能够被纳入"可专利的方法"之列，此为直接判断商业方法客体要件是否适格之手段；从反面看，明示或默示地对"智力活动的规则与方法"进行主张的商业方法申请非为"可专利的方法"。

对商业方法申请采取严格的"技术性"审查标准不仅是专利法理论的必然要求，亦为我国金融业界实务的客观需要。从国家与社会层面上说，法律通过赋予满足授权条件的专利申请以一定时期的垄断性权利，目的是为了鼓励创新并最终造福大众，而保证专利质量不仅是审查机关社会责任的体现，更是为了维护社会公众的固有利益。从产业实践层面说，采纳严格的客体审查标准并非否认商业方法专利的价值。并非所有有价值的东西都必须利用法律制度进行保护。市场运作本身便能够给予商业方法使用者带来足够的回报，通过获取专利对商业模式的创造进行补偿仅仅构成激励业界进行改革的很小一部分诱因，而公众为此所付出的代价可能早已超越了商业方法专利对创新性方案的披露。

五、结　语

20世纪80年代以来，在全球范围内开始的科技革命浪潮方兴未艾。以新材料、新能源、信息和生物工程等高新技术的突破和进展为主要标志，科技革命不仅深入到经济和文化的各个层面，而且还从根本上改变了整个世界的经济和政治格局。科技的进步和经济全球化进程所表现出来的对政治和法律的诉求，就是要把作为经济要素的知识财产的保护升华至法律和制度性规范，形成社会公认的产权形态，借助上层建筑的反作用力，对生产关系施加影响。❷ 通过分析笔者认为，商业方法的专利保护并非人们肯定与重视知识产品创造的必然趋势，实为西

---

❶ See IBM/Computer program product, T1173/97, [1999] O. J. EPO 609.
❷ 参见曲三强. 知识产权保护的国际化趋势 [J]. 法治研究, 2010 (4): 26.

方发达国家通过知识产权战略推进全球专利霸权之工具。因此，作为发展中国家的我国必须在商业方法的专利保护问题上摆脱西方发达国家的无理纠缠，坚持专利制度基本原则并追求自身的独立品格。

确定商业方法专利的客体要件意义重大，其不仅具有理论价值，更能够在实践中对专利审查起指导作用。本文通过揭示计算机技术对传统商业方法带来的影响，并借助比较法的分析，介绍了国外商业方法专利的发展趋势，展示了各国运用专利制度对新技术形势下的商业方法进行保护所产生的种种困惑与问题。然后，本文探讨了专利的客体制度对商业方法的接纳，并在此基础上分析了只有满足"技术性"要求——即"使用技术手段、解决技术问题、产生技术效果"的商业方法申请——才能够通过专利客体适格性审查。最后，本文通过分析商业方法专利的保护现状，对我国商业方法专利法律制度进行了反思，并指出必须严格遵循"技术性"要求以防止过度的专利保护伤害我国金融企业的产业创新。

本文建议专利审查部门对有关商业方法的专利申请采取审慎态度，并提议在对此类专利申请进行客体适格性分析时，必须坚持判断其是否构成完整的"技术方案"。这一做法并不意味着笔者否认商业方法的市场价值，对商业方法专利持保守态度，也不会阻止那些极具价值的商业方法的问世。

专利法视野下的明胶专利事件辨析

尚广振*

摘 要

近日,由"毒胶囊"事件引发的食品、药品危机倍受社会各界的关注,不少媒体纷纷质疑明胶专利授权存在严重问题。本文从《专利法》第5条出发,结合专利的审查对象和要求、行业标准的性质和专利权的本质等几个方面,针对公众错误定位进行辨析。

关键词

专利法 明胶 行业标准

引 言

近来,由"毒胶囊"事件引发的食品、药品危机备受社会各界的关注。随着争论的不断深入,一大批食用明胶生产企业、制药企业遭曝光,尤为引人注目的是"明胶专利"事件随之浮出水面。随着国家知识产权局所授予"用碎革皮生产药用明胶的工艺"专利以及"高铬明胶"专利曝光,社会舆论一片"哗然",将其专利审查部门推到了风口浪尖。

其中"高铬明胶"专利❶涉及的发明,是一种食品和药品的添加剂,基本成

---

* 华东政法大学知识产权学院2013级硕士研究生。
❶ 汤革三,刘德山,汤怀.高铬明胶:中国,98112702.9 [P].

分是明胶，其特征是含有三价铬，铬含量大于 2mg/kg，三价铬是以三氯化铬与明胶胶原结合形成有机铬复合物的形式存在，高铬明胶各项理化指标除含铬量高以外，其余各项指标与 GB – 6783 – 94 中的规定相同，可广泛用于皮冻、奶糖、冰淇淋、酸奶、火腿肠等产品中，使广大消费者安全适宜地增加铬的摄入量："用碎革皮生产药用明胶的工艺"专利❶涉及的发明，是一种用碎革皮甚至是蓝矾碎革皮生产药用明胶的新工艺，通过在各种化学溶液中浸泡、水洗，消除碎革皮或蓝矾碎革皮上的有害成分，使革皮纤维缓释膨胀，充分还原成胶原蛋白，熬制浓缩成浓的明胶液，进而制成凝胶条后，又经红外线干燥、杀菌，最后切粒，制成完全符号国际卫生标准要求的药用明胶产品。

对此类专利，相关刊物大加口诛笔伐。例如 2012 年 4 月 28 日新京报以《"皮革食用明胶专利"不容轻描淡写》❷为标题发表了社论，认为"专利是以国家的名义，对公民发明创造行为进行的认可，所以，有害发明获得了专利，无论它是否投入生产，都绝非小事一桩"。认为《食品添加剂明胶》的国家强制性标准早在 1995 年就已实施，该标准明确写道，食用明胶为"动物之皮、骨及腱、鳞等原料所生产"，并且对于食用明胶中铬含量 2mg/kg 上限，该标准业已作出规范，并沿用至今……国家标准、行业规范如此明确，那些皮革明胶的专利申请，竟然能获批准，实在令人费解"。更有舆论认为"按照常人理解，能够获得专利权的技术，定然都是先进的、有益于社会的"。

究其本质而言，上述相关舆论一定程度上源于混淆了专利制度与其他法律制度的分工，对专利审查要件、专利本质以及行业标准的性质产生误解。本文以《专利法》第 5 条为切入点，对相关专利授权的合法性、专利权的本质以及明胶专利授权与具体实施权的界限、行业标准的性质等问题进行了分析。

一、审查方案还是审查产品？——基于《专利法》第 5 条的审视

此次明胶专利事件所涉及的相关专利只有"用碎革皮生产药用明胶的工艺"以及"高铬明胶"曾经获得国家专利，目前已失效。有舆论质疑相关部门在专利审查方面存在审查不严的问题。从《专利法》第 5 条（也是这次质疑方主要的依据）以及我国的《专利审查指南 2010》相关规定来看，上述质疑是没有法律依据的。其主要原因在于把专利审查中的技术方案与实际产品混为一谈。

---

❶ 唐宝辉. 用碎革皮生产药用明胶的工艺：中国，98104622.3 [P].
❷ 张宏，张玉珂. "皮革食用明胶专利"不容轻描淡写 [J/OL]. [2012 – 05 – 08]. http：//opinion.people.com.cn/GB/17770175.html.

作为一种典型的知识产权，专利权的客体——发明创造具体体现为专利申请中的技术方案。判断一项专利申请能否获得授权，除了必须具备申请人合格、申请文件规范齐全等形式要件外，主要还是取决于其技术方案是否具备实质要件。和所谓"有毒专利"有关的实质性要件，主要是《专利法》第5条确立的"公序良俗"要件："对于违反法律、社会公德或者妨碍公共利益的发明创造，不授予专利权"。

《专利法》第5条的主要审查要素应当是发明创造的根本目的。此处违反不正当竞争法律的发明创造应当理解为：发明创造的目的本身就有违法律的规定。例如伪造国家货币、票据、公文的设备发明，这种设备就属于违反我国《刑法》规定的发明创造，是不能够被授予专利权的。这种违反法律、社会公德或者妨碍公共利益的"发明创造"与专利法的立法目的相左，不利于促进科学技术的进步、经济技术的发展。而前述两项发明的目的在于"提供一种高铬（三价铬）的食品或药品的添加剂""制造完全符合国际卫生标准要求的药用明胶产品"。上述发明的目的本身并未发现有违反国家法律规定的地方。因此，上述两项发明并不属于《专利法》第5条规定的"违反法律"。

社会公德，是指公众普遍认为是正当的、并被接受的伦理道德观念和行为准则。发明创造在客观上与社会公德相违背的，不能被授予专利权。例如：人与动物交配的方法等发明创造违反道德风俗，不能被授予专利权。妨害公共利益，是指发明创造的实施或使用会给公众或社会造成危害，或者会使国家和社会的正常秩序受到影响。但是如果发明创造在产生积极效果的同时存在某种缺点的，例如对人体有某种副作用的药品，则不能以"妨害公共利益"为理由拒绝授予专利权。例如：发明创造以致人伤残或损害财物为手段的、严重污染环境的。在考察上述两项发明专利是否有违社会公德或者妨碍公共利益时，也应当从发明创造的整体判断。主要基于技术方案本身及其目的加以考量，不能过多地运用道德来审判构思。

从上述分析来看，上述两项发明显然与社会公德无关。在社会公共利益方面，两项发明实际上是针对现有技术的弊端，第一项发明旨在提供更高含量的三价铬的添加剂，第二项发明针对现有技术无法对可能存在一定污染的皮革废料进行处理进而制作符合要求的明胶的问题，提出了解决方案，他们的目的和手段并不存在不符合社会公共利益的地方。

需要指出的是，《专利法》第5条所指的"法律"，并非泛指所有法律、法规、规章以及各种国家标准、行业规范，而是一个特指的概念。据我国《立法法》第7条的规定：全国人民代表大会和全国人民代表大会常务委员会行使国家立法权。全国人民代表大会制定和修改刑事、民事、国家机构和其他的基本法律。全国人民代表大会常务委员会制定和修改除应当由全国人民代表大会制定的法律以外的其他法律,"法律"特指由全国人大或其常委会颁布的法律文件。而前述报道提及的《国家标准－食品添加剂明胶》(GB 6783－94),颁布单位显然不是全国人民代表大会或其常委会,因此不属于《专利法》第5条所称的法律。根据《专利法》第5条的规定,专利审查并不需要直接予以考虑。

因此,如果该发明涉及的方案违背了行业标准,并不意味着违反了法律。在《专利法》第5条的语境下,如果说上述两项专利非要与该标准扯上关系,实际上需要通过对两项专利申请时有效力的《食品卫生法》(现已废止)来实现。

该法第11条规定:"生产经营和使用食品添加剂、必须符合食品添加剂使用卫生标准和卫生管理办法的规定;不符合卫生标准和卫生管理办法的食品添加剂,不得经营、使用。"《食品卫生法》虽然属于《专利法》第5条所称的法律,但其有关食品卫生的法令、国家标准和行业规范的规范对象是生产经营者的生产经营和使用行为。换言之,相关食品卫生法令、国家标准和行业规范是对企业生产经营的要求,而并非对添加剂甚至其技术方案本身的要求;是生产经营和使用食品添加剂的强制性规范,而并非对该食品添加剂方案是否违法的法律判断。

事实上,《专利法》第5条所针对的客体并不是实际的产品。在用《专利法》第5条考察发明是否应当授予专利时,如果发明涉及的产品的生产、销售和使用必须受到国家其他法律法规的限制或约束,并不意味着该发明也受其限制和约束。

发明实际上是一系列具有创造性和实用性的技术性构思,不能将其与物质世界中的实际专利产品混为一谈。实际产品的生产、销售行为的违法性,不会导致该技术方案不符合专利法的规定。《专利法实施细则》第10条明确规定:"专利法第五条所称违反法律的发明创造,不包括仅其实施为法律所禁止的发明创造。"《专利审查指南2010》进一步指出:"发明创造没有违反法律,但是由于其被滥用而违反法律的,则不属于第5条第1款规定的违反法律的发明创造之列"、"如果因为对发明创造的滥用而可能造成妨害公共利益的,则不能以'妨害公共利益'为理由拒绝授予专利权"。同时《专利审查指南2010》对于《专利法实施细则》的第10条规定作了进一步的说明:如果仅仅是发明创造的产品的生产、销售或使用受到法律的限制或约束,则该产品(方案)本身及其制造方法并不属于违反不正当竞争法律的发明创造。因此即使上述包含前述两项发明的产品的使用违反了法律,并不必然意味着该发明本身违反了法律。

综上可知,对于专利权的客体——技术方案的审查主要由国家知识产权局依据《专利法》《专利法实施细则》《专利审查指南2010》等文件作出合乎专利法立法目的的判断即可，而专利权的实施——具体专利产品的生产、销售还有赖于国家相关部门依据其他相关法律法规或者规章进行审查、许可、监督。各机关在产品层面和技术层面应当分清界限，各司其职。不能让专利审查制度承担了本不该自己承担的责任。这不仅不现实，也将可能使更多"天才之火"错失本该获得的"利益之油"，使专利制度无法充分发挥激励创新的目的。因此，应明晰技术方案与实际专利产品的界限，明确专利制度与其他相关法律制度的分工。唯此，才能作出有关明胶专利事件合乎理性的判断与审视。

二、是卫生标准还是管理制度——行业标准的性质辨析？

如前所述，专利技术获得授权并不意味着权利人可以自由地实施相关的专利技术。某些特殊的专利技术实施还需取得相关部门的许可，按照国家的标准实施。国家标准也并非专利法所称的"法律"，上述专利审查并无违法之处。那么退一步而言，国家标准能否作为某项专利实施后形成的专利产品是否有害的判断标准，专利审查是否必须参考国家相关标准、行业规范等文件，以避免审批出"有害""有毒"的专利？

解决此问题的关键，必须确定能否以专利产品是否符合国家相关标准、行业规范来判断某发明是否有害？下面就标准的制定目标来分析之。

《中华人民共和国标准化法》第6条规定："对需要在全国范围内统一的技术要求，应当制定国家标准。国家标准由国务院标准化行政主管部门制定。"可以看出，所谓的国家标准是一种对于工业生产标准的技术要求。第8条规定："制定标准应当有利于保障安全和人民的身体健康，保护消费者的利益，保护环境。"第9条规定："制定标准应当有利于合理利用国家资源，推广科学技术成果，提高经济效益，并符合使用要求，有利于产品的通用互换，做到技术上先进，经济上合理。"

在食品安全方面，食品安全标准是指对于食品生产、加工、流通和消费食品链的全过程中影响食品安全和质量的各种要素以及各关键环节进行控制和管理，经协商一致制定并有公认机构批准，共同使用和重复使用的一种规范性文件。

从标准的指定目标、过程和效果来看，显然国家标准并非仅以是否有害为标准来规定，而是兼顾到了行业惯例、产业需要甚至技术成果推广、节省成本、提高经济效益，是从国家行业发展、经济效益、科技进步的全方位考虑，而并非仅仅根据是否有害这一单一标准。

因此，不符合食品卫生国家标准的，并不能必然得出该专利产品有害这一结论。是否有害，是一个严谨的医学问题，而不是一个法律制度问题。即使是国家或者行业标准，也并不是判断某专利产品有害的唯一标准，而仅仅是参考依据。判断某项技术方案的某种参数值是否会使该专利产品达到有害、有毒的程度，需要国家相关卫生部门按照医学程序进行科学具体的认定，而不能仅依据国家标准。对于国家标准等这类行政法规，正如国家知识产权局所称，国家知识产权局在审查时予以重点考虑既可。❶ 相关报道显然混淆了国家或者行业标准作为具有法律制度调节和管理功能的规章，与对人体是否有害这一医学标准之间的界限。

三、消极权还是积极权——基于专利权本质的分析？

就目前的社会实践而言，专利正逐步成为一些企业宣传的口号与营销手段，各种载有专利相关标志的产品包装逐步映入消费者的眼帘。这些现象或多或少会给消费者造成一种错觉——似乎专利是一种质量认证。就目前社会公众对于明胶专利事件的反应来看，有的社会舆论认为"按照常人理解，能够获得专利权的技术，定然都是先进的、有益社会的。"从专利权本质而言，上述观点多是误解。

从本质而言，专利权是国家根据发明创造人或设计人的申请，以向社会公开发明创造或设计的内容，及发明创造或设计对社会具有符合法律规定的利益为前提，根据法定程序在一定期限内授予发明创造人的一种排他性权利。就我国的《专利法》以及《专利法实施细则》的规定而言，专利权则是在经过相应审查后赋予专利权人的专有权利。与著作权、商标权等知识产权一样，该权利实质上是一种消极的排他性权利，是专利法所赋予的、排除他人未经许可实施专利技术的消极排除权。

专利权人能够阻止他人实施其专利权，但并不一定能够直接实施其专利权。专利权人自己实施专利的权利是一项"自用权"，其本质是一项自然权利，其是否可以行使该项权利则要依据国家其他的法律、法规、规章等规范性文件作出正确的判断。因为专利权客体作为技术方案，技术本质上是中性的，在不同情形下的实施，可能产生正反截然不同的影响。其实施将受到专利法之外的更多法律、法规或者规章的约束。以国家知识产权局专利局曾经授予的"高铬明胶"专利为例，权利人获得专利局的授权之后，其所获的是排除他人未经许可实施此项专利技术的专有权利，有权禁止他人以此项技术制造相关产品的行为，但自己能否实施该项专利技术并不是专利法的约束范围。如上所述，权利人自己实施专利技

---

❶ 晓凡. 国家知识产权局：废皮革提食用明胶专利已失效 [J/OL]. [2012-06-01]. http://www.cnr.cn/gundong/201204/t20120426_ 509515845.shtml.

术的权利是一项自然权利,该项权利的行使虽不归专利法调整,但是仍然受到相关食品、医药监管部门以及相应法律法规的约束。根据我国《食品安全法》的规定❶,权利人若欲将此项技术商业化运作还要取得相关的许可证。

因此部分社会舆论认为的"专利是以国家的名义,对发明创造行为进行的认可""专利是一种质量认证"等观点都是一种对于专利权本质的误解。即使授予专利,也并不意味着国家对专利权人随意制造、使用或者销售该专利产品的行为予以认可,国家事实上是通过其他法律对上述行为进行规范和约束的。

四、结束语

综上可知,在看待明胶事件的问题时,应当严格区分专利制度与其他法律制度的分工和责任,让"上帝的归于上帝,凯撒的归于凯撒",才能在面对专利授权问题时,回归到专利制度本质的逻辑上来,从而做出正确的价值判断。纵览明胶专利事件始末,正是相关报道没有区分专利法与其他法律的分工,才导致对在专利业内视为常识的问题不断被放大,引起社会公众的严重误解和不安。而上述混淆发生在应当具有较高法律素养的记者群体中,也一定程度上反映了专利普法工作任重而道远。

---

❶ 《食品安全法》第29条:"国家对食品生产经营实行许可制度。从事食品生产、食品流通、餐饮服务,应当依法取得食品生产许可、食品流通许可、餐饮服务许可。"

现有技术抗辩研究
——基于专利侵权诉讼典型案例的实证分析

郝贵茹*

摘　要

　　被控侵权人通过现有技术抗辩证明自己的使用行为并不构成专利侵权，无须承担侵权责任。我国司法实践中涉及现有技术抗辩的案件屡见不鲜，但不同的法院在适用现有技术抗辩的态度不同。此问题的实质一方面在于我国现行立法未对相关问题加以明确；另一方面部分法院混淆了现有技术抗辩制度和无效宣告审查制度。现有技术抗辩应当属于事实抗辩中的权利障碍抗辩，应采用"相同或等同"标准作为现有技术的判断标准并建议采用与其相适应的判断方法。

关键词

　　专利侵权　现有技术抗辩　典型案例　实证分析

　　现有技术抗辩是指在专利侵权诉讼中，被控侵权人通过提出并且证明自己所使用的是同现有技术完全相同或不存在实质性差异的技术，而并不是通过行政手段否定专利本身的有效性，从而证明侵权不成立的一种抗辩形式。

---

* 华东政法大学2010级法律硕士（知识产权法方向）；本文改自其毕业论文，指导老师为尹腊梅。

一、现有技术抗辩实证分析

本文选取的有关专利侵权纠纷中的现有技术抗辩典型案例,时间跨度上从 2002~2011 年,审理法院包括最高人民法院、北京、上海、四川、湖南、河北、福建、江苏等省市的高级人民法院及上海、北京、山东青岛、湖南长沙、陕西西安等市的中级人民法院。本文所选取的案例,反映了现有技术抗辩在我国目前司法实践中存在的一些需要进一步研究和明确的问题。

(一)法院对现有技术抗辩适用逻辑顺序的不同态度

1. 优先适用现有技术抗辩,若抗辩不成立再进一步判断是否构成专利侵权

采用此种逻辑顺序的法院的通常做法是,首先进行现有技术抗辩的审查,若被告抗辩成立,则直接认定侵权不成立,不再对被控侵权技术是否构成专利侵权进行判定。典型案例为"宁波塞尔翔鹰金属制品有限公司与江苏苏豪国际集团股份有限公司侵害外观设计专利权纠纷案"。❶

但在司法实践中,个别法院在现有技术抗辩成立的基础上,仍然进一步审查专利侵权是否成立。典型的案例为"秦某某等与景津压滤机集团有限公司侵犯发明专利权纠纷案"。❷

2. 优先进行专利侵权判断,若侵权成立,再进一步审查现有技术抗辩

采用该逻辑顺序的法院所采用的通常做法是,优先判断被控侵权技术是否构成专利侵权(相同侵权或等同侵权)。若侵权成立,则进一步进行现有技术抗辩的审查,若侵权不成立,则直接驳回原告的诉讼请求。典型案例为"张某诉强生公司案",法院在判决中指出,"现有技术抗辩的成立,应当是以被控侵权方法与专利方法构成相同或等同为前提。❸ 但个别法院在认定侵权不成立的基础上,仍然进一步对现有技术抗辩是否成立进行审查,典型案例为"李发中与陈柳明等侵犯发明专利纠纷案"。❹

(二)法院对现有技术抗辩判断标准的不同态度

1. 相同或等同标准

具有代表性的案例为"鞍山北润智能润滑设备制造有限公司与王某某等专利侵权纠纷案",在该案中四川省高级人民法院在现有技术抗辩的比对中指出,

---

❶ (2011)沪高民三知终字第 94 号民事判决书。
❷ (2010)冀民三终字第 23 号民事判决书。
❸ (2005)一中民初字第 567 号民事判决书。
❹ (2011)冀民三终字第 48 号民事判决书。

"区别点 1 的存在本身已经使得本案专利（以及被控侵权产品）与作为现有技术的上述美国专利技术方案不相同，并且由于混合模块加分流阀的控流模式与在管线上分别并联给油控制器的控流模式在控流原理、手段、功能、效果上都具有实质性区别，因而二者也不属于等同的技术特征。"法院在判决中进一步明确该等同标准低于专利授权过程中的创造性标准，而是采用是否构成相同或近似作为判断标准。❶

2. 相同或新颖性标准

具有代表性的案件为"杭州赛诺菲安万特民生制药有限公司诉深圳海王药业有限公司、上海科院药房有限公司侵害发明专利权纠纷案"，上海市第一中级人民法院在判决中指出，"由于专利授权和宣告无效属于专利行政管理部门的职权，为了避免出现宣告专利无效程序与审理专利侵权程序中对现有技术是否破坏专利的新颖性和创造性的认定产生不一致的情况，人民法院审理专利侵权纠纷中对现有技术抗辩是否成立通常只限于现有技术是否破坏专利新颖性的认定，而不涉及是否破坏专利创造性的认定。"❷ 可见法院在此处采用的标准为新颖性标准。

3. 相同或创造性标准

在"首安工业消防有限公司诉西安通缘电子有限责任公司侵犯专利权纠纷一案"中，西安市中级人民法院在进行现有技术抗辩审查时，认为涉案专利同现有技术相比具有创造性，从而认定现有技术抗辩不成立。❸

4. "更接近"的标准

在"山东九阳小家电有限公司诉上海帅家电子科技有限公司等侵犯发明专利权纠纷案"中，二审法院认为，"所谓公知技术抗辩，是指被控侵权人所使用的技术和已知技术相同或者更接近于已知技术。从本案来看，上诉人产品所使用的技术与涉案专利技术完全相同，并非更接近于其所提交的对比文件中所载明的技术。"从而认定被告现有技术抗辩不成立。❹

（三）法院对现有技术抗辩判断方法的不同态度

1. 法院对现有技术的数量限定的不同态度

第一，现有技术只属于一个技术方案或设计，不应是两个以上的技术方案。典型案例为"湖南省立信建材实业有限公司与邱某某侵犯发明专利权纠纷上诉

---

❶ （2010）川民终字第 416 号民事判决书。
❷ （2006）沪一中民五初字第 379 号民事判决书。
❸ （2010）西民四初字第 127 号民事判决书。
❹ （2007）鲁民终字第 38 号民事判决书。

案"，该案中，被告提出两项在先专利作为现有技术抗辩的证据。湖南省高级人民法院在判决中明确指出，"现有技术抗辩只能属于一个技术方案或设计的技术特征的组合，而不应该是两个以上的技术方案。上诉人以两个以上的在先专利抗辩的上诉理由依法不能成立，本院不予支持。"❶

第二，现有技术只能作为一项单独的技术方案，或该领域普通技术人员认为是已有技术显而易见的简单组合，而不是两个以上的技术方案。典型案例为被选入知识产权指导案例的"日本株式会社诉北京仁和世纪科技有限公司、广州美视晶莹荧幕有限公司侵犯实用新型专利权利纠纷案"。❷

第三，现有技术应当限于一项现有技术方案，但是可以结合所属领域技术人员认为的公知技术常识。

第四，现有技术可以是两项或两项以上公知技术的组合。典型案例为"邱某某诉某某公司等侵犯发明专利权纠纷案。"❸

2. 法院对被控侵权技术与现有技术对比的过程中是否涉及涉案专利的不同态度

在现有技术抗辩的过程中，大多数法院采取的常用做法是将被控侵权技术同现有技术进行对比，例如在"宁波塞尔翔鹰金属制品有限公司与江苏苏豪国际集团股份有限公司侵害外观设计专利权纠纷案"中，上海市高级人民法院在判决中明确指出"在被告提出现有设计抗辩时，法院应当把被控侵权产品与现有设计进行对比，而非将现有设计与涉案专利进行比对。"❹

但一些法院在判断现有技术抗辩是否成立时，是将涉案专利与现有技术进行比对，以判断专利的新颖性和创造性，在此过程中通常会援引专利复审委员会对于现有技术是否破坏涉案专利的新颖性和创造性的结论。典型案例为"鞍山北润智能润滑设备制造有限公司与王某某等专利侵权纠纷案。"❺

（四）现有技术抗辩问题症结

1. 我国关于现有技术抗辩的立法不完善

我国现行立法涉及现有技术抗辩的规定主要包括《专利法》第 22 条第 5 款、第 62 条、《最高人民法院关于审理侵犯专利权纠纷案件应用法律若干问题的解释》（以下简称《司法解释》）的第 14 条第 1 款。

---

❶ （2011）湘高法民三终字第 36 号民事判决书。
❷ （2008）高民终字第 941 号民事判决书。
❸ （2010）长中民三初字第 0084 号民事判决书。
❹ （2011）沪高民三终字第 94 号民事判决书。
❺ （2010）川民终字第 416 号民事判决书。

其中，《专利法》第62条之规定："在专利侵权纠纷中，被控侵权人如果有证据证明其实施的技术或设计属于现有技术或现有设计的，不构成侵犯专利权。"第22条第5款规定："本法所称的现有技术，是指申请日前在国内外为公众所知的技术"。《司法解释》第14条第1款规定："被诉落入专利权保护范围的全部技术特征，与一项现有技术方案中的相应技术特征相同或无实质性差异，人民法院应当认定被诉侵权人实施的技术属于专利法第六十二条规定的现有技术。"

从我国现行立法对现有技术抗辩的规定来看，存在以下问题：

第一，现有技术抗辩的性质界定模糊。

从《专利法》第62条的规定来看"……实施的现有技术或者设计属于现有技术或者现有设计的，不侵犯专利权"的描述，倾向于将现有技术抗辩定性为一种"事实抗辩"，一旦认定抗辩成立，就可以作出不侵权的判决或决定，无须判断被控侵权技术或设计是否落入专利权保护范围。而《司法解释》更倾向于将现有技术抗辩视为一种"抗辩权"，只有在被控侵权技术落入涉案专利权利保护范围，才有现有技术抗辩的适用余地。

第二，在现有技术抗辩适用逻辑顺序上存在分歧。

《专利法》和《司法解释》在现有技术抗辩适用的逻辑顺序上存在较大的分歧。前者认为应先进行现有技术抗辩，即将被控侵权技术与现有技术进行比对，在抗辩成立的情况下，直接作出不侵权的判决或决定，而无论被控侵权技术是否落入涉案专利的保护范围。如果现有技术抗辩不成立，则需要进一步审查被控侵权技术是否侵犯了原告的专利权。❶ 后者规定现有技术抗辩的适用顺序为，先进行侵权与否的判断，即将被控侵权技术同涉案专利技术进行对比，在被控侵权技术落入涉案专利技术范围的前提下，再将被控侵权技术与现有技术进行比对。

第三，未对现有技术抗辩的判断标准予以明确。

《司法解释》第14条第1款中对现有技术抗辩的判断标准进行了相应的规定，即"与一项现有技术方案中的相应技术特征相同或无实质性差异"，但该规定未明确什么情况下构成"无实质性差异"，尽管最高人民法院民三庭的法官认为该条款中所称的"无实质性差异"，在实践中可参照等同标准进行掌握。❷ 但并未以立法的形式加以明确，导致理论界与司法实践中根据近似程度的不同要求采用"极为近似""新颖性""等同""创造性"等标准。

---

❶ 国家知识产权局条法司.《专利法》第三次修改导读[M]. 北京：知识产权出版社，2009：79.

❷ 孔祥俊，王永昌，李剑.《最高人民法院关于审理侵犯专利权纠纷案件应用法律若干问题的解释》适用的若干问题[J]. 电子知识产权，2010（2）：80.

第四，未对现有技术抗辩的判断方法予以明确。

判断方法和判断标准相适应。例如采用新颖性标准，就应当只限于一项现有技术进行整体比对；采用创造性标准应当将被控技术视为整体，同现有技术的组合进行比对；采用等同标准应当就具体技术特征同现有技术进行比对。因此由于现行立法并没有对判断标准加以明确，相应的对比方法便无法确定，造成司法实践中对比方法的混乱。

2. 部分法院混淆了现有技术抗辩制度和无效宣告审查

我国采用的是职权分开原则，法院和专利复审委员会各司其职。专利复审委员会的职责是对请求人提出的宣告涉案专利无效的请求进行审查，其判断的方法是将涉案专利与请求人提供的现有技术进行对比，判断该现有技术是否破坏涉案专利的新颖性和创造性，进而对涉案专利的有效性作出判断。而法院的职责是在被控侵权人提出现有技术抗辩时，通过判断被控侵权技术与被告提供的现有技术证据相比是否存在"实质性差异"，从而得出现有技术抗辩是否成立的结论。因此，专利无效宣告和现有技术抗辩是两个完全独立的过程，并且二者在判断方法和标准上存在一定的差异。但在司法实践中一些法院混淆了二者的差异，在适用现有技术抗辩时以现有技术不能破坏涉案专利的新颖性、创造性为由，认定现有技术抗辩不成立。

二、现有技术抗辩相关问题的争议与思考

司法实践中所反映出来的典型问题之间具有内在的逻辑关系。具体而言，现有技术抗辩适用逻辑顺序的不同反映了对现有技术抗辩性质的不同认识。而现有技术抗辩制度作为一种利益平衡手段，又决定了如何选用适当的判断标准来实现这种利益平衡。而判断方法和判断标准相适应，采用什么样的判断标准，就应当对应地采用什么样的判断方法。笔者接下来将以该逻辑关系为主线，对目前理论研究中存在的不同观点加以归纳和辨析，并就相关问题提出自己的观点和意见，以期为完善我国关于现有技术抗辩的现行立法提供参考。

（一）现有技术抗辩的性质及其适用的逻辑顺序

正如笔者在前文所述，现有技术抗辩的性质决定了其适用的逻辑顺序。具体而言，若将现有技术抗辩视为一种"事实抗辩"，则应当采用"现有技术抗辩优先原则"，即一旦认定现有技术抗辩成立，就可以作出不侵权的判决或者决定，无须进一步判断被控侵权技术或设计是否落入专利权保护范围；将其视为一种"抗辩权"，则应当采用"侵权判断优先原则"，只有在被控侵权技术落入涉案专

利权利保护范围的情况下,才有现有技术抗辩的适用余地。因此,要实现司法实践中适用现有技术抗辩逻辑顺序的统一,首先应当对现有技术抗辩的性质予以明确。

1. 现有技术抗辩的性质辨析

通常情况的专利侵权判定可以分为两步,首先是确定专利权的保护范围,然后再与被控侵权物比对。对于被控侵权物来讲,如果其落入了专利保护范围内,且不属于法律规定的例外情况,就构成了侵犯专利权,对于被控侵权人来说,要证明其不构成专利侵权,有两个途径:一是证明被控侵权物未落入专利保护范围内,这种抗辩在专利理论中称作"不侵权抗辩"("事实抗辩");二是证明虽然被控侵权物落入了专利保护范围之内,但因属于法律规定的例外情况,而不视为侵犯专利权。这种抗辩在专利法理论中称作"侵权例外抗辩"("权利抗辩")。❶

关于现有技术抗辩究竟属于"不侵权抗辩"还是"侵权例外抗辩",目前理论界存在不同的认识。对此,笔者认为应当从以下几个方面加以辨析。

第一,从现有技术抗辩的法律本源出发。现有技术抗辩的法律基础可以从不同角度进行阐述。一些学者从民法的基本理论出发,认为现有技术抗辩制度的来源是《宪法》第51条❷和《民法通则》第4条和第5条的相关规定,❸具体到《专利法》是第22条第1款和第23条❹的相关规定。从专利授权等实务角度出发可以将现有技术抗辩的法律基础概括为"授权纠正""瑕疵专利纠正"。❺ 无论从哪个角度出发对现有技术抗辩的本源加以分析都体现了专利制度的利益平衡原则,即防止专利权的不正当扩张,实现公众和个人之间的权利利益平衡。可见实施现有技术是法律赋予公民和法人的合法民事权益,具有相对独立性。因此,将现有技术抗辩定性为一种"事实抗辩"更符合立法目的,即表明现有技术抗辩可以单独存在,无需以落入原告专利保护范围为前提。

第二,从抗辩制度本身进行辨析。抗辩分为实体上的抗辩和程序上的抗辩,实体上的抗辩又有事实抗辩和权利抗辩之分。其中,事实抗辩根据抗辩结果的不

---

❶ 孙海龙、姚建军. 现有技术抗辩的法律性质初探——兼谈对《专利法》第62条的理解[J]. 中国专利与商标,2009(3):53-54.

❷ 尹新天. 专利权的保护[M]. 2版. 北京:知识产权出版社,2005:486.

❸ 雷立康. 论自由公知技术抗辩在专利侵权诉讼中的运用[J]. 科技情报开发与经济,2007(35).

❹ 朱旭云. 也谈现有技术抗辩的适用——从现有技术抗辩法律制度本源出发[J]. 知识产权,2011(7):28.

❺ 尹新天. 专利权的保护[M]. 北京:专利文献出版社,1998:372.

同又可以分为权利障碍抗辩和权利消灭抗辩。而权利抗辩则与抗辩权互为表里❶。程序上的抗辩包括妨诉抗辩和证据抗辩。现有技术抗辩着眼于实体法上的法律效果，因此属于实体上的抗辩。

正如前文所述，实体抗辩包括权利障碍抗辩、权利消灭抗辩以阻止及抗辩。其中的权利障碍抗辩，即主张对方的请求权，因一定的事由，自始不发生。权利消灭抗辩，即主张对方的请求权虽曾一度发生，但其后因一定的事由，已归于消灭。抗辩权指义务人就相对人行使的请求权，可以拒绝给付的权利。❷ 通常专利侵权判断中的"不侵权抗辩"是行为人以其实施的技术未落入原告专利权的保护范围为由，主张原告请求权自始不存在，因此属于"事实抗辩"。而"侵权例外抗辩"则是在行为人实施的技术已经落入原告专利权的保护范围的情况下，根据法定的抗辩是由，阻碍原告请求权的实现，因此属于"权利抗辩"（"抗辩权"）。

可见，专利理论中的"抗辩权"必须以有效的请求权为基础，即以被控侵权技术落入原告的专利权保护范围为前提。但《专利法》的实质含义是只要行为人能够证明其实施的是现有技术，就不侵犯专利权，只有在抗辩不成立的情况下才进一步判断被控侵权技术是否落入原告专利权保护范围。因此，在现有技术抗辩适用时，原告根本不存在有效请求权，自然不存在现有技术抗辩属于"抗辩权"一说，另外既然原告请求权自始不存在，则也不存在"权利消灭抗辩"一说，因此将现有技术抗辩定性为事实抗辩中的"权利障碍抗辩"更为准确。

第三，从《专利法》立法体系进行辨析。我国《专利法》第 11 条规定："发明和实用新型被授予专利权后，除本法另有规定外，任何单位或者个人未经专利权人许可，不得实施其专利……"，这里所说的"本法另有规定的"，是指现行《专利法》第 69 条规定的"不视为侵犯专利权"的五种情形。这里所规定的即是专利侵权中的"抗辩权"。即如果被控侵权技术落入原告专利的保护范围，被控侵权人可以根据该条款主张原告请求权不能实现。因此从立法体系角度分析，如果将现有技术抗辩视为一种"侵权例外抗辩"（或"抗辩权"）的话，应当将其作为第六种情形并入第 69 条，立法者之所以将其作为一项单独的条款加以规定，目的就在于同第 69 条的五种侵权例外情况加以区分，因此将其视为"不侵权抗辩"（或"事实抗辩"）更符合立法目的。

---

❶ 柳经纬，尹腊梅．民法上的抗辩与抗辩权［J］．厦门大学学报，2007（2）：91．

❷ 王泽鉴．法律思维与民法实例［M］．北京：中国政法大学出版社，2001：172；梁慧星．民法总论［M］．北京：法律出版社，2007：75．

2. 现有技术抗辩适用的逻辑顺序辨析

既然现有技术抗辩的性质为权利障碍抗辩，那么在被控侵权人主张现有技术抗辩时应当优先进行现有技术抗辩的审查。大部分学者对此表示赞同，认为公知技术抗辩是与专利保护范围的解释无关。❶ 但一些持反对意见的学者认为该适用顺序有悖正常的纠纷处理原则，不符合抗辩的应有之意，并且可能会偏离专利侵权纠纷处理的中心，变相剥夺了权利人的辩论权。❷

对此，笔者认为，采用现有技术抗辩优先原则，并不意味着对涉案专利置之不理。涉案专利在整个过程中具有重要的作用。主要表现在，确定现有技术范围以及将被控侵权技术和现有技术进行比对时，涉案专利可以作为一个参考标准。

（二）现有技术抗辩的判断标准与判断方法

所谓现有技术抗辩的判断标准，指的是被控侵权技术与现有技术相比满足什么条件时即可认定现有技术抗辩成立。判断方法是指具体操作过程的方式，包括将被控侵权技术与一项还是两项以上的现有技术进行对比、被控侵权技术是作为整体进行比对还是就其部分技术特征与现有技术进行比对等。

1. 理论界对于现有技术抗辩的判断标准与判断方法的不同认识

现有技术抗辩的判断标准，学术界和理论界存在许多不同的观点。概括起来主要有"相同或十分近似（极为近似或明显近似）标准""是否更接近标准""新颖性或创造性标准""新颖性（明显无创造性）标准""创造性标准""等同标准"。

对于现有技术抗辩在具体操作过程中所采用的方式，即被控侵权技术是与一项还是两项以上的现有技术对比、是整体比对还是就相应技术特征进行对比，理论界主要有下列三种不同的观点：第一，被控侵权人只能援引一项现有技术，而不能将两项或者更多项现有技术组合起来进行公知技术抗辩；❸ 第二，现有技术只能是一项单独的技术方案，或者该领域普通技术人员认为是与已有技术或公知常识的显而易见的简单组合；第三，被控侵权人可以将几项公知技术的组合作为公知技术抗辩。

2. 现有技术抗辩的判断标准与判断方法辨析

笔者认为要明确现有技术抗辩的判断标准及判断方法，首先要明确"极为近

---

❶ 杨志敏. 专利侵权诉讼中"公知技术抗辩"适用之探讨——中、德、日三国判例、学说的比较研究 [C] //国家知识产权局条法司. 专利法研究2003. 北京：知识产权出版社，2004：95.

❷ 翟文峰，张炳生. 现有技术抗辩的抗辩模式与对比对象 [J]. 北京理工大学学报（社会科学版），2011（2）：106.

❸ 尹新天. 专利权的保护 [M]. 2版. 北京：知识产权出版社，2005：494.

似""新颖性""创造性""等同"这几个概念的含义。"极为近似"这个概念具有较强的主观性，实际操作中很难把握，笔者认为不宜将其作为判断标准。"新颖性""创造性""等同"这三个概念在我国立法中均有明确规定。通过对"新颖性""创造性""等同"的相关法律规定的分析，笔者得出以下结论：

第一，新颖性和创造性判断与等同判断的职权部门并不相同，前者是国家知识产权局以及专利复审委员会，后者是法院或管理专利工作的部门机关。前者在操作过程中的主要依据是《专利审查指南2010》，后者的主要依据是《专利法》及相关司法解释。

第二，判断标准决定判断方法。新颖性的判断方法为单独比对，即所能援引的技术方案或设计只能为一个，亦即对于不属于一个技术方案或涉及的其他特征的组合，不予支持；创造性的判断方法为把一项或几项现有技术中不同技术内容进行组合作为判断标准，并且将待判断的技术方案作为一个整体，从而对其是否具有实质性特点和进步作出判断。而等同的判断方法将对应的技术特征进行比较，并从手段、功能、效果三个方面评价两者之间是否相同，并且这种相同对于本领域的普通技术人员来说是否是显而易见的。并不对现有技术的数量加以限制。

第三，创造性的判断标准要高于等同标准。创造性要求发明或者实用新型技术具有实质性特点和进步，即同现有技术相比是非显而易见的，并且能够产生有益的技术效果。而等同标准只要求具有非显而易见的区别。

3. 笔者对现有技术抗辩判断标准及判断方法的观点及建议

综上所述，笔者赞同在现有技术抗辩时采用"相同或等同标准"。这里所指的"相同"与专利侵权判定中"相同侵权"的含义一致，"等同标准"与专利侵权判定中"等同原则"的适用要求一致，就是将被控侵权技术与现有技术两者的技术特征进行比较，并从手段、功能、效果三个方面评价两者之间是否相同，并且这种相同对于本领域的普通技术人员来说是否是显而易见的。至于是仅限于一项现有技术或一项现有技术与已有技术的显而易见的组合，还是两个以上现有技术的组合并不最终影响是否构成等同的认定，只要把握住没有经过创造性劳动且是显而易见的简单组合即可，因此没有必要对此附加限制条件。理由可以概述为：

第一，我国采用的是职权分开原则。审查专利有效性是国家知识产权局专利授权部门的职权范围，法院不能涉及，《专利审查指南2010》为其判断新颖性和创造性提供了详细的指导性依据。而专利侵权判断属于法院的职权范围，《专利法》及相关司法解释明确界定了等同原则及适用方法，并且法院在判断是否构成等同侵权方面具有丰富的实务经验。允许法院在适用现有技术抗辩时同样采用等同标准，有利于提高司法效率，促进司法统一。

第二，从现有技术抗辩的制度本源出发，其体现了专利制度的利益平衡原则，防止了专利权的不正当扩张，促进公众和个人之间的权利利益平衡的实现。《专利法》赋予专利权人在相同和等同范围的权利保护，其中等同原则扩大了专利保护范围。而现有技术抗辩的制度价值就在于赋予公众与专利权人同样范围的权利保护，因此应当允许公众在相同和等同范围内对现有技术自由使用。这是现有技术抗辩制度本质的应有之意。

三、专利侵权纠纷中现有技术抗辩之制度优化

（一）明确现有技术抗辩的性质及适用的逻辑顺序

鉴于《专利法》和《司法解释》在现有技术抗辩的性质及适用顺序上的分歧，笔者建议通过立法的方式对其性质及顺序加以明确。笔者建议将现有技术抗辩明确界定为一种"权利障碍抗辩"。并且在《司法解释》中增加一条相关规定明确现有技术抗辩的适用顺序。具体表述可以参考《〈专利法〉第三次修改导读》中的有关规定，即"在被控侵权人提出现有技术抗辩的主张并举证有关证据的情况下，受案法院或者管理专利工作的部门机关应当首先判断抗辩能否成立。一旦认定抗辩成立，就可作出不侵权的判决或决定，无需进一步对被控侵权技术或者设计是否落入专利权保护范围进行判断。只有在抗辩不成立的情况下，才需要继续对被控侵权技术或设计是否落入专利权的保护范围进行判断。"

（二）明确现有技术抗辩的判断标准及判断方法

由于《司法解释》第14条第1款中"实质性差异"的描述不够具体明确，因此笔者建议将其明确表述为"相同或者等同"。具体可以表述为："被控侵权技术的全部技术特征，与现有技术方案中的相应技术特征相同或者等同的，人民法院应当认定被诉侵权人实施的技术属于《专利法》第62条规定的现有技术。"同时明确"等同标准"与专利侵权判定中"等同原则"的适用要求一致，就是将被控侵权技术与现有技术两者的技术特征进行比较，并从手段、功能、效果三个方面评价两者之间是否相同，并且这种相同对于本领域的普通技术人员来说是否是显而易见的。至于是仅限于一项现有技术或一项现有技术与已有技术的显而易见的组合，还是两项以上现有技术的组合并不最终影响是否构成等同的认定，只要把握住没有经过创造性劳动且是显而易见的简单组合即可，因此没有必要对此附加限制条件。

中美专利侵权实际损失赔偿比较研究

刘 晓[*]

摘 要

如何在专利侵权案件中准确地确定损害赔偿的数额是困扰我国法官和当事人的一个难题。本文通过比较研究中美两国专利侵权实际损失赔偿的理论和方法,希望能对我国法院的司法实践有所助益。

关键词

专利侵权 损害赔偿损失

一、我国专利侵权实际损失赔偿的现状和问题

(一)我国专利侵权损害赔偿的计算方法与填平原则的关系

我国《专利法》第 65 条规定了 4 种损害赔偿的计算方法,分别依据权利人实际损失、侵权人获利、许可费的合理倍数以及法定赔偿金来计算赔偿数额。[❶]

---

[*] 华东政法大学 2009 级知识产权专业硕士研究生;本文改自其毕业论文,指导老师为王迁教授。

[❶]《中华人民共和国专利法》(2008 年 12 月 27 日修正)第 65 条规定:"侵犯专利权的赔偿数额按照权利人因被侵权所受到的实际损失确定;实际损失难以确定的,可以按照侵权人因侵权所获得的利益确定。权利人的损失或者侵权人获得的利益难以确定的,参照该专利许可使用费的倍数合理确定。赔偿数额还应当包括权利人为制止侵权行为所支付的合理开支。权利人的损失、侵权人获得的利益和专利许可使用费均难以确定的,人民法院可以根据专利权的类型、侵权行为的性质和情节等因素,确定给予 1 万元以上 100 万元以下的赔偿。"

我国学者普遍认为，我国专利侵权损害赔偿采用的是填平原则（也称补偿性原则或全额赔偿原则），即侵权赔偿制度的功能在于补救权利人因被侵权所受到的损失，而不在于惩罚侵权人，因此应采用损失多少就赔偿多少的补偿性原则。❶ 因此，有必要分析一下《专利法》第65条规定的4种损害赔偿的计算方法是否以及在多大程度上遵循了填平原则。

第一种计算损害赔偿的方法是"按照权利人因被侵权所受到的实际损失确定"。从上文填平原则的含义来看，损害赔偿所要赔偿的就是权利人因被侵权所受到的实际损失，以达到填平的目的。因此，根据权利人实际损失确定损害赔偿金，完全满足了填平原则的要求。

第二种计算损害赔偿的方法是"按照侵权人因侵权所获得的利益确定"。我国学者对侵权人获利赔偿的法理基础众说纷纭，有"推定为权利人实际损失说"❷"不当得利说"❸ 以及"利益混合体说"❹ 等不同观点。在德国和我国台湾地区，学者认为侵权人获利赔偿的法理基础是"不法无因管理"。❺ 因此，将侵权人获利作为损害赔偿的计算方法之一，或是为了便于计算，或是为了返还不当得利，或是基于无因管理理论，都与填平原则无关。

第三种计算损害赔偿的方法是"参照该专利许可使用费的倍数合理确定"。我国学者认为这也是填平原则的体现，之所以规定要根据合理许可费的"倍数"合理确定，就是要尽可能地符合填平原则。❻ 当然，许可费的合理倍数很多时候不能精确反映权利人的实际损失，只能大致满足填平原则的要求，尽可能地弥补权利人的实际损失。

第四种计算损害赔偿的方法是"根据专利权的类型、侵权行为的性质和情节等因素，确定给予1万元以上100万元以下的赔偿"，被称为法定赔偿金。尽管我国学者认为法定赔偿金是在符合填平原则的前提下，对该原则的具体变通适用，❼ 但法定赔偿金的数额具有很大的不确定性，没有科学的方法来计算确切的数额，无法得知是否填平了权利人的损失。而且法定赔偿金的最高上限为100万

---

❶ 尹新天. 中国专利法详解 [M]. 北京：知识产权出版社，2011：730.
❷ 尹新天. 中国专利法详解 [M]. 北京：知识产权出版社，2011：734.
❸ 程永顺. 中国专利诉讼 [M]. 北京：知识产权出版社，2005：291.
❹ 冯晓青. 专利侵权专题判解与学理研究 [M]. 北京：中国大百科全书出版社，2010：103.
❺ 张容绮. 专利侵害损害赔偿制度之检讨与重构——以美国法作为比较基准 [D]. 台湾：世新大学法学院，2005：89.
❻ 尹新天. 中国专利法详解 [M]. 北京：知识产权出版社，2011：736.
❼ 冯晓青. 专利侵权专题判解与学理研究 [M]. 北京：中国大百科全书出版社，2010：103.

元,在权利人的损失超过100万元的情况下,难以填平权利人的实际损失。正因为如此,法定赔偿金是确定专利侵权损害赔偿金时最后适用的计算方法,其突出作用是对侵权人施加必要的法律震慑力,❶ 但并不能满足填平原则的要求。

由此可知,在确定损害赔偿的数额时,根据权利人实际损失最能满足填平原则的要求,根据许可费的合理倍数只能大致满足填平原则的要求,而根据法定赔偿金则无法满足填平原则的要求。至于侵权人获利,其法理基础并非填平原则,而是不当得利或无因管理制度。因此,在确定损害赔偿的数额时,应该尽可能地根据权利人实际损失计算,这样才能充分实现损害赔偿制度"填平损失"的宗旨。基于这一认识,本文将重点研究专利侵权中的权利人实际损失赔偿。

(二) 我国专利侵权实际损失赔偿的司法实践现状和不足

为了了解我国专利侵权实际损失赔偿的司法实践现状,笔者对北大法律信息网上公布的我国法院最近3年(2009~2011年)的专利侵权案件判决书进行了抽样调查。在选择抽样调查的样本时,根据国家统计局对我国经济区域的划分,在东部、中部、西部和东北四大地区中各选择一个省作为样本。东部地区选择我国审判水平最高的北京,其他地区则选择网上公布专利侵权案件判决书最多的省,中部地区选择湖南,西部地区选择重庆,东北地区选择黑龙江。逐一阅读每份判决书,找出其中判决损害赔偿的案件,然后记录法院使用的损害赔偿计算方法。抽样调查的结果显示,我国法院在最近3年(2009~2011年)判决的专利侵权案件中,只有1%的判决根据"权利人实际损失"计算损害赔偿的数额,如图1所示。

在本文选择的样本中,只有一个案件是根据专利权人实际损失来确定损害赔偿的数额,即"北京英特莱摩根热陶瓷纺织有限公司诉北京德源快捷门窗厂"案。在该案中,原告拥有"防火隔热卷帘用耐火纤维复合卷帘及其应用"的发明专利权,被告生产的防火卷帘被用于第七届中国花卉博览会主会场的四个展馆中,侵犯了原告的专利权。

对于损害赔偿的数额,原告提交了其承建北京市科航大厦防火卷帘及挡烟垂壁供应及安装工程项目利润的专项审计报告,显示该项目的单位利润为180.9元/平方米;原告还提交了第七届中国花卉博览会主场馆3#馆各层消防平面图,显示3#馆防火卷帘的工程量为3261.71平方米(判决书并未说明1#馆、2#馆、4#馆防火卷帘的工程量),据此,原告请求被告赔偿150万元。法院认为:

---

❶ 尹新天. 中国专利法详解[M]. 北京:知识产权出版社,2011:737.

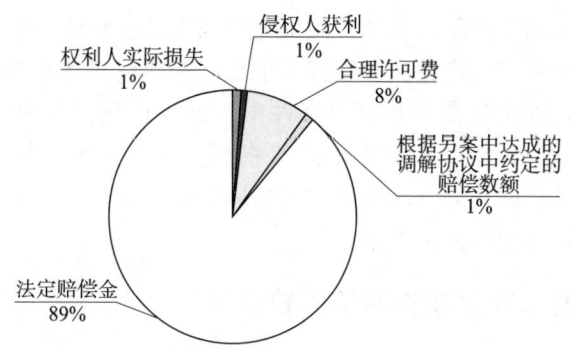

图1 我国法院采用的损害赔偿计算方法（2009~2011年）

"原告以其相关工程的单位利润及涉案第七届中国花卉博览会防火卷帘的工程量为基础，所提出的赔偿请求数额具有事实和法律依据，本院予以支持。"据此判决被告赔偿原告经济损失150万元。❶

虽然法院并未明确指出，但从法院的表述可以看出，法院使用了权利人实际损失计算赔偿数额，其计算公式为：

损害赔偿金＝权利人实际损失＝侵权产品的工程量×专利权人在其他项目中的单位利润。

法院采用的这一计算方法是2001年《最高人民法院关于审理专利纠纷案件适用法律问题的若干规定》第20条明确规定的：权利人因被侵权所受到的损失＝专利权人的专利产品因侵权所造成销售量减少的总数×每件专利产品的合理利润。若权利人销售量减少的总数难以确定的，权利人因被侵权所受到的损失＝侵权产品在市场上销售的总数×每件专利产品的合理利润。❷ 本案就属于后一种情况。❸

但是，这种计算方法的问题在于，"侵权产品在市场上销售的总数"并不一定等于"权利人销售量减少的总数"，因为专利权人未必能够获得侵权产品的全部销量。例如，如果市场上还有其他同类竞争产品，则即便没有侵权产品，原先购买侵权产品的那些消费者也不会全部转而购买专利产品，很可能会有一部分消

---

❶ （2009）二中民初字第08543号民事判决书。

❷ 《最高人民法院关于审理专利纠纷案件适用法律问题的若干规定》法释（2001）第21号第20条第2款、第3款规定："权利人因被侵权所受到的损失可以根据专利权人的专利产品因侵权所造成销售量减少的总数乘以每件专利产品的合理利润所得之积计算。权利人销售量减少的总数难以确定的，侵权产品在市场上销售的总数乘以每件专利产品的合理利润所得之积可以视为权利人因被侵权所受到的损失。"

❸ （2006）一中民初字第8857号民事判决书。

费者转而购买其他同类产品；又如，如果专利权人没有相应的生产能力或者销售能力，那么即便没有侵权产品，专利权人也无法获得侵权产品的销量。

综上所述，我国法院在专利侵权案件中，极少根据"权利人实际损失"计算损害赔偿的数额。即便个别案件根据"权利人实际损失"计算损害赔偿的数额，我国法院也没有确立完善的因果关系检验方法，所采用的方法无法反映侵权行为与权利人损失之间的因果关系。

二、中美专利侵权实际损失赔偿比较研究

美国法院通过判例发展出了一整套计算专利侵权实际损失赔偿的理论和方法，不论是因果关系的检验还是量化的方法，都确有可取之处，被推广到了著作权、商标、商业秘密领域。❶ 因此，下文将从基本原则、因果关系检验及量化方法三个方面，比较中国和美国在专利侵权实际损失赔偿上的差异。

（一）比较中美专利侵权损害赔偿的基本原则

美国专利法第284条针对专利侵权损害赔偿，规定："在发现支持请求人请求的事实后，法院应给予请求人充分补偿侵权的损害赔偿金（damages），但无论如何不能少于侵权人使用该专利应支付的合理许可费，加上法院确定的利息及成本。"❷ 美国联邦最高法院在对专利法第284条进行解释时认为："损害赔偿金（damages）被本院定义为他（专利权人）因侵权所遭受的经济损失的补偿，无须考虑被告因其违法行为是获利还是损失的问题。"❸ 由此可知，美国法院在根据专利法第284条确定损害赔偿金时所遵循的基本原则也是"填平原则"，❹ 与我国相同。

美国专利法第284条规定了2种计算损害赔偿金的方法，一种是根据专利权人实际损失，另一种是根据合理许可费。美国联邦巡回上诉法院认为："如果能够确定专利权人的实际损失，即专利权人因侵权行为所失去的利润，由此计算出的损害赔偿金精确地反映了专利权人的损失。如果专利权人的实际损失不能确

---

❶ See Richard B. Troxel, William Owen Kerr, Calculating Intellectual Property Damages, Thomson West, 2007, p. 294; Douglas G. Smith, Application of Patent Law Damages Analysis to Trade Secret Misappropriation Claims, Seattle University Law Review, Spring, 2002, pp. 821 – 867.

❷ 35 U. S. C. § 284.

❸ Aro Mfg. Co. v. Convertible Top Replacement Co., 377 U. S. 476, 507 (1964).

❹ See Donald S. Chisum, Chisum on Patents: A treatise on the Law of Patentability, Validity and Infringement, Matthew Bender & Company, Inc., Vol. 7, 2002, p. 20 – 66.

定，则必须确定合理许可费。"❶ 由此可知，美国法院同样认为，根据专利权人实际损失确定损害赔偿金完全满足填平原则的要求，也与我国相同。

（二）比较中美对专利侵权实际损失赔偿的因果关系检验

在美国，为了获得实际损失赔偿，专利权人必须证明侵权行为与他的实际损失之间具有事实因果关系和法律因果关系。我国则只要求侵权行为与实际损失之间具有事实因果关系。

1. 事实因果关系检验

在检验侵权行为与专利权人的实际损失之间的事实因果关系时，美国法院采用"若无"因果关系检验，即专利权人必须证明如果没有侵权行为，他本可以获得的额外利润。❷ 这一"本可以获得的额外利润"就是侵权行为导致的专利权人的所失利润，也即专利权人的实际损失。该证明只要求达到合理的程度即可。❸ 所失利润可能是由于销量转移、价格下降或费用增加造成的，❹ 但大部分案件是根据销量转移来计算所失利润，即专利权人本可以获得侵权人销量中的全部或部分。❺

在证明"若无"因果关系时，美国法院通常使用泛达检验（Panduit test）。❻ 首先专利权人须证明专利权人的产品与侵权人的产品是同一市场上相互竞争的替代品，❼ 然后专利权人须证明：（1）市场对专利权人的产品有需求；（2）侵权人在侵权期间不能获得可接受的非侵权替代品；如果侵权人以外的其他竞争者能获得可接受的非侵权替代品，则专利权人须证明他在相关市场中的市场份额；❽ （3）专利权人有充分的制造和销售能力来满足市场对专利权人产品的需求。❾

---

❶ Hanson v. Alpine Valley Ski Area, Inc., 718 F. 2d 1075, 1078 (Fed. Cir. 1983).
❷ King Instruments Corp. v. Perego, 65 F. 3d 941, 952 (Fed. Cir. 1995).
❸ Lam, Inc. v. Johns–Manville Corp., 718 F. 2d 1056, 1065 (Fed. Cir. 1983).
❹ Lam, Inc. v. Johns–Manville Corp., 718 F. 2d 1056, 1065 (Fed. Cir. 1983).
❺ See Donald S. Chisum, Chisum on Patents: A treatise on the Law of Patentability, Validity and Infringement, Matthew Bender & Company, Inc., Vol. 7, 2002, p. 20 – 67.
❻ Rite–Hite Corp. v. Kelley Co., Inc., 56 F. 3d 1538, 1545 (Fed. Cir. 1995); BIC Leisure Products, Inc. v. Windsurfing Intern., Inc., 1 F. 3d 1214, 1218 (Fed. Cir. 1993); State Industries, Inc. v. Mor–Flo Industries, Inc., 833 F. 2d 1573, 1577 (Fed. Cir. 1989); Bio–Rad Laboratories, Inc. v. Nicolet Instrument Corp., 739 F. 2d 604, 616 (Fed. Cir. 1984); Panduit Corp. v. Stahlin Bros. Fibre Works, Inc., 575 F. 2d 1152, 1156 (6th Cir. 1978).
❼ BIC Leisure Products, Inc. v. Windsurfing Intern., Inc., 1 F. 3d 1214, 1218 (Fed. Cir. 1993).
❽ State Industries, Inc. v. Mor–Flo Industries, Inc., 833 F. 2d 1573, 1578 – 1579 (Fed. Cir. 1989).
❾ Panduit Corp. v. Stahlin Bros. Fibre Works, Inc., 575 F. 2d 1152, 1156 (6th Cir. 1978).

如前文所述，我国法院在检验专利侵权实际损失赔偿的事实因果关系时，直接用侵权产品的销量代表专利产品因侵权减少的销量。❶ 但是，比较美国法院采用的事实因果关系检验可以看出，我国法院的做法在逻辑上并不严密。因为若要用侵权产品的销量代表专利产品因侵权减少的销量，必须证明在没有侵权行为的情况下，专利权人能够获得侵权产品的销量。

对此，美国法院通过泛达检验的1个前提和3个要件，环环相扣地证明了在没有侵权的情况下，专利权人本可以获得侵权产品的历史销量的合理可能性。

首先，泛达检验的前提是专利权人的产品与侵权产品必须是同一市场上相互竞争的替代品，确保了侵权产品的历史消费者有可能转而购买专利权人的产品。

其次，泛达检验的要件1证明了在没有侵权的情况下，市场对专利权人的产品有需求。

再次，泛达检验的要件2证明了这种需求不会被其他非侵权替代品全部满足，侵权产品的历史消费者会全部或部分转而购买专利产品。一种情况是，侵权期间不存在专利产品的可接受的非侵权替代品，此时侵权产品的历史消费者会全部转而购买专利产品。另一种情况是，侵权人在侵权期间不能获得可接受的非侵权替代品，但其他竞争者能获得可接受的非侵权替代品，则在没有侵权的情况下，侵权产品的历史消费者既可能选择专利权人的专利产品，也可能选择其他竞争者的非侵权替代品。此时应采用市场份额法，即在现实世界中的市场份额的基础上，排除所有侵权人的销量后，得到专利权人在没有侵权的情况下的市场份额，则专利权人可以在没有侵权的情况下依照这一市场份额获得侵权人历史销量的相应份额。❷ 例如，假设某种产品在市场上的竞争者包括专利权人、侵权人和3家其他公司，其各自的历史销售额及市场份额如表1所列：

表1 专利权人、侵权人和3家竞争者的历史销售额和市场份额

市场竞争者	历史销售额/万元	市场份额/%
侵权人	25	9%
专利权人	115	42%

---

❶ 《最高人民法院关于审理专利纠纷案件适用法律问题的若干规定》第20条；(2009) 二中民初字第08543号民事判决书；(2006) 一中民初字第8857号民事判决书。

❷ State Industries, Inc. v. Mor-Flo Industries, Inc., 833 F. 2d 1573, 1578-1579 (Fed. Cir. 1989).

续表

市场竞争者 \ 历史销售额和市场份额	历史销售额/万元	市场份额/%
竞争者1	10	4%
竞争者2	10	4%
竞争者3	115	42%
总计	275	100%

在现实世界中，专利权人的市场份额是42%（115万元÷275万元），而在没有侵权的情况下，要扣除侵权人的销量，因此专利权人的市场份额是46%（115万元÷250万元），根据市场份额法，专利权人可以获得侵权人销量的46%，即11.5万元（25万元×46%）。❶

最后，泛达检验的要件3证明了专利权人有足够的制造能力和销售能力，在他已经实际制造并销售的产品数量之外，制造并销售在没有侵权的情况下他本可以多销售的产品数量，❷从而满足上述对专利权人产品的需求。

通过上述步骤，即证明了在没有侵权的情况下，专利权人本可以获得侵权产品的历史销量的合理可能性，从而满足"若无"因果关系检验，证明了侵权行为与专利权人的实际损失之间具有事实因果关系。

可以看出，美国法院采用的事实因果关系的检验方法在逻辑上比我国法院的方法更为严密，更能反映专利权人的实际损失是否是侵权行为造成的。

2. 法律因果关系检验

在证明了侵权行为与专利权人的实际损失之间具有事实因果关系之后，美国法院还要进行法律因果关系的检验，即考虑侵权人是否应该对专利权人的实际损失负法律上的责任。❸

美国法院采用"可预见性"规则来判断法律因果关系，即只有广义上界定的相关市场中的侵权竞争者已经或本应该合理预见的专利权人的损失才可以获赔。对于"可预见性"的判断，美国法院认为，侵权行为导致专利权人销售的

---

❶ See Richard B. Troxel, William Owen Kerr, Calculating Intellectual Property Damages, Thomson West, 2007, pp. 77–79.

❷ See Richard B. Troxel, William Owen Kerr, Calculating Intellectual Property Damages, Thomson West, 2007, p. 92.

❸ Rite-Hite Corp. v. Kelley Co., Inc., 56 F. 3d 1538 (Fed. Cir. 1995).

专利产品的销量减少是侵权人可以预见的。侵权行为导致专利权人销售的不包含被侵权专利的产品的销量减少,只有在该非专利产品与侵权产品具有直接竞争关系,或者与专利产品构成同一功能的组件时,侵权人对非专利产品的销量减少才是可以预见的。侵权行为导致的非经济上的损失和间接损失(如侵权行为导致专利权人心脏病发或精神痛苦,或者侵权行为导致专利权人的公司股价下跌)是不可预见的。❶

相比之下,我国法院在专利权人实际损失赔偿中,并不进行法律因果关系的检验,也不采用"可预见性"规则来判断损害赔偿的范围,可能会导致我国法官在面对像侵权行为导致非专利产品的损失是否可以获赔之类的疑难问题时,没有一个统一且合理的判断标准,容易形成武断的判决。

(三)比较中美专利侵权实际损失赔偿的量化方法

在美国,专利权人在证明了因果关系后,还必须量化在没有侵权的情况下他本可以获得的额外利润的数额,该数额就是侵权行为让他失去的利润,也即他可以获赔的实际损失。在量化所失利润时,证明过程并不一定要求精确,但也不能是没有根据的猜测,证明计算所失利润的数据达到合理的程度即可。因为损害赔偿数额不精确的风险应由侵权人而不是受害人承担。❷量化的方法有简化方法和复杂方法两种。

1. 量化实际损失的简化方法

在美国,量化实际损失的简化方法完全采用历史数据。

由于证明了因果关系,就证明了在没有侵权的情况下侵权产品的历史消费者会转而购买专利产品。在没有非侵权替代品时,侵权产品的历史消费者全部都会转而购买专利产品;在其他竞争者能获得非侵权替代品时,侵权产品的历史消费者会按专利权人的市场份额转而购买专利产品。

因此,在没有非侵权替代品时,专利权人可以用侵权产品的历史价格售出侵权产品历史销量的专利产品,且成本与专利权人之前制造并销售专利产品的成本一致,即利润率相同。则实际损失=所失收入(侵权产品的历史价格×侵权产品的历史销量)×专利产品的历史利润率。我国在2001年《最高人民法院关于审理专利纠纷案件适用法律问题的若干规定》第20条规定了相同的计算方法,也被我国法院所采用。❸

---

❶ Rite-Hite Corp.v. Kelley Co.,Inc.,56 F. 3d 1538 (Fed. Cir. 1995).
❷ Lam, Inc. v. Johns-Manville Corp.,718 F. 2d 1056, 1065 (Fed. Cir. 1983).
❸ (2009)二中民初字第08543号民事判决书;(2006)一中民初字第8857号民事判决书。

在其他竞争者能获得非侵权替代品时，专利权人可以用侵权产品的价格售出侵权产品历史销量中专利权人市场份额的专利产品，且成本与专利权人之前制造并销售专利产品的成本一致，即利润率相同。则实际损失＝所失收入（侵权产品的历史价格×侵权产品的历史销量×专利权人的市场份额）×专利产品的历史利润率。

2. 量化实际损失的复杂方法

在美国，量化实际损失的复杂方法更常用，也更准确，即对上述简化方法中的价格、销量和成本（或利润率）做出更精确的调整。在对简化方法中的数据进行调整时，可以同时调整价格、销量与成本，也可以只调整成本。

如果在现实世界中专利权人的专利产品的价格高于侵权产品的价格，则可以合理地预计在没有侵权的情况下，专利产品的价格至少可以保持与原来的专利产品价格相同。此外，即便在现实世界中专利产品和侵权产品的价格相近，由于在没有侵权的情况下，市场上少了侵权产品的竞争，也可以预计专利权人在面临更小竞争的情况下可以提高专利产品的价格。❶

如果专利权人证明了在没有侵权的情况下，专利产品的价格高于侵权产品的价格，则他接着需要证明专利产品的销量。❷ 消费者在价格变高时会购买更少产品，在价格变低时会购买更多产品。价格变化与需求量变化的关系可以用需求弹性表示：需求弹性＝需求量变化的百分比/价格变化的百分比。在知道专利产品价格比侵权产品价格高多少时，只要知道专利产品的需求弹性，即可知道专利产品的销量比侵权产品的销量少多少。可以通过参考经济学家已经研究过的相近产品的需求弹性的数值，合理假设专利产品需求弹性的范围，从而确定专利产品的销量。❸

在没有侵权的情况下，专利权人制造并销售更多专利产品的成本可能小于他制造并销售历史销量的成本，因为某些成本（如固定成本）并不会增加，某些成本尽管增加但不是与销量同比例增加，此时专利权人可以采用增量成本进行计算。❹ 确定增量成本的通常方法是会计分析，即对专利权人运营专利产品时可能涉及的各项成本逐一进行分析，并评估每项成本与专利产品的生产、供应和销售

---

❶ See Richard B. Troxel, William Owen Kerr, Calculating Intellectual Property Damages, Thomson West, 2007, p. 111.

❷ Crystal Semiconductor Corp. v. TriTech Microelectronics Intern., Inc., 246 F. 3d 1336, 1357 (Fed. Cir. 2001).

❸ See Richard B. Troxel, William Owen Kerr, Calculating Intellectual Property Damages, Thomson West, 2007, pp. 112 – 117.

❹ See Richard B. Troxel, William Owen Kerr, Calculating Intellectual Property Damages, Thomson West, 2007, p. 127; Paper Converting Machine Co. v. Magna - Graphics Corp.,745 F. 2d 11, 22 (Fed. Cir. 1984).

的关系。确定某项成本是否可能增加主要是基于与当事人员工讨论各项成本与运营额外数量的专利产品的各环节的关系，以及回顾并分析专利权人的历史财务记录和形成这些记录的更原始的资料。❶

在我国，没有对这一复杂方法的规定或实际运用。相比之下，我国采用简化方法可能会低估专利权人的实际损失，无法准确计算专利权人的实际损失，无法满足填平原则的要求。

（四）中美专利侵权实际损失赔偿比较研究的结论

通过上文对中美专利侵权实际损失赔偿的比较研究可知，中美两国确定专利侵权损害赔偿的基本原则都是填平原则，也都认为根据专利权人实际损失确定损害赔偿金完全满足填平原则的要求。中美两国的差异主要体现在对专利侵权实际损失赔偿的因果关系检验以及复杂量化方法的运用上。美国采用的事实因果关系检验在逻辑上更严密，法律因果关系检验可以合理地限制损害赔偿的范围，量化的复杂方法更能反映专利权人实际损失的数额。

笔者认为，为了更准确地反映侵权行为与专利权人实际损失之间的因果关系，更准确地量化专利权人的实际损失，我国应当借鉴美国对专利侵权实际损失赔偿的因果关系检验及量化方法，完善我国的专利侵权实际损失赔偿，以更好地满足填平原则的要求。

三、对我国专利侵权实际损失赔偿的完善建议

下文将具体提出完善我国专利侵权实际损失赔偿的建议。

笔者认为，我国法院在计算专利侵权实际损失赔偿时，可以分为两个步骤，一是，专利权人须证明侵权行为与他的实际损失之间具有因果关系；二是，专利权人须量化实际损失的数额。

下文将针对这两个步骤的具体操作，提出建议。

（一）完善我国专利侵权实际损失赔偿的因果关系检验

笔者认为，我国法院在对侵权行为和专利权人实际损失进行因果关系检验时，应借鉴美国的做法，引入侵权法上因果关系的两分法，即事实因果关系检验和法律因果关系检验。

1. 事实因果关系检验

在计算权利人因被侵权所受到的实际损失时，专利权人首先必须证明侵权行

---

❶ See Richard B. Troxel, William Owen Kerr, Calculating Intellectual Property Damages, Thomson West, 2007, p.139.

为与他的实际损失之间具有事实因果关系。

在检验事实因果关系时，笔者建议我国法院采用"若无"因果关系检验，专利权人必须证明如果没有侵权行为，他本可以获得额外的利润。该证明只要求达到合理的程度即可。

在证明"若无"因果关系时，笔者建议我国法院采用泛达检验作为一种主要的方法。首先，专利权人须证明专利权人的产品与侵权人的产品是同一市场上相互竞争的替代品，以满足适用泛达检验的前提条件。然后，专利权人须证明：（1）市场对专利权人的产品有需求。（2）侵权人在侵权期间不能获得可接受的非侵权替代品；如果侵权人以外的其他竞争者能获得可接受的非侵权替代品，则专利权人须证明他在相关市场中的市场份额。（3）专利权人有充分的制造和销售能力来满足市场对专利权人产品的需求。

对于泛达检验的前3个要件的具体判断与证明，笔者建议我国法院遵循下列规则：

（1）市场对专利权人的产品有需求。

因为适用泛达检验的前提条件是专利权人的产品与侵权人的产品是同一市场上相互竞争的替代品，因此消费者购买过专利权人的产品或者购买过侵权人的产品都足以证明市场对专利权人的产品有需求。❶

（2）侵权期间没有可接受的非侵权替代品。

①第一步：判断是否存在可接受的非侵权替代品。

在判断替代品是否可接受时，应从购买者的角度进行判断，❷ 即可接受的替代品是指用户可以接受的用以替代专利权人产品的产品。❸

某一产品与专利产品竞争并不足以认定该产品是可接受的非侵权替代品。❹ 可接受的非侵权替代品必须与专利产品相比价格不能过高，性能也不能相差太多。❺

如果购买者购买产品就是看重只有专利权人和侵权人的产品中才有的特性，

---

❶ BIC Leisure Products, Inc. v. Windsurfing Intern., Inc., 1 F. 3d 1214, 1218 (Fed. Cir. 1993); Gyromat Corp. v. Champion Spark Plug Co., 735 F. 2d 549, 552 (Fed. Cir. 1984).

❷ Grain Processing Corp. v. American Maize - Products Co., 185 F. 3d 1341, 1355 (Fed. Cir. 1999); Kori Corp. v. Wilco Marsh Buggies & Draglines, Inc., 761 F. 2d 649, 653 (Fed. Cir. 1985).

❸ See Richard B. Troxel, William Owen Kerr. Calculating Intellectual Property Damages, Thomson West, 2007, p. 61.

❹ TWM Mfg. Co., Inc. v. Dura Corp., 789 F. 2d 895, 901 (Fed. Cir. 1986).

❺ Kaufman Co., Inc. v. Lantech, Inc., 926 F. 2d 1136, 1142 (Fed. Cir. 1991).

那么缺乏这一特性的产品显然不是可接受的非侵权替代品。❶ 但专利权人必须证明市场上的购买者通常愿意购买专利产品是因为其中的特性，或者证明购买者购买侵权产品是因为这一特性。❷ 如果购买者购买产品并非看重只有专利权人和侵权人的产品中才有的特性，则不含有专利产品特性的产品也可能是可接受的非侵权替代品。❸ 对此，可以通过分析侵权人历史顾客的购买决定来判断。❹

可接受的非侵权替代品不仅包括侵权期间在市场上销售的产品，❺ 也包括侵权期间不在市场上但可获得的产品。❻

②第二步：不同来源的可接受非侵权替代品对证明要件2的影响。

如果侵权人在侵权期间能获得可接受的非侵权替代品，则在不侵权的情况下，他可能就会用该替代品与专利权人竞争，专利权人就无法获得额外的利润。❼ 此时不满足要件2。

如果侵权人不能获得可接受的非侵权替代品，但其他竞争者能获得可接受的非侵权替代品，则在没有侵权的情况下，侵权人的历史顾客既可能选择专利权人的专利产品，也可能选择其他竞争者的非侵权替代品。此时应采用市场份额法，在现实世界中的市场份额的基础上，排除所有侵权人的销量后，得到专利权人在没有侵权的情况下的市场份额，专利权人可以在没有侵权的情况下依照这一市场份额获得侵权人历史销量的相应份额。❽ 此时，视为专利权人的这部分市场份额满足要件2。

如果非侵权替代品只有专利权人能够获得，而侵权人和其他竞争者都无法获

---

❶ SmithKline Diagnostics, Inc. v. Helena Laboratories Corp., 926 F. 2d 1161, 1166 (Fed. Cir. 1991); TWM Mfg. Co., Inc. v. Dura Corp., 789 F. 2d 895, 901 (Fed. Cir. 1986); Panduit Corp. v. Stahlin Bros. Fibre Works, Inc., 575 F. 2d 1152, 1162 (6th Cir. 1978).

❷ Standard Havens Products, Inc. v. Gencor Industries, Inc., 953 F. 2d 1360, 1373 (Fed. Cir. 1991).

❸ Slimfold Mfg. Co., Inc. v. Kinkead Industries, Inc., 932 F. 2d1453, 1458 (Fed. Cir. 1991).

❹ See Richard B. Troxel, William Owen Kerr. Calculating Intellectual Property Damages, Thomson West, 2007, p. 63.

❺ Minco Inc. v. Combustion Eng'g, Inc., 95 F. 3d 1109, 1119 (Fed. Cir. 1996); Zygo Corp. v. Wyko Corp., 79 F. 3d 1563, 1571 (Fed. Cir. 1996); Kaufman Co. v. Lantech, Inc., 926 F. 2d 1136 (Fed. Cir. 1991); State Industries, Inc. v. Mor – Flo Industries, Inc., 883 F. 2d 1573, 1579 (Fed. Cir. 1989); Central Soya Co. v. Geo. A. Hormel & Co., 723 F. 2d 1573 (Fed. Cir. 1983).

❻ Grain Processing Corp. v. American Maize – Products Co., 185 F. 3d 1341 (Fed. Cir. 1999); Slimfold Mfg. Co., Inc. v. Kinkead Industries, Inc., 932 F. 2d1453, 1458 (Fed. Cir. 1991).

❼ Grain Processing Corp. v. American Maize – Products Co., 185F. 3d 1341, 1350 – 1351 (Fed. Cir. 1999).

❽ State Industries, Inc. v. Mor – Flo Industries, Inc., 833 F. 2d 1573, 1578 – 1579 (Fed. Cir. 1989).

得，则在没有侵权的情况下，专利权人本可以获得侵权人的销量。❶ 此时满足要件2。

（3）专利权人有满足需求的制造与销售能力。

在证明充分的制造和销售能力时，可以信赖市场专家和技术专家的证言，以及对这些能力有专门知识的原告员工的证言。❷ 专利权人无须证明他在侵权期间一直都有实际的额外制造和销售能力。在证明这些能力时，一种方法是专利权人可以提出将产品的制造或销售分包给他人就能制造并销售额外的产品数量。❸ 另一种方法是专利权人可以提出额外的制造和销售能力可以被开发出来。❹

如果专利权人没有制造或销售的能力，且无法分包给他人，也没有意愿开发这种能力，则专利权人就无法证明他有满足需求的制造和销售能力。如果原告与被告在不同的地理区域内进行销售，且专利权人并没有到侵权人销售的地理区域内进行销售的计划或能力，则可能证明专利权人不具备充分的销售能力。❺ 此外，专利权人还必须证明他有完善的销售系统和充足的销售人员来处理、储存以及运输额外数量的产品。❻

2. 法律因果关系检验

在证明了侵权行为与专利权人的实际损失之间具有事实因果关系后，笔者建议我国法院还应进行法律因果关系检验，即分析侵权人是否应该对专利权人的实际损失负法律上的责任。

在进行法律因果关系检验时，笔者建议我国法院采用"可预见性"规则，即只有广义上界定的相关市场中的侵权竞争者已经或本应该合理预见的专利权人的损失才可以获赔。

对于"可预见性"的判断，笔者建议我国法院遵循下列规则：第一，侵权行为导致专利权人销售的专利产品的销量减少是可以预见的。第二，侵权行为导致专利权人销售的不包含被侵权专利的产品的销量减少，只有在该非专利产品与侵权产品具有直接竞争关系，或者与专利产品构成同一功能的组件时，侵权人对非专利产品的销量减少才是可以预见的。第三，侵权行为导致的非经济上的损失

---

❶ Rite-Hite Corp. v. Kelley Co., Inc., 56 F. 3d 1538, 1548 (Fed. Cir. 1995).
❷ Fonar Corp. v. General Elec. Co., 107 F. 3d 1543, 1553 (Fed. Cir. 1997).
❸ Gyromat Corp. v. Champion Spark Plug Co., 735 F. 2d 549, 554 (Fed. Cir. 1984).
❹ Livesay Window Co. v. Livesay Industries, Inc., 251 F. 2d 469, 473 (5th Cir. 1958).
❺ Datascope Corp. v. SMEC, Inc., 879 F. 2d 820, 827 (Fed. Cir. 1989).
❻ Schneider (Europe) AG v. SciMed Life Systems, Inc., 852 F. Supp. 813, 859 (D. Minn. 1994), judgment aff'd, 60 F. 3d 839 (Fed. Cir. 1995).

和一些较远的间接损失（如侵权行为导致专利权人心脏病发或精神痛苦，或者侵权行为导致专利权人的公司股价下跌）是不可预见的。

（二）完善我国专利侵权实际损失赔偿的量化方法

专利权人在证明了因果关系后，还必须量化在没有侵权的情况下他本可以获得的利润数额，该数额就是侵权行为让他失去的利润，也即他可以获赔的实际损失。

笔者建议，我国法院将量化实际损失的证明标准定为"达到合理的程度"。在选择量化方法时，我国法院在现阶段可以主要采用基于历史数据的简化方法。由于对价格和销量的精确调整比较复杂，现阶段可以只对历史数据中的成本进行调整，即用专利产品的增量成本代替专利产品的历史成本。

具体而言，在没有非侵权替代品时，专利权人可以用侵权产品的历史价格售出侵权产品历史销量的专利产品，成本为制造并销售更多专利产品的增量成本。即实际损失＝所失收入（侵权产品的历史价格×侵权产品的历史销量）－专利产品的增量成本。

在其他竞争者能获得非侵权替代品时，专利权人可以用侵权产品的价格售出侵权产品历史销量中专利权人市场份额的专利产品，成本为制造并销售更多专利产品的增量成本。即实际损失＝所失收入（侵权产品的历史价格×侵权产品的历史销量×专利权人的市场份额）－专利产品的增量成本。

位置商标法律保护制度研究

毛洁莹*

摘　要

　　位置商标,是指在商品或服务场所、服务工具等的特定位置使用,用以区分商品或服务来源的可视性标识。作为非传统商标中的一类,位置商标明确规定于WIPO制定的《商标法新加坡条约实施细则》,其法律保护具备一定的理论价值和现实需求。位置商标一般缺乏固有显著性,只有证明通过使用获得了第二含义,并提供图样和书面说明,才具备商标保护要件。

关键词

　　位置商标　显著性书面表达

引　言

　　随着工商业竞争的日益激烈,商标的内涵和表现形式日渐丰富,已经突破传统的文字、图形等范围,扩展到声音、嗅觉[1]、触觉[2]等非视觉感知领域。2006

---

* 华东政法大学2010级知识产权专业硕士研究生;本文改自其毕业论文,指导老师为黄武双教授。

[1] 1990年,美国通过CLARKE一案确定了嗅觉商标的可注册性,该案认定克拉克女士使用在缝纫线和绣花线上的玫瑰花气味可以作为商标注册。See In re Clarke, 17 U. S. P. Q. 2d 1238 (T. T. A. B. 1990).

[2] 2004年,厄瓜多尔知识产权局核准了全球第一例触觉商标的注册。该触觉商标为使用在Old Parr酒瓶上的碎裂花纹,注册号为29597。

年,世界知识产权组织(WIPO)在其制定的《商标法新加坡条约实施细则》❶第3条中明确列举了各类非传统商标,基本囊括了现今各种类型的非传统商标。❷其中,位置商标就是一大热点议题。对于位置商标,欧盟(其中以德国为典型代表)、美国、日本以及我国台湾地区已有相对成熟的学界讨论,并且出现相关申请例、侵权案件等。一些国家和地区也开始探讨修改相关法律法规,将位置商标作为非传统商标的一种纳入其商标保护体系。我国法律对位置商标的保护尚属空白,理论探讨也相对甚少,然而,实践中已出现德国阿迪达斯公司、萨塔有限公司等国外企业以类似位置商标的形式向我国国家工商行政管理总局商标局提出注册申请的案例,法律规定的不完备和理论研究的缺失导致实践中出现的这类问题难以得到切实解决。笔者认为有必要借鉴国外司法实践中的一些成熟经验,厘清位置商标的保护思路,并结合我国具体司法与审查实际,提出较为完善的位置商标保护策略,以对今后《商标法》的完善有所裨益。

一、位置商标的界定

(一)位置商标的含义

位置商标(Position Mark 或 Placement Mark),❸ 最早出现于德国,❹ 国际上首次将其纳入商标法官方文件是在2006年的《商标法新加坡条约实施细则》,它规定了位置商标申请注册的形式要件,但未就位置商标的含义作出明确界定。此后,一些国家和地区在其商标法、实施细则或审查指南的修订中提到了位置商标,但都未涉及其含义或判断要件。❺ 位置商标更多的是出现在学界和实务界的

---

❶ 该实施细则于2006年3月27日在新加坡举行的外交会议上通过,后又于2011年进行修订,2011年11月1日起生效。下文若未经说明,则默认为2011年修订版本。

❷ 《商标法新加坡条约实施细则》(2006)第3条第4~6款,《商标法新加坡条约实施细则》(2011)第3条第4~8款。

❸ 《商标法新加坡条约》等文件、欧盟内部市场协调局(Office of Harmonization for the Internal Market, OHIM)相关文件中都用"position mark"这一表述,国际商标协会(International Trademark Association, INTA)则用"placement mark"的表述。

❹ Camille Rideau, Position Mark: A Category of Signs Eligible for Trade Mark Protection? Different Standards of Examination, Different Scopes of Protection? p. 5 [EB/OL]. [2012 - 06 - 08]. http://oami.europa.eu/ows/rw/resource/documents/QPLUS/network/universities/memoire_ version_ oami. pdf.

❺ 如我国台湾地区2012年修订的"非传统商标审查基准"中,在讲述立体、颜色、声音、动态、全息图商标之外的其他非传统商标审查基准时就以位置商标为例;加拿大商标局拟定的加拿大商标条例建议修正稿中承认位置商标并规定了图样、文字说明等申请的形式要件;日本也在开展将位置商标等非传统商标扩充为商标法保护对象的研究讨论。

理论探讨中，因此其含义至今尚未明确。

商标本质上是一种符号。❶ 因此我们可以根据国际上通用的符号学三元结构说❷，从构成要素、使用类型和功能三方面界定位置商标含义。❸ 鉴于指示和区别功能是任何商标都必须具备的实质要件，下文着重分析构成要素和使用类型两部分结构。

1. 位置商标的构成要素

构成要素，即有形的符号，鉴于当前国际上对嗅觉、声音等商标的认可，笔者认为这里"有形的符号"可以扩张为"有形或可以感知的符号"。就位置商标而言，其"有形或可以感知的符号"不仅包括那些在一定位置上的平面（如文字、图形、颜色或其组合）或立体标识，还包括标识所处的特定位置。而"位置"二字，便是这类商标与其他商标最大的不同。

第一，该位置是标识能获得商标保护的必备要素。纵观位置商标的申请注册例或争议案件，主张为位置商标的，其标识本身多为图形、颜色等标识，理论上只要具备显著特征，无需位置即可注册为商标。因此，当仅有标识本身无法发挥识别作用，只有将标识附着在特殊位置才具有显著性，达到保护标准时，才需要引入位置商标的概念。

第二，该位置必须特定。这里的特定有两方面内容：一是标识所使用的具体位置必须固定不变；二是特定位置上的标识应具有特定大小或占据特定比例。若标识所处位置或所占比例发生变化，则属于不同的商标。

上述分析可知，位置商标的构成要素由标识及其所处的特定位置两部分结合而成，它是将标识表示于特定位置上的一类特殊商标。

2. 位置商标的使用类型

商标必须在商业上被使用于指代的商品或服务，这些商品或服务构成了商标的对象，❹ 这是商标的第二个结构，即使用类型。对此，德国学者认为，位置商

---

❶ 彭学龙. 商标法的符号学分析 [M]. 北京：法律出版社，2007：64.

❷ 彭学龙. 商标法基本范畴的符号学分析 [J]. 法学研究，2007（1）：18.

❸ 三元结构说中最著名的表述当属托马斯·麦卡锡法官对商标定义进行的如下重构：（1）有形的符号，即文字、姓名、象征或设计或者其组合；（2）使用的类型，即商品或服务的生产商或销售商将该标识实际使用为商标；（3）功能，即标示商品并将其与其他人生产或销售的商品区别开来。1 J. Thomas McCarthy, McCarthy on Trademarks and Unfair Competition, 4th ed., Thomson/West, 2006, §3:1. 转引自 Barton Beebe, The Semiotic Analysis of Trademark Law, 51 UCLA L. Rev. 621, p. 646 (2004).

❹ Barton Beebe, The Semiotic Analysis of Trademark Law, 51 UCLA L. Rev. 621, 646 (2004).

标是置于商品特定位置（具有特定大小或占商品特定比例）的一类特殊标识。❶ 我国实务界也有观点将位置商标的涵盖范围限定在指定使用的商品上。❷ 对此，笔者有不同的看法。

试想，如果某一服务提供者总是刻意在其服务场所、服务工具、员工服饰等特定位置使用其服务标识，标识与该特定位置的结合已成为服务商标的基本属性，消费者也将其作为识别服务提供者的主要依据，那么我们看不出这种使用在服务场所、服务工具或工作人员服饰的特定位置的服务商标与使用在商品特定位置的商品商标有什么根本不同。❸ 他们都是在对标识所使用的特定位置加以强调，都是依靠标识与特定位置之结合来区别不同来源。因此，不应将位置商标局限于商品商标的范围内，其使用类型应与其他商标一样，涵盖商品商标和服务商标。

3. 小结

位置商标构成要素包括文字、图像、颜色、形状等标识及其所处的特定位置两部分，类型涵盖商品商标和服务商标，并且应具备指示对象并将其与其他经营者提供的商品或服务区别开来的功能。因此，在目前理论界对位置商标所作的几个含义界定中，笔者最赞同北京市高级人民法院周波法官给出的定义，即：位置商标，是在指定使用的商品或在提供指定服务的场所的特定位置使用，用以区分商品或服务来源的可视性标识。

（二）位置商标的特点

位置商标区别于其他商标的最大不同在于其标识所处的特定位置，或者说标识与位置之结合性。❹ 具体来说，就是标识与位置两者不可分割，共同构成这类新型商标并成为其保护内容。

---

❶ Camille Rideau, Position Mark: A Category of Signs Eligible for Trade Mark Protection? Different Standards of Examination, Different Scopes of Protection? [EB/OL]. [2012-06-08]. http://oami.europa.eu/ows/rw/resource/documents/QPLUS/network/universities/memoire_version_oami.pdf.

❷ 钟鸣. 位置商标注册须取得"第二含义"——萨塔有限公司诉商标评审委员会商标驳回复审行政纠纷案详析 [N]. 中国知识产权报, 2011-01-21 (7).

❸ 周波. "位置商标"注册申请的司法审查 [J]. 人民司法, 2011 (24): 35.

❹ 位置商标的构成要素包括文字、图形、颜色、立体形状等可视性标识，且固定使用于商品或服务的特定位置。因此，相较于声音、嗅觉、触觉等非传统商标，位置商标具有可视性特征，易于通过图案、线条、符号等视觉可感知的方式准确界定所申请商标，达到商标保护的书面表达要件。但位置商标的可视性特征主要源于其标识的可视性，与文字、图形、颜色等商标的可视性并无大异。因此可视性并不是位置商标所独有的特点，笔者此处将重点探讨位置商标区别于其他商标的显著特点，即标识与位置之结合性。

1. 标识与位置是位置商标不可分割的构成要件

WIPO 认为，位置商标的特点就是在相同位置、以相同比例放置一不变的元素。❶ 换言之，传达显著性、用以识别商品或服务来源的是标识与位置之组合。

一方面，仅有标识不能注册成为商标。由于位置商标的标识本身多为图形、颜色等，理论上只要具备显著特征，无需依靠特殊位置即可受到商标法律保护。只有当标识本身非常普通，不能或者很难注册为商标，附着在特殊位置才是达到商标保护标准的唯一途径时，作为位置商标提出申请才有意义。因此对这类商标而言，除了标识本身，特定的位置也是必备要素，除去位置，标识本身可能无法获得保护；另一方面，仅有位置也不能视为商标。有学者将位置商标定义为，在商品的特定位置进行设计、装饰而将该商品的特定位置申请注册为商标。❷ 暂且不论仅将位置商标的范围限定于商品商标这一观点，❸ 笔者认为，将位置商标的申请注册内容理解为特定位置似乎有失全面。引入位置商标的概念，是因为标识本身的显著性不足以获得商标保护，才增加位置的内容并承认其永久影响。

综上所述，单就特定位置上的简单标识（如图形、形状、颜色等）或单就特定位置，都难以具备显著性从而受到商标法保护。位置商标保护的是在特定位置上的特定标识，标识与位置两者必须结合才能构成位置商标。

2. 标识与位置共同构成位置商标的保护内容

由于位置商标属于一个新兴概念，许多国家和地区都未有注册先例，因此其保护范围如何界定也成为一个讨论重点。是标识获得保护，位置获得保护还是将保护范围同时延及两者？当《商标法新加坡条约实施细则》的讨论修订会议涉及位置商标时，许多代表团都对此提出了疑问。❹ 笔者认为，鉴于标识与位置是位置商标不可分割的构成要件，两者结合才能获得显著性，那么，该商标的保护内容当然应该及于标识与位置之共同组成。这里，"标识与位置之共同组成"有两层含义。

第一，标识和位置都是商标申请人寻求保护的要素，尤其是位置。一方面，位置对这些商标具备显著性起到了决定性作用，因此该位置是生产经营者寻求保护的重要因素；另一方面，图形、颜色等标识可能已经具备显著性但经营者想要

---

❶ Camille Rideau, Position Mark. A Category of Signs Eligible for Trade Mark Protection? Different Standards of Examination, Different Scopes of Protection? [EB/OL]. [2012-06-08]. http://oami.europa.eu/ows/rw/resource/documents/QPLUS/network/universities/memoire_ version_ oami.pdf.

❷ 李祥章. WIPO 传统商标与非传统商标审查研讨会简述 [J]. 中华商标, 2012 (2): 15.

❸ 笔者认为，与其他商标一样，位置商标的使用类型应涵盖商品商标和服务商标，上文已做阐述。

❹ See WIPO, Report, Working Group on the Review of Rule 3 (4) to (6) of the Regulations under the Singapore Treaty on the Law of Trademarks 1st Sess., WIPO Doc. STLT/WG/1/4, para.117, 120 (Nov.22, 2010).

保护其对特定位置的使用权,所以将这些标识注册为一般的图形、颜色等商标的同时又将标识与位置整体注册为位置商标,以求全面保护。

第二,只有标识和位置的结合才是位置商标的保护内容。商品或服务上的特定位置总体有限,若保护申请人对单独位置的使用权而不考虑位置上的标识,则客观上禁止其他经营者在该位置上使用任何其他标识,这无疑给申请人提供了对该位置的垄断优势,不利于公平竞争和市场发展。而单独保护标识,则使那些本来不具备也没有获得显著性的图形、颜色等标识获得了商标保护,与一般的图形、颜色等商标在体系上产生了冲突。因此,位置商标的保护内容是标识与位置的结合,不能扩张至单独位置或单独标识。

如萨塔有限公司国际注册第 896064 号商标❶(如图1所示),其指定保护的部分不仅包括盘状标识的三维尺寸,也包括盘状标识的特定颜色——蓝色,还包括蓝色盘状标识所处的特定位置——喷漆枪把手底部,因此从严格意义上来说,该申请商标是颜色和三维立体形状以一种极显著的方式结合而成的位置商标。

图1

综上所述,位置商标的保护内容应该及于标识与位置之共同组成,即保护处于特定位置的特定标识。

二、位置商标法律保护的理论与现实基础

(一)位置商标保护的法律基础

1. TRIPS 对商标客体的宽泛定义为位置商标保护提供了法律空间

《与贸易有关的知识产权协议》(TRIPS)在国际层面首次对商标进行了界定。❷ 考虑到各成员方保护水平的差异,TRIPS 第 15 条第 1 款对商标可保护的客体界定得极为开放,仅规定了商标注册的最低程度条件,即具有识别功能。❸ 虽

---

❶ (2009)一中行初字第1716号民事判决书;(2010)高行终字第188号民事判决书。

❷ Daniel Gervais, The TRIPS Agreement Drafting History and Analysis, 4th ed., Sweet & Maxwell Ltd, 1998, pp. 103 – 107.

❸ TRIPS 第15条第1款规定,"任何能够将一企业的商品或服务与其他企业的商品或服务区分开来的标记或标识的组合,均应能够构成商标,尤其是单词(包括人名)、字母、数字、图形要素、色彩组合,以及上述内容的任何组合,均应能够作为商标获得注册。"

然该条文接着列举了几类可以构成商标的标识类型,但并没有将商标严格限制在这些类别,而是采取非穷尽式的列举进一步阐明商标可注册的客体。WIPO 也认为,TRIPS 第 15 条第 1 款体现了构成商标的标识可能没有范围限制这一思想,该款从本质上提及了商标的核心功能之一,即识别市场上商品或服务的商业来源,据此,几乎任何能区别商品或服务来源的标识均可被视作商标。❶ TRIPS 对商标客体的宽泛定义以及非穷尽式列举,为位置商标的保护提供了广阔的法律空间。

2.《商标法新加坡条约》及其实施细则首次在国际条约层面提出位置商标

随着通信技术的发展和市场竞争的加剧,企业已不满足于使用传统商标展示自己的商品或服务,而开始使用全息图、动作、位置等可视性非传统元素以及声音、嗅觉等非可视性元素,并希望获得这些元素的独占使用权,一些发达国家也开始承认这些非传统商标。为适应贸易、经济发展新趋势,有利于企业发展和品牌建设,WIPO 在原有《商标法条约》❷ 的基础上修订形成❸了《商标法新加坡条约》❹,将其适用范围扩展到"任何缔约方法律规定可以作为商标注册的标识所构成的商标",❺ 为各种非传统商标打开了大门。同时,《商标法新加坡条约实施细则》又列举了全息图商标、动作商标、颜色商标、位置商标以及声音、嗅觉等非可视性商标,基本囊括了现今各种类型的非传统商标。《商标法新加坡条约》及其实施细则为位置商标的保护提供了直接法律依据。

---

❶ WIPO, New Types of Marks, SCT 16th Session, WIPO Doc. SCT/16/2, para. 57 (Sep. 1, 2006).

❷ 《商标法条约》(Trademark Law Treaty, TLT),于 1994 年 10 月 27 日在日内瓦召开的外交会议上通过,1996 年 8 月 1 日正式生效。我国是该条约的签字国,但一直没有正式加入,主要原因是该条约的部分条款与我国现行商标法律法规存在较大差异,如《商标法条约》规定同一份申请可涉及多个商品或服务,不论它们属《尼斯分类》中的一个或多个类别,而我国现行《商标法》则只允许一标一类。

❸ 《商标法条约》修订工作始于 2001 年 3 月,世界知识产权组织商标、工业品外观设计和地理标志法律常设委员会在其第六届会议上将修订《商标法条约》列为今后几届会议的重要议题。此后,历经 2002 年至 2005 年 8 次 SCT 会议的艰苦讨论和磋商,最终于新加坡外交会议通过《商标法新加坡条约》及《商标法新加坡条约实施细则》。

❹ 《商标法新加坡条约》(The Singapore Treaty on the Law of Trademarks, STLT),于 2006 年 3 月 27 日在新加坡举行的外交会议上通过,我国仅在最后文件上签字,未签署条约。《商标法新加坡条约》对《商标法条约》的修订主要涉及四个方面:一是将条约适用范围扩展至非传统商标;二是进一步规范了电子申请;三是规定了未遵守时限的救济措施;四是增加了商标使用许可备案规则。根据《商标法新加坡条约》第 28 条第 2 款规定,该条约应在 10 个国家或政府间组织交存批准书或加入书 3 个月之后生效。随着澳大利亚于 2008 年 12 月 16 日批准该条约,批准该条约的国家数达到 10 个,故《商标法新加坡条约》于 2009 年 3 月 16 日生效。

❺ Singapore Treaty of the Law of Trademarks (2006), Article 2.

(二) 位置商标保护的现实意义

1. 商标发展多样性的必然结果

目前,传统的文字、图形商标已无法满足企业日益激烈的商业竞争需要,而标识所处的特定位置,由于其可视性、直观性等优势,自然成为企业指示并区分其商品或服务,在市场中获得竞争优势的新视角。对消费者来说,通过长期接触和了解,也有可能将特定位置的特定标识作为判别不同来源、确定是否购买的因素。可见,商标法正在经历一个动态发展过程,各种新型商标可能不断从中演化而生。❶ 位置商标的产生便是商标多样化发展的必然结果。

2. 现行保护体系不完备的客观要求

(1) 现行商标分类无法涵盖该特殊标识。

有人认为可以将位置商标纳入图形商标、颜色商标或立体商标的保护范畴,而不必单列。但笔者认为,位置商标不仅是传统的图形、颜色或立体商标,还是一种新型商标,因为除了标识本身,商品上的位置也是必备要素,位置是判断是否具有显著性以及商标是否相似的重要因素,文字、图形或立体商标的保护范围,并不能完全涵盖该特殊位置。因此,位置商标与图形、颜色、立体等商标类型并不冲突,通过立法来允许这类商标的注册是合理的。❷

(2) 现行审查体系标准不一。

德国和欧盟是最先承认并开放位置商标注册的国家和地区,但从一些案件的审查结果来看,目前对位置商标尚未形成统一、完善的审查标准。

第一点,标准不一是,以位于运动鞋面的几何图形构成的位置商标为例,有些被认定为已经具备显著特征,可以注册为商标,理由是在服装尤其是鞋类商品上做这些设计越来越常见,公众已经习惯通过鞋面上有特色的图案或设计来区分特定品牌;❸ 而有的则被认定为缺乏显著性,例如德国第 307166635 号商标申请。同样都是由鞋面特定位置上的几何图形构成的类似商标,有的获准注册,有的以缺乏显著性为由驳回;第二点标准不一则是核准注册的这些类似商标中,有些商标类型为图形商标,而有些为其他商标。如同样在文字描述中阐明是位置商标的第 1325364 号欧共体商标和第 6041099 号欧共体商标,前者的注册信息中商标类

---

❶ WIPO, New Types of Marks, SCT 16th Sess., WIPO Doc. SCT/16/2, para. 57 (Sep. 1, 2006).

❷ Summary of Draft Policy Recommendation of New Types of Marks Working Group [EB/OL]. [2013-01-07]. http://www.jpo.go.jp/iken_e/pdf/iken_e_newtype/iken_e_sinsyouhyou.pdf.

❸ Boards of Appeal of the Office for Harmonization in the Internal Market, Yearly Overview of Decisions, 2007, p. 16.

型写着"Figurative",而后者则为"Others",如表 1 所示。

表 1 申请文件中写明为"位置商标"的不同注册结果

申请号/注册号	DE 307166635	CTM 1325364	CTM 6041099
图样			
结果	驳回	注册	注册
商标类别	/	图形商标	其他商标

相同的类别、类似的位置、相似的标识,却有的驳回,有的注册,有的注册为图形商标,有的承认是位置商标。标准的不一致必然导致实践中审查和判决结果的混乱,进而影响到经营者和消费者的利益,从这一点来说,对位置商标进行法律保护并提供一套相对完善的审查标准十分必要。

3. 商标制度发展的现实需要

近年来,很多国家和地区都开始对包括非可视性商标在内的非传统商标进行保护,在这些实践的推动下,《商标法新加坡条约》最大程度地扩展了适用范围,首次全面明确承认位置商标等非传统商标。这一开放的理念和全新的立法导向,不仅使明确说明为"位置商标"的申请和注册实例逐步增多,而且也推动了一些国家和地区探讨修改相关法律法规,增加位置商标内容。如我国台湾地区2012 年修订的"非传统商标审查基准"❶ 中,在分别说明立体、颜色、声音、动态、全息图商标的审查标准后,就以位置商标为例说明了其他非传统商标的申请和审查要求。日本特许厅正着手修订商标法,使之涵盖动作商标、全息图商标、无轮廓的颜色商标、位置商标和声音商标这些非传统商标。❷ 加拿大商标局也拟定了商标条例建议修正稿并向国际商标协会(International Trademark Association,INTA)征求意见,❸ 该修正稿中承认位置商标并规定其图样、文字说明等申请的

---

❶ 2004 年 6 月 10 日制定,2012 年 5 月 31 日修订。

❷ AIPLA Comments to JPO on Proposed Japan Trademark Revisions with Japanese Summary(Jan. 15, 2013),[EB/OL].[2013 - 03 - 12]. http://www.aipla.org/advocacy/intl/Documents/AIPLA% 20Comments% 20to% 20JPO% 20on% 20Proposed% 20Japan% 20Trademark% 20Revisions% 20with% 20Japanese% 20Summary% 20 - % 201 - 15 - 13. pdf.

❸ Submission by the International Trademark Association in Response to the Canadian Intellectual Property Office Consultation Paper:"Proposed Amendments to the Trade - marks Regulations(Apr. 18, 2012),[EB/OL].[2013 - 02 - 25]. http://www.ic.gc.ca/eic/site/cipointernet - internetopic.nsf/vwapj/20120423 - 1 - commentaires - comments - eng.pdf/ $ file/20120423 - 1 - commentaires - comments - eng.pdf.

形式要件。❶ 因此，保护位置商标，不仅适应科技进步和时代发展的需求，也符合国际商标法律体系发展、完善的大趋势。

三、位置商标法律保护的要件分析

从立法和现实层面分析指出，将位置商标纳入商标法律保护体系具有切实的必要性和可行性。那么，从价值判断角度，什么样的位置商标可以受商标法保护？笔者认为，位置商标要想核准注册至少应符合以下三个要件：（1）已被消费者视为商标，并可以指示和区别商品或服务来源；（2）商标本身不具有功能性，不会起到阻碍竞争商标外的目的；（3）能够以清楚、明确、完整、客观、持久及易于理解的方式呈现。❷ 前两个要件即显著性和非功能性要件，为实质要件；第三个为形式要件，即可描述性要件。

由于位置商标的功能性多体现于图形、颜色、立体形状等标识要素，与一般的图形、颜色、立体商标的功能性判断并无大异。因此本文将主要从显著性和可描述性两方面分析位置商标的注册要件。

（一）实质要件——显著性要件

显著性不仅是决定特定标识能否成为商标的关键，也是商标注册的核心要件，更是商标保护的真正目标。❸ 实践中被驳回的位置商标，也大多是因为缺乏显著性。❹

一般认为，根据取得方式的不同，显著性可以分为固有显著性和获得显著性。固有显著性指标识本身所具有的天然的显著特征，获得显著性则指缺乏固有显著性的标识通过长期连续使用而获得的显著特征。❺

1. 位置商标一般缺乏固有显著性

判断商标是否具有固有显著性，应当综合考虑构成商标的要素本身、指定使用的商品或服务、相关公众的认知情况等。❻ 分析位置商标的固有显著性，重点

---

❶ CIPO, Proposed Amendments to the Trade-marks Regulations (Feb. 23, 2012), Article 28 (9) [EB/OL]. [2013-02-25]. http://www.ic.gc.ca/eic/site/cipointernet-internetopic.nsf/eng/wr03416.html.

❷ 郑淑芬，庄玉雯. 新商标法保护客体之例示 [EB/OL]. [2012-09-06]. http://www.pwc.com/tw/zh/services/legal/knowledge-center/legal-column/feature/legal-feature-20120522.jhtml.

❸ 邓宏光. 商标法的理论基础——以商标显著性为中心 [M]. 北京：法律出版社，2008：2.

❹ For example: R1753/2008-1, R0136/2009-1, R0137/2009-1.

❺ 吴汉东. 知识产权法 [M]. 北京：法律出版社，2009：221-225.

❻ 我国国家工商行政管理总局商标局商标评审委员会在2005年12月制定的《商标审查标准》第二部分"商标显著特征的审查"中规定，商标显著特征的判定应当综合考虑构成商标的标志本身、商标指定使用商品、商标指定使用商品的相关公众的认知习惯、商标指定使用商品所属行业的实际使用情况等因素。

就在于构成商标的要素本身,即标识和位置两个层面。

标识:位置商标的标识包括图形、文字、颜色、立体及其组合等,这些元素使用在商品或服务场所的特定位置,无形中与商品及其外包装或者服务场所的外观结合在一起,展现出的是一种装饰、设计感,或发挥描述商品或服务特点的作用。此时,这些标识识别的是商品或服务的特点而非来源,易被归为描述性标识,❶ 虽然可以传递一定的观念或引发特定的情感,但缺乏内在的传递特定信息的能力,不具有固有显著性。❷

位置:判断特定位置是否具有固有显著性,就要看该位置在特定商品或服务场所中是否是不同寻常的,即位置是否能直接区分不同的商品或服务提供者。笔者认为,一方面,相同或类似商品的基本形状大同小异,一个特定位置在同类商品上十分普遍,服务场所亦如此;另一方面,在存在文字、图形、颜色等其他更能夺人眼球的元素的情况下,位置难以界定也难以引起注意。因此位置也不具有固有显著性。

综上所述,由于标识的描述性、装饰性特征以及同类商品或服务场所中位置的普遍性,位置商标通常情况下不具有固有显著性。这一思路从对位置商标呈开放态度的欧盟法院判决中也可以看出,下面以瑞士 X 科技公司商标申请案为例阐述。

瑞士 X 科技公司申请注册一项欧共体商标(如图 2),使用于第 25 类袜类商品。X 科技公司在申请文件中界定该标识为橘色的位置商标。❸ 对于该项申

---

❶ 根据标识宜于获得商标保护的适格程度,可以将标识大致分为五类,按照显著性由高到低分别为:臆造性标识(Coined or Fanciful Marks)、任意性标识(Arbitrary Marks)、暗示性标识(Suggestive Marks)、描述性标识(Descriptive marks)和通用名称(Generic Marks)。一般来说,臆造性标识、任意性标识和暗示性标识容易使消费者辨别商品或服务来源,都具有固有显著性。而描述性标识由于对商品或服务的质量、原料、功能、用途等特点进行了直接描述,缺乏固有显著性,只有在例外的情况下才能注册为商标。通用名称则由于考虑到同业竞争者之间的垄断性因素,无论如何都无法受到商标法保护。这种分类最早是由美国联邦第二巡回上诉法院 Timbers Friendly 法官在 1976 年的 Abercrombie & Fitch Co. v. Hunting World, Inc. 案判决中提出的,他按照宜于获得商标保护的适格程度,将文字商标分为四类:(1)通用名称;(2)描述性词汇;(3)暗示性词汇;(4)任意性或者臆造性词汇。后来学者逐渐将任意性词汇与臆造性词汇分离开来,形成了现在的五分法。与文字标识类似,形状、颜色等其他标识也可以被划分为这五个不同的类别。

❷ Libertel Groep BV v. Benelux – Merkenbureau, Case C – 104/01, para. 40 (May 6, 2003).

❸ 文字说明写道:用国际色卡 16 – 1359 TPX 号橘红色的阴影来表示这个位置商标,它就像一个兜帽一样罩在脚趾的部分,但并没有包裹整个脚趾部分,橘红色阴影还限定了这个位置商标存在的范围,从下面和侧面看,它存在的位置都是水平的。而且,这一部分总是与袜子的其他部分形成颜色上的鲜明对比。X Technology Swiss GmbH v. OHIM, Case T – 547/08, para. 2, 4 (Jun. 15, 2010).

请，欧共体内部市场协调局的审查员和上诉委员会都认为欧共体商标申请规则中并没有规定可以注册为"位置商标"这一类别，而且该标识缺乏显著性，应予驳回。❶ 对此，X 科技公司向普通法院提起上诉，法院认为，法律并没有对可作为欧共体商标的标识做穷尽性列举，因此并未限制位置商标的注册。❷ 但在显著性问题上则支持了上诉委员会的决定，认为相关消费者只会把所申请的标识当成是袜子的一个装饰，它缺乏欧共体理事会第 40/94 号条例第 7 条第 1 款（b）项所要求的商标注册的显著性，不能核准注册。❸ 由此看来，欧盟虽然不排斥位置商标的注册，但是，位置商标和其他种类的商标一样，只有具备显著性，才能获准注册。

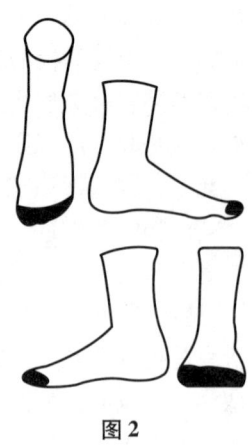

图 2

2. 位置商标需证明通过使用获得显著性

同样，位置商标由处于商品或服务场所特定位置的图形、文字、颜色、立体形状及其组合等标识构成，虽然缺乏固有显著性，仍可以通过使用取得能够识别不同商品或服务来源的显著特性，即证明通过使用获得了显著性，又称第二含义。

判断本身不具备显著性的位置商标是否已经通过使用获得了第二含义是一个事实判断问题，判断的标准在于消费者是否已经将该商标作为商品或服务来源的指示。❹ 实践中一般综合考虑以下几个因素：①相关公众对该商标的认知程度，即消费者是否已公认该商标为特定商品或服务的标识；②商标使用人是否长期、实际使用该商标并排除他人使用；③该商标经使用取得显著性的其他因素。❺ 其

---

❶ X Technology Swiss Gmbly v. OIHM，Case T-547/08，para. 7（Jun. 15, 2010）.
❷ 同上，第 19、21 段。
❸ 同上，第 58、59 段。
❹ Coca-Cola Co. v. Koke Co.，254 U. S. 143，p. 146（1920）.
❺ 美国第二含义的标准首创于 Echo Travel Inc. 诉 Travel Associates Inc 案，第二巡回上诉法院给出了判断第二含义的七个要素："一是消费者直接的言辞证据；二是市场报告或消费者问卷调查报告；三是使用的方式、使用时间长短和在市场上独占使用的程度；四是广告量；五是销售量和消费者的数量；六是此品牌在市场的地位；七是此商标在国际上被竞争者抄袭复制的程度。" See Echo Travel Inc. v. Travel Associates Inc.，870 F. 2d 1264，1989. 我国《商标审查标准》第二部分之七"经过使用取得显著特征的商标的审查"也规定："对经过使用取得显著特征的审查，应考虑相关公众对该商标的认知情况、申请人实际使用该商标的情况以及该商标经使用取得显著特征的其他因素。"

中，消费者对商标的认知情况为直接证据，商标的实际使用情况和其他因素为间接证据。❶

（1）直接证据：相关公众的认知。

判断位置商标是否通过使用获得了显著性最直接、最重要的因素是相关公众对其的实际认知情况，即相关公众是否将该位置商标作为商品或服务来源的指示。❷

对位置商标而言，无论特定位置上的标识是图形、颜色还是立体形状，特定标识和特定位置都属于商品或服务场所的一部分，难以分离，这一特性常常使消费者将特定位置上的特定标识仅仅视为功能性或装饰性元素，而不是视为商品或服务来源的指示。这种特定标识、特定位置与商品或服务场所无法分离的特征，也成为证明位置商标通过使用获得第二含义的一大难点。

以位于裤子后袋上简单缝纫线条构成的商标为例，参见表2，欧盟内部市场协调局和欧盟法院都认为这类标识一般缺乏《欧共体商标条例》第7条第3款要求的显著性，只有当申请人证明通过使用获得了显著性，或者缝纫口袋的视觉效果能与装饰特征相抗衡时才能注册为商标。其中较具有代表性的判决思路是：首先，承认这种位于裤子后袋一定形状的缝纫线条属于位置商标，❸ 但那样的口袋缝合线条是常见且平凡的，仅是常用图案的一种变形，因此缺乏固有显著性。❹ 其次，从相关公众的感受来判断该位置商标是否获得了显著性。法院认为，虽然这个缝纫线条非常罕见，但它只是一种装饰性设计，消费者作出购买决定时不会对这个缝纫样式有太多注意，除非被特别提醒过，而商品上的品牌名称才是购买的决定性因素。❺ 消费者只会将这些位置商标视为装饰性元素，而不会认为它具有识别商品来源的功能。因此位置商标无法满足最低限度的显著性。❻ 其他申请在尼斯分类第25类的由裤子后袋简单缝纫线条构成的位置商标，也都因线条的装饰性效果，申请人无法证明其通过使用获得了第二

---

❶ See Restatement (Third) of Unfair Competition (1995), Comment (e).

❷ 美国《反不正当竞争法重述》（第3版）归纳了调查消费者对标识态度的三种主要形式：（1）消费者个人的证词；（2）消费者问卷调查；（3）消费者的实际混淆。See Restatement (Third) of Unfair Competition (1995), Comment (e).

❸ Rosenruist – Gestão e servicos Lda v. OHIM, Case T – 388/09, parA. 7, 17 (Sep. 28, 2010).

❹ 同上，第36段。

❺ 同上，第18、19段。

❻ 同上，第24段。

含义而被驳回。❶

表 2　几例驳回注册的裤袋上缝纫线条位置商标

案号	Case R 237/2009-2	Case R 868/2009-4	Case R 0803/2007-1	Case R 1710/2007-4
图样				

（2）间接证据：实际使用情况。

商标的实际使用包括申请人自己的使用和竞争者的使用。申请人自己的使用不仅包括使用的类别、使用的方式、使用的时间跨度和地理广度，还包括该商标占有的市场份额、企业的广告宣传投资等因素。一般而言，商标在指定商品或服务上使用的时间越长、范围越广，就越有可能取得第二含义。竞争者的使用也对商标能否获得第二含义影响重大，如果商标由申请人独占使用，同行业没有人使用，则获得第二含义的机会也较大。例如美国一项位置商标，申请的是附着在小号（特定乐器）的伸缩调音管附近曲柄上（特定位置）的大奖章。❷ 美国关税与专利上诉法院在判定该标识与位置之组合具有显著性前就指出，"上诉人采用的组合是独特的，其他制造者都没有可察觉地放大伸缩调音管的附近位置。"❸ 而在申请人自己使用的几项内容中，使用的商品或服务类别以及使用的时间跨度、地理广度是最突出的因素，对此，笔者将结合位置商标的案例重点分析。

a. 实际使用的商品或服务类别。

商标的显著性是一个相对的概念，即一个商标是否具有显著性，依特定市场、特定商品或服务而有所不同，因此在判定其是否具有显著性时无法脱离商品或服务类别以及市场而独立决定。❹ 对位置商标获得显著性的判断，除了依据相关公众的认知情况，还应考虑申请商标所涉及的商品或服务，不能抽象地认定。❺

---

❶ See Bill Ladas, SJ Berwin: Pocket Design Held Non-distinctive by General Court, INTA Bulletin, January 2011; See also Boards of Appeal of the Office for Harmonization in the Internal Market, Yearly Overview of Decisions, 2008, p. 12.

❷ In re G. Le Blanc Corporation, 429 F. 2d 989, 991 (C. C. p. A. 1970).

❸ 同上注, 第992页。

❹ Arthur R. Miller, Michael H. Davis. Intellectual Property: Patents, Trademarks, and Copyright. [M]. 3rd ed. 北京: 法律出版社, 2004: 170.

❺ Rosenruist-Gestao e servicos Lda v. OHIM, Case T-388/09, para. 13 (Sep. 28, 2010).

例如，商标审查机关和法院在处理由位于鞋面的几何图形构成的位置商标案件时，多数情况下认为其可以通过使用获得显著性，因为"在服装尤其是鞋类商品上做这些设计越来越常见了，公众已经习惯通过有特色的图案或设计来区分特定品牌。"❶ 但对位于裤子后袋上简单缝纫线条构成的位置商标时，认为消费者习惯看到裤子后袋有缝合的线条，不会将这些线条作为识别裤子品牌的工具，因此这类位置商标通常缺乏足够证据来证明通过使用获得了显著性。

b. 实际使用的时间跨度和地理广度。

《巴黎公约》第 6 条之 5 C 节规定，在决定一个商标是否符合条件时，必须考虑所有实际情况，特别是商标使用时间的长短。❷ WIPO 对第二含义的解释也强调，相当多的消费者对一个商标取得认知并将其所标识的活动与特定的商业来源联系在一起，是由于商标"在市场上连续的独家使用"的结果。❸ 因此对位置商标来说，申请人实际使用的时间跨度也是判断第二含义的一个因素。需要注意的是，最关键的因素还是申请人自身的使用方式，如果申请人在使用时仅突出其描述性作用而没有强调识别作用，那么无论使用多长时间，消费者也难以将商标作为识别商品来源的指示。

商标使用可以弥补其显著性的缺陷，但这种通过使用获得的显著性往往局限在一定的地域范围内。阿迪达斯"三条杠"位置商标便是最好的例子。在德国，法院早在 20 世纪 70 年代就判定任何两条、三条或是四条条纹的设计都侵犯阿迪达斯"三条杠"商标；在阿迪达斯与 C&A、H&M、Fitness World Trading 等企业的相争中，欧盟法院似乎也倾向于支持阿迪达斯，认为其他两条、三条或四条的等宽、平行条纹与阿迪达斯的三条、等宽、平行条纹构成相似，"三条杠"属于有显著特征的商标。❹ 但阿迪达斯声称的这种使用在衣服袖子、裤子等特定位置上的三条杠"位置商标"，在我国大陆和台湾地区都因缺乏显著性未获注册。阿迪达斯"三条杠"商标在我国申请被驳回，❺ 其中一个原因便是我国一直就有梅花牌"三条杠""五条杠"款式的运动衣、运动裤，因此我国的相关公众很少会

---

❶ Boards of Appeal of the Office for Harmonization in the Internal Market, Yearly Overview of Decisions, 2007, p. 16.

❷ Paris Convention for the Protection of Industrial Property (1883), Article 6 quinquies.

❸ 孔祥俊. WTO 知识产权协定及其国内适用 [M]. 北京：法律出版社，2002：152.

❹ See Adidas - Salomon AG and Adidas Benelux BV v. Fitnessworld Trading Ltd., Case C - 408/01 (Oct. 23, 2003). See also Adidas AG, Adidas Benelux BV v. Marca Mode CV, C & A Nederland CV, H & M Hennes & Mauritz Netherlands BV, Vendex KBB Nederland BV, Case C - 102/07 (Apr. 10, 2008).

❺ (2010) 一中知行初字第 1827 号、第 1828 号民事判决书。

将"三条杠"作为区别不同经营者运动服饰的标识。

3. 显著性判断原则

判断位置商标是否在商品或服务上具有固有显著性,以及是否能通过使用获得显著性,应遵循以下两个主要原则,即个案判断原则和整体判断原则。

(1) 个案判断原则。

对位置商标的显著性判断,无论是内在显著性还是通过使用获得的显著性,均要个案判断、逐案作出。❶ 换言之,根据每个案件的具体情况综合分析,认定位置商标是否具备注册所需的最低限度的显著性。❷

正如欧盟法院就曾指出,虽然欧共体与其成员国国内商标局接受过位于裤子后袋上简单缝纫线条构成的位置商标,但其在作出判决时不会受制于这些认为该商标可注册的决定。❸

(2) 标识与位置整体判断原则。

对位置商标而言,最大的特征在于特定标识及其所处的特定位置两个必不可少的构成要素,同时,相同标识略微变动所处位置或将类似标识放在相同位置都可能产生新的位置商标。因此判断其是否具有固有显著性以及是否获得了显著性,都应从标识和位置整体出发进行认定。

在第 2542694 号欧共体商标(如图 3)申请中,申请的是在手表(奢侈手表和精密仪器)表面放置几何图形(一个大圆、一个小圆和一个矩形)的位置商标。法院认为,单就圆形、矩形这些几何图形而言,图形本身并不容易被当成表示来源的商标,消费者也只会将这些几何图形当成商品的普通装饰而非来源的指示;而就放置几何图形的手表表面而言,商标申请人也没能解释为什么其申请的标识具有与其他手表不同的显著特点。❹ 最终,法院从标识和位置整体上判定该标识不具有固有显著性,同时申请人无法证明通过使用取得了显著性。

图 3

(二) 形式要件——可描述性要件

通常,为使实际使用在商品或服务上的商标达到与申请注册的商标"实质相似"的程度,各国商标法都要求申请人描述商标并且以视觉

---

❶ WIPO, New Types of Marks, SCT 16th Sess., WIPO Doc. SCT/16/2, para. 37 (Sep. 1, 2006).

❷ Rosenruist – Gestã o e servicos Lda v. OHIM, Case T – 388/09, para. 39 (Sep. 28, 2010).

❸ 同上,第41段。

❹ See Lange Uhren GmbH v. OHIM, Case T – 152/07 (Sep. 14, 2009).

可感知的方式表示出来，特别是通过图案、线条或符号等方式准确界定所申请商标。目前关于位置商标的图样表示规则，最官方的表述规定于现行《商标法新加坡条约实施细则》第3条第8款，具体内容为："申请书中声明商标为位置商标的，商标的图样中应当包括能体现该商标在商品上位置的一个视图。商标主管机关可以要求，未申请保护的事项应予标明。商标主管机关还可以要求提供一份文字说明，对商标相对于商品的位置加以解释。"此外，笔者发现我国台湾地区也在其"非传统商标审查基准"中简要阐述了位置商标的图样表示要求，即"商标图样应以虚线表现商标使用于商品或服务的位置，并于商标描述就商标本身及其使用之方式、位置等详加说明"。❶ 不难发现，位置商标的描述性要件一般包括图样和书面说明两方面内容。

1. 位置商标的图样

商标的图样表明了申请注册商标的性质，因此，除了声音和嗅觉商标等无法以图来表示的商标，所有的商标都要求图样。❷ 位置商标属于可视性商标，所以应当提交图样。对于位置商标的注册申请，其图样可以是由商标的一个视图构成的图片、图形、照片等，显示商标相对于商品或服务的特殊位置。为了使商标局能清晰定义保护客体，申请人可以使用虚线表明其不申请保护的部分。❸ 同时，位置商标的图样必须对用于或意图用于商品或服务的商标作出充分准确的表示。

2. 位置商标的书面说明

商标主管机关可以要求，或在申请人提供的图样不充分时要求，提供一份书面说明，解释商标相对于商品的位置。❹ 笔者认为，这种书面说明应涵盖以下几方面内容：

（1）声明所申请标识为位置商标。

由于目前各个国家和地区都尚未在其商标法律层面明确规定位置商标，且位置商标的标识一般由图形、颜色等要素构成，容易被归为普通的图形商标、颜色商标等。这不仅给位置商标的显著性判断带来极大阻碍，而且会影响到经营者对特定位置的保护意图。因此，申请人在书面说明中应首先声明其所申请的标识为

---

❶ See Lange Uhren GmbH v. OHIM, Case F152/07（Sop. 14, 2009）.

❷ American Trademark Manual of Examining Procedure, 4th ed., 2005, §807.

❸ WIPO, Methods of Representation and Description of New Types of Marks, SCT 17th Sess., WIPO Doc. SCT/17/2, para. 26（Mar. 29, 2007）.

❹ WIPO, Representation of Non-Traditional Marks Areas of Convergence, WIPO Doc. STrad/INF/3, p. 3（May 5, 2009）.

位置商标。

（2）描述标识并解释其使用的特定位置。

书面说明必须对商标进行充分的描述，并尽可能减少不必要的内容。通常，要对特定标识进行描述，阐明标识的形状、颜色、三维等特点；要对标识相对于商品的特殊位置进行描述，清楚地表明构成商标的商品的部分或服务场所的部分并说明申请注册的对象。❶

（3）说明需要保护的权利范围。

由于申请人可以在位置商标的图样中使用虚线表明其不申请保护的部分，以使商标局能清晰定义保护客体。因此，申请人在书面说明中也应说明实线和虚线分别代表的内容，重点表明以虚线表示的部分不属于商标组成部分，从而明确申请商标所寻求的权利范围。

3. 位置商标图样表示的范例

为适应《新加坡条约实施细则细则》第3条第4~6款修正案的生效，规范全息图商标、动作商标、颜色商标、位置商标和声音商标的图样表示方法，商标法新加坡条约大会于2012年召开了关于国际书式范本1审查工作组会议，形成了修订后的新加坡条约国际书式范本1：商标注册申请书，为各国非传统商标的图样表示提供了范本。❷ 其中商标图样和书面说明中关于位置商标部分的范本如图4及图5所示。

四、位置商标在我国的保护现状及建议

随着《商标法新加坡条约》的制定与生效，一些国家和地区开始探讨修改相关法律法规，以增加位置商标的相关内容。实务层面，明确说明为"位置商标"的申请和注册实例也逐步增多。除最先承认位置商标的欧盟和德国外，根据国际商标协会的报告，美国、英国、法国、瑞士以及我国台湾地区等许多国家或地区都承认只要具有显著特征并能书面表示，即允许这些商标的注册。❸ 一些国家对企业进行的非传统商标需求调查中，位置商标与全息图商标、声音商标一起

---

❶ WIPO, Representotion of Non‑Traditional Marks Areas of convergence, WIPO Doc. STrad/INF/3, P. 3（May 5, 2009）.

❷ See WIPO, Review of Model International Form No. 1 of the Singapore Treaty on the Law of Trademarks, 4th (2nd Extraordinary) Sess., WIPO Doc. STLT/A/4/1 (Jul. 2, 2012).

❸ See Non‑Traditional Marks, Europe & Central Asia Subcommittee, Corresponding Case References and Illustrations: Registrability of Non‑traditional Trademarks in Europe & Central Asia (May, 2009) [EB/OL]. [2012‑08‑25]. http://www.inta.org/Advocacy/Documents/INTANontraditionalMatrixEuropeCentralAsia2009Appendix.pdF.

```
8.  Representation of the Mark

                    (8 cm x 8 cm)¹⁰

          ┌─────────────────────────┐
          │                         │
          │                         │
          │                         │
          │                         │
          │                         │
          │                         │
          └─────────────────────────┘

8.1   ☐   The applicant wishes that the Office register and publish the mark in the
          standard characters used by it¹¹.

8.2   ☐   Color is claimed as a distinctive feature of the mark.

          8.2.1 Indication of the color(s) claimed¹²:
```

图 4

```
9.1.5   ■  position mark.

           ■  description of the position of the mark in relation to the
              product:
              ..............................................
              ..............................................

           ■  indication of matter for which protection is not claimed:
              ..............................................
              ..............................................
```

图 5

被视作最需要保护的新商标类型。❶

在国际社会在立法和实务层面逐步开放位置商标注册、保护位置商标的大趋势下，有必要分析我国对位置商标的保护现状并提出相应的对策建议。

---

❶ 如日本知识产权协会于 2007 年 9 月至 10 月向日本 3100 家企业分发了关于新型商标的调查问卷，其中有 60% 的企业认为需要保护位置商标，与声音商标（63%）、全息图商标（58%）共同位居前列。

(一) 位置商标在我国的保护现状

1. 现行法律框架未涵盖位置商标

与前述许多国家对商标要素采取开放性定义不同,我国《商标法》目前对商标构成要素的规定仍然采用限定性的完全列举方式。❶ 因此在我国《商标法》未规定位置商标的情况下,商品特定位置的立体形状、图案、颜色或其组合申请注册为位置商标的,只能分别以立体商标、图形商标、颜色商标或组合商标进行注册保护。❷ 这种对位置商标保护的法律现状,不仅不利于对特定位置做出巨大努力的经营者和将位置与标识之结合作为区分商品或服务来源的消费者,甚至还会限制商业经营活动的多样性与市场发展,妨碍市场创新和竞争自由。

2. 现行审查实践未承认位置商标

商标的构成要素是一个动态发展过程,如果在立法中对其进行严格限定,那么,当经济与科技发展到一定阶段,这种限定式立法必然会给现实的保护带来障碍。实践中出现的德国阿迪达斯公司、萨塔有限公司商标注册案,虽都是因为商标缺乏显著特征而驳回注册,但也反映出我国现行商标审查实践中并未承认位置商标这一类型,只能套用一般的图形商标、颜色商标等类型进行审查与保护。这不仅会造成审查标准的不一致,而且客观上无法达到保护"特定位置的特定标识"之效果。

(二) 我国位置商标保护的对策建议

经济的发展、创新的要求,彰显出我国《商标法》关于商标构成要素的规定与商标保护目的之间的冲突。在世界各国逐步开放位置商标注册、企业有需求保护位置商标的大背景下,我国也应该结合现有保护制度的不足和未来发展需要,对位置商标保护进行一定的修改和完善,避免立法与现实需求相互脱离。

1. 开放位置商标的法律保护

TRIPS 并没有界定其未列举的那些商标是否具有显著性,位置商标只要符合显著性要求,即可纳入 TRIPS 的保护范围;《商标法新加坡条约》虽然并不强制要求缔约方承担注册包括位置商标在内的非传统商标的义务,允许其根据国内立

---

❶ 我国《商标法》第 8 条规定:"任何能够将自然人、法人或者其他组织的商品与他人的商品区别开的可视性标志,包括文字、图形、字母、数字、三维标志和颜色组合,以及上述要素的组合,均可以作为商标申请注册。"这一条也被视为我国商标法保护客体的法定定义。

❷ 钟鸣. 位置商标注册须取得"第二含义"——萨塔有限公司诉商标评审委员会商标驳回复审行政纠纷案详析 [N]. 中国知识产权报,2011 - 01 - 21 (7).

法自行决定是否纳入以及何时纳入,❶ 但也为位置商标保护提供了直接法律依据。可以说,位置商标作为一种新型商标得到法律的认可和保护应该是大势所趋,对我国亦是如此。

前文提到,我国现行《商标法》第 8 条以限定性完全列举的方式定义了商标的法定构成要素,这就使得相关司法解释和法规无法突破上位法的限制周延地对位置商标给予保护。在我国现行立法不完善,通过司法解释仍无法解决现实问题的情况下,增加位置商标的立法切实具有必要。

2. 完善位置商标的审查标准

商标审查需要从形式要件和实质要件两方面着手。实质要件方面包括显著性和非功能性的审查,前文已经说到,位置商标的功能性主要体现在平面或立体形状等标识上,位置不会发挥功能特性,因此位置商标的非功能性审查可以参照颜色商标、立体商标的相关标准。而显著性方面,由于位置商标一般缺乏固有显著性,第二含义无疑成为其能否获得注册的关键所在。笔者以我国商标审查的一般程序为依据,分步探讨我国位置商标的形式审查和实质审查(主要探讨第二含义审查)标准。

(1)形式要件的审查。

形式要件方面主要包括位置商标的图样和书面说明。

首先,商标主管机关应审查申请人是否提交了位置商标的图样,显示商标相对于商品或服务的特殊位置。图样必须对用于或意图用于商品或服务的商标作出充分准确的表示,若主管机关认为申请人所提交的图样不能清晰定义保护客体,可要求其使用虚线表明不申请保护的部分,或者补充递交由商标的一个视图构成的图片、图形、照片等。

此外,若商标主管机关认为申请人提供的图样不充分,还可要求申请人提供一份书面说明,解释商标相对于商品的位置。

(2)第二含义的审查。

我国商标法律制度承认经过实际使用而获得的显著性。由于位置商标在通常情况下不具有或难以具有固有显著性,这类商标只有获得第二含义才能够注册为商标。因此,对位置商标显著性的审查主要集中于第二含义的审查。

在审查位置商标是否通过使用获得第二含义时,商标主管机关首先应该将相关公众对该标识的实际认知情况作为最直接的判断因素,即相关公众是否将该位置商标作为商品或服务来源的指示。这一点可以通过消费者直接的言辞证据、市

---

❶ WIPO, New Types of Marks, SCT 16th Sess., WIPO Doc. SCT/16/2, para. 116 (Sep. 1, 2006).

场报告或消费者问卷调查报告等证据来判断，同时，商品生产者或服务提供者对这类位于特定位置标识的使用情况（如使用时间、使用方式）和使用效果（如市场份额），以及同行业的使用情况，也可以作为第二含义的相关证据。此外，商标主管机关还可以考虑企业在宣传位置商标时的投资、广告数量和形式，以及商会、产业界、其他贸易和专业协会所作的声明等促使该位置商标取得显著特征的其他因素。

从 Louboutin 案看美国单一颜色商标在时装领域的保护

董传传[*]

摘　要

2012 年美国联邦第二巡回上诉法院对一起单一颜色商标侵权案件进行了判决，通过该案件，法院认为时装领域单一颜色商标的可注册性，遵循了美国联邦最高法院在 Qualitex 案❶中确立的原则。对单一颜色商标的保护应该考虑两个主要问题：显著性和非功能性。时装领域的单一颜色本身不始终具有功能性，不能拒绝保护。我国正处于第三次《商标法》修改的关键阶段，该判例对我国的单一颜色商标保护有着积极的借鉴意义。

关键词

单一颜色获得显著性　美学功能　商标法修改

一、案情简介

上诉人（原告）Louboutin 公司以设计红鞋底的高跟鞋驰名。其鞋子与其他颜色的鞋子形成鲜明对比，由于社会公众对该红色鞋底的认可程度越来越高，

---

[*] 华东政法大学知识产权学院 2011 级硕士生。

❶ Qualitex Co. v. Jacobson Products Co., 514 U. S. 159, 162, 115 S. Ct. 1300 (1995).

Louboutin 公司于 2007 年 3 月 27 号向 USPTO（美国专利商标局）提出了商标注册申请，要求保护"单一红色"的标志。该商标在 2008 年 1 月被授权，对该商标的表述为：红色是标志的一个特征，该标志是由鞋底的单一红色鞋底组成。❶

　　2011 年被上诉人（被告）YSL 公司准备在市场推出一系列单色系鞋子，包括紫色、绿色、黄色和红色。YSL 公司单色系鞋子的风格是鞋子整体全部是一种颜色，所以红色的鞋子就全是红色的包括里面、鞋跟、表面和鞋底。2011 年 1 月 Louboutin 公司认为 YSL 公司生产单一红色的鞋子侵犯了其商标权，要求 YSL 公司把相关侵权鞋子撤出市场。Louboutin 和 YSL 公司为了避免进行诉讼还进行了磋商，但是这次磋商以失败告终，双方没能就有关事项达成一致。于是 Louboutin 于 2011 年 4 月 7 日根据《兰哈姆法》第 15 条❷提起诉讼，Louboutin 公司还试图寻求初步禁令来阻止 YSL 在诉讼期间继续销售红色单色系的鞋子，包括全是红色的鞋子、和 Louboutin 公司的鞋子相似的红鞋底的鞋子以及其他那些可能引起消费者混淆的鞋子。2011 年 8 月 10 号，地区法院作出裁定拒绝了禁令动议，认为 Louboutin 时装公司没有胜诉的可能性。通过对美国联邦最高法院审理的 Qualitex 案件❸的解读，地区法院认为，单一颜色商标只有仅仅作为符号区分商品来源，并且没有重大功能性的时候才能受到商标法的保护。在时装领域，单一颜色本身具备功能性，不能受到商标法的保护。❹

　　Louboutin 公司将此案上诉到联邦巡回上诉法院。联邦巡回上诉法院的法官经过审理，认为单一颜色的商标不能注册的裁定与之前的 Qualitex Co. v. Jacobson Products Co.❺案件确立的原则并不一致，Louboutin 公司的商标是由高跟鞋的红色油漆鞋底构成，已经取得了有限的"第二含义"，具备了显著性。依据《兰哈姆法》第 37 条❻所赋予的权利，法院认为该商标应当受到保护。同时拒绝原告所要求的禁止他人在任何情况下使用红色鞋底的诉求，认为该单一颜色商标只在

---

❶　Christian Louboutin S. A. v. Yves Saint Laurent Am. , Inc. , 778 F. Supp. 2d 445, 451, 457 (S. D. N. Y. 2011).

❷　《兰哈姆法》第 15 条规定了一个商标连续使用 5 年具有不可争议的法律地位，应当受到保护。

❸　Qualitex Co. v. Jacobson Products Co. , 514 U. S. 159, 162, 115 S. Ct. 1300 (1995).

❹　See Christian Louboutin S. A. v. Yves Saint Laurent Am. , Inc. , 778 F. Supp. 2d 445, 451, 457 (S. D. N. Y. 2011).

❺　514 U. S. 159, 162, 115 S. Ct. 1300, 131 L. Ed. 2d 248 (1995).

❻　《兰哈姆法》第 37 条："在涉及注册商标的诉讼中，法院可以确定注册的权利，命令撤销整个或部分商标的注册，恢复已撤销的注册，以及改正注册簿有关诉讼任何一方当事人的注册。给局长的法院判决或命令应经法院证明；局长应在美国专利商标局的档案上作相应的记录，并受其管辖。"

有限的范围内具有显著性。❶

关于该案主要涉及两个方面的问题：第一，单一颜色是否可以作为商标受到保护；第二，时装领域的单一颜色是否具有内在的美学功能，以致其不能被注册为商标。笔者就这两个主要问题进行阐述，首先分析单一颜色标志的注册条件，接着再分析单一颜色在时装领域受到保护的合理性，最后结合我国实际情况，为我国对单一颜色商标的保护提出切实可行的建议。

二、单一颜色商标的可注册性分析

（一）美国单一颜色商标的保护历史

在《兰哈姆法》第15条规定的现代商标注册制度之前，单一颜色商标的法律地位并不明确。尽管早在1906年美国联邦最高法院在 Leschen & Sons Rope Co. v. Broderick & Bascom Rope Co.❷ 案件中认为单一颜色标识能否构成有效的商标值得怀疑。美国联邦最高法院只给出了一些模棱两可的怀疑，没有具体阐述。其他法院有时运用不正当竞争法中的原则来保护对单一颜色标志的使用，例如在 Yellow Cab Transit Co. v. Louisville Taxicab & Transfer Co. 案中，第六巡回上诉法院的法官认为长时间地在出租车上使用黄色可以被给予保护。❸ 因为该使用行为建立良好商誉，并且具有"第二含义"。尽管法院并没有进一步认为单一颜色标志可以获得商标保护，但是一些法院意识到单一颜色在某些情况下可以单独受到保护，只要其在标志的使用过程中获得了"第二含义"即可。在《兰哈姆法》通过之后，该法使用较宽泛的语句表述了商标保护的条件，"商标不限于任意或臆造的文字和符号，任何文字、名称、符号或者图案以及这些要素的组合都可以注册为商标"。但是尽管《兰哈姆法》没有限制单一颜色商标的注册，但是实践中单一颜色标志的注册问题一直处于休眠状态，直到1985年联邦巡回上诉法院对 Owens – Corning 案❹作出判决。该案涉及在玻璃纤维制造商能否在其绝缘材料上使用粉红色商标，法院认为如果一个标志本身具有或者获得了显著性，那么它就能够注册为商标。法院还认为粉红色商标并不具备功能性，该标志只发挥了指示商标来源的商标法上的功能，所以符合商标注册的条件。

---

❶ See Christian Louboutin S. A. v. Yves Saint Laurent Am., Inc., 696 F. 3d 206 (2d Cir 2012).
❷ See Leschen & Sons Rope Co. v. Broderick & Bascom Rope Co., 201 U. S. 166, 171, 26 S. Ct. 425, 50 L. Ed. 710 (1906).
❸ See Yellow Cab Transit Co. v. Louisville Taxicab & Transfer Co., 147 F. 2d 407, 415 (6th Cir. 1945).
❹ Owens – Corning, 774 F. 2d at 1122.

关于颜标志标是否能够作为商标保护的问题最终是在 1995 年美国联邦最高法院审理的 Qualitex 案中得到解决的。该案涉及在便笺簿上使用绿金色要求商标保护的问题。在面对单一颜色商标能否获得商标注册的问题时，美国联邦最高法院驳回了第九巡回上诉法院关于单一颜色不能获得商标法保护的判决，认为"我们很难在现代商标法中找到一个理由来对颜色商标不予保护。"❶ 法院进一步阐述到，单一颜色可以满足商标法要求的基本注册条件，因为颜色商标可以区分不同公司的产品，指示商品的特定来源，而不发挥任何其他重大的功能。❷ 因此，从美国的先例来看，单一颜色标志是可以获得商标注册的。

（二）单一颜色商标的注册条件

从美国的司法实践来看，单一颜色商标要想获得注册必须满足两方面的要求：第一，颜色标志通过使用获得"第二含义"；第二，该颜色不具有功能性。下面笔者就从这两个方面分析单一颜色商标的可注册性。

1. 显著性要件

显著性是指一个标志能够区分商品来源的能力，分为内在显著性和或获得显著性。有些标志本身具有描述性特征，不能直接指示商品来源，但是他人经过使用，使该标志具备了"第二含义"后，该标志就可以注册为商标。区分商品来源是商标的主要功能，商标法的主要目的也是为了保护商标的识别功能，防止消费者混淆，因此一旦一个标志具有区分商品来源的功能就能够受到商标法的保护。美国《兰哈姆法》规定："商标注册时，申请人必须证明该标志具有以下特征：（1）该标志具有内在显著性或者通过具备'第二含义'获得显著性；（2）非功能性。"❸ 因此单一颜色商标获得注册的首要条件就是具有显著性。

颜色本身不具有显著性，这主要因为：第一，颜色具有描述性，颜色本身是一种描述性符号，主要作用在于描述商品的外在特征，不具有区分商品来源的天然属性；第二，颜色给人以视觉美感，可以起到宣传作用，吸引消费者的注意。所以颜色本身的显著性程度较低，不符合商标的注册条件。但是并不是说颜色就不能注册为商标，笔者认为在颜色具有识别功能的时候，就可以被注册。颜色标志通过长期使用，可以使该标志获得了"第二含义"，能够指示特定的商品来

---

❶ Qualitex Co. v. Jacobson Products Co., 514 U.S. 159, 162, 115 S. Ct. 1300, 131 L. Ed. 2d 248 (1995).

❷ Qualitex Co. v. Jacobson Products Co., 514 U.S. 159, 162, 115 S. Ct. 1300, 131 L. Ed. 2d 248 (1995).

❸ 15 U. S. C. A. § 1127 (West 2006).

源，获得商标法保护就是理所应当的了。

2. 非功能性要件

非功能性是美国商标法的主要原则，功能性原则的价值在于阻止商标权对有实际用途商品生产者的垄断，限制合法的竞争者使用该标志。对于商标来说，商标法并不保护创新，所以商标保护是没有期限的，如果对具备功能性的商标进行保护，那么一些具有实用功能的商品将永远无法进入公有领域。美国商标法确立了功能性原则的两种形式，即"实用功能"和"美学功能"。

第一，实用功能。实用功能已经被美国大多数法院所认可，并且有了明确的含义。早在1982年的Inwood案中法院就对颜色是否具备功能性作了具体阐述❶，该案涉及药片的颜色是否可以注册的问题，法院认为涉案的颜色能够帮助病人认清不同药片的作用，所以该颜色是具有功能性的。因此，在Inwood案件中确立的产品的功能性特征使得该特征不能受到商标法的保护。1995年美国联邦最高法院在Qualitex案中最终确立了颜色商标的可注册性，其中法院认为"如果一个产品特征对利用该产品是必需的或者影响该产品的质量或降低该商品的造价，那么该特征就被认为是具有实用功能性。"❷ 所以，颜色具有以下特征将不能获得注册：（1）该颜色是商品本身的颜色，例如黄色不能注册在橙汁上；（2）颜色能够影响产品的使用，例如上述的药片颜色帮助区分药片的作用；（3）颜色可以提高商品的质量或降低成本，例如一些饮料瓶上的黑色不能获得注册，因为黑色可以起到避光的作用使得瓶内的饮料保持新鲜；❸（4）颜色传递着公共信息，例如在消防设备上不能注册红色。

第二，美学功能。美学功能原则在美国一直受到质疑。虽然早在1913年美国法院就认识到了美学功能的存在，第三巡回上诉法院在John H. Rice & Co. v. Redlich M fg. Co. 一案中指出，美学特征同样会带来竞争优势。❹ 之后在1938年美国侵权法重述第742条中明确描述了美学功能，"如果消费者购买商品很大程度上是因为商品所具有的美学功能，那么这些美学特征就具有功能性，因为它们促成了美学价值的产生，有助于商品所要达到的目标的实现……确定这些特征是否具有功能性要看禁止他人模仿是否剥夺了他人利益并进而实质上阻碍了

---

❶ Inwood LabS., 456 U. S. at 850 N. 10.

❷ Qualitex Co. v. Jacobson Products Co., 514 U. S. 159, 162, 115 S. Ct. 1300, 131 L . Ed. 2d 248 (1995).

❸ California Crushed Fruit Corp. v. Taylor Beverage & Candy Co., 38 F. d 885 (D. Wis 1930) .

❹ John H. Rice& Co. v. Redlich M fg. Co., 202 F. 155, 157 (3d Cir. 1913).

他们进行自由竞争。"❶ 但是直到 1952 年，美国第九巡回上诉法院才第一次用功能性理论裁定拒绝保护某一标志。❷ 功能性特征是一个商品获得商业上成功的必要因素，而自由竞争的利益就在于允许在除了版权和专利权控制的领域外存在模仿行为。

美国反不正当竞争法重述（第三次）则对侵权法重述和第九巡回上诉法院设定的美学功能的标准进行了限制，认为单纯美学意义上的愉悦不构成功能性，只有它能够带来一种实质利益（significant benefit），而这种利益又不能通过替代图案来获得的情况下，该图案才具有功能性。❸ 美国联邦最高法院在 Qualitex 案中认可了美学功能原则，认为美学功能的最终测试标准是看授予具有美学意义的标志以商标权是否会严重影响竞争。6 年后，美国联邦最高法院在 TrafFix 案中又一次重申了该标准，美学功能原则的主要问题是：认可一个具有美学意义的商标是否会将合法竞争者处于无法建立商誉的不利的地位。❹

因此对于颜色商标来说，要想获得注册既要满足该颜色不能具有实用功能，又要满足该颜色不能具有美学功能。颜色商标的实用功能要看该颜色是否"对利用该产品是必需的或者影响该产品的质量或降低该商品的造价"；而美学功能最终要看该颜色是否能为使用人带来利益，并且该利益的获得是不能通过其他的图案所代替，即是否会严重地影响竞争。

三、单一颜色商标在时装领域是否始终不能获得注册

（一）时装领域的单一颜色是否始终具有功能性

时装以其时尚的造型、质地、样式和颜色吸引着广大消费者。对时装领域而言，颜色是必不可少的一种要素，时装设计者通过不同的颜色向消费者传递不同的信息，或是温暖，或是清凉，或是阳光。这正是颜色在时装领域的魅力所在。因此，在 Louboutin 案中，纽约南区法院认为，虽然原告的单一红色具有显著性，但是颜色是时装领域所必需的元素，如果在时装领域给予颜色以保护，那么就会导致其他竞争者不能自由地使用所有颜色，将会严重地影响竞争。❺ 因此，法院

---

❶ Restatement (Second) of Torts § 742, comment a (1938).
❷ See Pagliero v. Wallace China Co., 198 F. 2d 339 (9th Cir. 1952).
❸ 杜颖. 单一颜色商标注册问题研究——以美国法为中心的比较分析 [J]. 法学评论，2009 (1).
❹ See TrafFix, 532 U. S. at 32.
❺ See Christian Louboutin S. A. v. Yves Saint Laurent Am., Inc., 778 F. Supp. 2d 445, 451, 457 (S. D. N. Y. 2011).

判定颜色在时装领域具有天然的功能性,它本身具有装饰和表达美感等功能,而不具有区分商品来源的功能。不能给予商标法的保护。

笔者认为,地区法院对时装领域的颜色具有功能性看法存在以下几个问题:第一,对使用功能的判断应当具体到实际所使用的单一颜色,而不能以该领域所有的颜色来笼统地判定。原告所要求保护的是单一红色,要判断这一颜色是否具有功能性,看该颜色的使用是否符合 Inwood 案确立的标准。从本案来看,单一红色标志的使用既不能降低产品的造价也不能提高该产品的质量,所以是不可能具有实用功能的。法院只关注了颜色本身的是时装领域必需的,而没有关注在鞋子上使用单一红色是否是必须,这样判定功能性是存在问题的。第二,对美学功能的判断应当结合该标志使用的范围和方式,而不能单纯以是否影响了其他竞争者的使用来判定。美学功能的要求是使用该颜色会对合法竞争造成阻碍。Louboutin 公司只是在鞋底使用单一红色,对该红色的保护既不会影响他人在相同位置使用其他颜色,也不会影响他人在其他位置使用相同颜色,即该颜色的使用不会严重损害其他竞争者的合法利益。第三,已经取得"第二含义"的标志便能够指示商品来源,法院不应当禁止注册。Louboutin 公司已经持续使用该标志 20 多年,并且投入大量资金建立了该品牌的商誉,一直致力于向公众传递其单一红色的高跟鞋意味着时尚、高雅。也已经有足够的证据表明 Louboutin 公司在广告支出、媒体报道和销售业绩方面都获得成功,证明了"红色鞋底标志"获得了"第二含义",使公众把该标志与其商品联系起来。在此情况下对该单一红色不予保护是没有依据的。

(二) 时装领域对单一颜色商标保护的必要性

美国的一项调查显示,一个品牌被大众所知 80% 是由于其颜色,而 90% 的人更是仅仅依靠颜色对商品进行估价。❶ 因此颜色对产品的销售有着极为重大的影响,大多数人仅仅通过对商品大约 90 秒的观察就在潜意识中对商品的价值进行判断。所以许多商品生产者开始向颜色心理学家和品牌专家寻求帮助,希望通过使用颜色来达到吸引消费者的目的,同时希望把使用的颜色进行商标注册。在时装领域,颜色更是消费者所主要考虑的购买因素,为了达到吸引消费者的目的,越来越多的企业注册单一颜色商标。笔者认为这种趋势是与商标法的基本目标相符的。

首先,从经济效率方面上说,商标法通过保护商标的区分功能以减少消费者

---

❶ Jill Morton. Why Color Matters, Colorcom (2005) [EB/OL]. [2012-11-20]. http://www.colorcom.com/why_color.html.

的搜索成本,提高市场经济效率。一些显著性较强的商标能够使消费者轻易从众多商品中挑选出自己需要的商品,减少消费者选择商品的时间和精力,而那些令人混淆的标志则会降低这种效率。单一颜色商标作为区分商品来源的标志,可以显著提高市场经济效率。这正如原告的单一红色标志绝对会比"Louboutin"标志更能引起消费者的注意,"就算不是时装界的人也能从该知名的红鞋底认出该鞋子的来源"❶。相比较传统商标来说,具有显著性的单一颜色更符合商标法促进经济效率的这一目的。其次,从保护消费者利益角度上讲,单一颜色标志通过使用具备"第二含义",已经得到了消费者的认同,就应当受到商标法的保护。正如有些学者所说,不管商业标识对所有人而言多么有价值,在事实上都不是由商标所有人独立"创造"的,更不可能由他"所有",商标的含义和形象,不在于所有人诠释,而在于消费者的解读,社会公众才是商标的缔造者。❷ 因此,对单一颜色商标的保护应当考虑到社会公众是否把该颜色与相关产品联系起来;最后,时装领域的知识产权保护力度不足也是单一颜色商标应当受到保护的因素之一。时装在某些时候被视为艺术品,时装设计者通过其创造性的劳动设计时装样式。因此不少国家已经主张对时装给予知识产权保护,主要有版权保护、外观设计保护以及商业外观的保护。但是无论是版权还是专利,都无法使时装获得全面的知识产权保护,并且版权和专利都只对创造性成果的保护,而有些时装的创造性并不高。因此我们必须在此之外给予时装更多的知识产权保护,对于时装领域那些能区分商品来源的标志授予商标法的保护便是理所应当的。

四、本案对我国单一颜色商标保护的启示

我国《商标法》对单一颜色商标的保护一直没有明确的规定,《商标法》第8条采用非穷尽的列举可注册为商标的标志范围,并没有出现单一颜色标志。而我国《商标审查及审理标准》第二部分明确规定单一颜色标志缺乏显著性,不能获得注册。❸ 尽管也有人以单一颜色向我国申请商标保护,但是无论是法院还是商标评审委员会都驳回了该请求。由此可见,我国无论从立法还是司法领域,对单一颜色商标的保护还是处于空白阶段,对单一颜色商标的可注册性问题研究还不够深入。不过,随着世界各国都开始对单一颜色商标注册进行认可,我国也开始酝酿对单一颜

---

❶ Christian Louboutin S. A. v. Yves Saint Laurent Am., Inc., 778 F. Supp. 2d 445, 451, 457 (S. D. N. Y. 2011).

❷ See Steven Wilf, Who Authors Trademarks? (1999) 17 Cardozo Arts & Entertainment Law Journal 45-46.

❸ 魏森. 颜色商标及其审查标准研究 [J]. 河北法学, 2008 (2).

色商标进行保护。2012 年全国人大公布的《商标法修正案（草案）》第 8 条第 2 款规定："在商品、商品包装上使用的单一颜色，通过使用取得显著特征，能够将该商品与其他的商品区别开的，可以作为商标申请注册。"该款正面规定了单一颜色标志只要通过使用获得显著性，具备区分商品来源的功能就可以被注册。笔者认为该款的规定符合国际商标法发展的趋势，具有重大的意义。

仅仅简单规定单一颜色标志具有可注册性是远远不够的，因为单一颜色标志不同于一般的颜色商标，其显著性只能来源于使用，所以我们对该标志的保护应该有所区别。第一，单一颜色标志的显著性程度较低，完全依赖于商家的使用行为。在我国还没有完全建立商标使用制度的前提下，对使用行为的要求就变得更为重要。一个单一颜色标志要想获得注册，就必须满足如下条件：（1）在商业中持续使用；❶（2）商标性使用，单一颜色的使用应该与其商品联系起来，使该标志产生区分商品来源的功能。消费者通过该单一颜色能够准确地分辨该商品的来源，而不是仅仅把该颜色当成装饰。对于单一颜色显著性的判断可以借鉴国外的一些做法，要求申请人提供该标志实际使用的证据以证明其具有"第二含义"，这些证据包括：商标使用的范围和时间、消费者对该标志的认知和广告宣传的范围和力度等。第二，单一颜色商标的保护范围。单一颜色商标具有有限的显著性，这种有限的显著性应当与商标的使用方式和范围有关。颜色在使用中没有固定的形状和界限，面积大小也不统一，或者覆盖产品的全部或者是一部分，或者只是以此种颜色加以点缀。❷ 颜色范围的不确定性导致了商标保护范围的模糊，我们在确定保护范围的时候应该从两个方面进行界定：一方面，从单一颜色商标的使用环境来判定，依据在商品上实际使用的位置和范围大小来具体分析；另一方面，根据消费者对该单一颜色的认知，以消费者对该标志的认识范围来确定要保护的商标的权利范围。特别是在侵权过程中，要看消费者是否对单一颜色产生了混淆。第三，把单一颜色的识别功能与美学功能区分开来。我们对单一颜色标志的保护并不包括其功能。美学功能作为功能性的一种，在商标法领域是不被允许的，但是在颜色领域对美学功能的判断却是十分棘手的事情。因为颜色本身就具备了一定美学意义，无论使用在什么样的商品上，都可以起到装饰作用。那么单一颜色标志只有具有极强的显著性的时候，才能真正脱离其美学功能的限制。因此我们在判断单一颜色标志的显著性和美学功能的时候应该考虑该颜色的使用不会影响竞争，只有给其他竞争者留下了足够多的可选择颜色，才能受到保护。

---

❶ 刘书琼. 如何认定《商标法》第 31 条中的商标"使用"［J］. 中华商标，2011（8）.
❷ 夏扬. 单一颜色商标注册法律问题探析［J］. 知识产权，2008（3）.

注册商标并行使用问题研究

李奕霖[*]

摘 要

依据现行《商标法》的规定,禁止在相同或者类似商品、服务上使用与他人相同或近似的商标,但在 2010 年最高人民法院审判实例中却做出了允许注册商标善意并行使用的判决。虽然允许注册商标并行使用能够在一定程度上保护善意在后使用商标权人的利益,同时促进市场公平竞争。但仍应该认识到,在我国注册原则背景下,商标并行使用具有较强的个案色彩,不应扩大其适用范围。再者,明确混淆可能性的判定是商标并行使用的前提。

关键词

注册商标并行使用 适用要素限制因素 并存协议

引 言

商标并行使用,英文谓之"concurrent use of trademark",这一概念源于美国

---

[*] 华东政法大学 2010 级知识产权专业硕士研究生,本文改自其毕业论文,指导老师为王莲峰教授。

联邦最高法院于 1916 年、1918 年作出的两则具有深远意义的裁判❶。世界知识产权组织（WIPO）将该种商标使用情形界定为"trademark coexistence，不同的市场经营者在相同商品或服务上使用相同或近似的商标从事商业活动，而不会产生相互影响各自经营活动的情形。"❷ 在我国，台湾学者曾陈明汝将这种情形翻译为"商标之并行使用"，是指"在确立容许二以上之人就同一或近似之商标得以同时注册使用的情形"，而大陆学者则较多表述为"商标共存"。

"商标并行使用"与"商标共存"存在一定差别。根据《现代汉语词典》的解释，并行意指"同时实行或实施"，商标并行使用即为商标同时实施使用的行为也即商标并用；而共存是指某一事物与其他事物共同或同时存在。❸ 商标并行使用从商标的本质出发，着眼点在于"使用"；共存则强调商标使用之后所产生的一种共同存在的结果。商标作为使用在商业上的标识，其最基本的特性是标识性，其受法律保护的基础最终体现在通过使用所具有的识别性上。❹ 试想若允许在相同或类似商品或服务上"共存"两个或两个以上的使用相同或近似商标的权利（人），则势必有违我国《商标法》的"专有使用权"。与此同时，"共存"一词很容易让人不加区分地理解为所有商标的共存，如一未注册商标存在事实上的使用在先，则与之近似的注册商标会产生"共存"；再如，分别在不同类别注册的多个近似商标，其中一个商标权人通过扩大经营在其他商品类别上将该近似商标予以使用，同样会形成"共存"；此外，在申请注册商标时，受理申请的主管机关程序上的疏忽大意同样会产生"共存"；联合商标的单独转让而造成的"共存"；以及随着经济全球化扩张，分属不同国家的两近似商标权人商业习惯的变化，将使用在相同或者类似商品或服务上的近似商标，进入到同一第三国家市场从事商业活动使用，而形成的"共存"。❺ 这些无疑都可以是"商标共存"。本文倾向于采用"商标并行使用"这一称谓的原因在于，正如前述所言，商标本质上是标识权，其唯有在商业活动中被用作区分商品或者服务来源的标识，才有可能产生"共存"的事实状态。换言之，

---

❶ 商标并行使用的最早判例可以追溯到 Hanover Star Milling Co. v. Metcalf, 240 U.S. 403（1916）和 U-nited Drug Co. v. Theodore Rectanus Co., 248 U.S. 90（1918）. 之后，经 1959 年汤·德纳特案 Dawn Donut Co. v. Hart's Food Stores, Inc., 267 F. 2d 358（2d Cir. 1959）. 得以充实。

❷ Tamara Nanayakkara, Trademark coexistence, IP and business, WIPO Magazine, 2006, p18.

❸ 中国社会科学院语言研究所词典编辑室. 现代汉语词典 [M]. 5 版. 北京：商务印书馆，2010：99，479.

❹ 孔祥俊. 商标法适用的基本问题 [M]. 北京：中国法制出版社，2012：58.

❺ 最高人民法院（2009）民三终字第 3 号民事判决书。

正是通过具有商标法意义上的商标使用行为，才会引起诉争商标之间在符合个案特定条件下的，在相同商品或者服务上使用商标或者近似商标的共存情形。

一、注册商标并行使用的实证与理论剖析

（一）注册商标并行使用的典型案件实证分析

为了解我国司法实务对注册商标并行使用案件的处理方式，本文收集了国内法院公布的所有相关的典型案例。本文所选取的案例均具有很强的个案代表性，其中"鳄鱼"商标案、"散列通与散利痛"商标案、"啄木鸟"商标案、"采乐"商标案和"良子"商标案等，均来源于《最高人民法院公报》《最高人民法院知识产权审判案例指导》所收录的案件，如表1所示。

表1 商标并行使用部分案例、诉争商标及其使用情况

案号	诉争商标	被控侵权使用情形
（1997）二中知初字第43号 （1998）高知终字第71号	MYSHEROS 蜜雪兒	MISHER
（1999）沪二中知初字第13号 （2004）沪高民三（知）终字第27号	张小泉	"泉字牌"图形商标 上海张小泉
（2001）一中知初字第343号 （2003）高民终字第399号	恒生	恒生 ASCEND 恒生及图形
（2002）黄民三（知）初字第44号 （2003）沪二中民五（知）终字第9号	好帮手	84好帮手
（2004）湘高法民三初字第10-1号	奥拓	江南奥拓
（2007）高行终字第404号 （2008）行提字第2号	采樂	采乐 CAILE
（2006）二中民初字第1017号 （2007）高民终字第540号	泥人张	北京泥人张
（2007）济民三初字第103号 （2008）鲁民三终字第7号 （2008）民三监字第10-1号	狗不理	天丰园狗不理包子 济南名吃天丰园狗不理包子
（2008）高行终字第19号 （2009）一中行初字第305号	鸭王	上海全聚德鸭王

续表

案号	诉争商标	被控侵权使用情形
（2007）行监字第 111-1 号 （2009）行提字第 1 号	散利痛	散列通
（2006）高行终字第 532 号 （2008）行监字第 168 号	杜康	汝阳杜康 伊川杜康
（2000）高民初字第 29 号 （2009）民三终字第 3 号	鳄鱼图形 鳄鱼图 + LACOSTE	crocodile + 鳄鱼图形
（2010）武知初字第 171 号 （2010）武知初字第 172 号	钱柜 PARTYWORLD	武汉铜锣湾钱柜
（2009）高行终字第 141 号 （2011）一中知行初字第 1 号 （2012）高行终字第 60 号	良子	北京良子
（2012）高行终字第 523 号 （2012）高行终字第 524 号	啄木鸟图形， TUCANO 及啄木鸟图形	啄木鸟图形商标

1. 典型案例法院判决梳理

随着商标法理论的不断发展，我国司法实践在摸索中不断突破旧式判案思路，各地法院逐渐认识到认定商标侵权理应以是否导致公众混淆商品或者服务来源为标准。两近似商标在相同或者类似商品上并行使用，形成共同存在的情况也逐渐被认可，具体情况如下。

（1）法院通过调解方式促使双方达成协议来解决诉争注册商标并行使用问题。

在"北京恒升集团诉北京恒生公司及北京金恒生公司"侵犯商标专用权纠纷案中，双方在二审法院主持下，自愿达成协议：北京市恒生科技发展公司（以下简称"恒生公司"）、北京市金恒生科技发展有限公司（以下简称"金恒生公司"）承诺将积极采取各种措施避免相关消费者对双方产品来源的混淆和误认；恒生公司、金恒生公司承诺对北京恒升远东电子计算机集团（以下简称"恒升集团"）的"恒升"商标给予充分尊重，同时恒升集团确认对恒生公司注册的"ASCEND 恒生""恒生"商标的合法性不持异议。❶ 双方就诉前所产生的经济损

---

❶ （2003）高民终字第 399 号。

失一并达成了补偿协议。

（2）法院将诉争商标当事人之间并存协议纳入商标行政纠纷考量范围，对注册商标并存协议效力进行审查。

2007年商标评审委员会上指出商标权为私权，申请商标与在先注册商标的冲突主要为私权纠纷，当事人之间达成并存协议一方面能够快速解决商标争议，另一方面在商标评审中还要坚持混淆可能性标准，综合考虑各方因素以保护消费者利益。❶ 北京市高级人民法院在"良子"商标案❷二审判决书中认为，商标权是私权，可以根据契约自由的原则进行约定。如果注册商标之间能够并行使用而共同存在，双方约定不违反不正当竞争法律、法规的强制性规定，是当事人的真实意思表示，且没有损害消费者的利益及公共利益，则应当认定合法有效。

（3）法院对个案中的特殊因素予以考量，相对适用商标法。

首先，《商标法》第52条对特殊历史因素的避让。受历史传承、地域变动等影响，诸如"鳄鱼""张小泉""奥拓""泥人张""钱柜"等商标在争议中极具个案色彩。在杭州张小泉集团有限公司（原杭州张小泉剪刀厂，以下简称"杭州张小泉"）诉上海张小泉刀剪总店（以下简称"刀剪总店"）、上海张小泉刀剪制造有限公司（以下简称"刀剪公司"）商标侵权及不正当竞争纠纷案中，法院考虑到纠纷发生的历史情况，根据公平、诚实信用的法律原则，既不认定"刀剪公司"的使用构成对"张小泉"商标的侵权，又对其今后使用行为做出合理限制。在"泥人张"案❸中，北京市高级人民法院确认两"泥人张"❹在产品种类、产品特点、制造工艺、销售渠道、消费群体上存在一定差异，两家"泥人

---

❶ 商标评审委员会2007年第24次委务会研究认为："商标权为私权，申请商标与在先商标之间是否存在冲突主要是私权纠纷，应当由当事人通过法律程序主张，在驳回复审案件中，申请人与引证商标所有人达成共存协议，已经消除了当事人之间的权利冲突。而且，申请人与引证商标所有人签订共存协议，表明双方在实际使用商标时不会相互'搭车'，并且可以推定其具有相互区分的善意。因此，对当事人之间的共存协议完全不予考虑，不尽合理。但是，保护消费者利益是《商标法》第二十八条的立法目的之一，也是我国《商标法》的立法宗旨之一，故在决定是否允许共存时还应考虑双方商标整体是否能够为消费者区分，共存是否容易造消费者混淆。为此，需要综合考虑双方商标使用商品的类似程度、双方商标的近似程度及各自知名度。"

❷ (2009) 高行终字第141号。

❸ (2007) 高民终字第540号。

❹ "泥人张"最早是指清末道光年间著名的民间泥塑艺人张明山。1844年，张明山为著名京剧演员余三胜塑像，十分传神，名闻于时，被人们称为"泥人张"。案中原告为"泥人张"第五代传人（天津）。被告"北京泥人张"始创于清道光年间，第一代"北京泥人张"的创始人张延庆，采用特殊的泥土制作手工艺品——高档蛐蛐罐，在京城王府等买家中备受欢迎，被尊为"泥人张"。

张"可共存❶,最终判决"北京泥人张"附加区别性标识继续使用"泥人张"商标。同样"奥拓"案❷所体现的历史因素的影响更为突出,商标评审委员会于2006年裁定长安汽车注册的"奥拓"商标有效,同时另行裁定认为,"江南奥拓""长安奥拓"商标分别为江南汽车和长安汽公司所拥有。❸最终,法院组织调解,双方自愿达成协议而息争。

其次,综合诚实信用原则对商标使用的时间先后、主观善意因素予以考量。典型实例如"钱柜""蜜雪儿""泥人张"等。"钱柜"案中,法院认为争议焦点为诉争商标在特殊情况条件下能否并存。裁判逻辑遵循历史—现状—公平的步骤。❹诉争商标的注册时间早于被告阳光钱柜公司且被告在使用"钱柜"字样时并不知道已有在先的注册商标。最终,不认定构成侵犯商标专用权。再如"泥人张"案,法院判决中明确在后的"北京泥人张"系善意使用行为。❺在"蜜雪儿"案❻中,二审法院综合各方提供的证据最终撤销一审法院的判决,判决"北京蜜雪儿"作为未注册商标与"台湾蜜雪儿"并行使用。

最后,商标并行使用过程中排除混淆可能性,商标获得竞争区别性。"合理划分商标权的排斥范围,保证经营者之间对商标使用有清晰的边界,使自主品牌的创立和发展具有足够的法律空间"❼是处理商标纠纷的司法政策。尽管在事实上不可能完全划清各市场经营者之间的商标权边界,但退而求其次避免"有你没我"局面,允许在特殊情况下对一定程度的混淆容忍的思路,在最高人民法院审理的一系列涉及并行使用案件中反映尤为明显。其中以法国拉科斯特股份有限公司(以下简称"法国鳄鱼")诉新加坡鳄鱼国际机构私人有限公司(以下简称"新加坡鳄鱼国际公司")侵犯商标专用权纠纷一案❽为代表。最高人民法院认为诉争标识在市场内拥有各自消费群体,已成为可区别的标识。因而,"法国鳄鱼"与"新加坡鳄鱼"得以并行使用。同样的判决思路在"散列通"与"散利痛"案❾

---

❶ 田力普. 知识产权案例读本 [M]. 北京:知识产权出版社,2010:210.

❷ (2004) 湘高法民三初字第 10-1 号.

❸ 王文波. 同门兄弟法庭争"奥拓"[J]. 中华商标,2006 (10).

❹ 尹为,魏大海,杜健. 特殊情况下构成要素相同商业标识的善意共存——钱文公司诉阳光钱柜公司侵犯商标权纠纷案评析 [J],科技与法律,2012 (3).

❺ 田力普. 知识产权案例读本 [M]. 北京:知识产权出版社,2010:210.

❻ (1998) 高知终字第 71 号.

❼ 《最高人民法院关于当前经济形势下知识产权审判服务大局若干问题的意见》(法发 [2009] 23 号).

❽ 最高人民法院公报知识产权案件年度报告 (2010),第 31 页;(2009) 民三终字第 3 号.

❾ 最高人民法院 (2009) 行提字第 1 号;(2007) 行监字第 111-1 号.

中也有体现。在"采乐"商标纠纷案❶中,最高人民法院不认为圣芳公司在日化用品上注册使用争议商标足以误导公众,产生混淆,遂判决两商标在药品和日化用品的各自相关市场中并行使用可以并存。

3. 问题现状归纳

从对上述所搜集案件的梳理（见图1）,笔者认为,注册商标并行使用在我国实务中存在以下问题:（1）对商标并行使用判断缺乏统一标准,各地法院存在不同认知。从上述案件的分析可以看出,并行使用问题的司法审判仍处于摸索期,一、二审之间乃至于再审会出现截然相反的判决结果。（2）权利冲突为问题核心,现有相关规范可适用性低,内容零散。不难看出,法官对法律条文很难对号入座,现有法律仅能扩张解释出模糊规定,适用中存在缺陷。（3）对商标并行使用适用的条件存在误读,有扩大适用的趋势。提倡商标并存的理论研究越来越多,鼓励之声越发洪大,各学者提倡借鉴国外经验的同时忽视了适用环境的特殊性。

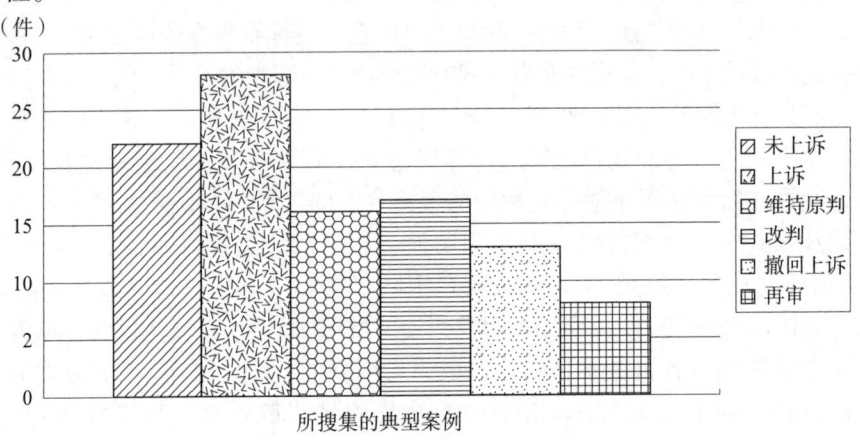

图1 案例上诉及改判等情况

（二）注册商标并行使用的理论分析

1. 国内理论研究情况

从整体上来看,我国对商标并行使用的理论研究散见于各学者所著文章中,对该问题的理论研究仅限于点到为止的引入性介绍和国外相关问题的简介,目前尚未有系统理论研究。学者李扬在其《知识产权法总论》一书中对共存进行了

---

❶ 最高人民法院（2008）行提字第2号。

介绍，包括注册商标与其他商业标记共存的发生原因和种类以及注册商标与其他商业标记之间共存出现的问题及解决办法两部分。❶ 台湾学者曾陈明汝在其《商标法原理》一书中将有关并行使用问题与商标异议、撤销一并进行了讨论，介绍了美国并行使用问题。❷

"鳄鱼"商标案是我国商标法并行使用问题发展的一个里程碑。司法政策也体现出商标并存的理念，其指出："要妥善处理最大限度划清商业标识之间的边界与特殊情况下允许构成要素近似商标之间适当共存的关系"，并提出了"包容性发展"的理念。❸ 同时，2010年印发的最高人民法院《关于审理商标授权确权行政案件若干问题的意见》中也反映出有关并行使用问题的规定。❹ 之后，也在理论界掀起了研究商标并行使用的热潮，出现了越来越多的提倡构建我国商标共存制度的呼声，并对国外判例进行分析阐释共存制度的正当性及合理性。

综上所述，理论界有关商标并行使用的研究较少，尚未形成主流观点。

2. 现有理论研究存在的问题

（1）商标并行使用的认识模糊不清。

理论界对在相同、近似的商品上使用相同或者近似商标的讨论，单纯地强调权利的可共存性，而没有认识到商标并行使用并非泛指所有的相同或近似商标的并存使用，而是排除商标在先使用权和未注册商标两类情形中的并行使用情形。这是因为：倘若对于一方商标权人已经注册而他方为在先使用人，那么依据现有理论，一般均以商标在先使用权予以解决；对于两相同或近似商标均为未注册商标的，那更不关乎所谓商标并行使用或共存，因为既然双方标识所有人均为未注册商标所有人，二者相互之间的商标使用行为即使产生混淆，也无所谓哪一方有权禁止他方的使用行为。

---

❶ 李扬. 知识产权法总论 [M]. 北京：中国人民大学出版社, 2008: 367.

❷ 曾陈明汝. 商标法原理 [M]. 北京：中国人民大学出版社, 2003: 294.

❸ 《最高人民法院关于充分发挥知识产权审判职能作用推动社会主义文化大发展大繁荣和促进经济自主协调发展若干问题的意见》（法发 [2011] 18号，2011年12月16日）指出："妥善处理商标近似于商标构成要素近似的关系，准确把握认定商标近似的法律尺度……相关商标均具有较高知名度，或者相关商标的共存是特殊条件下形成是，认定商标近似还应根据两者的实际使用状况、使用历史、相关公众的认知状态、使用者的主观状态等因素综合判定，注意尊重已经客观形成的市场格局，防止简单地商标构成要素近似等同于商标近似，实现经营者之间的包容性发展。"

❹ 《最高人民法院关于审理商标授权确权行政案件若干问题的意见》第1条："人民法院在审理商标授权确权行政案件……对于使用时间较长、已建立较高市场声誉和形成相关公众群体的诉争商标，应当准确把握商标法有关保护在先商业标志权益与维护市场秩序相协调的立法精神，充分尊重公众已在客观上将相关商业标志区别开来的市场实际，注重维护已经形成和稳定的市场秩序。"

从对有关商标并行使用的文章进行梳理，发现关于近似商标在相同或类似商品或服务上使用的理论研究多是对一方在先使用权利角度进行阐述。当然这并非否认在先使用具有一定知名度的未注册商标，在实践中具有抗辩他人抢注商标的理论及实践意义。但也不免引起质疑，当存在一在先使用人将其商号、企业名称、知名商品特有名称等作为未注册商标使用而具有知名度但一直未进行商标注册，当两权相遇，古老者必胜吗？对于在后的善意使用人，不论在何种情况下均不保护其实际经营并产生知名度的正当使用行为以及因此产生的正当权益吗？这样做是否可以较好地延续一个商标的生命力？

（2）注册商标并行使用适用要素不明。

虽然在实践中最高人民法院于2010年审理的"鳄鱼"商标案提出注册商标的善意共存的说法，这一案件对全国范围内的注册商标并行使用类似案件具有指导意义，但是，这也仅限于司法实践解决新问题上的初步探索，尚未形成统一的适用标准。同时，商标法理论上也缺少注册商标并行使用的适用要素的明确论证。

二、注册商标并行使用的适用要素

（一）主观善意

商标的选择和使用难免会出现巧合重叠。注册商标得以并行的前提条件是商标所有人对其商标在经营活动中的使用主观上为善意，也即，一方对其商标的使用，并不知悉他方同时或在其之前存在相同或近似商标在相关商品或者服务上使用的主观状态。

美国商标并行使用的早期判例中，主观善意可以作为直接认定当事人行为合法的依据。Hanover Star Milling Co. v. Metcalf 案[1]与 United Drug Co. v. Theodore Rectanus Co. 案，形成了普通法上极具影响力的"Tea Rose – Rectanus 规则"（以下称"并行使用规则"）。[2] 由此规则可以推出，商标在后使用人在一定区域范围对商标的善意、诚信使用可以形成对其他商标权的抗辩。在《兰哈姆法》实施后，商标权被赋予联邦性质的保护，通常会形成在商标所有人所属国范围内排除其他任何人使用该商标或与之近似商标的效果。[3]《兰哈姆法》将善意使用作为侵犯

---

[1] Hanover Star Milling Co. v. Allen & Wheeler Co., 208 F. 513, 522 – 23 (7th Cir. 1913).

[2] David S. Welkowitz, The Problem of Concurrent Use of Trademarks: An Old/New Proposal, 28 U. Rich. L. Rev. 315, 316 (1994).

[3] Lanham Act, 15 U. S. C. § 1114 – 1117.

传统商标权的例外，以避免对商标权人的延伸保护。❶ 若近似商标所有人双方使用商标从事商业活动，主观善意且不知悉彼此的使用，则法院允许近似商标之间获得并行保护。❷ Dawn Donut Co. v. Hart's Food Stores, Inc. 案进一步扩展了并行使用规则的适用，确立了"Dawn Donut 规则"，其反映出不论在前使用人的已注册商标是否先于在后使用人对该商标或近似商标的使用，法院保护在后善意商标使用人在相分离地、限制性地域范围内对商标的使用态度。❸ 我国最高人民法院在"鳄鱼"商标案❹二审判决中对注册商标的并行使用同样认真考量了诉争商标当事人双方的主观状态。类似司法实例还有"散利痛"与"散列通"商标行政案件❺，均属于近似商标的善意并行使用。

此外，英国司法实务同样对善意无知的在后商标使用人规定有善意的抗辩理由。在其商标法案中明确了诚实善意并行使用，一方面需为两个以上的商标使用人善意无害的使用争议商标，另一方还需由法院或主管机关认定此种适用情形的特殊性。

（二）地域范围因素

"Dawn Donut 规则"确立了地域上距离较远市场经营者和在后善意商标使用人的概念。❻ 地域上远方在后商标使用人于在先使用人在此地域范围内的市场没有及时有效地经营扩展策略的，在该地域无权禁止在后使用人使用商标。❼ "商誉地域范围""市场渗透程度"以及商标使用地域的"自然扩张领域"是美国判例法赋予地域范围保护的三个考察要素。

在先使用人的商标保护范围实际上并非单纯地以地理意义上的地域范围为界，商标知名程度越高其保护范围则相应越大。换言之，在商标较为知名的地区，即使在其本身于该地域尚未有商品或服务销售的情况下，在先商标使用人仍有权禁止其之后的其他使用人。❽ 正如美国大法官霍姆斯所言，在一个州地域范

---

❶ Lanham Act, 15 U.S.C. § 1114 (2) – (3), 1115.

❷ Weiner King, Inc. v. Wiener King Corp., 615 F. 2d 512, 517 – 19 (C. C. p. A. 1980); Members First Fed. Credit Union v. Members 1st Fed. Credit Union, 54 F. Supp. 2d 393, 405 – 10 (M. D. Pa. 1999).

❸ Dawn Donut Co. v. Hart's Food Stores, Inc., 267 F. 2d 358, 360 – 62 (2d Cir. 1959).

❹ (2009) 民三终字第 3 号。

❺ (2009) 行提字第 1 号；(2007) 行监字第 111 – 1 号。

❻ Dawn Donut, 267 F. 2d at 364.

❼ 同上，at 364.

❽ Koffler Stores, Ltd. v. Shoppers Drug Mart, Inc., 559 F. 2d 1219 (6th Cir. 1977); Miles J. Alexander & James H. Coil, Geographic Rights in Trademarks and Service Marks, 68 Trademark Rep. 105 (1978).

围内获得好评的商标不会因为附有该商标的商品尚未销售至该州其他地方或其他州就被认为是不好的商品。❶ Western Auto Supply Co. v. Knox 案延伸出了商誉地域范围❷，该案中美国第十巡回上诉法院指出广告宣传程度以及电子商务波及范围具有全国性，才能称得上是在尚未实际有商品或服务销售地区形成有影响的商誉地域。

商标使用的地域范围渗透度同样影响着地域范围的界限，在 Sweetarts v. Sunline Inc. 案❸中，除了认定当事人必要数量的实际销售外，第八巡回上诉法院提出了四个判断地域范围渗透度的重要因素：①商标在先使用人在后使用人进入市场之时，其商标实际使用的现金销售价值；②在先使用人商品或服务波及的相关受众的人数比例；③在先使用人对与商标使用有关的潜在市场的增长数量；④距离前一次商品或服务大规模实际销售的时间跨度。之后该法院在 Wrist-Rocket Manufacturing v. Saunders Archery Co. 案，指出应将地域范围内涉及相关商品或服务的消费者所占人口比例作为一个重要的因素。❹ 当然上述因素并非为其他法院所一致遵循，如第三巡回上诉法院认为应主要以时间跨度因素和商品或服务所宣传的广告数量作为衡量标准。❺ 但去异存同之后，各法院均将商品或者服务的销售总量和接受该商品或服务的消费者的数量作为关键因素考察。

除对市场渗透范围以及商誉地域范围因素判定之外，美国判例中对地域范围的界定还包括商标使用的自然延伸区域因素。若在先使用人不能证明其在争议地域范围内商品或服务已经实际渗透该地域或者不能证明其商誉已经波及该地区，会提出在后商标使用人市场活动的区域属于其商标使用的自然延伸区域的主张来对抗在后商标使用人。❻ 经营规模自然延伸区域被视为商标排他性使用所应当具有的为将来扩大经营规模合理延伸的"呼吸空间"。❼ 如果在先使用人于在后使用人开始使用商标之时已经一直连续不断地在扩大经营规模，且两地区相距不远，则在先商标使用人在尚未有实际销售活动的该争议地区有可能获得禁止在后商标使用人的权利。笔者认为，自然扩张主要是对在先使用人的主观意图认定，

---

❶ J. Thomas Mccarthy, Mccarthy on Trademarks and Unfair Competition, § 26: 28, Holmes state line dictum, (4d ed. 2012).

❷ Western Auto Supply Co. v. Knox, 93 F. 2d 850 (10th Cir. 1937).

❸ Sweetarts v. Sunline Inc., 436 F. 2d 705, 708 (8th Cir. 1971).

❹ Wrist-Rocket Manufacturing v. Saunders Archery Co. 578 F. 2d 727, 733 (8th Cir. 1978).

❺ Natural Footwear Ltd. v. Hart. Schaffner & Max, 760 F. 2d 1383, 1399 (3d Cir. 1983).

❻ J. Thomas Mccarthy, Mccarthy on Trademarks and Unfair Competition § 26: 20, (4d ed. 2012).

❼ Restatement, Torts § 732 (1938).

这对在后使用人的预知力难免有些牵强。因此，可从反面进行理解，自然扩张领域成立的前提是商标在先使用人有扩张的可能性，如果其实际中表现出对经营活动扩展的"消极不作为"或者在后使用人能够证明其未能保持连续不断的发展态势，则法院应作出有利于在后使用人的判断。❶

（三）市场格局及特殊历史因素

因我国司法实践对已经形成的市场格局予以充分的肯定，在"散利痛"和"散列通"案❷中，若单纯从商标标识本身的构成要素而言，无疑具有近似性，但需注意的是在申请撤销"散列通"之时，该商标已经由西南药业经过长期使用，在医药市场中已经具有较高知名度，并已形成了较为固定的市场格局。类似案件如圣芳公司与商标评审委员会、强生公司的"采乐"商标争议案❸，"采楽"商标使用的产品只有在医院、药店才能购买到，相较普通洗发水产品的"采乐"其销售渠道具有明显的不同，日化用品无法进入医药流通领域，这就使消费者客观上被区分开来，从而形成各自的市场销售范围。两商标得以并行使用。同样，在著名的鳄鱼商标侵权案❹中，最高人民法院的二审判决综合分析了双方当事人的商标使用市场情况，客观存在的国内外市场格局因素在此案中更是举足轻重。最终法院认定两商标可以并行使用得以并存。

市场格局中的另一个重要考察因素是相关公众对涉诉商标在相同或者类似商品或服务上使用的注意力程度。在"秋林"商标案❺中，最高人民法院在认定涉诉商标是否构成近似商标的论证中指出，判断商标近似要以相关公众的一般注意力为标准，既要对诉争商标进行整体对比，又要有针对性的对主要部分进行比对，同时，应考虑在先注册商标的显著性和知名程度。

（四）并存协议

商标并存协议（coexistence trademark agreement）意为"两个或以上的商标使用人对相近似但不致产生混淆可能性的商标的使用所达成，使二者并行存在的规则"❻。协议本质上为市场经营者之间对商标使用及其权利归属的一种合同约

---

❶ Weiner King, Inc. v. Wiener King Corp., 615 F. 2d 512, 204 U. S. p. Q. 820 (C. C. p. A. 1980).

❷ （2009）行提字第1号；（2007）行监字第111-1号。

❸ （2008）行提字第2号。

❹ （2009）民三终字第3号书。

❺ 奚晓明. 最高人民法院知识产权审判案例指导 [M]. 北京：中国法制出版社, 2010：148-152.

❻ Marianna Moss, Trademark "coexistence" agreements: legitimate contracts or tools of consumer deception? 18 Loy. Consumer L. Rev. 197, 209 (2005).

定。之所以能够通过协议约定的方式促使权利人之间达成一致决定，是充分考虑到商标权的私权属性。这一形式现已成为欧盟、美国、英国等国家或地区商标并存的主要途径。

欧盟早期有关并存协议的判例并没有对并存协议的内容进行审查，均予以忽视，如 Omega SA v. Omega Engineering Inc. 一案。欧洲市场内部协调局（OHIM）认为，这种协议不构成欧盟商标条例 40/94 号第 74 条定义的"事实"要素。直到 SKY 案❶，OHIM 对并存协议的态度才发生转变，在"异议指南中指出之前对异议程序中，认为争议双方之间民事协议（例如合同）不作为案件审判参考的做法不再被遵守"❷。之后在"苹果有限公司"诉"苹果电脑公司"案❸中，法院对并存协议的内容进行了认定，判断是否打破双方之间签订的协议约定，应综合双方各自"APPLE"标识的外在特征和标识承载的使用方式考虑，法院最终做出有利于被告苹果电脑公司的判决。由此，在欧盟之后的有关平等主体之间签订的商标并行使用协议，在欧盟法院审理的商标纠纷中成为常态。

美国《兰哈姆法》允许相同或近似商标所有人申请注册商标之时就商标的使用方式、地域、商品或服务的类别做出约束性合意，经美国专利商标局审核是否予以并行注册。在 Times Mirror Magazines v. Field & Stream Licenses Co. 一案❹中，美国第二巡回上诉法院指出，除非原告能够举证并存协议有损于相关公共利益，否则不能支持原告请求法院认定该协议无效的诉求。美国专利商标局在 Clothestime clothes 案❺中更是明确表示，本案的判断仅以并存协议为核心，对外部其他政策因素不作考虑。之所以作此表示，是考虑到并存协议内容中已经明确约定，签约双方商标使用的类别，在出现混淆时双方应首先协商予以解决。

英国商标法案对并存协议持绝对认同态度。在其 1994 商标法案及商标条例中明确规定，"但凡经过在先商标权人的同意在后申请注册商标者在满足其他法律规定的条件下可以获得注册，本节规定的其他事由均不能阻止该商标注册。"❻

---

❶ Case R 1167/2006 - 1 British Sky broadcasting Group plc v VORTEX (Societe Anonyme), 27 November2007.

❷ Opposition Guidelines, Part 2, Chapter 2: Likelihood of confusion D. Global assessment.

❸ Apple Corps Limited v Apple Computer Inc. [2006] EWHC 996 (Ch).

❹ Times Mirror Magazines v. Field & Stream Licenses Co., 294 F. 3d 383, 395, 390, (2d Cir. 2002).

❺ Ron Cauldwell Jewelry v. Clothestime clothes, 63 U. S. p. Q. 2d, 3, 2009. (Trademark Tr. & App. Bd).

❻ 陆普舜. 各国商标法律与实务 [M]. 修订版. 北京：中国工商出版社，2006：374.

原文为第 5 条第 5 款："Nothing in this section prevents the registration of a trade mark where the proprietor of the earlier trade mark or other earlier right consents to the registration."

三、注册商标并行使用的限制因素

（一）并行使用中混淆的限制

混淆是保护商标权和制止不正当竞争的重要法律基础。❶ 混淆可能性标准（likelihood of confusion）是商标侵权行为的基本标准。从世界各国的普遍做法看，混淆可能性是判断商标侵权的标准，但并不要求具有实际上的混淆，实际混淆仅作为断定混淆可能性的一个加强因素。一般情况下，司法实践认定混淆主要是通过法官根据个案的具体情况分别进行认定。此外，还有两种证明和认定混淆可能性的途径：社会调查的证据；实际混淆的证据。其中法官针对个案直接认定的情形居多。对注册商标并行使用的案件考察混淆时，如果仅仅能证明存在混淆可能性尚且不够，构成商标侵权的混淆可能性应该是盖然性的混淆（probable confusion）。也就是说，两注册商标在市场经营活动中尚没有产生盖然性混淆的，那么即可考虑是否可以准予商标之间并行使用。

此外，通过对案件整理发现注册商标并行使用问题常常伴随着历史因素，对于存在历史环境的商标争议案件认定商标侵权考察的因素较为复杂，混淆的存在并不一定构成商标侵权，而对不存在历史因素的商标并行使用案件，如果发生混淆则一定构成商标侵权。

（二）并存协议的限制

注册商标的并行使用所涉及的并存协议，一是在商标注册申请阶段，有关商标使用人之间就商标注册的有关事项以及各自继续使用商标的方式、销售地域等进行的约定；二是对已经现实存在的注册商标，其各自的商标权人均不愿放弃该商标之时就之后继续使用商标，以避免在市场中产生混淆而做出的书面约定。协议制定的基础原因就已经决定了其内容定会偏向于当事人双方经济利益保护的最大化，不免会造成对消费者合法利益的忽略甚至侵害。因此，应对当事人之间的商标并存协议进行审查，以避免不适当地扩大私权保护范围。

在对并存协议内容的审查上，符合合同法关于合同构成要件的法定要求为前提，以避免造成相关公众混淆、误认并同时对协议进行反垄断审查，欠缺上述任一条件均会导致注册商标并行使用协议的无效。❷ 协议中约定的条件可能涉及固

---

❶ 孔祥俊. 商标与不正当竞争法原理和判例 [M]. 北京：法律出版社，2009：257.

❷ Raymond T. Nimmer, Breaking Barriers. The Relation Between Contract and Intellectual Property Law [J]. Berkeley Tech. L. J. 1998, 13：827, 880–86.

定市场价格、市场份额划分、商品销售数量等形成垄断的协议,从而落入《反垄断法》规制范围。主要表现为:①协议内容含有固定商品价格,限制竞争内容的;②含有限制某一方商品生产、销售数量,阻止他方进入该市场的内容的;③含有分割某一区域市场、联合交易内容的。法院认为在《反垄断法》背景下,通常的做法是即使协议约定其中一方竞争者取得较大的市场份额,一般也仍假定并存协议是合法有效的。该案法院认为商标并存协议形成垄断协议具有较高的门槛,协议内容产生其他任何第三方均不能以同样的商品进入该市场的效果时,才构成垄断。❶ 综合国内外对垄断协议的审查原则,主要是两大准则:一是协议本身违法原则,二是合理分析原则。如果市场中经营者之间的并存协议一旦达成,就必然会产生限制竞争和排除异己的事实效果,则一般将认定为协议本身违法。这类行为大多为横向垄断协议,如固定价格协议、联合抵制协议等形式。❷ 除协议本身违法之外的则需要综合考虑执行协议之后市场竞争活动的变化等因素。

四、我国注册原则下商标并行使用规则的适用

(一)注册商标并行使用的相关法律规定及评析

1. 关于注册商标并行使用的法律规定

如果直接从现有商标法体系看,并没有具体的对注册商标的并行使用的规定。但倘若对《商标法实施条例》第54条❸进行扩张解释,不难发现该条是唯一与注册商标并行使用有关的立法规定。第54条针对服务商标连续不断地使用至1993年7月1日的,可以产生与他人服务商标相同或近似地继续使用从而得以并存的法律效果。此外,能够产生注册商标并存的法律效果的规定还体现在《商标法》中有关注册商标争议审查的撤销规定。《商标法》第41条第2款❹对于违反相对理由的注册商标(恶意注册驰名商标除外),若商标所有人或者利害关系人在法律规定的5年撤销期内未提出撤销请求,则可能形成事实上的注册商标并行使用。对侵犯注册商标专用权行为引起纠纷的,《商标法》第53条规定了

---

❶ Clorox Co. v. Sterling Winthrop Clorox, 117 F. 3d at 50,(2d Cir. 1997)。

❷ 美国联邦贸易委员会1995年发布的《知识产权许可反托拉斯指南》,本身违法原则的限制竞争的知识产权使用行为,包括固定价格、搭售、限制产量、市场分割等少数行为。

❸ 《商标法实施条例》第54条:"连续使用至1993年7月1日的服务商标,与他人在相同或者类似服务上已注册的服务商标相同或者近似的,可以继续使用;但是,1993年7月1日后中断使用3年以上的,不得继续使用。"

❹ 《商标法》第41条:"……已经注册的商标,违反本法第13条、第15条……自商标注册之日起5年内,商标所有人或者利害关系人可以请求商标评审委员会裁定撤销该注册商标……"

几种救济途径，首先提出了可由双方当事人协商解决的方式。此举对诉争商标争议通过双方达成并行使用协议而解决纠纷有积极的作用。

最高人民法院于 2003 年 11 月发布的《关于对杭州张小泉剪刀厂与上海张小泉刀剪总店、上海张小泉刀剪制造有限公司商标侵权及不正当竞争纠纷一案有关适用法律问题的函》体现了我国司法实践对并行使用的商标得以并存的认可。2011 年 12 月，最高人民法院发布了《关于充分发挥知识产权审判职能作用推动社会主义文化大发展大繁荣和促进经济自主协调发展若干问题的意见》。该司法政策提出了包容性发展的理念，避免简单地将物理意义上近似的商标等同于商标法意义上的近似商标，以最终判定是否两商标可以并行使用得以并存。

2. 相关法律规定评析

（1）缺少规范注册商标并行使用的具体依据。

纵观现行《商标法》和《商标法实施条例》，不难发现其中均无针对注册商标并行使用的具体规定，对实践中频频出现的注册商标并行使用则无法可依。如果非要找出与注册商标并行使用有关的法律规定的话，那么无疑《商标法》第 54 条是唯一一条与注册商标并行使用相关的条文规定。该条虽在一定程度上弥补了我国商标权取得制度即注册原则及在该原则下商标并行使用的不足，但遗憾的是，该条规定也仅指明适用于服务商标，在现行法律适用中仍无法对商品商标等予以明确适用，该条的适用范围较窄，无法提供对注册商标并行使用的合理规范。

（2）忽略对善意在后商标使用人的商标法保护。

现行《商标法》规定的商标权取得制度采用注册原则和在先申请原则，过分偏爱了"注册"形式的正义性，而忽略了对"使用"这种实质正义的维护，❶形成"权利行使中的符号圈地"❷，众多注册商标成为商标所有人符号圈地的工具，注而不用侵占了有限的商标资源。尽管笔者对注册商标并行使用持谨慎适用的态度，但针对现实中本应获得注册，并可能与其他注册商标在类似商品或服务上得以并行使用的情形，很难说公平合理，更无益于市场公平竞争。

（3）未明晰混淆可能性的判定。

从整体来看，制度设计和司法实践基本贯彻了防止混淆和误认的思想，但尚不明确该种混淆可能性应该是具有很大的盖然性。我国《商标法》应当明确商

---

❶ 张玉敏. 中国欧盟知识产权法比较研究［M］. 北京：法律出版社，2005：24.

❷ 李琛. 商标权救济与符号圈地［J/OL］. (2009 - 03 - 14) [2012 - 12 - 30]. http：//www.ip1840.com/Theory/TheoryInfo.asp? InfoID = 147&ObjectID = 2&ChannelID = 5.

标侵权行为是打破商标标识与其所指示来源的商品或服务关联性的混淆行为，不能一律排斥同一种或者类似商品或者服务上使用相同或者近似的商标的并行使用。

（4）缺乏对并存协议的合理规范。

法院对注册商标权人与其他相同或者近似商标使用人之间达成共同享有注册商标专用权协议的情形，在现行商标法体系下尚无具体处理办法可寻。仅在商标评审委员会有关处理商标注册纠纷会上，有针对近似商标并行使用达成协议的双方或以上申请人在提出注册商标权申请时，可予以酌情考虑的意见。因此，在具体处理注册商标并行使用案件前，有必要将并存协议纳入商标法规范体系。

（二）注册商标并行使用的适用规则建议

1. 明示注册商标并行使用的主观状态

注册商标并行使用的"使用"不能简单与注册商标的"使用"直接画等号，在适用注册商标并行使用的情形中，应当考虑其使用的主观状态。对实践中出现的注册商标并行使用案件而言，未对注册商标并行使用这类情形的主观状态进行明确。建议将注册商标并行使用含义纳入《商标法实施条例》中。具体条文草拟如下：

第×条　注册商标的并行使用

本实施条例所称注册商标的并行使用，是指在相同或者类似商品、服务上两个或两个以上的相同或者近似商标的善意、公开的使用行为。

2. 明晰混淆可能性的判定

明确混淆可能性是讨论注册商标并行使用规则适用的前提因素。注册商标并行使用中的混淆可能性应该具有较大盖然性，并非只要产生混淆就一定构成商标侵权。对于近似商标使用在相同或类似商品、服务上不产生混淆的情形，就更加可以在符合适用条件下考虑是否可以准予并行使用。《商标法》第52条、《商标法实施条例》第50条以及《最高人民法院关于审理商标民事纠纷案件适用法律若干问题的解释》（简称"商标解释"）第1条共列举九种侵犯商标专用权的具体行为。根据学理上分类，除商标解释第1条第2项属淡化侵权外，其他八种侵权均属混淆性侵权。笔者认为对于混淆可能性应有程度化要求，建议在《商标法实施条例》中表明"足以产生混淆"的表述，进一步明确混淆可能性标准应具有较大混淆性。具体条文草拟如下：

第×条

有下列行为之一的，均属侵犯注册商标专用权：

（一）未经商标权人的许可在相同或者类似商品上使用与其注册商标相同或者近似的商标标识，足以产生相关公众的混淆、误认的；

（二）未经商标权人同意，更换其注册商标并将更换商标的商品投入市场，足以造成市场混淆的；

……

（×）其他足以产生混淆、误认的情形。

3. 依法对并存协议进行的审查

作为注册商标并行使用的主要呈现方式，对不同商标所有人之间就相同或者近似商标使用在相同或者类似商标之上所达成的一致协议应当进行审查。在审查过程中，应倾向于对协议内容的反垄断性即合法性，以及协议的合理性进行综合分析。主要从以下几个方面进行审查：①固定商品价格；②限制一方商品生产、销售数量或阻止他方进入该市场的内容；③分割区域市场，联合交易；④其他不合理的，可能形成垄断协议的情形。

4. 注册商标并行使用构成要件的条文建议

为合理规范注册商标在特殊情况下的并行使用，加强对商标并行使用问题的可控性，笔者建议在《商标法实施条例》中对注册商标并行使用适用条件及相应的限制条件予以明确，以完善整个商标法体系。具体条文草拟如下：

第×条　并行使用构成要件

使用在相同或者类似商品、服务上的两个或以上的注册商标，在满足以下适用条件且不致产生混淆可能性的情况下，准予其并行在商业活动中使用的行为。

（一）使用者主观为善意；

（二）各自使用需在一定地域范围内；

（三）使用行为具有区分度，已形成各自的市场格局；

（四）相关公众对该注册商标使用行为不足以产生混淆可能性。

五、结　语

"商标本质上是一种符号"，❶ 使用是维持其生命力的唯一途径。"《商标法》的重要价值取向是确保注册商标的实际使用，"❷ 其追求的是一种最佳状态的利益平衡。在符合法律规定的总体框架下，是否可以有条件地允许两注册商标权人对各自注册商标并行使用，避免简单地通过解决争议达到有你没我、一支独大的

---

❶ Michael Spence. Intellectual Property [M]. Oxford University Press, 2007：248.

❷ 孔祥俊. 商标法适用的基本问题 [M]. 北京：中国法制出版社, 2012：228.

商标使用模式，是解决目前商标使用中出现的新问题的有效方式。通过对国外商标并行使用判例分析发现，商标并行使用问题的适用范围相对较小，仅针对一些具有历史因素比较特殊复杂且撤销争议一方商标显失公平的商标争议，才予以考虑并用的可能性。笔者认为，在现有《商标法》法律体系下，在我国不适宜将注册商标并行使用扩大化，更无必要构建一个新的共存制度或创设新的共存权利。除协议并存之外（审查合法的情况），对注册商标并行使用仅可以作为商标使用的特殊、例外情形存在，并且其适用考察因素应极其严格。

商标在先使用人利益保护制度研究

路 欢[*]

摘 要

  未经注册商标专用权人许可，而在相同或类似商品上使用与注册商标相同或近似的商标，有侵犯注册商标专用权之嫌。但是倘若某人在他人申请注册商标之前，就已经在相同或类似商品上使用该商标，在他人依法获得商标注册之后继续使用的行为是否构成侵权，司法实践中存在分歧。这一问题的实质在于商标的在先使用人与善意的在后注册人之间的利益冲突，也即在先使用人通过对商标的在先使用行为产生的利益是否应当受到保护，这是商标法领域中一个不可忽视的重要问题。本文探究了在目前我国采取注册取得商标权制度的前提下，对商标在先使用人利益给予保护的理论依据，分析了我国现行立法的不足，最后对我国商标法的修改提出了建议。

关键词

  商标权　在先使用人　利益保护

引 言

  目前，商标在先使用人与注册商标专用权人的利益冲突类案件在司法实践中

---

[*] 华东政法大学2010级知识产权专业硕士研究生；本文改自其毕业论文，指导老师为何敏教授。

大量存在。但是相同类型的案件，却存在同案不同判的现象，以两则案件为例。

王军为杜家鸡饭店的经营者，2003年10月注册了"杜家鸡"商标。张仁才系张老三小吃店的经营者，从1999年开始经营杜家鸡火锅，并在其门面上使用"正宗杜家鸡专卖"招牌。王军认为张仁才的行为侵犯了其注册商标专用权，遂将其告上法庭。武汉市江岸区人民法院经审理认为，原告王军依法享有"杜家鸡"商标专用权，被告未经原告同意而将"杜家鸡专卖"作为商标使用，侵犯了原告的注册商标专用权，被告关于在先使用不构成侵权的抗辩不能成立。❶

汪鹏于2004年12月在第29类商品上申请注册"许留山"商标，并于2007年3月获准注册，核定使用商品为水果色拉、蔬菜色拉等。而香港许留山公司于1996年申请在第42类商品上注册了"许留山"商标，并许可上海汉妮迪公司使用。上海汉妮迪公司自2004年6月开始在第42类餐馆、小食店上使用"许留山"商标。据此，汪鹏认为上海汉妮迪公司的行为侵犯了自己的注册商标专用权，将其告至法院。上海浦东新区人民法院经审理认为，原告确实享有第29类商品上的"许留山"商标专用权，但是被告使用"许留山"商标的时间早于原告的注册时间，且被告使用"许留山"商标没有超出服务商标的使用范围，不会使消费者产生混淆。据此法院判决被告的行为不构成侵犯原告的注册商标专用权。❷

两个案件案情类似，法院的判决结果却截然不同，其实在司法实践中，这样的同案不同判现象并不罕见。由于我国实行的是自愿注册原则，因此现实中存在大量的使用却未注册商标，而善意的在后注册人很有可能在不知情的情况下注册了与之相同或近似的商标，如果在他人注册之后，就禁止在先使用人继续使用其商标，那么在先使用人之前在该商标上辛苦积攒起来的商业信誉就会付之东流，这样对在先使用人来说无疑是不公平的。因此，怎样平衡好二者之间的利益关系，就成为一个不容忽视的问题，而这也正是本文所试图解决的。

一、商标在先使用人利益保护的理论基础

纵观世界各国商标法体系，商标权的取得有使用取得原则和注册取得原则两种方式。对于采取使用取得商标权的国家来讲，在先使用人显然对其于市场上首先使用的商标享有正当权利。但是对于采取注册取得商标权的国家，如何看待在先使用的法律地位，则需要从商标的本质功能与价值基础两方面加以分析。

---

❶ （2010）岸知民初字第70号民事判决书。
❷ （2008）浦民三知初字第51号民事判决书。

(一) 商标的本质功能——区分来源

任何人想了解法的当下情况,就必须同时考量它的历史演进以及它对于未来的开放性。❶ 美国大法官奥利弗·温德尔·霍姆斯也曾说过:"历史研究之一页当抵逻辑分析之一卷。"❷ 因此我们要研究对在先使用人利益保护的理论基础就不得不从商标的起源和发展说起。

商标的起源恐怕要追溯到古罗马帝国时期,罗马帝国的商品生产者在其商品上添加标志的现象非常普遍,并且那时市场上就已经出现了大量假冒他人商标的现象,一个典型的例子就是,在油灯上使用的"PORTIS"标志被大量冒用。❸ 不过,这些初期的"商标"承担的主要功能是标明制造者身份。

到了工业革命之后,资本主义经济迅猛发展,产品的数量和种类都空前丰富。与经济大发展相伴而来的就是市场的不断扩张,市场的扩张逐渐拉大了生产者和消费者之间的距离,消费者在购买商品时面对的只是琳琅满目的商品,而无需或不再可能与生产者直接接触。此时,商标成为必要。商标作为联系生产者和消费者的信息纽带,成为区分商品来源的识别工具。此时,商标区分商品来源的功能才被真正体现出来。

由此可以看出,商标在产生和发展之初就决定了其核心在于区分功能——区分不同商品或服务的来源。即便后来各国在立法过程中,对商标有了注册要求,但也只是出于管理和公示需要,对保护商标区分功能的本质并没有发生改变。因此,在先使用人虽未注册其商标,但是在长期的使用过程中该商标实际发挥了区分商品来源的本质功能,在先使用人因此而产生的对该商标的合法利益是应当受到保护的。

(二) 商标的价值基础——商业信誉

从商标的发展历程来看,商标首先是作为"假冒诉讼"的救济对象出现的,世界上第一部商标法,即英国的反假冒法就是从禁止假冒行为的角度保护生产者所使用的标记的。❹ 但是,商标进行欺诈的行为只是普通法的诉因,其保护的条件包括原告的商誉、被告的欺诈行为及由此产生的原告商誉的损害。正如 Sandforth 案件中主审法官所言,被告以欺骗为目的假冒原告的商标,对原告利益进行保护实际

---

❶ 卡尔·拉伦茨.法学方法论[M].陈爱娥,译.北京:商务印书馆,2003:73.
❷ 金海军.知识产权私权论[M].北京:中国人民大学出版社,2004:9.
❸ See Sidney A. Diamond, The Historical Development of Trademark, 65 Trademark Reporter 265, p. 267.
❹ 付继存.商标法的价值构造研究——以商标权的价值与形式为中心[M].北京:中国政法大学出版社,2012:147.

上是对原告商标中所蕴含的商业信誉的保护。❶ 直到 19 世纪末，英国和美国的一些学者才明确提出了"商誉"的概念，认为有关商标的财产权就体现在商誉之中。❷ 这一观点在国际社会中普遍得到了认同，正如中山信宏教授所说"标记性法律保护商业中使用的标记，但真正受到保护的其实是标记所代表的商业信誉"。

实质上商标的财产性并不是商标（文字或图样）本身的财产性，而是商业信誉的财产性。对商标进行保护的真正目的也不在于商标载体本身，而是在于商标上所承载的商誉。一个商标无论是否经过注册，只要其承载着一定的商业信誉就应该作为财产或财产利益给予保护，反之，不是建立在商业信誉基础上的商标，只是文字或图样而已，其所包含的艺术设计只是著作权可能涉及的范畴，与商标的价值无关。

也就是说，实际上对商标的保护要远远早于商标立法，在商标法产生之前的漫长的历史中，对商标进行保护的依据并不是注册，而是商标通过使用建立起来的识别功能和所承载的商业信誉。只是由于现代贸易规模和范围的扩大，为了方便管理和公示，商标法才引入了注册制度，并逐渐发展成两种不同的商标保护模式——使用取得商标权和注册取得商标权。

从这个意义上来看，在先使用人基于使用行为使得该商标上凝聚了一定的商业信誉，从而对该商标产生了合法的利益，这种利益是应当受到保护的。因此可以说，商誉作为商标的价值基础决定了保护商标在先使用人利益的正当性。

二、商标在先使用人利益保护现状研究

（一）商标在先使用人利益的立法保护现状

目前我国立法在商标在先使用人利益保护方面并没有系统的规定，相关规制主要散见于《商标法》《反不正当竞争法》《民法通则》等法律法规，以及最高人民法院的司法解释中。

1."商标法"之保护

目前我国商标法对在先使用人利益的保护主要有以下几个方面。

（1）服务商标实行注册保护后的过渡性规定。

我国《商标法实施条例》第 54 条规定："连续使用至 1993 年 7 月 1 日的服务商标，与他人在相同或者类似的服务上已注册的服务商标相同或者近似的，可以继续使用；但是 1993 年 7 月 1 日后中断使用 3 年以上的，不得继续使用。"严

---

❶ See John Drysdale & Micheal Silverleaf, Passing Off and Practice, Butterworth & Co. Ltd., 1995, p. 8.

❷ See Lionel Bently, From Communication to Thing: Historical aspect of the Conceptualization of Trade Marks as Property, a Paper Presented at the Fifteenth Annual Intellectual Property Conference, New York, April 13, 2007.

格地讲，该规定针对的并非是通常意义上的商标在先使用问题，而是在特定历史背景下的特别规定。由于我国对服务商标提供注册是从1993年7月1日开始的，而在这之前相同或近似的服务商标就已经大量存在，如果某一个被核准注册后，就禁止其他人继续使用，那么对该注册商标权利人之外的其他使用人来讲无疑是不公平的，因此为了平衡各方利益，避免服务商标使用人承担因立法带来的利益损失，才作了上述规定。因此该规定对商标在先使用人的保护只能在特定情况下适用，并不具有普遍意义。

（2）对在先使用未注册驰名商标的保护。

从《商标法》第13条第1款和《最高人民法院关于审理商标民事纠纷案件适用法律若干问题的解释》第2条❶的规定可以看出，我国现行立法对未注册驰名商标的在先使用人给予了很高程度的保护，驰名商标的在先使用人不仅可以禁止他人注册自己的商标，而且还可以禁止他人使用，这实际上赋予了在先使用人与注册商标专用权相等的民事权利。❷

（3）对在先使用并有一定影响的商标的保护。

我国《商标法》第31条后半句、第30条和第41条第2款❸主要是针对在先使用并有一定影响的未注册商标的保护，不过这几条所规制的是恶意抢注行为，旨在规范商标在先使用人与恶意抢注者之间的关系。从这三条的规定来看，目前我国商标法对有一定影响商标的在先使用人的保护主要体现在两个方面：一是注册程序中的异议权，二是注册商标争议程序中的撤销请求权。

2.《反不正当竞争法》之保护

学理上一般认为《反不正当竞争法》是知识产权单行法的补充和兜底性条款，正像有人说过的：如果把《专利法》《商标法》《著作权法》这类知识产权单行法比为冰山，那么《反不正当竞争法》就如冰山下使其赖以漂浮的海洋。❹

---

❶ 《商标法》第13条第1款：就相同或者类似商品申请注册的商标是复制、摹仿或者翻译他人未在中国注册的驰名商标，容易导致混淆的，不予注册并禁止使用。《最高人民法院关于审理商标民事纠纷案件适用法律若干问题的解释》第2条："依据商标法第十三条第一款的规定，复制、摹仿、翻译他人未在中国注册的驰名商标或其主要部分，在相同或类似商品上作为商标使用，容易导致混淆的，应当承担停止侵害的民事法律责任"。

❷ 李明德. 知识产权法 [M]. 北京：法律出版社，2008：262-264.

❸ 《商标法》第31条：申请商标注册不得损害他人现有的在先权利，也不得以不正当竞争手段抢先注册他人已经使用并有一定影响的商标。第30条：对初步审定的商标，自公告之日起3个月内，任何人均可以提出异议。第41条第2款：已经注册的商标，违反本法第13条、第15条、第16条、第31条规定的，自商标注册之日起五年内，商标所有人或者利害关系人可以请求商标评审委员会裁定撤销该注册商标。对恶意注册的，驰名商标所有人不受5年的时间限制。

❹ 郑成思. 反不正当竞争——知识产权的附加保护 [J]. 知识产权，2003（5）：3.

遗憾的是，我国现行《反不正当竞争法》中并没有对商标在先使用人给予保护的直接规定。司法实践中有的法院在判决中援引了该法第5条❶，以知名商品的特有名称、包装、装潢权应当受到法律保护作为理由之一，对在先使用的商标给予了保护。但是由于如何认定"知名商品特有的名称、包装、装潢"是非常模糊和缺乏可操作性的，因此可以说《反不正竞争法》对在先使用人利益的保护也是极为有限的。

3. 民法之保护

《民法通则》中并没有对在先使用进行保护的直接规定，不过在司法实践中法院往往会援引《民法通则》第4条的诚实信用原则作为判断被告主观方面的依据之一。比如在蓝迪（抚顺）国际化学有限公司与上海爱特福实业有限公司、江苏爱特福药物保健品有限公司商标侵权纠纷一案中，二审法院在分析被告是否对"84好帮手"名称享有合法权利时指出，《民法通则》中的诚实信用原则要求行为人的主观方面为善意、公平竞争，并不为欺诈行为、不滥用权利。本案中没有证据表明被告存在损害原告注册商标专用权的恶意，故被告的行为无悖于诚实信用原则，应当享有"84好帮手"名称的合法权利。❷

通过上述分析可以看出，目前我国商标法体系对在先使用的未注册驰名商标给予了较高保护，因此，本文对这部分不再探讨，之后的论述都是针对在先使用未注册的非驰名商标。另外《商标法》第31条和第41条对恶意抢注行为也作出了明确规定，因此对于恶意抢注商标的在先使用人的利益保护问题也不在本文的探讨范围之内。而对于善意的在后注册商标的在先使用人利益保护问题法律却未有涉及，因此，本文接下来要探讨的就是在先使用人与善意的在后注册人之间的关系。

（二）商标在先使用人利益的司法保护现状

笔者在近几年的涉及商标在先使用的案例中，选取了十几个较为典型的案例进行了梳理和归纳。法院在对待这一问题上，主要有以下三种不同的观点和态度。

1. 认为在先使用不产生任何权利，不能对抗注册商标专用权

该观点的典型代表案例为安徽迎驾酒业有限责任公司与双轮酒业股份公司商标侵权纠纷一案。该案中被告的抗辩理由之一为，其于原告申请商标注册之前就

---

❶《反不正当竞争法》第5条：经营者不得采用下列不正当手段从事市场交易，损害竞争对手：……（二）擅自使用知名商品特有的名称、包装、装潢，或者使用与知名商品近似的名称、包装、装潢，造成和他人的知名商品相混淆，使购买者误认为是该知名商品的。

❷ (2003) 沪二中民五知（终）字第9号民事判决书。

已经开始生产并销售"老糟坊"白酒。但是一审法院对这一主张却未予采纳，认为我国遵循的是注册在先原则，被告使用在先的抗辩不能成立。❶ 该观点得到了最高人民法院的认同，二审对该判决予以维持。❷

对于该种观点，笔者对相关案件做了归纳整理，具体见表1。

表1　在先使用不产生任何权利典型案件

当事人及案号	涉案商标	主要判决理由
安徽双轮酒业股份公司诉安徽迎驾酒业有限责任公司 （2001）皖民三初字第2号 （2001）民三终字第9号	老糟坊	我国《商标法》遵循的是注册在先原则
联友卤制品厂诉柏代娣 （2003）镇民三初字第21号	茅山	法律保护合法取得的注册商标专用权，排除他人在相同或类似商品上使用与注册商标相同或近似的商标
阿狄达斯国际有限公司诉爱乐服装鞋业（福建）有限公司 （2004）一中民初字第7239号	爱乐	注册商标专用权人具有排除他人在相同或类似商品或服务上使用相同或近似商业标识的权利
贵州长寿乐保健品公司诉云南红河光明股份公司等 （2004）遵市法民二初字第33号	红河	未注册商标一般不能得到法律保护
加加酱业（长沙）有限公司诉湖南省（长沙）富贵洗涤用品有限公司 （2005）长中民三初字第9号	加加	法律只保护核准注册的商标
上海弘奇食品有限公司诉洪加富 （2005）甬民二初字第73号 （2005）浙民三终字第286号	YONHO	我国《商标法》对未注册商标不提供法律保护（二审维持原判）
厦门恩森金属表面技术开发有限公司诉上海恩森金属表面技术有限公司 （2006）沪一中民五（知）初第64号	恩森	在后注册商标具有法定排他效力，对在先使用的商标不予保护
王军诉张仁才、张丽萍 （2010）岸知民初字第70号	杜家鸡	在先善意使用行为不能成为对抗注册商标专用权的不侵权抗辩事由

---

❶ （2001）皖民三初字第2号民事判决书。
❷ （2001）民三终字第9号民事判决书。

2. 在先使用即使形成了一定权利，法律亦优先保护注册商标专用权

持此观点的法院认为，权利之间是存在位阶的，经过法定程序登记取得的权利相较于未经过相关程序而自然享有的权利而言，是应当优先受到保护的。持此种观点的法院较少，典型代表案例是蓝迪公司与上海爱特福公司、江苏爱特福公司商标侵权纠纷一案，该案的一审法院在判决书中强调了注册商标专用权的优先效力，即当知名商品的特有名称权与注册商标专用权发生冲突时，应优先保护商标权人的利益。❶

3. 商标在先使用可以作为不侵权抗辩事由

在北京玉帛源商贸有限公司诉新天国际葡萄酒业有限公司、北京超市发连锁股份公司侵犯商标权纠纷一案中，一审法院认为，被告在原告注册"花样年华"商标之前，就已经在其销售活动中广泛使用了"花样年华"，并投入了大量物力、财力进行了广泛的广告宣传，该种使用行为已经使得"花样年华"与被告建立起了某种特定联系，"花样年华"也因此具有识别商品来源的功能，因此，被告对"花样年华"作为商品名称享有一定的在先权利，并且原告自注册"花样年华"商标以来并没有实际生产或销售过带有"花样年华"商标的葡萄酒，因此消费者并不会对原告、被告的葡萄酒发生误认，故被告生产并销售"花样年华"葡萄酒的行为并没有侵犯原告的注册商标专用权。❷

对于该种观点，笔者对相关案例做了归纳整理，具体见表2。

表 2　在先使用可以成立不侵权抗辩事由典型案件

当事人及案号	涉案商标	主要判决理由
蓝迪（抚顺）国际化学有限公司诉上海爱特福实业有限公司、江苏爱特福药物保健品有限公司 （2003）沪二中民五（知）终字第9号	好帮手	合法有效的知名商品的特有名称权应受到法律保护，不应视为侵犯注册商标专用权
维他龙公司诉罗茂贤、惠尔康公司 （2003）长中民三初字第449号 （2005）湘高法民三终字第49号	惠尔康	惠尔康公司在先使用"惠尔康"未注册商标的行为已构成法律应予保护的在先权利
千年酒业公司、诸葛亮酒业公司、诸葛酿酒公司诉江口醇集团 （2004）长中民三初字第359号 （2006）湘高法民三终字第30号	诸葛亮	在先使用并形成一定知名度，构成知名商品特有名称权，可以作为不侵权抗辩事由

---

❶　（2002）黄民三知初字第44号民事判决书。

❷　（2008）海民初字第8283号民事判决书。

续表

当事人及案号	涉案商标	主要判决理由
安徽休宁县啤酒厂诉蚌埠迎客松公司、黄山市迎客酒业公司 （2005）皖民三终字第3号	迎客松	在先使用且产生一定知名度的商标，可以从一种事实状态转变为受法律保护的权利❶
北京玉帛源公司诉新天酒业公司、北京超市发公司 （2008）海民初字第8283号	花样年华	对在先使用的商品名称享有一定的在先权利
汪鹏诉上海汉妮迪公司 （2008）浦民三（知）初字第51号	许留山	被告使用"许留山"的时间早于原告商标注册的时间❷

通过对上述案件的梳理和分析，不难发现目前我国司法实践中对在先使用商标的保护问题尚未形成统一的意见，法院之间的分歧较大，主要可以概括为以下几个方面：第一，对在先使用商标是否应当予以保护；第二，对在先使用商标进行保护的法律依据不同；第三，对构成在先使用的要件没有进行阐释；第四，对在先使用的后续使用方式及限制未给出解释说明。

三、我国商标在先使用人利益保护制度的完善

（一）明确在先使用受保护的条件

对商标在先使用人的利益进行保护，首先要解决的问题是确定商标在先使用受到保护的前提，换句话说，在先使用可以受到保护的衡量标准是什么？在笔者所选取的案例中有部分被告以"在先使用"作为不侵权抗辩理由，但是在审理过程中，各地法院对于如何判断是否构成在先使用却没有统一的标准。通过上文分析，笔者认为符合以下条件的在先使用才可以受到保护。

1. 使用在先——以"申请日"作为判断标准

在先使用中的"在先"究竟应以何时作为时间标准是首先需要明确的问题。笔者认为，以"申请日"作为判断是否构成在先使用的时间点是合理的。因为只要一个商标申请了注册，那么公众就有了知悉的可能，如果在这之后再有人使

---

❶ 虽然该案中被告最终因无法证明其在原告商标注册前就已经在先持续使用"迎客松"并形成了一定的知名度而败诉，但是法院还是态度鲜明地承认了在先使用可以成立不侵权抗辩事由。

❷ 虽然这仅是法院判决被告不侵权的理由之一（其他理由还有：双方提供的商品或服务为不相同或不相类似；原告注册该商标后并未实际使用过，因此不会造成消费者的误认等），但是法院对此的态度是鲜明的。

用相同或者相似的商标，至少在主观上存在过错或者疏忽，不对其进行保护也就有了法理依据。

关于这一点，美国商标法第 1052 条规定，在先使用人的使用必须在"待批的或依本法已准予注册的申请案的最早的申请日之前"。❶ 日本商标法和我国台湾地区"商标法"中关于在先使用的时间标准的相关表述为"于日本国内在他人的商标注册申请以前""在他人申请商标注册前"。❷ 可见，无论是美国还是日本和我国台湾地区都是以注册商标的申请日作为判断是否构成在先使用的时间标准。我国虽然没有关于判断"在先使用"的时间标准的规定，但是在谈到在先权利时，却明确规定判断是否构成在先权利时间标准为注册商标申请日。❸

此外，我国《专利法》中关于先用权的规定也是以申请日作为判断的时间界点的。❹ 这一制度的法理基础与商标法是相似的，因此笔者认为其判断标准也可以为商标法所借鉴。

2. 实际使用——以区分性使用为原则

既然对在先使用人利益进行保护的法理基础在于使用人通过使用行为使其商标发挥了区分商品或服务来源的本质功能，那么该在先使用就必须是发挥商标本质功能的使用，也就是说该使用必须与商品或服务相联系，并且能够使公众把商标与特定的商品或服务联系起来。只有发挥商标本质功能——达到区分商品或服务来源程度的使用才可能构成在先使用。

在对这一问题的解释上，1973 年美国联邦第五巡回上诉法院关于 Farah 公司诉 Blue Bell 公司一案的判决堪称经典。1973 年 5 月 16 日，Farah 公司决定使用"Time Out"商标推出新款男裤，并于 7 月 3 日向各地区的经销商交付一条附有该商标的男裤，被经销商以象征性的低于成本价格买下。随后，Farah 公司于 9 月开始向各大零售商大批发货。同时，Blue Bell 公司于 6 月 29 日赶制完成了几千枚带有"Time Out"字样和图形的商标标识，附缀在其生产的男裤上，并于 7 月 5 日发送给各地经销商。由于双方均未注册该商标，那么本案的焦点就在于确定谁是"Time Out"商标的在先使用人，从而拥有该商标权。

联邦第五巡回上诉法院在审理该案时，引用了联邦最高法院的两个判例：

---

❶ 美国．商标法第 1052 条第（d）款。
❷ 日本．商标法第 32 条第 1 款、我国台湾"商标法"第 23 条第 2 款。
❸ 《最高人民法院关于审理商标授权确权行政案件若干问题的意见》第 17 条第 2 款：人民法院审查判断诉争商标是否损害他人现有的在先权利，一般以诉争商标申请日为准。
❹ 《专利法》第 69 条第 1 款：有下列情形之一的不视为侵犯专利权：……（二）在专利申请日前已经制造相同产品、使用相同方法或者已经作好制造、使用的必要准备，并且仅在原有范围内继续制造、使用的。

"无论是商标的构思还是商标的广告,都不能确立普通法中的商标权,只有当带有商标的商品投放于市场时,商标权才能产生。""商标权属于第一个将其使用在某种特定商品上的人,这种使用不需要广泛的公众认知,只要不间断的商业使用随后出现,即使在单个商品上以经营中的使用也可以使其获得商标权。"由此第五巡回上诉法院认为要想确立商标权,其商品必须在商业(市场)中使用。在判断 Farah 公司于 7 月 3 日向经销商交付附有该商标的男裤的行为是否满足这一条件时,Gewin 法官又援引了 1951 年美国第一巡回上诉法院的判决:要获得商标权,首先必须要使用该商标,其次必须要以公开的方式使用该商标标示其商品的来源,并且能够使公众将其商品与其他商品相区别。❶ 由此 Gewin 法官认为,商标最主要的,甚至可以说唯一的作用就是标明商品的来源,帮助消费者区分不同商品的出处,而在企业内部的商品转移的过程中,商标并没有发挥其本质功能。因此,内部的没有公开的交付货物不足以构成可以确立商标权的使用。该案中 Farah 公司的经销商将其在 7 月 3 日收到的男裤以低于成本的价格销售给其内部员工,这不同于在外部市场上向消费者销售,在这一过程中"Time Out"商标没有起到标示商品来源的作用,因此不足以构成获得商标权的使用。而且,尽管 Farah 公司 7 月 3 日向经销商发送商品的行为属于真诚地意图在市场上使用商标而采取的实质性步骤,但仍然不能构成在商业(市场)上使用。❷

虽然美国采取的是使用取得商标权制度,而我国采取的是注册原则,使用不能取得商标权,但是在衡量是否构成商标意义上的使用这一点上,笔者认为美国的判例对我国是非常具有借鉴意义的,即只有发挥商标本质功能,达到区分不同商品或服务来源目的的使用才能构成商标意义上的使用。

欧洲共同体法院对这一点也有相同的认识,在 Ansul 一案中,即欧洲共同体法院就曾指出,实际使用应当是发挥商标区分不同商品或服务来源功能的使用,一般来说,该使用应当结合商品市场进行衡量,企业内部使用或简单地象征性使用是不足以构成实际使用的。❸

3. 持续使用

所谓持续使用是指在先使用人在其商品或服务上连续不中断地使用该商标。对商标的保护实际上是对商标与商品或服务之间特定联系的保护,❹ 是对商标上

---

❶ See New England Duplicating Co. v. Mendes, 190 F. 2d 415 (1st Cir. 1951).

❷ See BLUE BELL, inc. v. FARAH manufacturing company, inc., No. 74 - 1131, 508 F. 2d 1260 (5th Cir. 1975).

❸ See Ansul Bv. v. Ajax Brandbeveiliging Bv., Case C - 40/01, European Court of Justice Case.

❹ 郑其斌. 论商标权的本质 [M]. 北京: 人民法院出版社, 2009: 27.

承载的商誉的保护，如果在先使用人连续一定时间不使用商标，那么该商标与商品或服务之间的联系就会淡化，其识别商品或服务来源的本质功能就会得不到体现，其承载的商誉也必然会随之减弱，如此一来，也就丧失了对在先使用人利益进行保护的必要，因为商标的生命在于使用，法律没有理由保护一个不使用的"死商标"。对于注册商标而言，连续三年不使用还将面临被撤销的危险。❶ 注册商标所有人尚且要承担如此义务，在先使用人当然更应该承担持续使用的义务。

这一点在各国商标法中也都有所体现。美国商标法第1115条规定，在先使用可以成立不侵权抗辩事由的条件之一是：该商标一直由该当事人或与其有合法利益关系的人连续使用。❷ 日本商标法中也规定持续使用是在先使用人享有继续使用权的必不可少的前提。❸

4. 合法使用

在对使用的合法性这一问题的理解上，理论界存在两种不同的观点：一种观点认为，商标的在先使用应当具有合法性基础，如果在先使用人采取了法律禁止的方式使用商标，那么自然也就不能产生受法律保护的利益；❹ 还有一种观点认为，以违反不正当竞争法律规定的方式使用商标虽然会产生相应的法律责任，但是并不意味着不产生任何权利，更不意味着在先使用商标可以任由他人抢注。违反不正当竞争法律规定并不能否定在先使用人的使用事实，违法行为与在先使用的权利并不矛盾。❺

对此，笔者认为，法律之所以禁止一定的行为，是因为在一定时期一定社会条件下，主流的社会价值对此种行为持否定的态度，该行为所产生的法律后果往往也是行为人需要承担民事责任或者行政违法责任。因此，如果对违法行为产生的事实状态予以保护，就会与主流社会价值发生冲突。所以，如果承认以违反不正当竞争法律规定的方式在先使用商标，也可以产生受法律保护的利益，这不仅与主流社会价值观和立法精神不符，而且还会造成商标市场和社会秩序的混乱。

不过在司法实践中，法院的做法倒是基本一致：都认为以法律禁止的方式使用未注册商标，不能形成受法律保护的合法利益。在西南药业公司与商评委、拜

---

❶ 《商标法》第44条：使用注册商标有下列行为之一的由商标局责令限期改正或者撤销其注册商标：……（四）连续三年停止使用的。

❷ 美国商标法第1115条第（b）款之（5）。

❸ 纹谷畅男. 商标法50讲［M］. 魏启学, 译. 北京：法律出版社, 1987: 236.

❹ 刘井玉. 对《商标法》第31条"已经使用"的理解与适用［J］. 中国专利与商标, 2007（1）：78. 刘明江. 商标权效力及其限制研究［M］. 北京：知识产权出版社, 2010: 221.

❺ 贺荣, 辛尚民. 商标法上的已经使用与在先权利探讨［J］. 法律适用, 2005（9）：67.

耳公司商标行政纠纷一案中，最高人民法院坚持了未注册商标的使用应为合法使用这一观点。❶ 在云南滇虹药业公司与商标评审委员会等商标行政纠纷一案中，北京市高级人民法院更是明确地指出："我国《商标法》第44条第（4）项规定的'使用'，应该是在商业活动中对商标进行公开、真实、合法的使用……对于违反不正当竞争法律法规强制性、禁止性规定的生产经营活动中的商标使用行为，如果认定其法律效力，则可能鼓励、纵容违法行为，与商标法有关商标使用行为规定的本意不符。"❷

5. 善意使用

对这一要件学界并没有争议，但是如何判断善意却是一个难题。日本商标法将其规定为"非以不正当竞争为目的"，我国台湾地区的"商标法"则直接使用了"善意"一词。善意，是对行为人的主观心理状态的一种正面描述，因此很难证明。笔者认为既然从正面证明善意较难，那么不妨反过来考虑，从反面证明在先使用人为非善意，则相对简单得多。典型的非善意主要有以下两种：

（1）侵犯他人合法的在先权利的使用。在先权利，按照一般的学理解释主要包括著作权、外观设计专利权、肖像权、姓名权、商号权等。❸ 权利的取得应当具有合理性基础，如果该使用是建立在侵犯他人在先权利基础上的，那么当然也就不能产生受法律保护的利益。

（2）以不正当竞争为目的的使用。实践中这种情况较为常见，包括但不限于以下几种行为：①明知他人已经使用某一未注册商标，出于不当竞争目的，也使用与其相同或近似的商标；②故意改变自己的商标，使其与注册商标更近似，以攫取注册商标人的商誉；③在先使用人在他人获得商标注册后，将其商标扩大使用到类似的商品或服务上。

6. 使用需达到一定知名度

对于在先使用商标是否需要达到一定知名度这一点，笔者的答案是肯定的，因为正如前文所述，对在先使用人的利益给予保护的理论基础在于其商标上凝聚了使用者的商业信誉，而商业信誉就是靠知名度来积攒的，没有一定影响或知名度的商标，当然也不会凝聚多大的商业信誉，法律没有必要也不可能对一个没有价值的商标提供特别保护。

这一点在国外的立法或判例中也都有所体现。在英国，普通法上的假冒之

---

❶ （2009）行提字第1号民事判决书。

❷ （2009）高行终字第649号民事判决书。

❸ 吴汉东. 知识产权法 [M]. 北京：法律出版社，2009：263－264.

诉，原告必须承担证明自己的商标已经获得了一定的商业信誉的举证责任。❶ 在德国虽然使用可以获得商标权，但是未注册商标要受到法律保护，仅有实际使用是远远不够的，必须要通过使用产生"第二含义"，也即具有相当声誉，获得了公众认可才行。简单到没有得到公众认可的使用，是不足以产生实质性商标权的。❷ 日本商标法对在先使用商标的知名度要求为"在他人提出商标注册申请时已在消费者中广为知晓"。1999年美国第三巡回上诉法院在 Lucent 一案中首次采用了四要素标准，即销售数量、增长趋势、广告宣传数量及购买者数量。❸ 该案中由于原告没有达到这四个要求，所以不能对其进行保护。这一四要素标准实际上对在先使用人利益的保护设置了一个相对较高的门槛。

由此可以看出，无论是在使用可以取得商标权的美国、德国，还是在坚持注册取得商标权的日本，都要求在先使用商标须达到一定的知名度。虽然各国对知名度要求的表述各不相同，不过至少可以肯定的是，对该知名度的要求显然是应当低于驰名商标的，因为如果达到了驰名商标的标准，那么直接适用未注册驰名商标的保护便可，就没有另行规定的必要了。

综上所述，笔者认为在先使用要获得保护应满足以下条件：第一，在他人商标注册申请日之前，在相同或类似商品上使用；第二，该使用应当是持续的、合法的、发挥商标本质功能的使用；第三，该使用应当是善意的，即非以不正当竞争目的的使用；第四，该使用必须达到一定的知名度。

（二）明确在先使用人利益保护的内容

在先使用人可以继续使用其商标，但是应当对该使用的范围作出适当的限制。关于在什么范围内使用的问题，各国商标法中有不用规定，有的是限定了继续使用的地域范围，如美国商标法要求"连续在先使用能得到证实的地区"，❹ 意大利商标法要求"同一地域"，❺ 加拿大商标法要求"特定地域范围内"❻；有的则是限定了原有的商品或服务范围，如日本商标法规定"在该商品上有继续使用该商标的权利"，我国台湾地区"商标法"规定"以原使用之商品为限"。由此，我国学界也有三种不同的观点，有的主张如美国、意大利一样，在先使用人

---

❶ 郑成思. 知识产权文丛（第4卷）[M]. 北京：中国政法大学出版社，2000，172.
❷ 李继忠，董葆霖. 外国专家商标法律讲座[M]. 北京：工商出版社，1991：12.
❸ See Lucent Information Management, Inc. v. Lucent Tecnologies, Inc., 186 F. 3d 311 (3rd Cir, 1999).
❹ 美国商标法第1115条（b）款第（5）项（C）.
❺ 意大利商标法第9条.
❻ 加拿大商标法第21条第1款.

只能在原有地域范围内使用其商标;❶ 有的主张如日本、我国台湾地区一样,可以扩大生产经营的规模以及地域范围,但是只能以原有的商品或服务为限;❷ 有的则主张应该对继续使用的地域范围和商品范围都作出限定。❸

笔者倾向于第二种观点,即在先使用人只能以原有的商品或服务为限继续使用其商标,而对其使用的地域范围不作限制。之所以要求在先使用人只能在原有商品或服务上使用,是因为对于注册商标而言,其效力范围尚且仅限于核定的商品或服务上,❹ 在先使用人的权利当然不能大于注册商标专用权,如果在他人注册商标之后,在先使用人再进入类似的商品或服务,那么就会落入注册商标专用权的保护范围,构成侵犯注册商标专用权的行为。另外,从混淆的角度来讲,即使要求在先使用人在商标上附加标识加以区分,但毕竟二者还是近似商标,具有混淆的可能性,如果允许在先使用人将适用范围扩大到类似的商品或服务上,就会扩大造成混淆的商品范围,最终还是会影响市场竞争秩序,损害社会公众利益。

之所以对在先使用人继续使用的地域范围不作限制,是因为既然允许在先使用商标合法存在,那么也就应该允许在先使用人扩大经营范围,因为这种扩大本身就是在先使用人潜在的既得利益,❺ 如果在限定了在先使用人使用商标的商品或服务类型的同时,也对其使用的地域范围作出限制,那么当注册商标专用权人的经营范围逐渐扩展到全国时,继续使用对在先使用人的保护也就没有什么意义了,因为注册商标人会以汪洋大海淹没在先使用人坚守的那座孤岛——原有经营区域,而在先使用人在该商标上长期辛苦建立起来的商业信誉最终也会拱手相让,成为"他人的嫁衣"。而且,在先使用人还有可能因为坚守自己的孤岛而错失以其他商标迅速发展的大好时机。❻ 因此,限定在先使用人继续使用的地域范围,会动摇先用权存在的根本意义,这对在先使用人是极不公平的。

(三) 对在先使用人利益保护的限制

对在先使用人利益的保护并不是绝对的、无限制的,既然在先使用人选择不对其商标进行注册,那么就应当预见到可能会被他人合法注册的后果,也应当承担这种后果所带来的不利。因此,在对在先使用人利益进行保护的同时,也应当

---

❶ 郑其斌. 论商标权的本质 [M]. 北京:人民法院出版社,2009:157-158。
❷ 吴汉东. 知识产权法 [M]. 北京:北京大学出版社,2007:304。
❸ 杜颖. 在先使用的未注册商标保护论纲——兼评商标法第三次修改 [J]. 法学家,2009 (3):133.
❹ 《商标法》第51条:注册商标的专用权,以核准注册的商标和核定使用的商品为限。
❺ 李扬. 商标法中在先权利的知识产权法解释 [J]. 法律科学,2006 (5):49。
❻ 杜颖. 在先使用的未注册商标保护论纲——兼评商标法第三次修订 [J]. 法学家,2009 (3):132.

对这种保护加以适当的限制。

1. 防止混淆的义务

在相同或类似的商品或服务上同时存在两个相同或近似的商标，必然会对消费者产生困扰，使消费者对商品或服务的来源发生误认，因此，为了避免混淆，保护消费者的利益和维持良好的市场竞争秩序，有必要让在先使用人附加适当的区别标记。

日本商标法中就明确规定，注册商标所有权人可以要求在先使用人附加适当的标识以防止其商品或服务与自己的商品或服务发生混淆。❶ 我国台湾地区"商标法"也规定，注册商标专用权人可以要求在先使用人附加适当的区别标示。❷ 我国《国家工商行政管理局关于服务商标继续使用的通知》中也规定，使用人继续使用其商标导致混淆的，应当附加地理名称等标志，以和注册商标相区别。❸ 虽然该通知已被废止，但是其法理精神是相通的，可以被借鉴。

所谓"适当标记"，笔者认为，不需要达到与注册商标不相近似的程度，只要能与之相区分即可。因为若要求其达到与注册商标不相近似的程度，就等于要求在先使用人停止使用原有商标，而使用一个新的商标，也就等于否认了在先使用人可以继续使用的权利。用作区分的标记包括但不限于在先使用人的企业商号、地理名称、商品产地等，比如"某某制造"、"某某制品与本公司无关"等。❹ 一般应以显著的方式标明，以求与注册商标权人的商标相区别，避免消费者发生混淆或误认。

2. 不得单独转让或许可

在先使用商标是否可以单独转让或许可？笔者的答案是否定的。法律之所以对在先使用人进行保护，是因为其通过长时间的使用使该商标上凝结了良好的商业信誉，是法律对在先使用人付出的努力的一种承认。如果允许在先使用人将其商标单独转让或许可给他人使用，那么将会改变在先使用人与在后注册人之间的利益关系，也不利于市场的稳定。

但是，当在先使用人的业务发生承继关系时，如公司的合并或分立、自然死

---

❶ 日本商标法第 32 条第 2 款。

❷ 我国台湾地区"商标法"第 23 条第 2 款。

❸ 《国家工商行政管理局关于服务商标继续使用的通知》第 6 条第 3 款规定：继续使用与注册人的使用发生实际混淆，造成消费者误认的，继续使用人应在使用服务商标时，增加地理名称标志，以便于与注册人使用的服务商标相区别。

❹ 田村善之. 日本知识产权法 [M]. 周超，李雨峰，译. 北京：知识产权出版社，2011：75.

亡等，业务的承继人有权继续使用该商标。❶ 比如日本商标法中就规定，在先使用人的业务的承继者同样享有继续使用该商标的权利。❷ 瑞士商标法中也规定，继续使用的权利只能连同企业一起转让。❸ 实际上，这种情况下，承继人继受的是在先使用人的业务整体，而不仅仅是在先使用人享有的合法利益。因为对在先使用商标的保护，实际上是对该商标上凝聚的商业信誉的保护，如果不允许其连同企业一起被承继或者转让，那么也就是在一定程度上限制了在先使用人对其无形资产的使用，这对在先使用人是不公平的，并且这种形式的承继或转让也不会损害注册商标专用权人的利益，不会对市场交易秩序造成不良影响。

（四）对我国立法的建议

通过以上分析可以发现，目前在我国司法实践中存在大量关于商标在先使用人与善意在后注册人之间利益冲突的案件，而由于我国现行立法对此没有涉及，各地法院的意见又多有分歧，因此不能很好地统一司法实践，因此，笔者认为，在立法中明确对在先使用人的合法利益进行保护已是刻不容缓。

笔者建议在将来修改《商标法》时，应当增加具体条文明确对在先使用人的合法利益予以保护。具体条文可设计为：

第×条　在注册商标申请日之前，他人已经善意地在相同或类似商品上使用与注册商标相同或近似的商标，且达到一定知名度的，该在先使用人有权在原有商品上继续使用该商标。

继续使用容易使消费者发生混淆的，在先使用人应当附加适当的区别标志，该区别标志包括但不限于企业商号、地理名称、商品产地等。

在先使用人不得将该商标单独转让或许可他人使用，但发生企业合并、分立或承继的除外。

另外，为了增强司法实践中的可操作性，还可以在《商标法实施条例》中增加一条：

第×条所称在先使用应满足以下条件：

1. 在先使用的事实发生在注册商标申请日之前；
2. 该使用应当是实际使用，即发挥商标识别功能的使用；
3. 该使用应当是善意的、合法的、持续的；
4. 该使用应当达到一定知名度。

---

❶ 刘明江. 商标权效力及其限制研究 [M]. 北京：知识产权出版社, 2006：229.
❷ 日本商标法第32条第1款。
❸ 瑞士商标法第14条。

附加适当区别标识研究

付景虎[*]

摘　要

　　附加适当区别标识的意旨在于平衡商业标识使用攸关者之利益，应在商业标识法律中建立一项具有一般适用性的法律规则。在法律属性上，附加适当区别标识是一种民事责任，其适用的前提是存在商标侵权行为或者不正当竞争行为。应构建附加适当区别标识制度，确立一般的构成要件，即被控行为人所用标识与主张权利的标识并存时足以发生市场混淆和不宜责令停止使用被控标识。在商业标识法律中，在诸如反向混淆、使用不可撤销商业标识等商标侵权或不正当竞争行为可以适用附加适当区别标识。在附加适当区别标识的司法实践中尚需明确：法院不得主动适用；附加应采取合理的方式；适当区别标识包括那些能将两个商业标识区分开来的标识；附加适当区别标识不适用诉讼时效。同时，所附加的标识在特定情形下可以去除。从立法论的角度看，应在《商标法》和《反不正当竞争法》中规定关于附加适当区别标识的一般条款。

关键词

　　附加适当区别标识　商业标识　市场混淆

---

[*] 华东政法大学2010级知识产权专业硕士研究生；本文改自其毕业论文，指导老师为曹丽萍。

引 言

2012年12月，全国人大常委会第30次会议首次审议了《中华人民共和国商标法修正案（草案）》，其第58条规定"商标注册人申请商标注册前，他人已经在同一种商品或者类似商品上使用与注册商标相同或者近似的商标的，注册商标专用权人无权禁止该使用人在原使用范围内继续使用该商标，但可以要求其附加适当区别标识。"该规定赋予注册商标权人一项"附加适当区别标识"的请求权，作为对先用权人的限制，这在我国商标法律制度中尚属首次。

关于"附加适当区别标识"的理论探讨和司法实践并非付之阙如。2007年1月12号发布的《最高人民法院关于审理不正当竞争民事案件应用法律若干问题的解释》第1条第2款规定赋予了知名商品特有名称权利人特定情形下附加适当区别标识的请求权。在学理界，已有少许著作和文章涉及这一问题，论述的角度也多有不同，如有学者在论述商业标识权利冲突解决的原则和规则中提及附加适当区别标识（该学者表述为附加区别性标识），❶ 有学者将其作为两个注册商标间因使用发生的侵权纠纷的一种处理模式加以选择适用，❷ 还有学者在论述企业字号的保护问题时将附加适当区别标识作为防止字号间发生混淆的一种手段。❸

除了规范性文件的规定和学理上的探讨之外，司法层面也对这一问题作了尝试。北京市高级人民法院在"泥人张"案件中即判令"北京泥人张"在其注册的域名"nirenzhang"前附加区别性标识。同时，针对轰动一时并一波三折的"鳄鱼"案❹，有论者在谈到商标共存时就这一案件本身建议可以通过添加区别性标识的方法允许两者共存，这样既不损害既有利益和秩序，也能很好地防范不当得利的发生。❺

本文将从法律规则的视角对附加适当区别标识展开体系化的论述。

一、附加适当区别标识的界定

（一）"附加适当区别标识"用语的不同表述

在我国，附加适当区别标识是商业标识法律理论中新近出现的一个概念，由

---

❶ 孔祥俊. 商标与不正当竞争法原理和判例 [M]. 北京：法律出版社，2009：638.
❷ 凌宗亮. 化解注册商标间权利冲突的合理模式分析 [J]. 上海政法学院学报，2011 (6)：132-136.
❸ 金民珍. 中小企业普通字号的法律保护 [J]. 人民司法应用，2011 (1)：76-81.
❹ 最高人民法院（2009）民三终字第3号民事判决书.
❺ 黄淳. 论商标共存的合目的性 [J]. 中华商标，2012 (7)：54.

于《商标法》和《反不正当竞争法》均没有规定,因此,它不是一个法律概念。即使对其有所提及的文章,在术语表述上也不尽统一,如"附加足以区别商品来源的其他标识""附加区别性标识""添加区别性标识"❶、"加上适当的标识"❷ 等。

从比较法上看,对这种术语的法律描述也不统一,日本商标法表述为"附加适当的标记",❸ 中国台湾地区"商标法"表述为"附加适当区别标示"。❹ 美国兰哈姆法没有与此相对应的专用术语,美国关于商标的司法实践中提及比较多的"提醒措施"(Precaution Measures)实际上包含了附加适当区别标识的内涵,但也不限于此,作为法律效果采取的"提醒措施"也是用于对禁令措施的缓和。美国反不正当竞争法重述即指出"实质公平会影响禁令救济的范围,有时则通过诸如声明或粘贴的强制性提醒措施取代绝对的禁止使用,以缓和对被告的偏向"。❺

笔者采纳"附加适当区别标识"的用语。一方面,鉴于"附加区别性标识"的表述已经有一定的共识,可以以此为基础加以改造;另一方面,从比较法上看,同为大陆法系的日本和我国台湾地区都强调标识的"适当"要求,意在突出这一行为在结果上的要求,应予汲取。至于"区别"的限定,其能体现所附加的标识的本质功能;此外,鉴于《商标法修正案(草案)》采用了"附加适当区别标识"的表述,采用这一术语也是便于待该修正案通过后与法定的概念保持一致。

(二)对"附加适当区别标识"的文义解释

附加适当区别标识在汉语语法上属动宾结构,即"附加"是动词,"适当区别标识"是"附加"的宾语,因此,它是行为主体实施的一种具体行为方式。

"附加"从汉语释义上是指"附带加上;额外加上",❻ 在商业标识的语境下,其自然应是以存在特定的商业标识为前提,这一点学术上没有争议。附加适当区别标识之"区别标识"所指何意,我国实务界认为,这种区别性标识可以

---

❶ 黄淳. 论商标共存的合目的性 [J]. 中华商标,2012 (7):54.
❷ 汪泽. 论商标在先使用权 [J]. 中华商标,2003 (3):39.
❸ 李扬. 日本商标法 [M]. 北京:知识产权出版社,2011:26.
❹ 中国台湾地区"商标法"第 30 条、第 36 条。
❺ Restatement (Third) of Unfair Competition, Chapter 3. Topic 6. §31. e, westlaw, 2012.
❻ 中国社会科学院语言研究所词典编辑室. 现代汉语词典 [M]. 6 版. 北京:商务印书馆,2012:407.

是另外附加醒目的文字标注、图形等；❶ 也有学者指出"适当的标示"包括在先使用人的字号、所处地域的名称等。❷ 在我国台湾何谓适当区别标示，商标法并无规定，其目的在于避免消费者对其所表彰之商品来源产生混淆误认之虞，其方式应由当事人间协议，并依一般社会观念及市场交易情形，视该区别标示是否足以使消费者区辨该二商标商品来源以为断。例如为不同之包装或标示制造厂商及产地等，以使消费者能清楚分辨商品之产地来源，确保消费大众之权益，并可间接维护各商标权人之商誉。笼统地说，应依实际交易需要是否确能发挥区别功能为断，即足为一般消费者藉以区别商品来源而得以避免引起混淆误认之虞之标示。❸ 笔者认为，对标识的理解应围绕附加适当区别标识的目的展开。附加适当区别标识的目的是使得被控行为人可以继续使用涉案标识以延续其商誉，但又尽量消减混淆的可能。因此，如果附加的标识改变了涉案标识的显著性，即附加后的标识整体上与权利人享有权利的标识不构成近似，这当然不再导致市场混淆，但这和附加适当区别标识的法规目的是相违背的。如果仅仅是在原有商业标识基础之上增加一些标识元素，如文字、图案、色彩等，并未改变其显著性，附加后的标识整体上与权利人的标识仍构成近似，这仍然不符合附加适当区别标识的目的；另外，企业经营的全国化趋势加快，同一符号上存在不同表征的商业标识在商誉上难以分割，那种仅仅通过加上地域的标识其实也是难以真正起到区分功能的。因此，附加适当区别标识的"标识"应是指在显著位置附加说明性的语句，如"本商品和某某公司无关""特别提醒：本商品由某某公司制造""本商标和某某人没有任何法律上的联系""本商品由某某修理"等之类的标明其使用的标识与相关权利人或者其标识无关的语句或者能将特定标识与特定主体紧密联系起来的标识。当然，附加的区别标识是否能达到目的，也应个案评判，不过这已是"适当"的问题，下文将展开论述。

（三）附加适当区别标识的法律属性

主流观点认为，附加适当区别标识是一种法律上的负担，不属于民事责任。❹ 笔者不赞同这一观点，并认为附加适当区别标识是一种法律责任。

首先，从法学基本原理上看，并不存在"法律上的负担"这一严格的概念，

---

❶ 蒋志培，孔祥俊，王永昌.《关于审理不正当竞争民事案件应用法律若干问题的解释》的理解与适用 [J]. 法律适用，2007（3）：23.

❷ 汪泽. 论商标在先使用权 [J]. 中华商标，2003（3）：39.

❸ 汪度村. 商标法论 [M]. 台湾：五南图书出版公司，2008：182.

❹ 孔祥俊. 商标与不正当竞争法原理和判例 [M]. 北京：法律出版社，2009：638.

其内涵和适用的事实构成方面均没有明确的界定，将附加适当区别标识认为是一种法律上的负担不能准确地揭示出这一行为方式的本质。

其次，将附加适当区别标识认为是一种法律上的负担是囿于认为附加适当区别标识的前提不构成商标侵权行为或者不正当竞争行为。有学者即认为，在不构成侵权或者不正当竞争时，附加适当区别标识是一种法律上的负担。❶ 这一论述尚难推测在构成侵权行为或者不正当竞争时是否也可以请求附加适当区别标识。而笔者认为，所谓那些可以附加适当区别标识的非侵权行为或者非不正当竞争行为恰恰是侵权行为或者不正当竞争行为。

不管是商标法，还是反不正当竞争法，其针对商业标识的规制最直接的立法目的都是制止混淆。正如《最高人民法院关于当前经济形势下知识产权审判服务大局若干问题的意见》所明确的，对商标权的保护应以市场混淆为指针。《巴黎公约》第10条之二也将具有以任何手段地对竞争者的营业所、商品或工商业活动制造混淆的性质的一切行为作为不正当竞争行为予以特别禁止。❷ 那么，凡是足以导致混淆的行为都是商标侵权行为或者不正当行为。对于商业标识权利行使构成阻碍的，其违法属性是客观的，❸ 不存在一方面客观上导致了市场混淆，另一方面却不构成侵权行为或者不正当竞争的情形。因此，因商业标识的权利冲突导致客观上的市场混淆其实就是侵权行为或者不正当竞争。

二、附加适当区别标识适用领域的扩张

附加适当区别标识适用领域问题涉及其在整个商业标识法律体系中的地位问题。附加适当区别标识是仅能适用于特定商业标识、特定类型还是具有适用于所有商业标识的一般性，目前尚无定论。

商业标识的基本功能在于区分商品或服务来源或者市场主体，在这一点上，所有类型的商业标识是共通的。商业标识的识别功能决定了两个商业标识并存于市场可能会发生市场混淆，不管发生混淆的原因多么特殊，但混淆本身一定不能被法律所容许，这不仅涉及商业标识纷争当事人的商业利益，更涉及以不特定消费者为承载对象的公共利益。此时，如果在特殊情形下通过要求其中的一方采取适当的措施来消减可能产生的混淆，在满足这一要求的情况下其可以继续使用被

---

❶ 孔祥俊. 商标与不正当竞争法原理和判例 [M]. 北京：法律出版社，2009：638.
❷ 博登浩森. 保护工业产权巴黎公约指南 [M]. 汤宗舜，段瑞林，译. 北京：中国人民大学出版社，2003：97.
❸ 崔建远. 物权法 [M]. 2版. 北京：中国人民大学出版社，2011：122.

控标识，不失为一种两全安排。附加适当区别标识的做法充分地体现了对竞争者利益的同等保护，对被控侵权人的侵权行为，并不是"一刀切"地责令承担停止使用相关标识的法律责任，而是代以附加适当区别标识，使其通过实际经营建立的商誉得以延续，又兼顾了权利人利益和公共利益，堪为处理特定情况下商业标识纠纷的优选方案。

（一）商业标识的扩张

我国目前的规范性文件中提及附加适当区别标识的仅涉及知名商品特有名称，这就引出了一个问题，即附加适当区别标识是否只能针对法律有明文规定的商业标识加以适用。本文认为，附加适当区别标识可以适用于所有的商业标识。

不管是最重要的商业标识——商标法律还是规制其他商业标识的反不正当竞争法律，这些法律的直接目的都是着眼于防止混淆。公众的混淆是商标侵权和不正当竞争行为的共同本质，[1] 因此，笔者认为，附加适当区别标识就应该放在商业标识的法律制度框架内讨论，而不限于商标或其他某一种商业标识，适用范围自当包含所有的商业标识。这些商业标识包括商标、商号、地理标识、特殊标志、商品特有名称、域名、商业外观、商业形象及其他相关商业标识。[2] 两个商业标识共存既包括两个相同标识间的共存，也包括不同商业标识间的共存，只要符合附加适当区别标识适用的前提条件，均可以责令被控行为人附加适当区别标识。

因此，尽管目前有法律效力的规范性文件仅仅提及一种可附加适当区别标识的类型，但绝不意味着排除了其他商业标识的法律规制中适用附加适当区别标识的可能性。附加适当区别标识绝不是某一种商业标识的专有问题，而是商业标识法律的共有问题。从法律调整的角度来说，附加适当区别标识不仅是商标法的问题，也是反不正当竞争法的问题。

（二）类型的扩张

我国目前仅有关于知名商品特有名称适用附加适当区别标识一种类型，在此之外，既没有其他类型，也不存在一般条款。即使按照本文关于附加适当区别标识法律性质的论述，但在《商标法》和《反不正当竞争法》中也没有笼统地赋予权利人这一请求权。

以正在修正中的《商标法》为例，在修正案草案中提及在先使用人的附加

---

[1] Dart Drug Corp. v. Schering Corp., 320 F. 2d 745, 137 U. S. P. Q. 848 (D. C. Cir. 1963).
[2] 王莲峰. 商业标识立法体系化研究 [M]. 北京：北京大学出版社，2009：11.

问题，这是否意味着别的侵犯商标权的行为或者不正当竞争行为就不存在适用的余地呢？在承接上述关于附加适当区别标识适用于所有商业标识的基础上，对于商业标识间发生商标侵权或者不正当竞争的其他类型，都有可能满足附加适当区别标识的构成要件。如擅自使用他人企业名称、因反向混淆导致的不正当竞争或者商标侵权等都有附加适当区别标识适用的可能。

诚如上文所述，商业标识法律以制止"市场混淆"为直接目的，在此前提下，在所有的商业标识间发生混淆应是普遍的现象，而基于特殊考量，允许两个产生纷争的商业标识并存于市场也是应有的处理方式。因此，应该在商业标识法律中确立关于附加适当区别标识的一般性规则，以避免法律适用上的不周延性。尽管从比较法的角度看外国也并未有类似的一般条款，但是，通过上述关于商业标识法理的分析，确立一项一般条款将更符合法律适用中的"找法"思路。

三、适当区别标识一般规则之建构之一——构成要件

附加适当区别标识是法律赋予商标权人之权利。[1] 本文认为，权利主体不应限于商标权人，但作为一项在商业标识法律中普遍适用的关于附加适当区别标识的法律规则尚不存在。鉴于一项法律规则的逻辑结构包括事实构成和法律效果，本文从法律规则的角度认为，适用附加适当区别标识的前提应满足被控行为人所用标识与主张权利的标识并存时足以发生市场混淆和不宜责令被控行为停止使用被控标识两个要件。

（一）被控标识与主张权利的标识并存时足以发生市场混淆

附加适当区别标识以两个商业标识的共存足以导致混淆为前提。如果被控行为人的行为不会导致相关公众混淆，即两个标识共存相安无事，也无需通过法律给予矫正的必要，即谈不上附加适当区别标识的适用。

1. 受保护权利的确定

附加适当区别标识适用的场景是争议双方均存在使用相关标识的合理理由，而因附加适当区别标识产生纷争的两个商业标识之间并非简单的在取得上的先后关系，尤其是很多案件涉及复杂的历史因素，在处理这类案件时首先在确定受保护的权利上就存在不少麻烦。

笔者认为，对这一前提性问题的处理必须要和商业标识本身的功能和整个商业标识法律制度的价值取向保持一致，这就要求处理规则必须维护商业标识授权

---

[1] 汪度村. 商标法论 [M]. 台湾：五南图书出版公司，2008：182.

确权制度的权威性和充分保护通过持续使用取得较高知名度的商业标识，即在两个商业标识所体现的利益更大的一方享有附加适当区别标识的请求权。现实中的案件是纷繁多样的，这决定了确定附加适当区别标识的请求权人没有一个普遍适用的标准，而是个案衡量过程。但这并不妨碍存在一些可参照的特定规则，笔者认为，除了在处理商业标识冲突问题时的保护在先权利原则，还应考虑的规则有：两者都是以登记或注册程序取得专用权的，以登记或注册在先的商业标识作为优先保护的对象，但其中存在历史传承的，以历史最悠久的为保护对象；对于那些需要通过法定程序才能取得相关权利的商业标识，要优先保护依法进行了登记或注册后取得的商业标识权利，这样才能维护登记或注册制度的权威；应优先保护权利效力范围或知名度及于全国或者更大范围的商业标识，这样有利于培植自主知名品牌，符合国家知识产权战略。根据这些规则给予优先保护的权利人可以请求另一方在使用相应的标识时附加适当区别标识。

从另一方面看，确定了受保护的权利也即确定了附加适当区别标识的义务主体。但是，义务主体所取得的权利也可能是正当、善意的，如果权利的取得就是不正当的，其行使权利的行为自然是不正当的，这种行为被认为是形式上的合法掩盖了实质上的非法。❶ 此种情况下，无论如何该所谓的权利人也无权要求他人附加适当区别标识。确定了受保护的权利且被告的行为足以导致相关公众的混淆，就应认定为侵权或者不正当竞争，"至于这样的行为是否出于善意，则无关紧要。"❷ 被控行为人使用相关标识的违法性是在行为时经过利益衡量和价值评价后的事实状态，并不因其在取得权利时的正当性而有所改变，被控侵权人依法应成为附加适当区别标识的责任人。

2. 商业标识间市场混淆可能性的判断

由于附加适当区别标识适用于所有的商业标识，因此，两个商业标识混淆可能性的判断既可能在同质的两个商业标识间进行，如商标与商标、企业名称与企业名称，也可能是在不同质的商业标识间进行，如商标与企业名称、企业名称与域名等。由于我国并不是将混淆可能性作为判定侵权或不正当竞争的依据，而是以在相同或者类似商品上使用相同或者近似标识作为侵权或不正当竞争的基本模型，并在标识近似的判断上考虑混淆的结果，但正如上述，学理普遍认为商业标识法律的目的在于制止混淆，因此，适用附加适当区别标识时所进行的仍是混淆

---

❶ 孔祥俊. 商标与不正当竞争法原理和判例 [M]. 北京：法律出版社，2009：628.
❷ 博登浩森. 保护工业产权巴黎公约指南 [M]. 汤宗舜，段瑞林，译. 北京：中国人民大学出版社，2003：97.

可能性的判断，而非标识近似的判断。不过，在以标识间近似性判断的重心尚未改变之前，仍应遵守现有的法律和司法解释的规定。具体来说，两个商标并存的情形应按照《最高人民法院关于审理商标民事纠纷案件适用法律若干问题的解释》的具体规则执行，在涉及其他的商业标识间的情形可参照该等规则执行。

（二）不宜责令被控行为人停止使用被控标识

近年来，随着司法认知的深入，普遍的观点认为，知识产权领域特殊情形下停止侵权应受到限制，❶ 但笔者认为，无论如何，允许侵权行为的存在是违背法律的正义原则的，所谓的对停止侵权加以限制实质上是通过使义务人承担其他责任方式使侵权行为转化为非侵权行为，而绝不是默认侵权行为的持续存在。附加适当区别标识实质上是通过要求侵权人承担排除妨碍的责任来代替停止使用的责任方式。

作为附加适当区别标识的前提，商标侵权行为或不正当竞争行为是持续存在的，若被控行为人在起诉时已经不再使用其先前的标识，也没有附加适当区别标识适用的余地。

从比较法上看，停止侵害类似于美国法律上的永久禁令，但美国在适用永久禁令时有着严格的适用条件，需要考虑多方面的因素才能确定是否适用永久禁令。美国反不正当竞争重述指出，禁令救济的适当性和范围取决于对所有涉案因素的综合评判，这些因素主要包括：受保护的利益的种类、不法行为的种类和程度、对原告而言禁令和其他救济各自的足够程度、如果授予禁令可能对被告造成的法律利益的损害和如果拒绝禁令对原告法律利益的损害之比较、第三人和公共利益、原告提起诉讼或者主张权利时的任何不合理的迟延、原告任何的不法行为以及制定和执行禁令的可操作性。❷ 在我国，也有学者在谈到权利冲突时指出了停止侵权判决方式的局限和问题。❸ 随着对停止侵权认识的深入，我国司法实务在判定停止侵害时越来越考虑案件的实际情况，提出应对停止侵害责任的适用加以限制，并指出了进行限制时应符合的条件：①当事人请求停止侵害具有法律上的依据；②判令停止侵害将危害社会公共利益或者造成当事人之间利益极大失衡，或者实际上难以执行；③采取其他责任形式可以替代停止侵害责任的适用，

---

❶ 李扬. 知识产权法基本原理 [M]. 北京：中国社会科学出版社，2010：122 – 126.

❷ Restatement (Third) of Unfair Competition, Chapter 3. Topic 6. § 35, westlaw, 2012.

❸ 胡充寒，肖启明. 权利冲突案件中停止侵权判决方式的选择及限制 [J]. 法律适用，2008 (10)：73 – 75.

或者弥补不停止侵害的损失。❶《最高人民法院关于当前经济形势下知识产权审判服务大局若干问题的意见》也指出，因使用企业名称而构成侵犯商标权的，可以根据案件具体情况判令停止使用，或者对该企业名称的使用方式、使用范围作出限制。这一意见也体现了应根据案件具体情况来选择灵活的责任方式的司法智慧。

如果被控行为不构成侵权或不正当竞争，或者构成了侵权或不正当竞争但应责令停止使用相关标识，自然无附加适当区别标识的适用。但是在判定是否应判令停止使用时，在涉及商业标识的纠纷中并不是一件容易的事，它需要在综合考虑各种因素的基础上给出结论，笔者认为，上述美国反不正当竞争重述列举的诸多因素可以作为我国司法实践在判定是否应责令停止使用的参考因素，其中有些已经体现在我国的司法立场中。

四、附加适当区别标识一般构成的典型类型

笔者认为，除了规范性文件已经规定的针对知名商品特有名称在特定情况下可以适用附加适当区别标识外，仍有多种典型的类型可以适用。❷

（一）商标在先使用人的附加

附加适当区别标识最普遍适用的是关于对在先使用人进行限制的规定中。我国正在审议的《商标法修正案（草案）》正是对这一普遍规则的引入。构成在先使用抗辩的两个商标的共存必然会导致相关公众的混淆，为了消除这种混淆，要求在先使用人在其商品上或者提供服务时附加适当区别标识就成为必要的条件。这一手段可谓是对在先使用所享有利益的再限制，通过这种手段，既能维护商标注册制度的权威，保护商标权人的商标专用权，又能体现商标制度本身的本质要求，兼顾先使用人的利益，同时又阻却了混淆的可能性，进而保护了公共利益。

（二）使用不可撤销商标或不可撤销字号时的附加

我国《商标法》第 41 条第 2 款、第 3 款规定了注册商标 5 年的撤销期限，这意味着利害关系人必须在核准注册之日起 5 年内提出撤销申请，5 年期满则不得再对该注册商标提出撤销，此时的注册商标即成为不可撤销商标，且在民事诉讼中人民法院不再判决承担停止使用该注册商标的民事责任。因为如果在此之外

---

❶ 沈志先. 知识产权审判精要［M］. 北京：法律出版社，2010：135.

❷ 事实上，大多数可适用附加适当区别标识的情形与商业标识权利冲突有着密切联系。但商业标识权利冲突本身的问题较为复杂、形态也十分多样，本文不把它作为一种类型加以阐述，而把它分解在一般的构成要件或者列举的类型之中。

仍然允许在民事诉讼中请求停止该注册商标的使用，就会使《商标法》规定法定期限的立法目的落空。❶ 笔者认为，此时尽管不再判令被控行为人停止使用商标或企业名称，但为了消减市场混淆的发生，应责令被控行为人在其商品上或提供服务时或者经营场所附加适当区别标识，而绝不能容许或者放任市场混淆的存在。

附加适当区别标识和设置法定撤销期限的宗旨并不违背，一方面，尽管被控行为人在取得权利时存在不正当的行为，但允许其继续使用不可撤销的商标或者企业名称，既是对其踏实经营成果的肯定，也是对在先权利人怠于行使权利的惩戒，维护了交易秩序；另一方面，责令被控行为人附加适当区别标识，使得消费者通过商标或者企业名称和附加的区别性标识整体上和在先权利人的商业标识区分开来，既是对被控行为人权利取得上的不正当之责难，又保护了在先权利人的利益。

（三）具有较高知名度的姓名作为商业标识使用时的附加

由于将名人姓名作为商标、字号或者商品名称等投入使用具有自在的知名度，这些姓名被抢注的现象屡屡发生。在两种情况下姓名的权利人无法获得程序上的救济但又足以导致市场混淆，第一种是法定撤销期限届满，权利人未提起撤销申请，如"乔丹"案；❷ 第二种是申请时该姓名并不知名，但后来某一使用该姓名的权利人十分知名，家喻户晓，商标权人使用该商标时相关公众会认为和该知名人士存在某种联系，如"刘翔牌"商标问题。❸ 但在认定构成侵权时，均不应再责令被告停止使用被控标识。

笔者认为，针对上述两种情况，责令商业标识的权利人在使用其商业标识时附加适当区别标识将是妥当的处理方案。要求商业标识的权利人在其经营场所、商品或者提供服务的场所附加适当区别标识，以示与该知名人士无关，不仅划清了知名人士本身和以其姓名为商业标识的界限，而且当知名人士自行或许可他人商业化其姓名时，也使得消费者不会发生误认。因此，在"乔丹"案中，如果在认定构成侵权的情况下，不责令福建乔丹体育用品公司停止使用"乔丹"标

---

❶ 孔祥俊. 商标与不正当竞争法原理和判例 [M]. 北京：法律出版社，2009：639.

❷ 张伟君，许超. 迈克尔·乔丹起诉乔丹体育公司侵犯姓名权一案的法律评析 [M]. 电子知识产权，2012（3）：19–25.

❸ 这种情形也并不必然涉及附加适当区别标识问题，如果姓名作为商标的知名度很高，即使使用该姓名的人后来也有了较高的知名度，此时消费者不会将商标与该名人的姓名联系起来，即不会发生混淆，姓名权人无权要求该商标的所有人附加适当区别标识。

识，而是责令其在商品上附加与体育明星"乔丹"无关的区别标识，将是妥当的处理方式。同时，不管商业标识的权利人取得权利时是否存在恶意，在其行使权利使用该商业标识时多少掺杂了傍知名人士知名度的意图，通过附加适当区别标识将使得此意图无以实现，消费者在知悉真实情况时也不再盲目消费，或者商业标识的权利人和知名人士或其授权的人有可能就该商业标识达成转让协议，这无疑将实现资源的合理配置。

（四）被控侵权人构成反向混淆时的附加

反向混淆是指由于在后商标的存在，消费者可能误认为在先商标所有人的商品或服务来源于在后使用者或与之相关，❶ 这种混淆是否构成商标侵权曾引起广泛讨论。随着"'蓝色风暴'商标侵权案"❷ "'龙太子'商标侵权案"❸ 等案件的判定，我国司法实践已经确认反向混淆构成商标侵权，且均判令被告停止使用涉案商标。

笔者认为，在构成反向混淆时判令被告停止使用涉案标识并不妥当。首先，如果要求被告停止使用，则割裂了商标和商品的联系，消费者无法由此获得准确的判断，反而会增加消费者的搜索成本。其次，停止使用完全不顾被告的经营投入，是对被告经营成果的扼杀。最后，即使让被告继续使用，原告可以通过获得赔偿、要求被告附加适当区别标识等其他方式的救济以维护其权利，在被告恶意时甚至可以加大赔偿力度，不存在对原告保护不利的问题。有学者指出，在反向混淆案件中，在后使用人往往投入巨资进行市场营销，商品或服务已具有较大的市场影响力和知名度，商誉价值获大幅提升；如果法院径行作出禁令判决，虽符合法律规定，却未必是最恰当的处理方式。❹

相比而言，要求被控行为人在继续使用时附加适当区别标识，使得消费者不再将注册商标人使用的商品或者提供的服务误认为来源于被告，同时给予原告赔偿损失的救济，在被告恶意时加大赔偿力度，就显得更加妥当。在"蓝色风暴"案中❺，浙江省高级人民法院虽然肯定百事可乐公司与"蓝色风暴"形成了特定联系，但从维护注册商标制度权威性的角度还是责令百事可乐公司停止使用涉案

---

❶ 彭学龙. 商标反向混淆探微 [J]. 法商研究，2007（5）：140.
❷ （2007）浙民三终字第74号民事判决书.
❸ 金炜. 商标侵权纠纷中的"反向混淆"——由"龙太子"商标侵权案引发的思考 [J/OL]. (2011-06-21) [2013-01-15]. http://court.gmw.cn/html/article/201106/21/72688.shtml.
❹ 金炜. 商标侵权纠纷中的"反向混淆"——由"龙太子"商标侵权案引发的思考 [J/OL]. (2011-06-21) [2013-01-15]. http://court.gmw.cn/html/article/201106/21/72688.shtml.
❺ （2007）浙民三终字第74号民事判决书.

商标。如果通过责令百事可乐公司在使用"蓝色风暴"时附加适当区别标识，即能维持其已经产生的良好市场声誉，又能将蓝野酒业公司与其注册的"蓝色风暴"商标被割裂的联系恢复起来，节约了社会资源又平衡了各方利益，笔者认为将是更加适当的解决方式。

（五）权利用尽规则某些例外情形的附加

商标权权利用尽规则例外情形的目的仍在于避免混淆，只是混淆的类型不同，而且符合这些情形时，侵犯的仍然是商业标识权利，因此，附加适当区别标识仍有适用的余地。

世界主要经济体或国家如欧盟、美国、日本的商标法均规定了商标权权利用尽规则，但是，上述规定在规定权利用尽规则的同时也规定了特殊情况下的权利未用尽，符合这些情况的，商品的转售者仍构成商标侵权，《欧洲共同体商标指令》第7条第2款。❶ 尽管例外情形本来就是商标权人合法投入市场的商品，但是当消费者将二手商品、经修理的商品、重新包装的商品、改装过的商品以及变质、受损的商品误认为是商标权人投放市场的全新商品时，就会损害商标权人商标的声誉，消费者利益受损，转售商也会从中牟取不法利益。

笔者认为，通过在二手商品、经修理的商品、重新包装的商品、改装过的商品上附加适当区别标识，如"本商品为修理过的商品"，使消费者在购买此等商品时，清楚地知道商品的本身属性，不会将外观上体现为全新的商品真得误认为是商标权人投放市场的全新商品，既能实现商品的最大化利用，又能保护消费者的知情权和财产利益。如在美国的"火花塞"案中，上诉法院对修理过的火花塞允许在物体本身上继续使用原告的商标，但要求被告印上"修理"字样。这一做法被美国联邦最高法院支持。❷ 但根据客观情况，消费者不会发生混淆，此时转售商并不构成侵权，也无必要附加适当区别标识。如，对于使用过的贴有原标的汽车，消费者购买时不会认为该汽车原封不动或者是原厂家对其进行了修理或改装。❸

五、附加适当区别标识一般规则之建构之二——法律效果

（一）法院的适用

从法律责任的严厉性和利益趋向上说，停止使用当然对原告更有利，因此，

---

❶ Directive 2008/95/EC.
❷ Champion Spark Plug Co. v. Sanders, 331 U.S. 125 (1947).
❸ Restatement (Third) of Unfair Competition, Chapter 3. Topic 3. § 24, Comment d, westlaw, 2012.

原告一般会在诉讼请求中要求被告停止使用,此时,如果法院认为不应该停止使用,是否可以主动责令被告附加适当区别标识呢?如"泥人张"案中,就域名部分原告请求被告注销 www. nirenzhang. com 域名,而北京市高级人民法院则在判决主文中判令被告北京泥人张艺术品有限公司在其所有的"nirenzhang"域名前附加适当区别标识。❶ 根据民事诉讼的基本理论,诉讼请求的范围由当事人自行决定,当事人没有提出的事项法院不能对其作出裁判,❷ 因此,是否请求附加适当区别标识是权利人的自决范围,人民法院不应在权利人毫无意思表示的情形下主动适用。当经过审理查明不应按照原告的请求责令被告停止使用涉案标识时,合议庭可以对原告进行释明,告知权利人变更诉讼请求,即不再主张停止使用而是附加适当区别标识。如果权利人坚持不变更,判决书可以驳回此项诉讼请求,不能在判决主文中主动责令被告附加适当区别标识,但权利人可以另行起诉要求被告附加适当区别标识。

(二)附加的方式

附加适当区别标识要求被控行为人在使用被控标识时应一并附加适当区别标识,不得再单独使用相关标识。不管是我国还是外国的法律规定或司法实践,在关于附加适当区别标识的规定中并没有限制被告继续使用被控标识的方式。因此,凡是商业标识起到区别功能的使用方式都属于被告可实施的使用方式,自然的,无论被告采取何种使用方式,都应在使用涉案标识的同时附加适当区别标识。但是,对域名进行附加适当区别标识实际上应通过该域名进入的互联网页面上进行,北京市高级人民法院在"泥人张"案件❸中判令在"nirenzhang"的域名前附加区别性标识似乎起不到应有的效果,难谓合理的附加要求。

附加适当区别标识应采取合理的方式附加,对于判决后投产的商品附加的区别性标识应与商业标识一同印制,不应采用另行加贴的方式,但对于被告已经生产完毕但尚未售出的商品,如果无法去除标识或者去除将花费较大的成本,应允许采取单独加贴的方式进行。在商品或者服务的宣传画册上附加的,一般在画册的封面或者显著的位置附加即可,不应要求在画册每一处使用涉案标识的位置都加以附加。附加适当区别标识时还应考虑商品本身的特殊性,如精密仪器部件、散装商品等,在商品包装或者交易文书上附加应属于适当的附加方式。同时,附加适当区别标识时也应考虑交易习惯,例如,如果附加义务人成为某成品生产商

---

❶ (2007)高民(终)字第 540 号民事判决书。
❷ 奚晓明,张卫平. 新民事诉讼法条文精释 [M]. 北京:人民法院出版社,2012 (25).
❸ (2007)高民(终)字第 540 号民事判决书。

特定的供应商，该供应商通过前期的交易已经知悉该义务人使用的商业标识和相关权利人无关，不会发生混淆，此时附加义务人无须在使用商业标识时附加适当区别标识。

(三) "适当区别标识"之"适当"的判定

附加适当区别标识之"适当"要求，附加的标识应能起到将两标识区分开来的功能，一般来说，这要求附加的位置应处于显著位置或者对消费者"认牌选购"时通常会留意的位置。如果附加的标识处在消费者不注意的位置或字体很小，则无法起到区别功能，义务人则没有履行相应的义务。在附加的内容上，并不要求行为人只能附加说明性的语句，也可以采用在原标识上增加元素和说明性语句相结合的方式。

判断附加适当区别标识的附加方式、标识用语是否足以防止发生混淆的可能性，应以相关公众的一般注意力和判断力为标准，此时商标侵权判定中混淆可能性的确定的相关因素也应作为考量的因素，如商品的价格、消费者的老练程度等。一般说来，某一物品的价值越高，消费者在购买时就越谨慎，❶此时，附加的区别性标识一般就会提供消费者相关的商品信息。不过，正如判断商标近似时考虑市场混淆主要是要求相关标识具有不产生市场混淆的较大可能性，并不要求达到任何人在任何情况下均绝对不会误认的程度，❷诚如日本学者田村善之指出，权利人的请求"明显不意味着所要求附加的识别性标记必须达到不相类似或者完全可以防止混同的程度。如果要求与原标记之使用的停止使用之请求完全相同，那么就等于认可了对先使用者要求停止使用其标记之请求。这将违反适用除外之规定的立法宗旨。"❸

(四) 未进行附加适当区别标识的后果

1. 权利人在提起诉讼之前就已经要求义务人附加适当区别标识，而义务人并未进行附加，此时，义务人存在使相关公众发生混淆的故意，权利人应有权要求义务人停止使用被控标识，当审理发现权利人的要求符合法律规定时，应责令被告停止使用，且应承担赔偿责任。被控侵权人在接到要求附加的通知后实际面临着侵权指控，符合条件时其可以提起确认不侵权之诉，以防利益损失。

2. 权利人直接提起诉讼要求义务人附加适当区别标识，经审理发现被告确

---

❶ 李明德. 美国知识产权法 [M]. 北京：法律出版社，2003：301.
❷ (2009) 民三 (终) 字第 3 号民事判决书.
❸ 田村善之. 日本知识产权法 [M]. 周超，李雨峰，等译. 北京：知识产权出版社，2011：75.

实应履行该项义务,则会判定被告附加适当区别标识,这就为被告设定了一项强制义务,即被告在继续使用被控标识时必须附加适当区别标识,除非被告不再使用被控标识,不附加和不适当地附加都属于被告不履行判决内容,权利人可以再次向人民法院提起侵权或者不正当竞争的民事诉讼,在此情况下,即使被告在附加适当区别标识的判决前具有法律上的正当事由,但其不履行判决明显具有恶意,权利人不仅可以要求其停止使用被控标识,而且还有权要求赔偿,人民法院在审理此情形下的案件时不仅不能再判令被告附加适当区别标识,即使被告在其后又主动附加适当区别标识也不能阻却其侵权行为的认定。

(五)附加适当区别标识的诉讼时效问题

从传统民法原理上看,附加适当区别标识应属于知识产权请求权的范畴,也即准物权请求权,而物权法上的返还原物请求权、妨碍排除请求权和危险防止请求权不发生诉讼时效届满。本文将附加适当区别标识作为一种民事责任看待,这并不影响诉讼时效的适用与否问题,附加适当区别标识请求权也不会发生诉讼时效届满问题,例如,即使注册商标权人知道在先使用人使用了相同的商标满两年,只要使用行为还在持续,注册商标权人都有权要求在先使用人附加适当区别标识。不过,正如上述,附加适当区别标识的构成要件之一应为两个商业标识并存足以发生市场混淆,尽管两个商业标识并存初期确实发生了混淆,但如果被控标识经过长期使用已经具有较高的知名度,综合考虑其他因素,相关公众已经能够将两个标识区分开来,则二者就不再构成混淆,即使曾经存在混淆的事实仍在诉讼时效之内,被控行为人的使用行为不属于侵权行为,自然也不能再要求其附加适当区别标识。

(六)附加适当区别标识的去除

1. 被保护的商业标识权利丧失

导致权利人享有的权利丧失的原因包括:(1)权利人权利丧失且不再使用享有权利的标识。权利的丧失可以基于权利人放弃,如主动变更企业名称、书面向商标局声明放弃商标权、商标权到期不续展,也可以是因为被无效或撤销,如商标因为三年不使用而被撤销、企业名称因侵权被撤销等。一般来说权利丧失则不能再使用,但对于商标而言注册商标权丧失并不意味着原权利人不再使用该商标,尤其是该商标还可能构成驰名商标。(2)商业标识权利人将相关权利转让给被控行为人。此时,原权利人依转让协议不得再使用其转让的标识,被控行为人成为相应的权利人,义务主体和权利主体发生混同,义务人无须在其使用的标识上附加适当区别标识。

2. 两个商业标识不再近似

以商标为例，商标法上近似是指混淆性近似，❶ 因此，仅仅标识上的近似不是侵权意义上的近似，有学者将商标法上的近似概括为"标识近似＋混淆"。❷ 商标的知名度和显著性是一个随着使用状况而不断变动的事实因素。因此，某两个商标是否近似也是一个个案认定的过程。如果责令被控行为人附加适当区别标识时两个商标构成近似，但随着附加适当区别标识的效果得以显现，相关消费者渐渐将两个标识区分开来，即使不附加适当区别标识也不会发生混淆，则应尊重这种相关标识已经被区分开来的市场实际，应允许被控行为人不再附加适当区别标识。如果被控行为人将该商标申请注册，那么，在商标审查以及可能的评审甚至行政诉讼程序中，相关机关都应考虑这一事实，不能简单地以商标标识近似驳回申请。

六、结　语

从解释论的角度看，本文认为，在具体的司法实践中，对于那些已有明确规定的类型，可直接适用附加适当区别标识；对于那些尚无规定的情形，当事人仍可要求对方在使用相应的商业标识时附加适当区别标识，其请求权基础是《侵权责任法》关于排除妨碍的赋权规范，至于所涉及的具体适用问题，可参照已有明确规定类型的做法。

从立法论的角度看，在《商标法》和《反不正当竞争法》的民事责任章节中体现关于附加适当区别标识的一般性规则将是一种更为妥适的选择。综合上文论述，本文拟对相应的条款提出建议：

《商标法》第×条构成侵犯商标权行为但不宜责令侵权人停止使用相关标识的，商标权人可以要求侵权人附加适当区别标识。

适当区别标识是指可以将商标权人的商标和侵权人使用的标识区分开来的标识。

《反不正当竞争法》第×条构成不正当竞争行为但不宜责令停止使用相关标识的，参照《商标法》第×条之规定（指上述《商标法》条文）。

---

❶ 孔祥俊. 商标法适用的基本问题 [M]. 北京：中国法制出版社，2012：83.
❷ 北京市第一中级人民法院. 知识产权审判分类案件综述 [M]. 北京：人民法院出版社，2008：75.

商标初始兴趣混淆研究

王安安[*]

摘 要

根据混淆理论，凡是未经许可直接使用他人商标，导致消费者可能产生混淆的行为即构成对他人商标权的直接侵权。如果消费者将侵权人的商品误认为是来自商标权人或者与商标权人存在某种联系，那么即构成混淆。本文主要解决初始兴趣混淆能否纳入我国商标法规制的问题。本文首先讨论我国现行商标法能否规制初始兴趣混淆，并尝试归纳司法实践中对初始兴趣混淆的认定规则，最后探讨在初始兴趣混淆的问题上如何处理《商标法》与《反不正当竞争法》的关系。

关键词

商标侵权认定　混淆理论　反不正当竞争法

一、混淆在我国商标侵权认定中的作用分析

我国对商标直接侵权的相关规定以列举的方式分散在《商标法》《商标法实施条例》和《最高人民法院关于审理商标民事纠纷案件适用法律若干问题的解释》（以下简称《司法解释》）当中。可以说，我国关于商标侵权的法律规定贯彻了混淆的思想。笔者将分别从立法与司法的角度予以阐述，分析混淆在我国商

---

[*] 华东政法大学 2009 级知识产权专业硕士研究生；本文改自其毕业论文，指导老师为李秀娟教授。

标侵权认定中发挥的作用。

（一）立法角度的分析

我国《商标法》第52条第1项规定："未经商标注册人许可，在相同或类似商品上使用与其注册商标相同或近似的商标，属侵犯注册商标专用权。"这一项规定的商标使用行为是一种非常典型和常见的商标侵权行为。单从这一规定的表述来看，其仅仅规定的是一种行为方式，并未明确规定可能导致消费者混淆是商标侵权的构成要件。

但是，不能就此断定我国商标法律制度不承认混淆理论。因为，《司法解释》第9条和第11条将"可能导致消费者混淆"作为了认定商标近似和商品类似的要素。《司法解释》第9条第2款的规定："商标法第52条第1项规定的商标近似，是指被控侵权的商标与原告的注册商标相比较，其文字的字形、读音、含义或者图形的构图及颜色，或者其各要素组合后的整体结构相似，或者其立体形状、颜色组合近似，易使相关公众对商品的来源产生误认或者认为其与来源于原告注册商标的商品有特定的联系。"根据这一司法解释，只有被控侵权的商标在字形、读音等方面与原告注册商标近似并容易导致消费者混淆的情形下，被控侵权的商标才属于《商标法》第52条第1项规定的"商标近似"。如果被控侵权的商标虽然在字形、读音等方面近似，但是不容易导致消费者混淆，被控侵权的商标即不属于《商标法》第52条第1项规定的"商标近似"。北京市高级人民法院在就"足以造成相关公众的混淆、误认与商标近似的关系如何"这一问题进行解答时对《司法解释》的这一规定也是如此理解的。北京市高级人民法院指出："足以造成对公众的混淆、误认是构成商标近似的必要条件。仅商标文字、图案近似，但不足以造成相关公众混淆、误认的，不构成商标近似，商标近似判断中应当对是否足以造成相关公众的混淆、误认进行认定。"❶ 《司法解释》对《商标法》第52条第1项中"类似商品"的认定也作出了类似的规定。❷

将《司法解释》第9条和第11条的规定与《商标法》第52条第1项相结合起来理解，在相同商品上使用近似商标、在类似商品上使用相同商标以及在类似商品上使用近似商标这三种情况下，是否容易导致消费者混淆在商标侵权认定过程中发挥着至关重要的作用。而在相同商品上使用相同商标的情形下，不需要明

---

❶ 《北京市高级人民法院关于审理商标民事纠纷案件若干问题的解答》（京高法发［2006］68号）第11条。

❷ 《最高人民法院关于审理商标民事纠纷案件适用法律若干问题的解释》第11条。

确规定这一构成要件，其后果与推定混淆并无二致。❶ 因此，虽然我国在《商标法》第 52 条第 1 项中没有明确规定混淆为商标侵权的构成要件，但实际上，结合《司法解释》理解之后，我国也是将可能导致消费者混淆作为商标侵权构成要件的。在对待混淆的态度上，我国与大多数国家的立法、TRIPS 是相同的，在立法上是承认混淆理论的。

虽然我国现行商标法律中尚未对初始兴趣混淆作出明确的规定，但其确实拥有解决初始兴趣混淆纠纷的法律基础。为了给初始兴趣混淆提供更加明确的法律依据，本文建议我国《商标法》在下一次修订之时，首先在我国《商标法》第 52 条第 1 项中明确规定可能导致消费者混淆这一侵权构成要件，以巩固混淆理论在我国商标法中的基础性地位，为初始兴趣混淆提供更坚实的理论基础；其次通过《司法解释》对《商标法》中规定的混淆予以进一步解释，包括售前混淆、售中混淆以及售后混淆，为我国初始兴趣混淆案件的审判提供更为直接的法律依据。

（二）司法角度的分析

与我国立法相对应，司法实践中我国法院严格适用相关法律条文。可能导致消费者混淆在"商标近似"和"商品类似"的认定过程中发挥着重要的作用，是商标侵权认定中重要的环节。

目前，我国法院解决商标侵权纠纷的案件已经形成了较为统一的审判思路。经过总结，法院着重解决的几个争议焦点主要集中在：①原告是否享有注册商标权；②被告的行为是否属于商标使用行为；③被告使用的商标是否与原告商标相同或近似；④被告经营的商品是否与原告的相同或类似。在对第③、④个争议焦点进行分析时，法院严格按照《司法解释》第 9 条和第 11 条的规定，在对商标、商品是否构成相似，从事实的角度认定之后，还会判断是否足以造成混淆，最终得出是否构成法律意义上的"近似商标""类似商品"。宁波市中级人民法院在审理高仪股份有限公司与余姚市吉泰软管洁具有限公司商标侵权纠纷案中指出"……二者的整体及主要部分区别不大，具有市场混淆可能性，应属近似商标。"❷ 如果原告享有注册商标权、被告的行为属于商标使用行为、被告的商标构成"近似商标"、被告的商品构成"类似商品"，那么即构成《商标法》第 52 条第 1 项规定的"在相同或类似商品上使用相同或近似商标"。虽然《商标法》

---

❶ 孔祥俊. 商标与不正当竞争法——原理和判例 [M]. 北京：法律出版社，2009：272.
❷ (2008) 甬民四（初）字第 79 号民事判决书。

第52条第1项从字面上理解更像是对一种行为方式的规定，并未涉及"混淆"二字，但在司法实践中，可能导致消费者混淆在我国法院认定商标侵权是否成立的过程中确实至关重要。

我国将"可能导致消费者混淆"作为"商标近似""商品类似"的认定要素，这其中的逻辑顺序与其他国家有所不同。例如，美国法院适用的"八要素检验标准"中，商标近似是认定是否存在混淆可能性的考量要素之一。我国与美国在这一问题解决上的两种逻辑顺序是否会导致不同的商标侵权认定结果呢？本文认为，这两种逻辑顺序对商标侵权的认定在结果上是没有区别的。因为，我国商标法律中所谓的"是否构成商标近似"是一个法律问题，两个商标在字形、读音、结构、组合等事实方面非常相像，但如果由于特殊原因不会导致消费者混淆，这两个商标也无法构成我国《商标法》意义上的"商标近似"。例如，日本本田汽车的商标与韩国现代汽车的商标都是一个字母"H"，区别仅在于本田商标的"H"不是斜体，现代商标的"H"是斜体，从事实角度比较而言，二者是非常相像的。但在日常生活中，相关公众可以辨认出日本本田的汽车和韩国现代的汽车，并不会发生混淆。因此，根据司法解释，本田的"H"商标与现代的"H"商标不属于我国《商标法》意义上"商标近似"的情形。而美国"八要素检验标准"中的"商标是否近似"则是事实问题，只要被控侵权的商标与原告的注册商标在字形、读音等事实方面近似，就属于商标近似。因此，我国在确认构成近似商标之时已经确认过混淆的存在了，与美国的做法实际上殊途同归。

虽然我国关于混淆与商标近似的关系与美国的属于两种不同的法律逻辑，并没有在司法中造成侵权结果认定上的不同，但这并不代表我国的这种逻辑顺序毫无缺陷。在前述本田商标与现代商标的例子中，由于二者在实际生活中不会导致消费者混淆，按照我国的法律规定，在司法实践中我国法院不得不认定二者不属于近似商标。依据我国现行法律的规定，事实上如此相像的两个商标却不会被认定为近似商标，这一点确实不大符合一般逻辑的理解。法律意义上的"商标近似"和"商品类似"与事实上的"商标近似"和"商品类似"范围不完全重合的特殊现象，正是由我国的这种逻辑顺序造成的。因此，从司法的角度出发，本文建议在我国《商标法》下一次修订时，将容易造成消费者混淆不再作为法院认定"商标近似"和"商品类似"的要件，对"商标近似"和"商品类似"仅作事实认定即可，这样有助于理顺可能导致消费者混淆与商标近似、商品类似之间的逻辑关系。厘清这一逻辑关系，也更有利于初始兴趣混淆纠纷案件的处理。

二、认定初始兴趣混淆之标准

(一) 商标的近似程度

在初始兴趣混淆案件中，法院需要认定侵权人用以吸引消费者的商标与商标权人的商标是否相同或构成近似。本文指出，这里所谓的"商标近似"是指事实意义上的商标近似，并非我国现行司法解释中的法律意义上的"商标近似"。因为这里讨论的是判断初始兴趣混淆是否存在的考量要素，若"商标近似"已经包含了混淆这一前提，则陷入了"鸡生蛋、蛋生鸡"循环往复的逻辑之中。

在初始兴趣混淆情形下，如果侵权人用以吸引消费者的商标与商标权人的商标相同或者近似，则很可能导致消费者在接触商品之前最初始的时期产生混淆。如果二者不相同也不构成近似，在消费者尚未接触商品之时导致其混淆的可能性是非常小的。因为商品的装潢设计、店铺的装修风格等因素也能够增加消费者混淆的可能性。而消费者尚未实际接触商品，因此可以排除对前述元素的模仿对消费者产生混淆带来的作用。此时，商标是能够影响消费者是否产生混淆的最为关键的元素。因此，法院需要考量商标的近似程度这一要素。

前述《司法解释》对如何认定两个商标在事实上是否近似规定了较为详细的原则和方法，[1]例如要字形、读音、含义等多方面比较，从商标整体进行比较、关注商标主要部分的比较等要求。这些原则与方法在初始兴趣混淆情形下依然适用，本文就不再赘述了。

(二) 商品的相似程度

在初始兴趣混淆案件中，法院应当考量侵权人生产销售的商品是否与商标权人的相同或者类似。这里所谓的"商品类似"也是指事实意义上的商品类似。美国有学者指出："初始兴趣混淆的案件多发生在具有竞争关系的原被告双方。将初始兴趣混淆认定为商标侵权，是为了更有力地打击不正当利用竞争者商誉的行为。"[2]美国学者所谓的"具有竞争关系的原被告双方"一般就是通过被告的商品与原告的相同或类似来体现的。因此，如果不对商品是否相同或类似进行考量，则会造成对商标权的过度保护，打击了与原告不具有竞争关系的经营者。

前述《司法解释》对如何认定商品相同或者类似也规定了相关的方法，[3]例

---

[1]《最高人民法院关于审理商标民事纠纷案件适用法律若干问题的解释》第9条、第10条。

[2] Bryce J. Maynard, The Initial Interest Confusion Dotrine And Trademark Infringement on The Internet, Washington and Lee Law Review, Vol. 57, 2000, p.1303, at 1317.

[3]《最高人民法院关于审理商标民事纠纷案件适用法律若干问题的解释》第11条、第12条。

如从功能、用途、生产部门等方面进行比较。这些方法在初始兴趣混淆情形下也是依然适用的，本文不再赘述了。

（三）侵权人的主观意图

侵权人的主观过错是构成传统民事侵权行为的四要件之一。但知识产权侵权规则采用的是无过错责任原则，这已经是各国立法与国际条约均予以认可的。这意味着对知识产权侵权的认定和要求停止侵犯知识产权的侵权行为，不需要证明侵权人具有主观过错；侵权人的主观过错只影响其是否承担赔偿责任的认定。正如郑成思先生指出的："相比于物权，知识产权具有无形性、地域性、时间性的特点，因此，专有权利的范围被他人无意或无过失闯入的可能性与实际机会，比物权等权利要多得多。就是说，无过错而侵犯了他人的知识产权，是具有一定'普遍性'的，这就成了知识产权领域归责原则的特殊性。"❶ 在商标侵权领域中，侵权人的主观意图是指其使用与商标权人商标相同或近似的标识是否是为了造成消费者的混淆、或者明知很可能会造成消费者混淆却放任不管。虽然侵权人的主观意图并不是商标权侵权的要件，但并不妨碍其成为帮助法院认定是否存在混淆的考量要素。在 AMF, Inc. v. Sleekcraft Boats 案中，法院指出："侵权人故意使用与商标权商标近似的标识时，可以推定其能够达到导致消费者混淆的目的。"❷ 既然侵权人具有导致消费者混淆的目的，那么混淆可能性存在的几率就会大大提高了。

初始兴趣混淆对商标权人的损害之一则体现为不正当地利用了商标权人辛苦建立的商誉。因此，如果能够证明侵权人有利用他人商誉的意图，则有助于对初始兴趣混淆的认定。本文认为，初始兴趣混淆案件中，通常可以关注以下两方面来判断侵权人是否具有主观恶意：①侵权人能否对其使用与商标权人商标权相同或近似的标识作出合理的解释。如果侵权人提不出合理使用商标权人商标的理由，那么就说明其很可能具有主观恶意。例如，在美孚案中，原告美孚公司对希腊神话中的一个角色——"飞马"❸ 图案享有注册商标权，被告珀伽索斯石油公司使用这匹飞马在神话中的名字"Pegasus"（珀伽索斯）作为公司名称的一部分使用。法院最终判决被告导致了消费者初始兴趣混淆，构成商标侵权。被告对其选择"Pegasus"作为公司名称的解释是："并不是特意选择这个名称的，只是为

---

❶ 郑成思. 知识产权论 [M]. 北京：法律出版社, 2007: 195–196.

❷ AMF Incorporated v. Sleekcraft Boat, Federal Reporter, 2ndSeries, vol. 599, 1979, p. 341, at 354.

❸ 这匹飞马的名字叫做珀伽索斯（Pegasus）。它是希腊古神话中的一个形象，是女妖美杜莎被割下头之后，从她的血中跳出的一匹长有双翼的飞马。

了与'Petroleum'组合在一起构成押头韵的修辞方法,读起来比较悦耳。"❶ 但法院并没有支持被告的这一说辞;❷ ②侵权人对业界的熟悉程度。如果侵权人对其所从事的行业比较了解,其不可能不知道业内一些比较知名的品牌。如果其明明知道或者应该知道商标权人的商标,还使用与之相同或近似的商标,即可说明其很可能具有主观恶意。例如,在美孚案中,法院指出:"被告公司的负责人 Callimanopulos 先生显然是个受过高等教育的人,而且他之前还从事过海上运输方面的工作,不可能不知道'Pegasus'是'飞马'的名字,也不可能不知'飞马'是原告公司一直在使用的商标。因此,被告公司的明知或应知很可能说明其具有主观恶意。"❸ 也正如第二巡回上诉法院曾经在 Harold F. Ritchie, Inc. v. Chesebrough – Pond's, Inc. 案中指出的那样:"在后使用人在选择商标和商业外观过程中,有义务避免造成消费者将其商品与在先使用人的混淆。"❹

(四) 消费者的谨慎度

消费者的谨慎度通常也是美国法院用以判断是否存在混淆可能性的一个关键要素。对于这一要素,美国法院一般认为消费者越是有经验越不容易产生混淆,因此对于内行又专业的消费者,对其合理注意的标准需要严格一些;另外,商品越是贵重,越不容易导致消费者混淆。正如有法院在判例中指出的:"商品的一般消费者越是经验丰富,因商业外观和商标近似而引起商品来源或支持关系的混淆可能性越小;较便宜的商品的消费者通常在购买时注意也较少,做出购买决定不会考虑太多。"❺ 消费者的谨慎度带有整体平均的特征,因此通常是以消费者的一般注意力作为评判是否可能导致混淆的标准。正如美国法院指出的那样:"虽然有些人总是容易产生混淆,但是法院需要时时刻刻提醒自己应当适用一般消费者所具有的'合理的注意力'作为标准。"❻

在涉及初始兴趣混淆的案件中,法院需要考量消费者的谨慎度。因为,不同于传统混淆的案件,初始兴趣混淆存在消费者从混淆到不混淆的特殊过程,这一特殊过程在传统混淆案件中是不存在的。如果消费者的谨慎度仅仅达到能够在接

---

❶ Mobil Oil Corp. v. Pegasus Petroleum Corp., Federal Reporter, 2ndSeries, vol. 818, 1987, p. 254, at 256.
❷ 同上。
❸ 同上,at 258.
❹ Harold F. Ritchie Inc. v. Chesebrough – Pond's, Inc., Federal Reporter, 2ndSeries, vol. 281, 1960, p. 755, at 760.
❺ Munsingwear, Inc. v. Jockey Int'l Inc., Federal Reporter, 3rdSeries, vol. 39, 1994, p. 1184.
❻ Int'l Ass'n of Machinists and Aerospace Workers v. Winship Green Nursing Ctr., Federal Reporter, 2ndSeries, vol. 103, 1996, p. 169, at 204.

触商品之后能够识别出该商品的真实来源,并不能够说明消费者在"店外"未实际接触商品之前也有足够的能力识别出"店内"商品的真实来源。消费者在"店外"判断"店内"商品来源的主要依据就只有侵权人在"店外"使用的商标。因此,比起在"店内"消费者能够实际接触商品、感受购物环境等条件,"店外"为消费者识别商品来源的条件是比较苛刻的,因此,消费者的谨慎度能够对识别商品来源所发挥的作用实际相当于被削弱了。美国法院在处理初始兴趣混淆案件时,通常都会考量消费者谨慎度这一要素。例如,在斯坦威案中,一审法院在对"消费者谨慎度"这一要素进行分析时明确地指出"……导致消费者潜意识里的混淆已经超出消费者的识别能力,哪怕是十分精明的消费者也恐怕无法幸免。斯坦威公司的潜在消费者很可能被一种最初始的兴趣所误导……"❶ 又如,在 Kopman 案中,纽约南区法院指出:"本案中可能购买如此昂贵的运动器械的消费者比起其他消费者来说属于相对谨慎的,但这并不能使其幸免于被告人造成的初始兴趣混淆。"❷ 法院进一步解释到:"虽然消费者相对谨慎,不会在购买时对商品来源产生混淆。但消费者的谨慎度还不足以使他们避免由于兴趣而产生对商品来源的混淆。"❸

三、我国《商标法》与《反不正当竞争法》之关系分析

(一)调整对象的分配

反不正当竞争与知识产权保护总是有着密切的联系。我国不少学术著作经常会将《反不正当竞争法》作为知识产权法的一个部门法;而且在司法实践中,也会将不正当竞争纠纷案件归于知识产权案件类别之中,这也是国际的通行作法。《巴黎公约》于 1900 年修订时加入了对不正当竞争的规定,其第 10 条之二规定:"不正当竞争是指在工商业活动中违反诚实惯例的任何竞争行为。"这一界定得到了各国广泛的认可,并已经成为不正当竞争的通行定义。❹ 我国《反不正当竞争法》第 2 条规定:"经营者在市场交易中,应当遵循自愿、平等、公平、诚实信用的原则,遵守公认的商业道德。本法所称的不正当竞争,是指经营者违反本法规定,损害其他经营者合法权益,扰乱社会经济秩序的行为。"可见,我

---

❶ Grotrian, Helfferich, Schulz, Th. Steinweg Nachf. v. Steinway & Sons, Federal Reporter, 2ndSeries, vol. 5233, 1975, p. 1341, at 1342.

❷ Kopman A. S. v. Park Structures, Inc., Federal Supplyment, vol. 890, 1995, p. 1167, at 1180.

❸ 同上。

❹ 孔祥俊,武建英,刘泽宇.反不正当竞争法实用问答[M].北京:知识产权出版社,2006:13.

国《反不正当竞争法》贯彻了《巴黎公约》对不正当竞争规定的精神。

我国知识产权法律主要包括专利法、商标法、著作权法，但《反不正当竞争法》也涉及了部分知识产权保护的内容。论及《反不正当竞争法》与各知识产权专门法之间的关系，存在不同观点，有观点认为是兜底关系，凡是各专门法管不到的方面，都由《反不正当竞争法》兜底。❶ 但根据最高人民法院的相关司法政策，《反不正当竞争法》与各专门法之间应当是一种有限补充的关系。最高人民法院司法政策指出："反不正当竞争法对于知识产权专门法只具有有限的补充作用，而不是范围广泛的兜底作用。要以是否与专门法的立法政策相抵触，作为确定反不正当竞争法适用范围和发挥其补充作用的重要衡量标准"。也就是说，反不正当竞争法对各专门法未作规定但又符合各专门法立法精神的知识产权客体进行补充性的保护，而不是但凡专门法未作规定的知识产权客体都要保护。

具体到对商标的保护范畴，反不正当竞争法对商标法也应当是起到一种补充性保护的作用。《商标法》与《反不正当竞争法》相交叠的部分包括对注册商标的保护。《商标法》第52条规定的是侵犯注册商标专用权的情形，《反不正当竞争法》第5条规定的是仿冒行为的几种具体表现，其中第1项规定的是假冒注册商标的行为。而《反不正当竞争法》第5条第2项规定的是仿冒他人知名商品特有名称、包装、装潢的行为。知名商品的特有名称、包装、装潢与商标的功能在一定程度上是相同的，都能够起到为消费者指示商品来源的作用。因此，知名商品的特有名称、包装、装潢属于商业标识，但由于某些原因，其不能获得注册，不能作为注册商标受到《商标法》的保护。有学者认为，知名商品的特有名称相当于未注册的商标。❷ 由此可见我国《反不正当竞争法》对《商标法》的补充保护作用，即未注册商标（除了驰名商标）虽然无法获得《商标法》的保护，但在一定条件下能够获得《反不正当竞争法》的保护。因此，我国《商标法》以保护注册商标为重点，而《反不正当竞争法》则从未注册商标保护的角度对《商标法》进行有条件的补充。

（二）法律适用的选择

各国《反不正当竞争法》在遵循公平竞争的原则下规定了若干种具体的不正当竞争行为，而且对于《反不正当竞争法》尚未加以规定、但确实违背公平竞争原则的行为，也允许法院通过适用兜底条款加以规制。因此，《反不正当竞

---

❶ 孔祥俊. 商标与不正当竞争法——原理和判例 [M]. 北京：法律出版社，2009：645.

❷ 孔祥俊. 反不正当竞争法原理 [M]. 北京：知识产权出版社，2005：207.

争法》调整的范围是非常广泛的，不限于对知识产权的补充性保护。例如，我国《反不正当竞争法》就明确规定了 11 类不正当竞争法行为，例如仿冒、商业贿赂、虚假宣传、搭售、商业诋毁等。对假冒注册商标行为的规制只是《反不正当竞争法》的一个内容，其作为一类不正当竞争行为违反了《反不正当竞争法》的基本原则与立法目的。因此，《反不正当竞争法》与《商标法》的关系通常被认为是普通法与特殊法的关系。

从立法精神的角度出发，也是如此。前文提及美国的商标法来源于最早的反不正当竞争法，实际上在法国，商标法与反不正当竞争法也是同宗同源的。"反不正当竞争"这一概念起源于 19 世纪的法国，其立法来源是法兰西民法典第 1382 条，而这一条也恰恰是法国现代商标法制度的来源。❶ 可见，商标法来源于反不正当竞争法中的仿冒侵权行为。因此，商标法与反不正当竞争法拥有共同的立法目的和立法原则，都具有制止不正当竞争行为的意图。

法理学中，基于具体规则比一般规则更能适应所调整的具体情形的假设，❷ 规定了"特别法优于普通法"的法律适用原则。商标法对如何规制侵犯注册商标权的行为做出了详细、系统化的规定，与反不正当竞争法相比，能够为打击侵犯注册商标专用权提供更加有力、更加合适的武器。因此，当某一侵犯注册商标专用权的行为同时违反了《反不正当竞争法》与《商标法》的相关规定时，《商标法》的相关规定应当优先适用。

在司法实践中，我国法院处理注册商标侵权案件时，如果原告既提出构成商标侵权，又提出构成不正当竞争两方面的诉请，一般都按照特别法优先于普通法的原则适用《商标法》的有关规定作出判决。例如，在上海如家酒店管理有限公司（以下简称"上海如家"）与武汉如家酒店管理有限公司（以下简称"武汉如家"）商标侵权及不正当竞争纠纷案中，原告上海如家拥有对"如家"的注册商标专用权，被告武汉如家在公司名称、酒店内物品以及网站宣传中使用"如家"，上海如家起诉武汉如家侵犯商标权和不正当竞争。法院认定了被告的行为构成对商标专用权的侵犯，也认定了构成不正当竞争，但最终适用了《商标法》第 52 条第 1 项和前述《司法解释》第 1 条第 1 项作出了判决，而未依据《反不正当竞争法》第 5 条。❸ 因此，在司法实践中，针对侵犯注册商标专用权的行为，应当遵循法定原则——特别法优先于普通法，适用商标法的有关规定。

---

❶ 郑成思. 反不正当竞争与知识产权 [J]. 法学，1997 (6).
❷ 孔祥俊. 商标法反不正当竞争法——原理与判例 [M]. 北京：知识产权出版社，2009：667.
❸ (2009) 武知初字第 308 号.

四、初始兴趣混淆无需我国《反不正当竞争法》规制

通过前文的分析，可知首先我国《商标法》重点对侵犯注册商标专用权的行为作出了规定，《反不正当竞争法》以有条件地保护未注册商标的方式对《商标法》进行补充。其次，我国《商标法》与《反不正当竞争法》之间构成特别法与普通法的关系，我国《商标法》对商标侵权行为作出了更为具体的规定，在司法实践中更具有操作性。因此，在二者调整范围相互交叠的部分，应当按照特别法优先于普通法的原则，优先适用《商标法》的有关规定。

基于我国《商标法》与《反不正当竞争法》之间从调整对象到法律适用的关系，由二者中的哪一部法规制初始兴趣混淆更加合理呢？笔者认为，应当由《商标法》规制初始兴趣混淆，无需留给《反不正当竞争法》，主要从以下三方面予以考量。

（一）对初始兴趣混淆可以适用混淆理论

根据本文第一部分的分析，初始兴趣混淆会造成消费者对商品来源的混淆，同时也会不正当地利用商标权人辛苦建立起来的商誉，因此与传统混淆并无本质区别，可以适用混淆理论予以解决。我国现行《商标法》虽然未将导致消费者混淆明确规定为商标侵权的构成要件，但通过司法解释将"混淆"引入了商标侵权的认定，而且我国的司法实践是承认混淆理论的。因此，我国《商标法》拥有规制初始兴趣混淆的基础，而且司法实践中已有成功的案例存在。

（二）维护混淆理论在我国商标法中的完整性

本文在第二部分建议我国《商标法》再次修改之时，将可能导致消费者混淆明确规定为商标侵权的构成要件，并通过司法解释的方式对"混淆"作出"不限于购买之时"的规定，同时对"消费者"的概念进行同步的修改，为规制初始兴趣混淆提供明确的法律依据。提出这样的修改建议，是为了巩固混淆理论在我国商标法中的基础性地位，同时也是为了维护混淆理论在我国商标法中的完整性。因为，初始兴趣混淆属于一类新型的混淆，虽然其与传统混淆存在一定的区别，但究其本质依然是能够适用混淆理论予以解决的一类混淆，都体现为对商标功能、消费者与商标权人的损害。而且，在司法实践中，法院审理初始兴趣混淆案件的思路与考量的要素与传统混淆案件并无太大区别，如果有区别，也仅限于对考量要素侧重点的不同。因此，通过适用商标法中的混淆理论规制初始兴趣混淆，无论从立法的角度还是司法的角度都是顺理成章的事情。如果由《反不正当竞争法》规制初始兴趣混淆，一是割裂了初始兴趣混淆与传统混淆在混淆理论

中的联系；二是需要在反不正当竞争法范畴里另行规定一套对初始兴趣混淆的具体规制方法，这样相当于做了重复规定。既然商标法拥有规制初始兴趣混淆的基础与方法，又何必在反不正当竞争法中作出重复的规定呢？

（三）适用商标法是法定的原则

由于我国《商标法》与《反不正当竞争法》之间构成特别法与普通法的关系，根据我国《立法法》第83条的规定，❶ 特别法优先于普通法适用。我国《反不正当竞争法》第21条第1款❷就具体体现了《立法法》第83条的这一规定。因此，即使由《反不正当竞争法》中规制初始兴趣混淆，如果与《商标法》的规定不同，最终适用的依然是商标法的规定；如果与《商标法》的规定相同，就没有在《反不正当竞争法》中重复规定的必要了；而且相比于《反不正当竞争法》而言，作为特别法的商标法本身就具有规范具体、详细、全面的特性，更适合规制造成初始兴趣混的商标侵权行为。

鉴于《反不正当竞争法》能够有条件地保护未注册商标，如果发生了涉及未注册商标（非驰名商标）的初始兴趣混淆纠纷案件，例如不正当地利用他人知名商品的特有名称来混淆消费者以达到吸引消费者的目的，则可以适用《反不正当竞争法》予以处理。

基于以上三方面的考量，在我国目前的立法条件与司法环境下，由《商标法》对初始兴趣混淆作出规定、予以规制更能够实现保护消费者合法权益、权利人合法利益的立法宗旨，制止初始兴趣混淆的发生，弥补商标权人的损失。

---

❶ 《立法法》第83条规定："同一机关制定的法律、行政法规、地方性法规、自治条例和单行条例、规章，特别规定与一般规定不一致的，适用特别规定。"

❷ 《反不正当竞争法》第21条第1款规定："经营者假冒他人的注册商标，擅自使用他人的企业名称或者姓名，伪造或者冒用认证标志、名优标志等质量标志，伪造产地，对商品质量作引人误解的虚假表示的，依照中华人民共和国商标法、中华人民共和国产品质量法的规定处罚。"

涉外贴牌加工的合法性分析

呆 莉[*]

摘 要

我国是发展中国家，劳动力密集且价格低廉，改革开放以来，越来越多的企业将目光移向中国市场。中国，尤其沿海地区已经成为世界的加工厂，贴牌加工企业在我国沿海城市蓬勃发展。但是，贴牌加工在为我国贸易发展带来利益的同时，也引发了一连串的商标侵权问题。司法实践中对于此类案件也出现了大相径庭的判决，由此我们可以看出对贴牌加工中商标侵权问题解决的迫切性和必要性，因此本文将围绕贴牌加工商标侵权问题展开讨论，在此笔者将对这几方面的争议焦点作出法律分析，进而得出涉外贴牌加工不构成商标侵权的结论。

关键词

涉外贴牌 加工 商标侵权 混淆原则 商标使用

一、《商标法》立法目的

《商标法》第 1 条[❶]对立法目的作出了明确的规定，指出我国《商标法》立

---

[*] 华东政法大学 2010 级法律硕士（知识产权法方向）；本文改自其毕业论文，指导老师为高富平教授。

[❶] 《商标法》第 1 条："为了加强商标的管理，保护商标专用权，促使生产、经营者保证商品和服务的质量，维护商标信誉，以保障消费者和生产者、经营者的利益，促进社会主义市场经济的发展，特制定本法。" 2009 年 6 月 6 日公布的"商标送审稿草稿"中，将本条修改为"为了加强商标的管理，保护商标专用权，促使生产、经营者保证商品和服务的质量，维护商标信誉、实施商标知识产权战略，以保障消费者和生产者、经营者的利益，促进社会主义市场经济的发展，建设创新型国家，特制定本法。"

法的主要目的就是为了维护商标权人的商标利益，保护消费者的权益，促进社会主义市场经济的发展。西南政法大学张玉敏教授将《商标法》的目的归纳为保护消费者的利益、商标权人的利益以及维护公平竞争。在这三者的关系中，维护公平竞争是核心，因为商标法是通过打击侵权和不正当竞争来维护商标权人和消费者的利益，商标的保护以符合公平竞争的要求作为边界。❶ 对此笔者持赞成的态度，公平竞争是社会主义市场经济的主要特征之一，只有保证公平的竞争环境，才能维护产品的生产者、经营者以及消费者的利益，促进社会主义市场经济健康的发展。

在贴牌加工过程中，加工方根据委托方的要求进行生产，生产的产品全部运往国外销售，并没有进入我国市场流通，不可能对我国市场的商标权人构成竞争的威胁，不会造成我国相关消费者的混淆、误认，也不会对我国注册商标权人造成潜在的利益损害，更不会损害商标权人的商誉，因此不应该认定贴牌加工的产品构成商标侵权。

在没有对我国注册商标权人带来任何实质性的负面影响的情况下，如果还判定贴牌加工企业构成商标侵权，显然是有失公平的，甚至还会助长我国的商标权人对贴牌加工行为不加区分地提起商标侵权诉讼的不良风气。通过贴牌加工商标侵权的诉讼，不但会使我国的商标权人获得经济上的侵权赔偿，有的企业还可以通过侵权诉讼达到为企业做广告的目的，这样一来，企业的市场地位和商业名声不但没有受到影响，在某种程度上还有了很大的提升。显然，商标权人这种额外的经济利益和商业利益的获得，是以贴牌加工企业遭受沉重的经济负担甚至是面临破产的危险为代价的，这和我国商标法所追求的维护公平竞争，促进社会主义市场经济的发展的目的相违背，也是显失公平的。

维护公平竞争是我国《商标法》立法的目的，也是市场经济的主要特征，贴牌加工行为是通过降低生产成本来增强市场竞争力，合理配置市场资源，在没有损害我国商标权人的商标专用权的情况下，不应该被认定为商标侵权，否则，既阻碍了我国企业的正常发展，也违背了我国《商标法》的立法目的。

二、商标保护具有地域性的特点

商标的地域性是指一个国家或者地区，依照其本国的商标法，或者本地区的商标条约授予的商标权，仅在该国或者该地区有效，对他国或者该地区以外的其他国家没有约束力。结合商标地域性的概念，对于涉外贴牌加工行为中的

---

❶ 张玉敏. 维护公平竞争是商标法的根本宗旨——以《商标法》修改为视角 [J]. 法学论坛, 2008 (2).

商标地域性问题，笔者认为可以这样理解：正是由于商标保护地域性的特点，因此国内的注册商标权人和国外的商标注册权人均是按照各自所在国的法律规定进行商标注册或者通过其他的合法途径，取得注册商标专用权的，因此他们的权利的法律状态都是合法存在的，商标权的适用范围受各自所在国的法律限制，在各国的法律范围内享有注册商标专用权，并且两个权利是独自存在的，不存在任何的冲突。在这样的情况下，一方如果对另一方的商标权存有异议的话，应该按照注册商标所属国的商标法的有关规定进行救济。如果国内的注册商标权人试图通过国内的行政或者司法手段来干预国外的注册商标权人授权加工行为以及在其本国的商品销售等行为，这实际上是国内注册商标权人商标权效力范围的延伸和扩展，违背了商标权保护地域性的原则。从另一个角度来说，若国内的注册商标权人可以通过直接诉讼的方式或者其他的行政等手段，来干预国外注册商标权人合法的商标权的形式，那么国外的法院同样也可以以判决的方式认定我国的商标权人侵犯了他们国家的注册商标专用权人的合法权益。这样的话，势必对我国的进出口贸易产生相反的作用，也违背了知识产权地域性保护的初衷。

因此，涉外贴牌加工行为，并没有违背商标保护的地域性，国外的商标权人委托国内的加工方进行贴牌加工生产，生产的产品全部运往国外销售，没有任何产品进入我国的市场，实际上也是对商标保护地域性原则的遵守。鉴于此，笔者认为涉外贴牌加工行为并没有违背商标保护的地域性，对于涉外贴牌加工行为引起的商标侵权争议，若都涉及两个或者多个国家的商标权，在处理这些争议时，我们应该根据国家之间设定的商标争议解决程序进行正确处理，不能直接以商标保护的地域性原则就认定，别的国家的商标权人侵犯了我国商标权人的商标专用权，这也是商标权保护地域性原则的体现。

三、商标侵权行为判定中的混淆原则

在涉外贴牌加工的商标侵权的争论中，混淆原则是不是判断商标侵权的必要条件的争议最大，究其主要原因是我国《商标法》对此并没有作出明确的规定。然而，目前世界有很多的国家，比如美国、法国、德国等已经将混淆原则作为商标侵权判定的必要条件。

商标作为一种标识，其使用在商品或者服务上的目的就是让消费者将商品或者服务来源区分开来。可能导致消费者对商品或者服务的来源产生混淆，是构成商标侵权的必要条件，也是商标法所要防范和制止的行为；不可能导致混淆的行为对于

商标权人不会造成商标法所承认的损害。❶ 目前，世界上大多数的国家，已经将"导致混淆的可能"写入商标法，作为商标侵权判定的必要条件。美国2005年10月修订的兰哈姆法第1114条第（1）款规定混淆性是商标侵权的必要构成要件。❷ 欧洲共同体理事会在1989年通过的《有关协调各成员国商标立法的一号指令》，1993年通过的《欧共体商标条例》中，将"在相同商品上使用相同商标"的行为直接规定为商标的"直接侵权"，将"可能导致公众混淆"作为在类似商品上使用相同的商标、在同类的商品上使用相近似的商标以及在相类似的商品上使用相似的商标构成商标侵权的要件。❸ 受欧盟这种立法的影响，法、德等欧盟的成员国的商标法也大致和《欧共体商标条例》相同。和美国的兰哈姆法相比，欧盟的立法直接把"在相同商品上使用相同的商标"的行为规定为导致混淆，造成商标侵权，在程序上减免了商标权人举证的麻烦。但是，虽然欧盟和美国的规定形式不同，但是从本质上来说，都是把"可能导致公众混淆"规定为认定商标侵权的必要条件。印度1999年新制定的商标法和欧盟的立法相似，其商标法的第29条将导致混淆规定为商标侵权判定的必要条件，将在"相同的商品或者服务上使用相同商标"的行为直接规定为导致混淆，进而推定构成商标侵权。❹ 此外，TRIPS第16条第1款也将混淆作为商标侵权判定的构成要件。❺

目前为止，我国的《商标法》虽然进行了几次修改，但遗憾地是仍没有将"导致混淆的可能"规定为商标侵权判定的必要条件。2009年公布的"商标法送

---

❶ 王迁. 知识产权法教程 [M]. 2版. 北京：中国人民法学出版社，2009：480.

❷ 美国法典第15篇（即《兰哈姆法》）第1114条第（1）款规定：(a) 为商业上之使用（use in commerce），任何人未经许可将复制、伪造、抄袭或仿冒他人注册商标的标识用于对商品或服务进行销售、推销或广告宣传的行为，只要可能导致混淆（is likely to cause confusion）、误认（mistake）或欺蒙（deceive）的，就构成商标侵权。(b) 意图为商业上之使用而将注册商标之复制、伪造、影印、伪造品使用于有关商品或者服务之标签、指示、印刷物、装箱、包纸容器或广告上，足致发生混淆、误认或欺蒙者。

❸ 《欧共体商标条例》第9条："商标所有人有权禁止任何第三人未经其同意在商业中：(a) 在与其注册的商品或者服务相同的商品或者服务上，使用与其商标相同的标记；(b) 由于一标记与其商标相同或相似且商标和标记所覆盖的商品或者服务相同或相似，若果在公众意识中存在包括同在先商标产生联想的可能在内的混淆的可能时，使用该标记。"

❹ 林广海，郑颖. 涉外贴牌加工中的商标侵权问题 [J]. 人民司法·应用，2007（23）：84.

❺ TRIPS第16条第1款："注册商标权人应享有专有权防止任何第三方未经许可在贸易活动中使用与注册商标相同或近似的标记去标示相同或类似的商品或服务，以造成混淆的可能。如果确将相同标记用于相同商品或服务，即应推定已有混淆之虞。上述权利不得损害任何已有的在先权，也不得影响成员依使用而确认权利效力的可能。"

审稿"中，对于这个问题也没有提到。现在我国的法律中，《商标法》第 13 条❶对于驰名商标的保护中明确地将"容易导致混淆""误导公众"作为商标不予注册并且禁止使用的条件。另外一个对"混淆"作出明确规定的就是《最高人民法院关于审理商标民事纠纷案件适用法律问题的解释》，该规定中将可能导致消费者的"混淆""误认"作为判断商品是否"近似"的标准❷。正因如此，有的法院在审理贴牌加工的案件时认为，认定是否构成商标侵权时，不能以是否构成相关公众混淆或者误认作为判定侵权与否的依据，应该以是否在相同或者相似的商品或服务上使用了与注册商标相同或相似的商标为依据，是否造成相关公众的混淆或误认，只是判定商标是否相似的条件，不是判定商标侵权的直接条件。

但是笔者认为，若按照这样的思维模式来分析，我国的立法就存在一定的技术缺陷。一方面，《最高人民法院关于审理商标民事纠纷案件适用法律问题的解释》明确地将"导致公众混淆"作为判定"商品类似"的要件；另一方面，《商标法》在对驰名商标保护的规定中，又强调在"相同或者类似商品上""容易导致混淆"的不予注册。这样的话立法就存在重复，既然"混淆"已经是商品类似的判定条件，就没有必要再强调在"相同或者类似商品上""容易导致混淆"的才不予以注册。事实上，判定商品相类似时的容易导致混淆和因商标使用而导致的混淆还是有一定的区别的。因为，即使你在类似的商品或服务上使用了相同或者相类似的商标，只要它不会导致相关公众的混淆，仍然不构成商标侵权。商标最基本的功能就是识别，将商标权人的商品或者服务与其他的商品或者服务区分开来。因此，为了保证商标识别功能的实现，就必须防止消费者对商品或者服务的来源产生混淆。如果消费者对商品或服务的来源产生混淆，就不能根据商标来选择商品或服务的提供者，这就失去了商标存在的意义。所以在认定商标侵权的时候，必须以"可能导致混淆"作为商标侵权判定的要件，不可能导致消费者混淆、误认的就不构成商标侵权。

混淆又分为两种情况：一种是直接混淆，是指消费者不能分辨或者混同了两

---

❶ 《商标法》第 13 条："就相同或者类似商品申请注册的商标是复制、摹仿或者翻译他人未在中国注册的驰名商标，容易导致混淆的，不予注册并禁止使用。就不相同或者不想类似商品申请注册的商标是复制、摹仿或者翻译他人已经在中国注册的驰名商标，误导公众，致使该驰名商标注册人的利益可能受到损害的，不予注册并禁止使用。"

❷ 《最高人民法院关于审理商标民事纠纷案件适用法律问题的解释》第 11 条："商标法第 52 条第（1）项规定的类似商品，是指在功能、用途、生产部门、销售渠道、消费对象等方面相同，或者相关公众一般认为其存在特定联系，容易造成混淆的商品。类似服务，是指在服务的目的、内容、方式、对象等方面相同，或者相关公众一般认为存在特定联系，容易造成混淆的服务。"

个事实来自不同厂家的商品或者服务；另一种是间接混淆，也成为广义混淆，它是指消费者知道某一商品或者服务不可能是某厂家直接生产的，但是却有可能认为该厂家和产品的实际生产者存在某种许可、赞助或其他的关系，实际上这两个厂家之间根本不存在任何的联系。但是无论是哪一种混淆，前提是消费者接触或者有可能接触到这种商品或者服务。而在涉外贴牌加工中，生产的产品全部运往国外销售，我国的消费者根本没有机会接触到这些产品，既然没有接触到，就不可能造成消费者的混淆，因此也不可能构成商标侵权。

四、贴牌加工行为与《商标法》中的"商标使用"

目前，我国商标权侵权判定的主要法律依据，就是《商标法》第52条❶，对于贴牌加工商标侵权判定的依据主要就是该条的规定。在适用该法条时争议的焦点主要集中在，贴牌加工行为是否构成《商标法》中关于"商标使用"的规定。认为贴牌加工构成商标侵权的主要理由就是，我国《商标法实施条例》第3条对商标使用作出了明确的规定，即"商标法和本条例所称商标的使用，包括将商标用于上商品、商品包装或者容器以及商品交易文书上，或者将商标用于广告宣传、展览以及其他商业活动中，"贴牌加工行为属于"商标使用"的行为，因此构成商标侵权。有不少学者对此提出质疑，从不同的角度对贴牌加工中的商标贴附行为不属于"商标使用"进行论证分析，笔者也赞成他们的观点，即贴牌加工行为不属于商标使用的行为，不构成对商标权的侵犯。

认识法律并不意味着要抠法律的字眼，更不能机械地将法条适用于不同的案例。法律赋予法官一定的自由裁量权，也并不意味者他们可以任意适用法律，不受法律的约束。对于法律我们既不能简单地机械地套用法条，也不能任意地扩大法律解释，必须把握法律的本质、立法目的和现实意义等，正确地适用法律。

首先，从贴牌加工的法律性质来看，涉外贴牌加工实际上是一种加工承揽行为，委托方和贴牌加工方之间是一种加工承揽合同的关系。承揽合同的本质是，承揽人按照委托方的要求去完成工作并交付工作成果，委托方按照合同的约定交付报酬。涉外定牌加工过程中，加工企业按照国外委托方的要求进行生产，生产的产品全部运到国外交付委托人，从本质上就是一种加工承揽行为。有学者认

---

❶《商标法》第52条："有下列行为之一的，均属侵犯注册商标专用权：（一）未经商标注册人的许可，在同一种商品或者类似商品上使用与其注册商标相同或者近似的商标的；（二）销售侵犯注册商标专用权的商品的；（三）伪造、擅自制造他人注册商标标识或者销售伪造、擅自制造的注册商标标识的；（四）未经商标注册人同意，更换其注册商标并将该更换商标的商品又投入市场的；（五）给他人的注册商标专用权造成其他损害的。"

为，贴牌加工行为可以视为我国工人在委托方所在的国家生产，生产的产品和我国的市场没有任何关系，是一种国际间劳务输出行为，对此，笔者持赞成的观点。既然，贴牌加工行为是一种加工承揽行为，加工过程中的商标贴附行为，就只是为了完成承揽合同的部分加工行为，并不构成商标法中的"使用"。此外，虽然《商标法实施条例》第3条对"商标的使用"采用列举的形式进行定义，但是从"将商标用于广告宣传、展览以及其他商业活动中"的规定可以看出，《商标法》所指的"使用"应该是商业性质的使用，即为了"商业目的使用"。目前，许多国家已经将"销售的目的"作为商标法上"使用"的本质要求。德国商标法中明确规定"未经商标所有人同意，禁止第三人在商业流通中为其商品和服务使用与受保护的商标相同的标识，并且商品和服务也相同。"美国的兰哈姆法中规定："未经许复制、假冒、模仿或欺骗地仿造商标，用于商品或服务的销售、提供广告等商业活动，并且有可能造成混淆、误认、欺骗，为侵犯商标权的行为。我国台湾"商标法"第6条规定："商标使用"指为行销之目的，将商标用于商品、服务或与其有关之物件、或利用平面图像、数码影音、电子媒体或其他媒介足以使相关消费者认识其为商标。而贴牌加工中的商标贴附只是为了完成加工合同的行为，生产的产品也没有进入我国市场流通，不属于商品，交付产品的行为也不是为了销售的目的，因此不构成商标意义上的使用。既然贴牌加工行为不属于商标法上的商标使用，那么贴牌加工也就不构成商标侵权。

其次，从商标的本质来看，商标是为了将商品区别开来，使消费者对商品的来源不产生混淆、误认。商标的功能只有在商品的流通环节才能体现出来，根本的作用就是在商品进入市场后，消费者可以区别商品的不同来源，避免对相似或者相近的商品产生误认、混淆。而贴牌加工的产品，在我国境内并不是流通领域的商品，也不可能进入我国的市场，我国的消费者不可能接触到该产品，因此就谈不上混淆的可能，也不能构成商标中的"使用"。所以严格来说，贴牌加工行为不构成商标侵权。在本文前面提到的上海申达音响电子有限公司诉玖丽得电子（上海）有限公司侵犯商标专用权案中，上海市高级人民法院对于这个观点也有明确的阐述❶，认为涉外贴牌不构成商标侵权。

---

❶ 上海申达音响电子有限公司诉玖丽得电子（上海）有限公司侵犯商标专用权案，上海最高人民法院（2009）沪高民三（知）终字第65号民事判决书中认为："商标的基本功能是区分商品或服务的来源的识别功能，侵犯商标权其本质就是对商标识别功能的破坏，使得一般消费者对商品来源产生混淆、误认。在本案中，被上诉人玖丽得公司接受案外人美国利达公司的委托定牌加工涉案产品，涉案产品全部出口至美国，未在中国境内销售，中国的相关公众在国内不可能接触到涉案产品，不会造成国内相关公众的混淆和误认"，"在定牌加工关系中，境内加工方在产品上标注商标的行为形式上虽由加工方所实施，但实质上商标真正的使用者仍为境外委托方。本案涉案产品所贴商标只在中国境外具有商品来源的识别意义，并不在国内市场发挥识别商品来源的功能。"

综合以上的分析，笔者认为认定涉外贴牌加工行为不构成商标侵权，符合商标法的立法目的，是商标权保护地域性的要求，贴牌加工行为是一种加工承揽行为，不属于商标意义上的使用，贴牌的产品全部运往委托人所在国销售，因此不可能造成我国市场相关公众的混淆、误认，贴牌加工行为不构成商标侵权。

五、涉外贴牌加工商标侵权问题解决方案的思考

（一）司法机关对涉外贴牌加工中知识产权方面问题的规范

通过前面部分的分析，可以看出，涉外贴牌加工的产品是基于外国的合法的注册商标权的明确委托加工生产的，加工中的商标标识也不会造成我国国内市场相关公众的混淆、误认，也不会使我国的国内的注册商标权人的利益受到损害或者有损害其合法的权益的现实可能性。在我们的司法实践中若不考虑对市场要素的影响，将这种对于商标权人的现实的以及潜在的利益没有构成任何损害和威胁的产品生产行为认定为商标侵权的话，在法理上讲不通，不仅违背了我国《商标法》的立法目的，还严重损害了我国贴牌加工生产企业的发展，对我国的对外贸易的发展产生了不利的影响，阻碍我国的经济发展。

因此，笔者认为，为了避免司法审判过程中对涉外贴牌加工行为的性质产生认识上的误差，最高人民法院应该尽快出台相关的司法解释，对《商标法》中模糊条文的法律概念进行明确的解释。具体来说，应该将商标侵权判断中的商标的"使用"限定为"应用于商品的流通和交换领域、已经或有可能造成相关公众混淆误认、已经或有可能导致国内的商标权人利益受损"的范畴，将涉外贴牌加工中的商标的贴附行为规定为涉外贴牌加工中商标侵权的抗辩理由，不构成对商标权的侵犯。这样，就可以不改变我国现有的法律框架结构整体的稳定性，对于我国的货物出口环节的海关保护措施也有所减轻，促进我国经济的发展，同时也适度平衡了社会公共利益。

（二）海关对涉外贴牌加工侵权问题的应对策略

虽然我国海关查处的出口侵权货物的数量逐年增加，但是美国等西方国家并没有对我国海关知识产权的保护工作给予正面的评价。我国海关知识产权保护措施是基于我国履行国际条约和双边义务作出的，和我国20世纪90年代初"复关"以及"入世"有紧密的联系。1992年我国和美国签订了《中美保护知识产

权谅解备忘录》，在备忘录的第 5 条明确规定❶，两国政府在各国的境内和边境采取措施，避免和制止知识产权侵权的发生。随后我国政府制定了一些政策法规，2000 年 7 月 8 日第九届全国人民代表大会常务委员会第十六次会议正式通过新修订的《海关法》，至此，以国家法律形式正式确立海关对于知识产权保护的执法地位以及权限。从我国海关知识产权方面法律产生的历程可以看出，我国海关对知识产权保护所采取的措施并不是我国自愿做出的，对于我国知识产权出口环节采取的保护措施也远远严格于 TRIPS 的相关规定，欧美等国家包括美国在内对知识产权保护的措施也只是以进口环节保护为主，对于出口环节只是兼顾保护。

任何事物的发展都有一定的度，超过事物发展的度，可能带来适得其反的效果。我国海关知识产权保护措施，在国际上树立了我国政府重视知识产权保护的良好形象，但却在一定程度上阻碍了我国经济的发展，给国内加工企业带来了致命的打击，因此，从我国的国情出发，我们必须在保护知识产权促进国际经济贸易自由流通和最大限度地保护权利人的利益、维护社会公众的利益这两个方面，寻求合适的平衡点，因此我们应该对我国的《知识产权海关保护条例》中关于出口检查制度相关规定作出修改。对于以贴牌方式加工生产的产品，只要不构成对我国保护知识产权的"假冒"，也没有给我国知识产权人带来利益上的损失，中国海关就不应该采取禁止出口的措施，这对促进我国经济发展，贸易自由有很大的积极作用。

（三）涉外贴牌生产企业为防范商标侵权风险的应对策略

我国经济发展的现状表明，贴牌加工的生产方式仍然是我国的主要生产方式之一，并且在相当长的一段时间内都处于非常重要的地位。而目前，我国对于贴牌加工中商标侵权问题还没有明确的法律规定，在司法实践中同案不同判的现象时有发生，甚至审判的结果大相径庭，从企业自身的角度来看，为了避免商标侵权风险的方式，企业必须提高自身的法律意识，在签订订单合同时小心谨慎，减少甚至避免侵权纠纷的发生，具体来说，企业可以采取以下几个措施：

第一，对于委托方提供的商标，加工企业应要求委托方提供第三人的商标专用权的证明文件或者被许可使用该商标且未超出权利范围的有效证明文件。由于商标具有地域性，委托方在国外享有的商标专用权仅在其所在国享有权利，没有

---

❶ 《中美知识产权谅解备忘录》第 5 条："两国政府将在各自境内及边境采取有效的办法和救济，以避免或制止对知识产权的侵权，并遏制进一步的侵权。在采取这些办法和救济时两国政府应提供禁止滥用的保障，并应避免为合法贸易制造障碍。"

域外的效力。根据我国《关于对外贸易中商标管理的规定》第 10 条❶以及《商标法》第 52 条等的相关规定,未经商标注册人许可,在同一种商品或者类似商品上使用和其注册的商标相同或类似商标的行为属于侵权。因此,加工方在签订合同时应该尽到合理的注意义务,对于可能侵犯国内商标注册人权利的委托加工,除了要求委托方提供产品所到国的合法的商标专用权证明或者商标专用权许可使用证明以外,还要要求委托方提供经我国商标局备案过的第三人许可其使用该商标,并且未超出许可使用的范围的合同或者其他证明文件,以证明委托方在我国的加工行为不会侵犯我国第三人的合法权益。

第二,在签订合同时要增强法律意识,提高对侵权风险的警惕。涉外贴牌加工中,委托加工合同是确定委托方和加工方之间权利义务的重要依据,因此在签订合同前,加工方应该对委托方提供的证明文件的合法性进行审核,在签订合同时,对于在加工中提供的商标,应当要求委托方提供担保,保证在我国境内不会侵犯第三人的合法权益。如果因为委托方不能提供我国国内第三人的商标许可证明或者商标转让证明而导致侵犯第三人的商标权的,应该约定由委托方承担责任。合同应该采取书面形式,不宜采用口头的方式,对加工的产品数量、质量和提供的商标标识的数量作出明确的规定,避免侵权危险的发生。

第三,贴牌加工企业要树立品牌意识,走自主创新的道路。和国外相比,我国的工业发展相对来说比较滞后,经济实力比较薄弱,但我国拥有大量的廉价劳动力,因此许多外国企业将加工基地转战我国,我国已经成为世界上最大的贴牌加工厂。沿海城市,尤其长江三角洲地区,已经形成了加工生产的产业链。但是,实践表明,贴牌加工企业的利润比较低,2008 年金融危机以后,浙江等地区的一些中小型的加工企业不堪沉重的经济负担,不得已选择了关闭。近几年,随着贴牌加工商标侵权案件的增多,商标侵权风险也越来越大,贴牌加工企业的前途面临着严峻的挑战,在这种情况下,贴牌加工企业必须正确地定位自己,找到合适的出路。

---

❶ 《关于对外贸易中商标管理的规定》第 10 条:"对外贸易经营者在从事进出口活动中,对他人指定或者提供使用的商标,应当要求对方出具真实有效的商标专用权证明文件或者被许可使用该商标且未超出许可范围的证明文件,并予以核查。该商标不得与已在我国相同或者类似的商品上注册的商标相同或者近似,其商品的包装、装潢也不得与他人已在我国使用的包装、装潢相同或者近似。"

网络交易平台服务商帮助侵权责任研究
——兼评与比较上海法院 25 个典型案例

梁家玮[*]

摘　要

　　《侵权责任法》第 36 条必要措施的规定在定位和标准上不够明确，司法审判中对网络交易平台服务商主观过错的认定标准不统一，对免责制度的认识逻辑混乱不清，使得司法实务中网络交易平台对自身权利义务混乱不清。本文主要以淘宝为研究对象，以厘清网络交易平台服务商侵权责任构成与免责制度的关系。

关键词

　　网络交易平台　间接侵权　必要措施　注意义务

一、上海司法现状的实证研究分析

　　自 2004 年至 2011 年本文共收集了 25 个由上海法院作出的涉及网络交易平台服务商侵权的案例。其中 2009 年之后审判的案例有 20 件，占本文收集的案例 80%，以时间为维度进行罗列，参见表 1。

---

[*] 华东政法大学知识产权专业 2009 级硕士研究生。

表1 2004年~2012年相关案例收集情况

案号	被告	诉由	裁判依据	判决结果
（2004）沪一中民五（知）初字第95号	易趣网	专利权侵权纠纷	商家不构成直接侵权	不支持
（2005）青民三初字第404号	易趣网	侵害商标权纠纷	尽到合理注意义务	不支持
（2005）沪一中民五（知）初第371号 （2006）沪高民三（知）终字第99号	易趣网	侵害商标权纠纷	尽到合理注意义务	不支持
（2006）沪二中民五（知）初字第103号	易趣网	著作权侵权纠纷	已尽到合理注意义务	不支持
（2010）黄民三（知）初字第39号 （2010）沪二中民五（知）终字第40号	淘宝网	侵害商标权纠纷	"通知—删除"规则	均不支持
（2010）黄民三（知）初字第40号	淘宝网	侵害商标权纠纷	"通知—删除"规则	不支持
（2010）黄民三（知）初字第41号 （2010）沪二中民五（知）终字第39号	淘宝网	侵害商标权纠纷	"通知—删除"规则	不支持
（2010）黄民三（知）初字第42号	淘宝网	侵害商标权纠纷	"通知—删除"规则	不支持
（2010）杨民三（知）初字第50号	淘宝网	侵害商标权纠纷	"通知—删除"规则	不支持
（2010）杨民三（知）初字第51号	淘宝网	侵害商标权纠纷	"通知—删除"规则	不支持
（2010）杨民三（知）初字第52号	淘宝网	侵害商标权纠纷	"通知—删除"规则	不支持
（2010）杨民三（知）初字第56号	淘宝网	侵害商标权纠纷	"通知—删除"规则	不支持
（2010）杨民三（知）初字第57号	淘宝网	侵害商标权纠纷	"通知—删除"规则	不支持
（2010）杨民三（知）初字第58号	淘宝网	侵害商标权纠纷	"通知—删除"规则	不支持
（2010）杨民三（知）初字第59号	淘宝网	侵害商标权纠纷	"通知—删除"规则	不支持
（2010）浦民三（知）初字第426号 （2010）沪一中民五（知）终字第40号	淘宝网	侵害商标权纠纷	"通知—删除"规则但多次警告未能提升注意义务	一审不支持 二审支持
（2010）卢民三（知）初字第215号 （2011）沪一中民五（知）终字第159号	淘宝网	侵害商标权纠纷	"通知—删除"并不必然构成《侵权责任法》中规定的必要措施措施	均不支持
（2011）徐民三（知）初字第138号 （2012）沪一中民五（知）终字第64号	淘宝网	侵害商标权纠纷	商家不构成直接侵权	均不支持
（2011）沪一中民五（知）初字第121号	淘宝网	侵害外观设计专利权纠纷	"通知—删除"规则而且尽到合理审查义务	不支持

从表1中可以看出，在《中华人民共和国侵权责任法》生效之前，上海法院判断网络交易平台是否构成帮助侵权，关键看其是否履行合理注意义务，是从构成共同侵权的角度予以衡量的。而在《侵权责任法》生效之后2011年之前，法院如同达成共识，将"合理注意义务"标准量化，实际上将"通知—删除"规则等同于免责条件。而2011年之后，在认定是否构成帮助侵权上有了新的突破，"通知—删除"规则不再是构成"必要措施"的充分条件，如图1所示。这种改变体现的不仅是对网络交易平台帮助侵权认识的渐渐成熟，也体现了我国对于知识产权的保护力度逐渐加大。

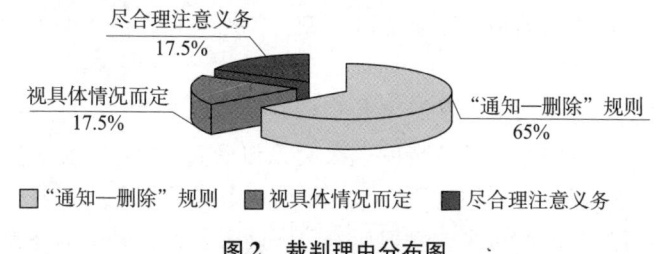

图2 裁判理由分布图

同时笔者收集的案例中提示着一个现象，电子商务时代，权利人要想更好地保护自己的合法权利，起诉网络交易平台为共同侵权人是必由之路，究其原因，一是在网络侵权行为发生后，受害人往往找不到侵权行为的直接实施人，但是为直接侵权人提供服务的网络交易平台服务商相对容易找寻；二是网络交易平台服务商赔偿能力更强。❶

在笔者收集的案例中，权利人无一例外均将交易平台作为共同侵权人，诉请法院判决其承担连带赔偿责任。但是网络交易平台不是责任的垃圾筒，其承担帮助侵权赔偿责任有两个前提，首先是平台中店家实施了直接侵权行为，其次是网络交易平台事先未尽合理审查义务或者事后未能采取必要措施。

本文通过对网络交易平台的免责条件入手，以笔者收集的由上海法院作出的25个典型案例判决为研究视角，以厘清网络交易平台服务商侵权构成与免责规则之间的关系。

二、上海网络交易平台服务商帮助侵权责任认定

网络交易平台服务商帮助侵权特殊性体现在以下几个方面。首先，网络交易量大，侵权成本低而服务商监察网络成本高，根据中国互联网络信息中心

---

❶ 陈进，曹淑艳. 电子商务中的知识产权 [M]. 北京：对外经济贸易大学出版社，2008：53.

(CNNIC)发布的第30次"中国互联网络发展状况统计报告"显示,截至2012年6月,中国网民数量达到5.38亿,互联网普及率为39.9%,其中网上银行和网上支付用户的规模在2012年上半年已经达到1.91亿和1.87亿,此外手机在线支付网民规模较2011年底也增长了约1400万人;其次,侵权影响大,相比于传统的商铺购物消费方式,网络交易操作简单而且价格便宜辐射面广;最后,相比传统商铺,网络交易平台服务商的地位更为洒脱,其只为交易双方提供一个交易平台,从其中收取一些服务费用或者根本不收取任何费用,并不直接参与交易。虽然网络交易不同于传统媒体,适用于传统媒体的法律无法全盘照搬,但是,网络侵权不应当被看成一个独立的问题,仍然应当在民法的框架内探讨网络服务提供商的义务。❶

缘此网络交易平台服务商的行为构成侵权仍然要符合一般侵权的四个要件,分别是肇事事实、损害结果、两者间因果关系以及过失❷。在卖家实施直接侵权行为并对权利人造成损失的情况下,交易平台服务商要想免除自身侵权责任只能证明自己没有过失。所谓过失,一般而言包含两个要素,其一为注意义务;其二为违反义务。着眼于其实质内涵也可以解释为:"能预见损害之发生、能避免损害之发生、未避免损害之发生"。❸故此对于网络交易平台服务提供者而言,尽到"注意义务"不构成帮助侵权的充分条件有两个且相互独立,分别是主观上不能预见,或者能够预见却无法避免。网络交易平台服务商的过失最终还需要通过外在的客观行为来认定。❹网络交易平台要证明其没有过失需要证明其已履行合理事先审查义务,并在权利人适当通知之后采取了必要措施尽到事后补救义务。

淘宝网的崛起离不开电子商务的兴盛,讨论网络交易平台帮助侵权同样绕不开淘宝网这个电子商务业巨头,鉴于笔者收集的案例中以淘宝作为被告的案件多达85%,因此下文的论述主要是以淘宝侵权为背景。

(一)事先审查义务

迄今为止,网络交易平台服务商无须承担一般性的审查义务已经在我国达成共识。正如前文所言,网络用户群体庞大,网络信息数量每日成几何数增长,如

---

❶ 上海市第一中级人民法院民五庭. 网络著作权纠纷法律适用问题研讨会综述[EB/OL]. (2009-03-27)[2012-08-20]. http://www.shipa.org/ip_resources_show.asp?id=26.

❷ 曾世雄. 损害赔偿法原理[M]. 北京:中国政法大学出版社,2001:56-118.

❸ 同上。

❹ 王迁. 论版权间接侵权及其规则的法定化[J]. 法学,2005(12).

果要求网络交易平台对每日交易数据予以全盘的监控不仅会降低交易的效率而且会遏制网络的发展,因此强令网络交易平台服务商承担一般审查义务过于严苛。但是其不作为又有悖于常理,那么两者之间的平衡点在哪里呢?

1. 资质审查是否影响责任的判定

淘宝网交易平台分为商城(B2C)和非商城(C2C),前者用户以公司形式入驻必须提供企业营业证明、相关权利资质证明(如商标注册证、授权书等)❶,后者则宽松得多,即使是没有工商营业执照的个人也可以申请在淘宝网上开设网络店铺。淘宝网对个人卖家实行实名认证,淘宝公司通过公安部身份证号码查询系统等途径核实卖家填写的身份信息的真实性,通过实名认证之后便能开设店铺。同样都是淘宝网却存在两种认证标准,在可以达到前者强认证标准的前提下却容忍后者弱认证标准的存在,是否可以认为淘宝未尽合理审查义务。

答案是有待商榷的,因为网络之所以繁荣靠的不仅仅是企业或者个体工商户在网络上的买卖,还需要广大个人网络群体的积极补充,由于商场与非商城的卖家构成不一样,当然不能要求采用同样的标准。如果要求个人用户如同商城用户一样,提供商标注册证或者授权书的话,如此烦琐的手续势必会影响卖家入驻平台,从而影响整个网络的繁荣。同时考虑到在淘宝非商城上存在众多二手商品,这些二手商品的买卖实际上是不可能提供商标授权书且不需要提供商标授权书,因为对于经商标权人许可或以其他合法方式投入市场的商品,他人在购买之后无须经过商标权人许可,就可将该带有商标的商品再次售出或以其他方式提供给公众。❷ 在笔者收集的案例中有相当一部分原权利者举证认为其产品从未许可在网络上进行销售,因此平台服务商应当将所有侵权相关链接屏蔽。❸ 那么网络交易平台服务商是否因此便有义务事先将这些链接屏蔽呢,答案是否定的,理由如下,首先检索的词汇过于简单可能会出现误屏的情况,如在依恋诉淘宝案中,依恋未做筛选,而仅通过对"TW""小熊"等关键词搜索涉嫌侵权商品,❹ 致使依恋每年向淘宝发出的涉侵权链接高达上万条,如果这些简单的搜索词汇予以屏蔽的话,显而易见会对电子商务造成巨大的负面影响;其次对商标的描述性、指示性使用,不应该构成侵权,如在立邦案中结合图片使用方式以及网页布局,相关公众通常会认为该商标传达的是在售商品的广告,即指示其所销售商品的品牌信

---

❶ 淘宝规则 [EB/OL]. (2012-03-27). [2012-08-25]. http://rule.taobao.com/index.htm.
❷ 王迁. 知识产权法教程 [M]. 北京: 中国人民大学出版社, 2007: 495.
❸ 上海市徐汇区人民法院 (2011) 徐民三 (知) 初字第138号民事判决书.
❹ 上海市卢湾区人民法院 (2010) 卢民三 (知) 初字第215号民事判决书.

息，而不是传达经营者的商号、商标或经营风格，这属于商标指示性使用，商标直接指向的是商标注册人的商品而非涉诉公司。❶ 最后正如前文所言，网络交易平台中交易的很大一部分便是二手买卖，原商标权利人不能通过商标权限制商标在市场中的再次流转。❷

2. 优推热卖是否加重义务的起点

在讨论这个问题之前，我们有必要对淘宝的营业模式做一个简单的了解，淘宝商城中（B2B），淘宝网从每一笔交易中收取一定的费用作为佣金，而在淘宝非商城中（B2C），淘宝网并不从交易中获利。这点并不难以理解，商城中淘宝网承担了较重的审查义务，并以自身商标的商誉保证商品的质量，根据义务权利对等原则，其在每笔交易中收取一定费用天经地义，同理适用于淘宝非商城。淘宝非商城较低的门槛使得在其上入驻的商家极其之多，但在没有商标唯一指示的情况下，淘宝网（非商城）中店铺检索结果对于商家来说就显得至关重要，甚至可以说是销售的生命线。通说认为，网络交易平台提供商在检索技术上是中立的。所谓中立，是指网络交易平台提供商通过自动程序提供服务，且不参与或干涉程序的自动运行和不干涉网络用户的信息交流，从而在他们之间保持中立不偏不倚的中介者地位。而技术中立是指向公众提供主要用途为非侵权的商品的责任主体不会因商品被用于实施侵权行为而负法律责任，除非提供者知情而未采取任何措施。❸

为了获取经济利益，淘宝网（非商城）不断推出新的增值业务，"优推"和"热卖"等服务便是由此而来，通过缴纳费用，淘宝网（非商城）将商户的店铺优先置于检索的首页，或者放在一个吸引人眼球的位置（如在热卖中，置于检索页面的右上角），而这一过程的实现是网络交易平台在普通检索服务的基础上人为调动的结果。如此是否会加重网络交易平台义务的起点呢，这个问题并不新鲜，早在 2007 年上海市第二中级人民法院审判的大众搬场案便给出了答案，❹ "百度网站的经营者以及'竞价排名'业务的负责主体对于明显存在侵犯他人权益可能的注册用户未尽合理的注意……" 淘宝网（非商城）"优推""热卖"服务对技术非中立使用，依据权利与义务相适应原则，其在获取高额收费的同时，应当承担与之相适应的更严格的义务，如对于优推的商家，应当要求其提供商标

---

❶ 上海市第一中级人民法院（2012）沪一中民五知终字第 64 号民事判决书。
❷ 上海市徐汇区人民法院（2011）徐民三知初字第 138 号民事判决书。
❸ 黄武双. 搜索引擎服务商商标侵权责任的法理基础——兼评"大众搬场"诉"百度网络"商标侵权案[J]. 知识产权，2008(5).
❹ 上海市第二中级人民法院（2007）沪二中民五初字第 147 号民事判决书。

注册证或者授权书，不然将承担未尽合理注意义务之责。

3. 角色转换是否加重义务的承担

在论述之前，再比较一下淘宝商城与淘宝非商城的盈利模式，前者于每一笔交易中收取一定的费用，后者主要是靠增值服务和优推服务等作为主要盈利手段。目前学界对于网络交易平台服务商的地位学说繁多，比如中介说、居间关系说、租赁关系说、新型服务合同法律关系说等。❶ 笔者认为网络交易平台的法律地位应当根据其盈利模式分而视之。

在淘宝非商城中，交易平台只提供一个平台以便买卖双方达成交易意向，在整个交易的过程中交易平台并不扮演积极的角色，在"淘宝网服务协议"中也明确了其作为交易平台的地位，其并不参与网上任何商品或服务的经营行为，因此笔者认为，淘宝非商城的法律性质属于特殊的租赁平台，租赁的是一个虚拟的空间，因此其只需要承担一般的注意义务。而对于淘宝商城而言，其为相对人提供交易的机会，撮合交易的可能，并从每一笔成功的交易中获取报酬，从这个角度来看，淘宝商城与用户之间建立的是一种不同于传统居间的居间关系，因此相比租赁关系，后者承担的注意义务更高。

4. 概括侵权是否提升注意义务

所谓概括侵权，是指概括地了解侵权存在的情况。在淘宝网创建之初，整个交易平台充斥着假冒、高仿商品，时至今日，虽然经多番整改，但形势仍然不容乐观，笔者于2012年8月26日在淘宝网上检索关键词耐克，仍会跳出多条价格明显低于正常值的商品。但这样的话是不是就可以说，淘宝是一个以侵权为主要业务的交易平台，可预见在其经营的平台中存在大量侵权，因此其应当苛以严厉的审查责任。如在依恋案中，❷ 淘宝网面对大量的投诉、高比例的删除链接以及卖家极少的异议现象，淘宝网理应知道其网站上存在大量侵权行为，仅2010年2月23日至2010年4月12日，依恋公司向淘宝公司投诉的商品信息就有153277条，几乎每天都有近1000条。

笔者认为，概括地了解交易平台大量的存在侵权行为，并不能推定交易平台已经预见实际的侵权，从而需要加重注意义务，甚至是采取屏蔽所有相关检索链接等"极端措施"。正如前文所言淘宝只是提供一个中立的交易平台，而在交易平台上活跃的网民众多，发布的网络交易信息更可以说是无限，如果仅仅是因为交易平台存在侵权便要求其对商品信息逐一审核，即使淘宝具有这样的审查能

---

❶ 高富平. 电子商务法律指南 [M]. 北京：法律出版社，2003 (3)：113.
❷ 上海市第一中级人民法院 (2011) 沪一中民五知终字第159号民事判决书。

力,也会让其承担过多的责任,推而广之则可能掣肘整个电子商务行业的发展。这种概括的了解不能取代实际的了解,如在立邦案中,法院认为淘宝公司发布的规则系其对某些行为的主观认知,而对于具体的涉诉行为是否侵权,应由法院根据法律规定、案件实际情况作出判断。❶ 不过遗憾的是,笔者近期在淘宝网上检索依恋,已经找不到任何内容了,依恋从淘宝网上的绝迹,到底是依恋公司维权的胜利、我国对知识产权保护的成功还是网络商业文化繁荣的没落,这是值得思考的一个问题。

(二) 事后补救义务

"通知—删除"规则最先见诸于《信息网络传播权保护条例》,因为网络版权侵权与网络交易平台商标侵权具有类似的属性,因此在实践中也一直将"通知—删除"规则作为免责的依据,在笔者收集的案例中引用或者间接以"通知—删除"规则作为裁判依据的占据72%。但是"通知—删除"规则能否作为网络交易平台服务商帮助侵权免责的充分条件,尤其在《侵权责任法》生效后,这一规则能否视为交易平台采取了必要措施,这是值得商榷的。为厘清网络交易防范侵权的措施与必要措施以及免责规则之间的关系,笔者以淘宝网为例加以论述。

1. "通知—删除"规则是否构成必要措施

网络交易平台服务商承担侵权责任的前提是其能预见,能避免,却未采用合理措施予以避免。就"通知—删除"规则而言,通知便是使其预见,而删除便是交易平台采取的避免措施,但是"通知—删除"规则是否构成必要措施呢。在2011年之前,交易平台免责规则主要是"通知—删除"规则,仿佛这就是金科玉律,持之可免责。但是2011年之后情况发生了变化,在依恋案中,❷ 依恋公司发现杜某通过淘宝网销售侵权商品后,先后7次向淘宝公司发送侵权通知函,淘宝公司审核后先后7次删除了杜某发布的商品信息。淘宝公司认为,其已经采取了必要措施。但是法院认为,网络交易平台提供商接到通知后及时删除侵权信息是其免于承担赔偿责任的条件之一,并不是充分条件。网络服务商删除信息后,如果网络用户仍然利用其提供的网络服务继续实施侵权的,网络交易平台服务商应当进一步采取必要的措施以制止侵权。❸

正如"加达墨尔"所言,"文本一经公开作者就死了",法律文本一旦脱离

---

❶ 上海市徐汇区人民法院 (2011) 徐民三知初字第138号民事判决书。
❷ 上海市浦东新区人民法院 (2010) 浦民三知初字第426号民事判决书。
❸ 上海市第一中级人民法院 (2011) 沪一中民五知终字第40号民事判决书。

了立法者，那么他的归宿就将由这法律适用者决定，毕竟再高明的立法者也无法穷尽现实社会的繁复。"通知—删除"规则确立之初，对于权利人的保护有着积极的作用，但是一些网络交易平台为了符合规则免除帮助侵权责任，便单纯地采取了删除的策略，却不制止后续可能发生的再次侵权的事实，导致"通知—删除"规则如隔靴搔痒，治标不治本。依恋公司于2009年9月29日至2009年11月18日向淘宝公布的投诉信息有117861条，而在2010年2月23日至2010年4月12日向淘宝投诉的商品信息又有近153277条，虽然这里面存在重复投诉或者错误投诉的现象，但是如此高比例的反复投诉还是能够反映"通知—删除"规则在实践中运用的效果不如人意。

此外，讨论"通知—删除"规则绕不开一个问题，那就是什么才是适格通知。遗憾的是《侵权责任法》中并没有对什么是适格的通知作出进一步的规定，而我国的《信息网络传播权保护条例》以及美国《数字千年版权法》却均对权利人的通知作出了明确要求，如在《信息网络传播权保护条例》中规定合格的通知书至少应当包含以下三个要件，权利人姓名联系方式和地址、要求删除或者断开的链接、构成侵权的初步证明材料。❶虽然版权保护和商标保护存在差异性，但不妨碍我们以之类比淘宝公布的规则流程。淘宝公司以商标侵权为例认为在权利人通知阶段，权利人应该提供以下资料：（1）权利证明以及身份证明；（2）侵权链接；（3）判断侵权成立的初步证明或者充分的理由；（4）对某个卖家重复投诉的，还要标注重复投诉的具体时间和重复投诉的次数。❷其中，判断侵权成立的初步证明可以是网页上明显的侵权信息、公证购买证据、卖家在聊天中的自认。由上可以看出淘宝流程基本满足《信息网络传播权保护条例》，只是对"初步证明材料"应当达到何种程度作了进一步的规定。众所周知，网络交易平台服务商没有审查网络的义务，权利人的通知对于判断网络平台服务商是否知晓侵权至关重要，在这场"通知"的球赛中淘宝即当球员又当裁判明显是不合适的，笔者就此事与郑法官探讨时，也获知"通知"是否适格是由法院进行裁判，初步证明材料没有固定的标准，而是依据个案具体判断，淘宝制定的标准仅仅具有参考价值。

2. 淘宝规则是否影响责任承担

为了营造一个良性的网络交易环境，淘宝自身也设置了多项规定，其中很多

---

❶ 参见《信息网络传播权保护条例》第14条；美国版权法第512条第（d）款第（3）项，See Copyright Law of the United States of America. §512. (d) (3).

❷ 上海市卢湾区人民法院（2010）卢民三知初字第215号民事判决书。

规定远远超出了简单的"通知—删除"规则,比如淘宝公司制定并发布了《淘宝网服务协议》《商品发布管理规则》《淘宝网用户行为管理规则》等规则,这些规则多次提到禁止用户发布侵犯他人知识产权的商品信息,并制定了相关处罚措施。2009年9月15日生效的《淘宝网用户行为管理规则(非商城)》规定:淘宝网用户在商品名、商品介绍等信息或载体中侵犯他人知识产权属于违规行为;侵犯他人知识产权的违规行为包括所有违反《禁止及限制交易物品管理规则》内有关条款或《商标法》《著作权法》《专利法》等法律法规的行为。此外,该规则还规定了相应的处罚措施:淘宝网用户有商标侵权、专利侵权等违规行为,将受到限制发布商品14天、下架所有商品信息、公示处罚(警告)14天的处罚,同时记6分。淘宝网用户违规行为记分是为了记录用户在淘宝网违规行为的一种方式。违规行为记分按每一个自然年为周期(1月1日至12月31日)。违规记分扣满12分,淘宝公司将对账户作冻结处理,用户只有通过考核后,淘宝公司才会解除冻结。用户在学习期后才可以参加考核,学习期按记分周期内的冻结次数乘以3计算,例:首次冻结1×3=3天,第二次冻结2×3=6天。账户冻结后该用户可以登录淘宝网,但限制发布商品信息,下架用户的所有商品信息。对于情节特别严重的违规行为,淘宝公司有权对用户作永久封号处理。2010年6月10日,淘宝公司发布了同时适用商城和非商城的《淘宝网用户行为管理规则(修订版)》,对淘宝网用户的违规行为进行了细化,并调整了处罚措施。其中对侵犯他人知识产权的违规行为规定了三级处罚措施,一级为有确切证据证明卖家出售假冒商品且情节特别严重的,扣48分;二级为有确切证据证明卖家出售假冒商品的,扣12分;三级为所发布或使用的商品、图片、店铺名等店铺内容侵犯商标权、著作权、专利权,或者存在误导消费者情况的,扣4分。当扣分达到或超过12分但未到24分时,会员将被同时处以店铺屏蔽、限制发布商品、限制发送站内信、限制社区所有功能及公示警告7天;当扣分达到或超过24分但未到48分时,会员将被同时处以店铺屏蔽、限制发布商品、限制发送站内信、限制社区所有功能及公示警告14天;当扣分达到或超过36分但未到48分时,会员将被处下架所有商品,且同时并处限制发布商品、限制发送站内信、限制社区所有功能、关闭店铺及公示警告21天;当扣分达到或超过48分时,会员将被处永久封号。❶

3. 规则变更是否构成自认

2011年6月20日淘宝公布淘宝规则变更通知,区分了制售假冒商品与不当

---

❶ 淘宝规则 [EB/OL]. (2012 – 03 – 27) [2012 – 08 – 25]. http://rule.taobao.com/index.htm.

使用他人权利,将制售假冒商品作为严重违规行为,而将不当使用他人权利作为一般违规行为。修改后的淘宝规则体现以下特点处罚力度更精准:根据不同行为与不同情节分别处以不同的处罚;处罚力度加大:将原来的按次扣分变更为按件扣分,对那些出售多种假冒商品的人来说,面临的处罚更大。

淘宝规则的变更,能否间接证明其有能力采取更严格的措施防范侵权的发生,却没采取,从而构成自认没有尽合理注意义务呢?答案是否定的,这种情况类似于之前对概括侵权的论述,淘宝公司发布的规则系对某些行为的主观认知,而对于具体的涉诉行为是否侵权应当视具体情况而定,推定知道侵权的前提是实际知道侵权的存在,而不能是大体知道存在侵权的情况。

4. 违反自身规则是否构成侵权

淘宝规则是淘宝网与第三方卖家之间的合同约定,而这种约定并不必然对商标原权利人发生法律效力。但淘宝网违反自身规则,权利人能否据此认为其违反合理注意义务。比如在依恋案中,❶杜某于淘宝网上多次售卖侵权产品,经依恋公司投诉之后淘宝网也多次删除其侵权链接,但是却没有按照淘宝规则予以扣分、封号等后续处罚措施,于是杜某屡删屡发,淘宝网上依恋侵权链接屡禁不止。

淘宝对淘宝规则的违反并不必然构成侵权,是否未尽注意义务仍应该从其客观行为所反映的主观心态来判断,依据常理经过合法授权的商品信息被删除,被投诉人不可能会漠然处之,其肯定会作出积极回应,及时提出反通知,除非确实是侵权商品信息。故依恋案中在多次删除杜某的商品信息并通知杜某被删除原因后,杜某并没有回应或提出申辩,据此可以认为淘宝网完全知道杜某实施了销售侵权商品行为。这也是依恋案中淘宝败诉的主因,而不是淘宝网违反淘宝规则。

5. 技术措施能否亡羊补牢

侵权发生后,为了杜绝侵权的再次发生,原权利人往往要求网络交易平台设置关键词屏蔽或者建立价格监控机制,比如依恋案中,依恋公司认为其经营模式是店铺直销,从来没有开展过网络销售服务,因此要求淘宝网对其平台上凡是以依恋旗舰店出现的店铺都予以屏蔽。而且依恋公司对品牌定义为高端人士的休闲服装,服装的价格向来偏贵,且从未以低于吊牌 50% 价格出售,因此要求淘宝网对其平台上价格明显偏低的依恋产品予以删除屏蔽。

笔者认为限制淘宝交易平台中的商铺对依恋商标的使用,将不当地限制销售商宣传自己经销的商品,而且将直接损害商品在市场自由流转这一市场经济赖以

---

❶ 上海市徐汇区人民法院(2011)徐民三知初字第 138 号民事判决书。

存在的基本原则,因此在不构成混淆或者对原权利品牌其他隐形损害的前提下,淘宝网不应当采取措施限制商标的合理使用。而后者建立价格监控机制更是变相对网络交易平台苛以监控网络的责任,即使技术能够达到,也将极大的限制商品的自由流通,从而变相的赋予了商标权利人再次控制商品流通的能力,同样与市场经济的基本原则相违背。

三、国外网络交易平台服务商帮助侵权责任认定

(一) 国外案例介绍

1. LVMH v. eBay, Inc. 案,LVMH 是法国知名奢侈品牌,因其独有的设计、高端的定位驰名于奢侈品市场。2006 年 LVMH 注意到在 eBay 网站上销售的 LVMH 品牌有 90% 都是假的,❶ 对于 eBay 上显而易见的侵权现象,eBay 显然满足没有采取足够的措施解决侵权这一条件,因此构成帮助侵权。eBay 称其仅仅只是一个服务商,根据欧盟指令(European Community Directive),❷ 其不满足(1) 具体知晓侵权;(2) 未采取合理措施移除侵权信息,这两个构成帮助侵权要件,因此不构成侵权。2008 年 6 月 30 日,法国巴黎商事法院在判决中指出,在 eBay 上成交的每笔交易 eBay 至少都收取了以下费用,首先是摊位费(Insertion Fees)、成交费(Final Value Fees)以及附加服务费(Optional Feature Fees),这说明对每一笔交易 eBay 都能实际控制,因此他不再是一个消极的网络服务商而是一个积极的经纪人,在明知其经营的交易平台之上存在欺诈的情况下仍然从中牟利,且未采取有效的反假冒措施,因此在主观上存在过错,承担间接侵权责任。该判决几乎没有考虑 eBay 检索网络的能力和成本,将维护商标权利正常行使的义务几乎全部苛加于 eBay 身上,实际上已经赋予了商标权利人控制二级市场的权利。在笔者收集的案例中,法国的标准是最高的。

2. ROLEX, Inc. v. eBay, Inc. 案,知名表类品牌 ROLEX 发现 eBay 网站上存在大量的假冒 ROLEX 手表,而且相比正品价格极其低廉,鉴于正品 ROLEX 高昂的成本有足够的理由怀疑这些商品是假冒产品侵犯了原权利人商标权,故要求 eBay 删除所有这些低价 ROLEX 手表的链接,并承担间接侵权责任。初审法院认为 eBay 仅作为一个消极的网络交易平台提供者,没有监控网络的义务,而且根

---

❶ Doreen Carvajal. eBay Ordered to pay $61 Million in sale of counterfeit goods [EB/OL]. N. Y. Times, 2008-08-01.

❷ See European Community Directive on Electronic Commerce 14, §1.

据欧盟指令（European Community Directive）❶ 其并不满足构成侵权的两个条件，因此无需承担间接侵权责任。ROLEX 不服判决上诉到德国联邦最高法院，联邦最高法院认为一方无需承担责任的前提是行为方没有故意或者过失。故 eBay 免于侵权责任的前提在于是否采取合适的措施来排除侵权，这里合适的标准指的是"技术可以达到且合理的，"2007 年德国联邦最高法院作出判决认为 eBay 没有采取有效的措施预防侵权，主观上存在过错构成间接侵权。❷ 同时法院建议 eBay 采取一些激发机制，比如一个常价为 1000 欧元的商品，如若卖家标价 700 欧元（低于30%）便可以默认为存在极大侵权可能性，进而屏蔽其商品链接。本案可以看出，德国虽然不似法国那样将网络交易平台服务商视为经纪人从而规避欧盟指令的使用，但也为网络交易平台服务商制定了较高的标准，而且其建议 eBay 的价格触发机制也实际上损害了自由市场中商标合法拥有人的二次买卖的权利，干扰了商品再次进入市场的渠道。不过相比法国，德国对网络交易平台服务商注意义务要求要低。

  3. TIFFANY, Inc. v. eBay, Inc. 案，TIFFANY 以经销珠宝饰品而闻名世界，为了保护其商标该公司只在自己的专卖店或自己的网站上销售产品。2004 年 TIFFANY 提供的一项数据表明在 eBay 上贩卖的纯银 TIFFANY 商品73%以上都是假冒的，唯有仅仅5%是真品，基于这项调查 TIFFANY 要求 eBay 禁止销售 TIFFANY（还有其他材质的）银制或者非银制商品，并且完全停止刊登关于销售 TIFFANY 饰品的广告，随后向纽约联邦法院起诉 eBay 间接侵权。❸ 根据 1982 年 Inwood Laboratories 案中确认的原则❹，间接侵权责任可以在以下情况下发生，首先是一方引诱行为人实施侵权行为；其次是明知或者应知行为人侵权但仍然提供相关的帮助。2010 年 4 月 1 日美国联邦第二巡回上诉法院作出终审判决，首先 eBay 是网络交易平台的提供者并不是直接侵权人，其次经 TIFFANY 通知之后其删除了侵权链接，此外虽然 eBay 网上大量的存在侵权现象，其也广义明知（General Knowledge）网站上存在侵权，但是这并不构成具体的明知侵权事实（Actual Knowledge）不承担侵权责任。❺ 如果广义上的了解构成应当知道，那么会妨碍正当取得所有权的商品二次销售，同时不能对 eBay 苛以过重的注意义务，因为商标权是一种私权，商标所有人对自己权利的正当行使同样承担责任，不能

---

❶ See European Community Directive on Electronic Commerce 14, §1.
❷ Eric Auchard. eBay Dealt Blow on Fake Rolexes by German Court [N]. Reuters, 2007 – 07 – 27.
❸ See Tiffany (NJ) Inc. v. eBay, Inc., 576F. Supp. 2d 463, 472 (S. D. N. Y. 2008).
❹ See Inwood Laboratories, Inc. v. lves Laboratories, Inc., 456 U. S. 844, 102 S. Ct. 2182, 72 L. Ed. 2d 606 (1982).
❺ See Tiffany (NJ) Inc. v. eBay Inc. (2nd Cir. Apr. 1, 2010).

将义务全部施加在 eBay 上，同样 TIFFANY 的动机也值得考究，其到底是要制止侵权呢还是为了达到控制二级市场的目的。如果仅仅是关注假冒商品的话，其就不会严格限制商品在二级市场上的流通了。相比法国、德国，美国的认定标准是最低的。

（二）案件分析

eBay 作为网络交易平台可谓家喻户晓，它便利的操作以及琳琅满目的商品正逐渐改变网民的消费方式，而为了避免卷入全球范围内数量繁多的商标帮助侵权诉讼，其也有一套成熟规则，首先是 VeRO 规则，即"通知—删除"体系，商标权利将侵权商品信息的具体地址写入侵权通知中，eBay 会根据权利人发来的侵权通知在 24 小时内对所通知的商品信息予以删除；其次是"欺诈引擎"（fraud engine），通过设定网络规则，自动全网检索潜在侵权可能性极大的条目，一经确认便将屏蔽侵权链接；其次"提示假冒"（About me page）即在购买页面提示信息，如笔者在键入 TIFFANY 商标时，网页下半部将出现提示信息，提示买家网站中的 TIFFANY 产品大部分为假冒，希望买家在购买时予以注意；此外还有三振出局规则，类似于淘宝规则对卖家惩罚部分，如果卖家在 eBay 上屡次出售假冒产品，eBay 将对卖家采取封号处理，以此来杜绝屡删屡侵，删除不尽侵权不止的状况。

三个案件中案情结构类似，eBay 的做法也没有什么变化，但审判结果却大相径庭，是什么导致同案不同判现象发生呢？有人认为是法官对帮助侵权的认识不同。笔者不敢苟同，美国、法国、德国对 eBay 截然不同的做法的根源在于三国基本国情的不同。

法国可以说是世界奢侈品牌的发源地，LVMH、DIOR、LOVUS VUITTON、FENDI 等，无一不是奢侈品市场上的宠儿，它们不仅为法国巴黎赢得了时尚之都的称号，同时也成为法国 GDP 的重要组成部分，是法国不能放弃的核心利益。在法国虽然奢侈品牌有着极其重要的地位，但是仍然面临着来自国内国外各种商标侵权的困扰，在 2012 年入夏，法国库贝尔协会发起的一场反假货运动中发现仅爱马仕经典 Birkin 包和 Kelly 包的一条生产线的假货价值就高达 1800 万欧元。在这种背景之下，法国在判断网络交易平台是否构成商标帮助侵权时，更多的是倾向于品牌所有人，相同的情况下，网络交易平台在法国更容易被认定没有履行合理注意义务。

而美国可以说是现代网络科技的发源地，IBM、INTER、APPLE、GOOGLE 等品牌，不仅美国家喻户晓，在中国也是人尽皆知。美国拥有这些品牌绝非侥幸，离不开他们对新兴产业的强保护。回顾历史，最先在 Frena 案中 Frena 公司经营一个 BBS，一个用户上传了 170 张高清《花花公子》杂志享有版权的照片，虽然 Frena 公司发现后立即删除却也被判承担侵权责任❶。这种做法显然不利于网络服务业的发展，而且也是极不公平。1998 年美国通过《数字千年版权法》（DMCA）后，该案例便被彻底摒弃。由上可以看出，相比于法国，美国对网络交易平台注意义务的要求可谓是高抬贵手。

综上所述，因各国的具体国情不同，美国和法国对网络交易平台的帮助侵权责任采用了不同标准。相同案例在不同国家不同判决，貌似荒诞却又合情合理，根本原因都在于国家利益的不同，这也就不难理解为什么美国首富是微软总裁比尔·盖茨，而法国首富却是路易斯威登总裁伯纳德·阿诺特。❷

四、结　语

网络交易平台服务商帮助侵权责任应该采取怎样的标准，一方面要考虑网络交易平台服务商是否中立地使用网络并合理地预防侵权发生，另一方面也要考虑中国的基本国情，合理地平衡商标权利人与网络交易平台服务商之间的利益。从笔者收集的上海法院近 30 个判决来看，目前法院对网络交易平台服务商的注意义务标准稳中有升，这也体现了我国对商标权利人的保护在逐渐加强，并且逐渐树立起一个负责任大国的形象。但是这并不是说我国要像法国那样对商标权利人给予无以复加的保护，而应该结合我国的基本国情走自己的特色道路。目前我国正在建设创新性国家，上海市政府为响应国家号召也适时地发布了《上海知识产权战略纲要》，而要实现这一宏伟计划离不开对知识产权的保护，这决定我国在网络交易平台商标帮助侵权的认定标准上应当高于美国。同时我国正处于社会主义的初级阶段，物质文化相比国外发达国家也大有不足，如果对知识产权施以强保护将会减少我国人民获取发达国家优秀文化的渠道，而且创新性国家的建设也不能靠打压电商来实现，而应该将其作为维护商标正常使用的一大助力，因此我国在网络交易平台商标帮助侵权的认定标准上应当低于法国。综上所述，我国标准应在法国和美国标准之间，并结合中国国情、上海实践，平衡网络交易平台服务商与知识产权权利人以及国家长远发展三方的利益，从而营造一个和谐的网络交易环境，推动网络交易平台的持续稳定发展。

---

❶ See Playboy Enterprises, Inc. v. Frena, 839 F. Supp. 1552 (M. D. Fla. 1993).
❷ 福布斯全球亿万富豪 top20 ［EB/OL］. (2010 - 05 - 21) ［2012 - 09 - 05］. http：//www.forbeschina.com review/201005/0000842. shtml.

从商标侵权论电商交易平台经营者注意义务

李若昕[*]

摘　要

　　自 2008 年以来互联网电子商务迅猛发展，市场交易规模不断扩大，成为金融危机时期经济发展的新增长点。但是，由于这一新型产业尚处于发展阶段，潜伏着大量知识产权侵权隐患，其中电商交易平台经营者侵权问题尤为严重。笔者通过比较美国及欧洲相关的立法和判例，对平台经营者重新进行定位，并讨论了平台经营者在经营活动中应当负有的注意义务。

关键词

　　商标侵权　电视交易平台　注意义务

　　始于 2008 年的全球金融危机一直影响至今，新兴的互联网电子商务却实现了逆势上扬。2011 年我国电子商务市场发展迅速，根据我国电子商务研究中心监测数据显示，截至 2011 年 12 月，我国电子商务市场交易额达 6 万亿元（参见图 1），同比增长 33%。[❶] 而 2012 年岁末，阿里巴巴集团宣布，截至 2012 年 11

---

[*] 华东政法大学 2010 级知识产权专业硕士研究生；本文改自其毕业论文，指导老师为何敏教授。

[❶] 中国电子商务研究中心. 中国电子商务发展现状及产业规模［R］. 2011 年度中国电子商务市场数据监测报告，2012：10.

月 30 日 21 时 50 分，仅其旗下天猫和淘宝累计交易额突破 1 万亿元。根据国家统计局数据，2011 年全国各省社会消费品零售总额为 18.39 万亿，1 万亿相当于其总量的 5.4%，相当于我国 GDP 的 2%。❶

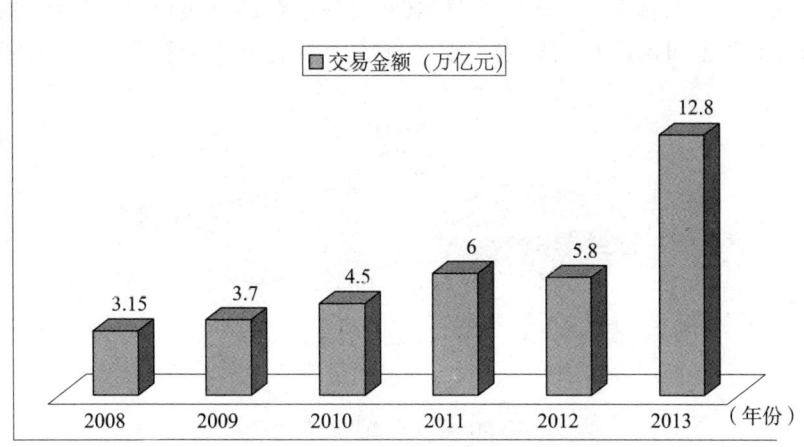

图 1　2008~2013 年中国电子商务市场交易规模❷

然而在电商交易平台上，知识产权侵权问题肆虐，据 2012 年版《中国网络购物路径研究示例报告》的研究表明，一次网络购物过程发生得非常快速，30 分钟内就可以完成一次购物。❸ 在这种快速的选择与被选择过程中，一旦站内经营者（即交易平台上的卖家）销售了侵犯知识产权的商品，电商交易平台经营者（Online Marketplace Operator，OMO）如无相应注意义务之约束，则可能会获取可观却又不合理的经济利益，❹ 而消费者收获的却可能是侵犯他人权益的商品，这其中，又以侵犯商标权为甚（参见图 2），商标权人因为此种网络交易而丧失了应有的利益。

举例来说，作为我国电商交易平台经营者的代表❺，浙江淘宝网络有限公司

---

❶　猛！天猫淘宝今年交易额破 1 万亿 [N]. 新闻晨报，2012-12-04.

❷　中国电子商务研究中心. 中国电子商务发展现状及产业规模 [R]. 2011 年度中国电子商务市场数据监测报告，2012：10.

❸　艾瑞咨询集团. 中国网络购物路径研究示例报告——网民风向标系列报告之 19 [R]. 2012.

❹　虽然作为亚太最大的网络零售商圈的淘宝网宣称采取免费模式，但其通过网络广告、与支付宝结合形成的融资渠道，都可以为其创造盈利。

❺　淘宝网是中国最大的 C2C 电子商务网站，占有 70% 的市场份额，拥有 5 亿注册用户，8 亿上架产品。数据来源于淘宝论坛，最后访问时间为 2012 年 12 月 14 日。

（以下简称"淘宝公司"）旗下的淘宝网于 2004 年就开始创建投诉邮箱，接受知识产权投诉，但是其 2012 年每日投诉量仍达到 465 单/天。其中，58% 的投诉类型为商标侵权。2012 年 1~11 月，淘宝公司共处理侵犯知识产权商品信息达 8200 万条，处罚会员 79 万余人次。❶ 电商交易平台的发展由最开始的虚拟信任危机到目前对于知识产权的频繁侵权，都成为限制电商交易平台进一步发展的桎梏。

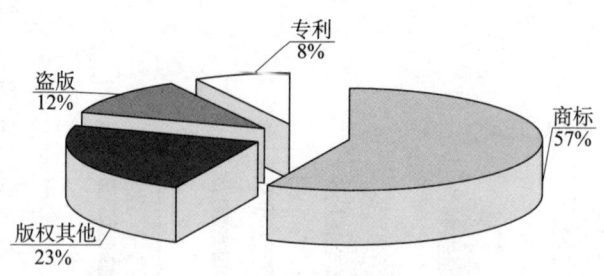

图 2　各投诉类型占比情况

对于电商交易平台经营者的侵权责任研究，学界从不同角度作过阐释：王洪海对于平台经营者的地位进行了研究，❷ 王柯对平台经营者的间接侵权行为界定标准及成立要件进行了初步探讨，❸ 司晓和费兰芳探讨了平台经营者商标侵权时的过错判断及《侵权责任法》第 36 条的适用❹等。但就平台经营者的侵权注意义务尚未投入足够的研究，而这恰恰是平台经营者主观过错认定的核心，也是其间接侵权认定的难点所在。

目前，我国判例多数认为只要电商交易平台经营者接到商标权人通知后删除相应链接就满足了上述注意义务，只有少数案例认为，"知道"与否是判断平台经营者是否应该承担连带责任的前提。❺

---

❶ 淘宝网处理侵权商品信息达 8200 万条 [EB/OL]．[2012 - 12 - 14]．中国保护知识产权网．

❷ 王洪海．网络交易平台的法律地位——从一则商标侵权案谈起 [J]．电子知识产权，2005（10）．

❸ 王柯．"依恋诉淘宝案"浅析 C2C 模式下商标"间接侵权" [J]．中华商标，2010（10）．

❹ 司晓，费兰芳．电子商务平台服务提供者的商标间接侵权责任探析——论《侵权责任法》第 36 条在电子商务商标侵权中的适用 [J]．知识产权，2012（3）．

❺ 在经典案例依恋公司诉淘宝公司及杜某中（2011）沪一中民五（知）终字第 159 号，法官也列举各项事实表明淘宝公司"知道"杜某所为却没有采取必要措施，因而应承担连带责任。

一、电商交易平台经营者注意义务之比较法借鉴

在笔者搜集的国外案例及立法中,多数都认为电商交易平台经营者应当首先确定其定性,之后才可以确定其注意义务的限度。因为网络服务提供者具有不同分类,不同网络服务提供者因其提供服务不同应有不同注意义务标准,并且如果作为消极的网络服务提供者,在美国或者欧盟都可以避风港原则作为豁免条款。因而探讨平台经营者的性质,对于注意义务的确定具有至关重要的作用。

(一) 电商交易平台经营者定性的比较探讨

1. 足够控制能力可导致注意义务之承担

在美国,如果网络服务提供者仅仅提供消极的"日常服务"(Routine Service),仅仅是域名的注册登记者,网络服务提供者就免于承担帮助侵权的指控。❶这意味着,在美国网络服务提供者(包括电商交易平台经营者)应对其提供的服务区分积极、消极的控制程度,从而认定其服务是否采取 Inwood 标准判断是否构成帮助侵权。

未进行控制的消极网络服务提供者的典型是提供支付手段的网络服务提供者(如淘宝公司的"支付宝"),其并没有直接对侵权方式进行掌控,免于承担责任,尽管通过切断侵权者的现金流可以阻止侵权方面有很高的可行性,但是没有此种网络服务提供者的参与,侵权行为在理论上仍然可以继续实施。❷

至于说平台经营者的控制程度,在 Tiffany 案中,美国法院认为其地位相当于跳蚤市场(Flea Market)或旧物交换会(Swap Meet),❸ 这意味着美国法院认为电商交易平台经营者是积极的网络服务提供者。

尽管多数欧洲国家对于网络服务提供者注意义务的认定有很大的不同,美国法院只采取了一个标准,即:只要网络服务提供者落入第九巡回上诉法院规定的"实际控制"(Substantial Control)的范畴内,其就应当承担帮助侵权责任。❹ 虽然此标准促进了一定程度上的统一,不会像欧洲一样标准混乱,但是其实施起来

---

❶ See Size, 255 F. Supp. 2d at 568. (将域名注册者定义为中立的争议当事人的第三方、消极的客户服务者,更加类似于邮政服务,而不是可以有足够控制能力的跳蚤市场经营者)。转引自 Jordan Teague: Promoting Trademarks's Ends And Means Through Online Contributiry Liability, 14 Vanderbilt Journal of Entertainment & Technology Law, p. 471.

❷ Perfect 10, Inc. v. Visa Int'l Serv., Ass'n, 494 F. 3d 788, 797 (9th Cir. 2007).

❸ Tiffany (NJ) Inc. v. eBay, Inc., 576 F. Supp. 2d 463 (S. D. N. Y. 2008).

❹ Jordan Teague: Promoting Trademarks's Ends And Means Through Online Contributory Liability [J]. 14 Vanderbilt Journal of Entertainment & Technology Law, p. 475.

仍存在问题。例如,"实际控制"的执行标准是什么?在什么程度上可以确定电商交易平台经营者达到了"实际控制"的程度?这些都尚待法院明确。但是美国法院的判决于我国仍具有借鉴意义:如果以客观人的标准认定平台经营者已进行实际控制的行为,如竞价排名、打广告等,即可以认定其为积极的网络服务提供者。

2. 产生积极作用可导致注意义务之承担

法国的帮助侵权责任是依据其是经纪人(Broker)❶还是消极宿主服务提供者(Passive Host Service)而确定的,因为消极的宿主服务提供者可以适用欧盟《电子商务指令》中的避风港原则。欧盟《电子商务指令》中规定,提供消极宿主服务的网络服务提供者对于其不明知的网络侵权,只要达到通知移除的程度,则可以免责。而定性为经纪人的网络服务提供者却不可以适用此规则,并且有法律义务采取足够的措施来防范侵权物品。❷最终法国法院认定,平台经营者应当定性为经纪人,在防范侵权方面需负担严格的注意义务。

德国法院则认为电商交易平台经营者不仅仅是消极的宿主服务提供者,还应当是妨害人(Interferer,即 Störerhaftung),其为第三人商标侵权提供了具有因果关系的帮助,❸对于销售侵权物品起到了积极的作用。而与之相反的是,比利时法院和英国法院认为,依据现行法律,电商交易平台经营者 eBay 是消极的宿主服务提供者,并没有对其网站上商品尽一般监督义务。❹但是欧盟法院的判决出来后,对于上述两国的判决具有一定的影响力。

3. 电商交易平台经营者的双重属性

依据欧盟《电子商务指令》第 14 条(1)规定,成员国应当确保宿主服务

---

❶ 欧洲多数国家也将 Google 等搜索引擎认定为经纪人(Broker),提高了其注意义务和调查义务。但是,欧洲联盟法院在 Google v. Louis Vuitton 案件中指出,(网络服务提供者中的)搜索引擎是消极的宿主服务提供者,不用承担间接侵权责任,除非其得知售卖商品的侵权属性之后,没有迅速移除侵权信息或者断开侵权信息的链接(Google France Sarl v. Louis Vuitton Malletier SA, Google France v. Viaticum, and Google France v. CNRRH, 2010 E. C. R. I – 02417, pp. 114 – 20)。

❷ Peene, Brandon. Lux for Less:eBay's Liability to Luxury Brands for the Sale of Counterfeit Goods [J]. Seton Hall Law Review, Vol. 40, Iss. 3, Article 10, (2010), pp. 1087 – 1089.

❸ Rolex v. eBay 案中,法院认为 eBay 在提示特定物品侵权之后,未能采取合理措施来阻止多次发生的侵权行为。

❹ L'Oreal S. A. v. eBay International A. G. 案中,英国法院认为,eBay 采取了积极的措施来防止侵权行为,至少其最小化了侵权行为的数量。eBay 可以采取更多措施防范侵权行为并不等同于其在法律上负有更多义务。Lancôme Parfums et Beaute & Cie. v. eBay International AG,比利时法院认为,电商交易平台经营者是提供宿主服务的网站,无监管义务。

提供者满足下列条件即可不为依服务要求提供存储信息服务而承担责任：a）网络服务提供者实际不知道非法行为或信息的存在，并且对待损害赔偿请求，其并不知道非法行为或信息的存在是显而易见的；b）网络服务提供者一经知道或自我意识到上述情形，迅速移除信息或者断开该信息的链接。❶ 依据上述规定，只有当网络服务提供者被界定为消极的"宿主服务提供者"时，才可能适用第14条的避风港原则。

何谓《电子商务指令》第14条和第15条所称的"宿主服务提供者"呢？欧盟法院在Google Adwords案❷中给出了明确的说法：为了确认网络服务提供者的责任问题，十分有必要确定网络服务提供者的角色是否中立，即其行为仅仅是技术上的、自动产生的、消极的，意味着其不知道网站上的数据，或者对其网站上寄存的数据无法掌控。并且要明确，电商交易平台经营者因其服务获利并不等同于其扮演了积极的角色。

欧盟法院对电商交易平台经营者在交易过程中实际角色进行了区分，它认为如果互联网运营商在优化网上交易及促进销售的过程中扮演了"积极角色"，则不能依据欧盟《电子商务指令》第14条免责。所谓"积极角色"，主要是指帮助优化网店页面，依笔者推断，是类似于美国判决中"实际控制"者的角色。只有在技术上保持中立，即限于对数据的自动处理才可能适用《电子商务指令》的免责条款。欧盟法院认为，eBay作为电商交易平台经营者，并不是仅仅提供技术而自然生成数据而已，它没有中立地提供服务，而是扮演了"积极角色"，对于其网站上的侵权行为其知道，并且有能力控制其网站上的数据。并且在一定情况下，eBay还会对用户的销售提供积极帮助，例如，进行广告促销等。❸ 因而认定其为积极的网络服务提供者，如其不履行一定的义务，就必须承担侵权责任。

如此看来，欧盟法院的观点是认为电商交易平台经营者具有双重属性，如果其只是提供中立的技术角色，不促进销售，则扮演了"消极角色"，可适用《电子商务指令》第14条避风港条款。但是纵观电商交易平台经营者，多数都自己制定了规则、定期举办促销活动等，几乎没有仅仅是提供消极的技术支持服务

---

❶ Article 14（1）E-Commerce Directive 2000/31 EC.

❷ Google Adwords, E. C. J., joined Cases C-236/08 TO c238/08 ［EB/OL］.（2013-3-20）［2013-03-05］. http：//eur-lex. europa. eu/LexUriServ/LexUriServ. do? uri=CELEX：62008J0236：EN：HTML.

❸ Google France and Google, paragraphs 114 and 120, see CJEU：Judgment of the court（Grand Chamber）, Case C-324/09, 12 July 2011, p.31.

的，因而可以认定，电商交易平台经营者多数为"积极角色"，无法适用《电子商务指令》第14条的避风港条款。

从上述各国法院判决当中可以看出，多数法院是将网络服务提供者区分为积极的网络服务提供者（Play an Active Role）和消极的网络服务提供者（提供宿主服务的网络服务提供者）两种的，并且绝大多数法院都可以认定电商交易平台经营者是属于积极的网络服务提供者范畴的，因此不论给其界定的具体名称是经纪人、妨害人还是跳蚤市场经营者，多数法院都认定其不能适用"通知—删除"规则的豁免条款。英国法院和比利时法院虽然曾有判决认定，电商交易平台经营者为消极的网络服务提供者，但是在欧盟法院给出最后的判决认定电商交易平台经营者扮演了积极角色之后，相信对于英国和比利时法院之后的判决也有一定的指示作用。

（二）电商交易平台经营者注意义务的比较借鉴

各国法院对于电商交易平台经营者的注意义务规定的程度并不统一，甚至可以说是南辕北辙。美国、德国和英国的法院建立了相对较高的法律标准认定电商交易平台经营者是否违反注意义务，而法国法院则相反，制定了很低的标准。这暗示电商交易平台经营者将在不同市场面临不同挑战，需要它针对不同地方制定不同方案，从证明它对于特定侵权行为未曾知晓（美国）到作为侵权信息宿主者的地位（法国）。❶

1. 一般性知道不足以引发注意义务

美国联邦最高法院认为，作为服务提供者，（电商交易平台经营者）并没有积极的义务来随时观察是否其网站上存有商标侵权行为。❷平台经营者一般性知道其用户可以运用其服务进行商标侵权，并不足以证明其应当承担责任。

美国Inwood案建立起帮助侵权责任的先例，在Inwood案中法院认为，只有当制造商或经销商有意引诱他人侵权或明知/应知他人侵犯商标权仍继续为其提供服务才负有帮助侵权责任。❸ 之后，在1992年的Hard Rock Café Licensing Corp. v. Concession Servs．, Inc. 案❹中，法院判定被告对于侵权行为有意视而不见（Willful Blindness）继续为其提供服务可能会受Inwood标准的管辖。"有意视

---

❶ Hong Cheong Wong. eBay's liability for counterfeits: a transatlantic comparison [J]. Journal of Intellectual Property Law & Practice, 2009.

❷ Lockheed Martin Corp. v. Network Solutions, Inc., 194 F. 3d at 985.

❸ Inwood Labs., Inc. v. Ives Labs., Inc., 465 U.S. 844, 854 (1982).

❹ 955 F. 2d 1143, 1149 (7th Cir. 1992).

而不见"要求行为人"对于侵权行为有所怀疑却故意不去进行调查。"❶ 仅仅是未采取预防措施并不等同于"有意视而不见",由此可以得出,对于平台经营者没有积极预防仿冒商品销售的注意义务。并且法院也在判决中指出,跳蚤市场管理者没有积极的义务采取措施抵制仿冒产品在其市场上的销售。❷ 在 Tiffany 案件中,法院认为平台经营者 eBay 类似于跳蚤市场,因而其注意义务也等同于跳蚤市场管理者的注意义务。法院认为,只有当 eBay 作为平台经营者,有理由怀疑仿冒 Tiffany 的商品在通过其网站销售,并且有意视而不见时,eBay 才可能被指控满足 Inwood 标准当中"明知或应知"的条件。❸ 并且在知道或应知之后持续提供交易服务才负有监控网上交易信息的注意义务。此时的"知道"是对于侵权的特定知道(Specific Knowledge),而非一般知道(Generalised Knowledge)。如果无特定知道,则电商交易平台经营者无义务监控其网站来预防潜在的侵权。但只要其收到侵权通知"特定知道"了其网站上的商标侵权,其才负有需迅速移除信息的义务。

但是法院指出,eBay 每年花费 2000 万来检测和移除其网站上的侵权商品,并且有一个完整的团队来防范欺诈,因而其已经尽到注意义务。有学者对此评论:尽管法院并没有要求网络服务提供者对其网站上行为进行监管,但是 Tiffany 案的判决会使得法院惩罚那些没有采取现有可行措施来抵制侵权行为的网站。❹ 因而 Tiffany 案的判决可以被认为要求网络服务提供者负有建立数百万美元的反侵权系统的义务。❺

笔者认为,根据美国判决,可以得出以下结论:(1)未通知或通知后对于侵权只导致一般性知道,并不能引发注意义务。(2)只有特定的通知或者能够证明平台经营者知道、应知侵权行为,才会引发相应的注意义务。

2. 站在商标权人的立场上要求尽到全面审查义务

法国的立场是在平台经营者、商标权人及消费者之间,偏袒商标权人。法国法院认为,eBay 在三个不同的诉讼中都被判定负有责任,因其:"未履行义务来

---

❶ 955 F. 2d 1143, 1149 (7th Cir. 1992).

❷ Hard Rock Café Licensing Corp. v. Concession Servs., Inc. 955 F. 2d 1143, 1149 (7th Cir. 1992).

❸ 600 F. 3d at 109.

❹ Jordan Teague: Promoting Trademarks's Ends and Means Through Online Contributory Liability, 14 Vanderbilt Journal of Entertainment & Technology Law, p. 479.

❺ Jordan Teague: Promoting Trademarks's ends And Means Through Online Contributory Liability, 14 Vanderbilt Journal of Entertainment & Technology Law, p. 476.

确保其行为不产生非法行为,此行为则构成严重过失。"❶ 此种义务被附加于 eBay 是因为法院认为 eBay 不仅仅提供宿主服务,并且扮演经纪人(Broker)的角色,因此需要承担民事责任的一般责任。

法国法院认为,电商交易平台经营者是作为经纪人身份,因此必须遵守一般的民事责任。平台经营者必须确认其业务未产生任何违法行为损害其他经济参与者(如商标权人)。除了在接到商标权人的通知之后从其网站上迅速移除侵权商品外,平台经营者还具有监控其交易平台的义务,观察移除关于"十分明显"侵权商品的广告(通过卖家商品标题或者简单依据要价或者提供商品的质量)。上述监控义务并不要求商标权人的侵权通知,未履行上述义务等同于过失或疏忽的严重侵权行为,并且为直接侵犯商标权的行为。因此,eBay 应当采取所有措施让卖家证明其所销售的商品为商标权人所有(如提供产品编码、系列码、型号显示、正品证明等)。但法国法院未予明确何谓其所称的注意义务的具体内容,只能大体推知在法国,未通知时即已产生了监控的注意义务,但是通知删除后是否仍构成侵权、未及时删除不明显的侵权信息(例如关键词嵌入图片之中)是否构成违反注意义务尚未明确。

3. 接到通知后即产生事后防范义务

在德国法院与欧盟法院的判决中皆认为,平台经营者应当在接到通知后,不仅要制止本次侵权,还应当针对同一商标进行事后的防范。

在 Rolex v. Ricardo. de 案❷中,德国联邦最高法院(BGH)认为,电商交易平台经营者一旦接收到商标权人关于其网站上正在销售商品侵权的声明之后,就应当使用合理的技术措施过滤侵权行为,并且采取具有合理技术可能的、适当的方式来避免进一步关于相同商标的侵权。❸ 但是德国法院表明,这并不代表平台经营者具有监视每一笔交易的注意义务,这会造成其不必要的负担。收到声明之后会对于平台经营者产生一个注意义务,不仅仅需要删除当前的交易,并且要防范进一步关于相同商标的侵权。例如在本案中,平台经营者可以检查所有包括

---

❶ Christian Dior Couture SA v. eBay Inc, eBay International AG, June 30, 2008, p. 17, RG No. 2006077807; Hermes International v. Cindy Feitz, eBay France and eBay International AG June 4, 2008, RG No. 06/02604, 转引自 Cheung, Pun: Comparative study on the liability for trade mark infringement of online auction providers [EB/OL]. [2012-06-12]. http://www.ssrn.com/link/U-Hong-Kong-LEG.html.

❷ Rolex v. Ricardo. de, Apr 30, 2008, I ZR 73/05 (F. R. G.), 转引自: Anne S. Y. Cheung, Kevin K. H. Pun: Comparative Study on the Liability for Trademark Infringement of Online Auction Providers [EB/OL]. [2012-08-07]. http://ssrn.com/abstract=1849428.

❸ Bundesgerichtshof (I ZR 304/01) Rolex SA v. eBay GmbH.

Rolex 手表的交易。如果平台经营者仍未履行此注意义务，它可能需要承担帮助侵权的责任。进一步说，平台经营者需要事先收到关于明显侵权案件的提醒。这样，平台经营者不仅仅有义务终止特定的侵权交易，并且需要采取足够的措施来防止未来的侵权行为，采取的行为需竭尽技术上可达到的程度，但对平台经营者来说需要合理。然而，法院强调，可能并不能认为有些行为合理，如审查一个卖家的所有交易，这相当于质疑整个电商交易平台的商业运营模式。❶

在其他案件中，德国联邦法院规定，依据德国法院的判决，电商交易平台经营者是"妨害人"(Störerhaftung，即 interferer❷)，即平台经营者故意协助，导致第三方非法行为得以实现，因而平台经营者应当承担事先的调查义务（Investigatory Duties）。调查义务的程度应当取决于平台经营者的所处环境。❸ 首先，平台经营者在收到商标权人的详细且有效的通知后，应当负有义务删除侵权商品链接；其次，其必须采取措施帮助防止同种类的侵权物品再次出现在其网站上；❹再次，其有能力过滤卖家提供的邀约信息和商品销售信息，其必须防止上述的侵权信息之后的再次出现。❺ 虽然被告认为上述检索是不具有可行性的，但是法院认为，除了建立自动检索系统之外，也可以建立人工检索平台来检索。❻ 但是让平台经营者检索商品图片上面的信息就不那么合理了。❼

有评论认为，相比而言，德国的做法在商标权人和电商交易平台经营者的注意义务分配上是最合理的。❽ 不像美国法院将所有打击商标侵权的义务都付诸于商标权人，也没有学习法国过度保护商标权人去苛责电商交易平台经营者，而是

---

❶ Rolex v. Ricardo. de, Bundesgerichtshof [BGH] [Federal Court of Justice] Apr 30, 2008, I ZR 73/05, The Bardehle Pagenberg IP Report, 2008 Ⅲ [EB/OL]. [2013-02-15]. http://www.bardehle.com/uploads/files/IP_ Report_ 2008_ Ⅲ. pdf.

❷ 妨害人、扰动责任：一个人没有肇事或参与，却以任何方式故意对适当的因果关系做出贡献，以侵犯受保护的财产。

❸ Coty Germany GmbH v. eBay International AG (No. 1), [2012] E. T. M. R 19, landgericht (Stuttgart), p. 442.

❹ L'Oreal SA v. eBay International AG (C-324/09) [2011] E. T. M. R. 52.

❺ Coty Germany GmbH v. eBay International AG (No. 1), [2012] E. T. M. R 19, landgericht (Stuttgart), p. 442.

❻ I ZR 73/05 = GRUR 2008, 702, 706 – Internet Auction Ⅱ. 转引自：Coty Germany GmbH v. eBay International AG (No. 1), [2012] E. T. M. R 19, landgericht (Stuttgart), p. 443.

❼ I ZR 139/08 = GRUR 2011, 152, 155 – Children's highchairs on the internet, 转引自：Coty Germany GmbH v. eBay International AG (No. 1), [2012] E. T. M. R 19, landgericht (Stuttgart), p. 443.

❽ Anne S. Y. Cheung, Kevin K. H. Pun: Comparative Study on the Liability for Trademark Infringement of Online Auction Providers [EB/OL]. [2012-08-07]. http://ssrn.com/abstract=1849428.

恰当地指出电商交易平台经营者所应承担的注意义务——使用预先过滤加上可行的事后人工检查来避免可能的侵权行为再次发生。同时，德国法院也限制了平台经营者的注意义务以免过于苛责，即：如果通过上述合理措施无法检测出来，那么电商交易平台经营者可以免除责任。从另一方面来说，不同于法国将所有义务强加于电商交易平台经营者、要求其仅仅基于怀疑侵权（无特定知晓）就过滤相应商品的这种做法，德国法院的判决认为平台经营者的义务仅仅在其接到明显侵权的通知之后才产生。

但是，德国法院的判决也有一定的疏忽：侵权商品的卖家时常只交易很短的一段时间就将商品下架，使得侵权商品被识别的可能性降到最小。此时对于商标权人来说，及时告知平台经营者来制止侵权物品的销售是十分困难的，❶并且德国法院也没有列明合理措施的标准，使得之后的判定标准过于空泛。

二、平台经营者注意义务的立法建议与制度完善

电商交易平台经营者目前在定位上的不明晰，导致其适用法律具有不确定性。笔者认为，平台经营者的性质的确定，为其注意义务的划分有铺陈之用。平台经营者如无法确定积极、消极与否，那么其注意义务在宽松和苛责之间就画不出基准线。因而本部分从分析平台经营者的认定难点出发，优先探讨平台经营者的定位问题，再讨论如何界定平台经营者的注意义务。

（一）电商交易平台经营者定位的探讨

如上文所述，目前我国法律对于电商交易平台经营者是何种定位还很模糊，就《侵权行为法》36条所规定，虽然被称为我国的"通知—删除"规则，但是其未给予网络服务提供者一个定位，平台经营者是否囊括于其中也是未知之数。就我国法院的判决来看，多数法院认为平台经营者属于网络服务提供者，但是就其是否为积极的网络服务提供者却尚无定论，有的判决甚至忽略电商交易平台经营者定性的问题。

网络服务提供者不是法官，也不是警察，不应该让它承担监控网络的沉重负担；但网络服务提供者是商人，依靠网络盈利，也有专业的技术，它应该成为网络的"善良管理人"，在其能力范围内承担起维护网络健康发展的义务。❷

综合各国法院的判决和学术论文，笔者认为将电商交易平台经营者认定为积

---

❶ Anne S. Y. Cheung, Kevin K. H. Pun. Comparative Study on the Liability for Trademark Infringement of Online Auction Providers [EB/OL]. [2012-08-07]. http://ssrn.com/abstract=1849428.

❷ 王栋. 论网络服务商的合理注意义务 [J]. 中国社会科学院研究生院学报, 2009 (6): 100.

极的网络服务提供者是比较合适的,因其对于其经营平台具有足够控制能力,包括为用户提供硬件、软件、信息服务以便用户的侵权行为得以进行或者完成而发生,或者由于其对信息传输系统和软硬件的管理控制能力、地位和职责而产生。具体而言,平台经营者具有控制能力表现在:

第一,电商交易平台经营者属于网络服务提供者应当是可行的,不论是根据法官的判决,还是学者的划分。平台经营者因其提供的是网络服务,按照通说应当归入网络服务提供者的范畴。但是其应该属于网络服务提供者当中的特殊类别,因其具有较高的盈利性而相较于其他网络服务提供者具有更高的注意义务标准。

第二,"在属于不作为责任范围内的对他人的侵权行为之责任,监督者控制潜在危险义务通常来源于他对危险源的控制能力。"❶ 因此根据损害结果控制理论,法律要求平台经营者成为网络的"善良管理人"。❷ 平台经营者应当是积极的网络服务提供者,因其对于其网站上的卖家及交易行为具有足够程度的控制能力,包括从主体身份、卖家行为的管控上等。以"淘宝网"为例,"淘宝网"在卖家注册之时,就要求绑定实名认证的支付宝账户,才可发布商品买卖信息,这是对于主体身份的积极控制;并且"淘宝网"在买卖交易中制订了对待侵权物品处理的规则,即实施"48 分规则"❸,基于此规则,可以看出淘宝公司可以监管卖家的销售行为,进行扣分、限制交易行为,甚至关闭店铺等处罚,如此可以说明淘宝公司在卖家行为的管控上也具有相当大程度的控制能力。

第三,虽然有的法院建议,作为全国最大的电商交易平台经营者,其有能力对于用户的违法行为进行管理;或者判决根据权利义务对等的理论,淘宝公司在获得利益的同时,理应履行与之权益相适合的义务,❹ 基于上述原因,要求电商交易平台经营者作为积极的网络服务提供者来规范其注意义务。对此,笔者不太认同。因为即使淘宝公司作为全国最大的电商交易平台经营者,其收益颇丰,但

---

❶ 张新宝. 互联网上的侵权问题研究 [M]. 北京:中国人民大学出版社,2004:52 - 58.

❷ 王栋,眭鸿明. 论网络服务商的合理注意义务 [J]. 南京邮电大学学报,社会科学版,2009(4):32.

❸ 详见于《淘宝网分则》第十一条:出售假冒商品:(一)卖家出售假冒、盗版商品且情节特别严重的,每次扣四十八分;(二)卖家出售假冒、盗版商品且情节严重的,每次扣二十四分;(三)卖家出售假冒、盗版商品的,每次扣十二分;(四)卖家涉嫌出售假冒、盗版商品的,每件扣两分(三日内不超过十二分);具备特殊情形的,只删除不扣分;情节严重的,每次扣二十四分。为了防止对公众造成不利影响,保护消费者权益,对涉嫌违反上述情形的卖家,淘宝将视情节严重程度给予店铺监管。

❹ (2009)杭西知初字第 71 号。

是对于电商交易平台经营者这一类群体来说，应当界定的是普遍的注意义务。电商交易平台并不是垄断的行业，所以对其定位及注意义务的界定应当考虑到包括淘宝公司在内普遍的电商交易平台。如果以淘宝公司的收益及规模来界定一类电商交易平台，未免对于刚起步的电商交易平台过于不公平，并且如果苛责其一定要作为积极的网络服务提供者来承担只有付出昂贵的费用才能负担得起的信息过滤系统、知识产权保护系统等义务，未免过于严苛。即使淘宝公司可以花费百万元来建立防止侵权系统，以达到其注意义务，但是对于小规模网络交易的市场参与者来说，这只会使得其因为维权成本过高而退出市场，最终会降低消费者的选择范围，导致大规模公司对于市场的垄断。

（二）平台经营者商标侵权中注意义务的认定及程度

注意义务好比电源开关，注意义务的违反是光度调节器；当电源开着的时候，一个人就对他人承担注意义务；至于这种义务有多大，则要依据光度调节器上的数据来衡量了。❶ 目前我国立法及司法实践普遍认为应该有"光度调节器"，但是对于光度调节器上的数据还处于似是而非的阶段，这就有可能导致对于"光度调节器"的调节过大或者过小而致使电商交易平台经营者、商标权人和消费者受到损害。笔者借鉴外国立法及司法实践的做法，以期对我国立法有所帮助。

1. 以全面的注意义务替代或严苛或宽松的注意义务

网络服务提供者对于促进信息网络技术创新和商业模式发展具有极其重要的作用，对其行为的控制和确定如何承担侵权责任要适可而止，避免不适当妨碍技术的发展创新，尽量为相关互联网产业的发展留下空间。因此，既让网络服务提供者承担相应的责任，又避免使其过重地承担责任，这是网络环境下知识产权保护中平衡权利人与网络服务提供者之间利益的基本原则。❷

尽管电商交易平台经营者并非是直接侵权者，但是商标权人认为其是逻辑上的被告。❸ 针对平台经营者的过错判定问题，笔者认为，与其将《侵权责任法》第 36 条中的"知道"分为"明知"和"应知"，与其将主观的"应知"进行推定，不如将"应知"的范围客观化，即：规定电商交易平台经营者的合理注意

---

❶ Mark. F. Gray: Cases and Materials on Torts, West Publishing, 1994, 213. 转引自：廖焕国. 侵权法上注意义务比较研究 [M]. 北京：法律出版社，2008：71.

❷ 周斌，卢杰. 最高法新司解明确网络服务提供商可对用户行为承担连带责任运营商不对内容负主动监控义务 [N]. 法制日报，2012-12-26.

❸ Anne S. Y. Cheung, Kevin K. H. Pun: Comparative Study on the Liability for Trademark Infringement of Online Auction Providers [EB/OL]. [2012-08-07]. http://ssrn.com/abstract=1849428.

义务,如满足注意义务规定,则对于侵权商品处于不应知状态;反之,则属于应知其平台上商品侵犯商标权,具有过错,应承担连带责任。(参见图3)

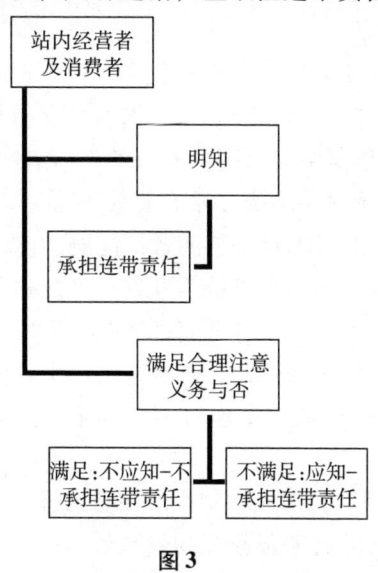

图3

因电商交易平台经营者的性质,其可能被相同或不同的原告在不同法域起诉,诉讼结果在不同法院之间有所不同是可以预见的。不同法院对于电商交易平台经营者所需承担责任的不同需要法律的统一。笔者结合国内外立法及实践,认为将电商交易平台经营者的注意义务分为事前、事中和事后的全面注意义务(此处的"事"是指发生侵权行为,即以发生侵权行为之前为"事前",发生侵权行为时为"事中",侵权行为发生后为"事后")更为妥当,如此可以避免给予电商交易平台经营者过重的负担,可以使商标权人正当行使自己的权利,更好地体现兼顾权利人、网络服务提供者和社会公众的利益,充分体现利益平衡精神,这也是审理网络纠纷的最新司法解释所要求的。❶

2. 事前注意义务

多数商标权人主张对电商交易平台经营者采取严格的事前注意义务,即平台经营者应审查网络商店的身份,应审查网络商店所售商品商标的合法性,应制订售假制裁规则并在显著的地方公布,即所谓的事前审查义务。❷ 但是审查网络商店所售商品商标的合法性对于平台经营者来说无疑过于严苛,并且对于网络上海

---

❶ 《最高人民法院关于审理侵害信息网络传播权民事纠纷案件适用法律若干问题的规定》,2012年12月。
❷ (2006) 穗中法民三初字第179号民事判决书。

量的信息是否侵害权利人权利，平台经营者没有主动监控义务，已经成为国际上普遍的认识和做法。因而笔者认为平台经营者的事前注意义务，仅需要满足以下三个方面即可。

（1）对经营主体身份进行审查的注意义务。

依据国家工商行政管理总局施行的《网络商品交易及有关服务行为管理暂行办法》第20条规定，提供网络交易平台服务的经营者（下文统称"电商交易平台经营者"）应当对申请通过电商交易平台提供商品或者服务的经营主体身份进行审查。平台经营者应当对暂不具备工商登记注册条件，申请通过电商交易平台提供商品或者服务的自然人的真实身份信息进行审查和登记，建立登记档案并定期核实更新。核发证明个人身份信息真实合法的标记，加载在其从事商品或者服务活动的网页上。以淘宝公司为例，其对卖家用户实名认证，认证的信息包括但不限于：卖家用户的真实姓名、身份证号、所在地、手持身份证头部照、半身照。

（2）建立电商交易平台管理规章制度的注意义务。

依据《网络商品交易及有关服务行为管理暂行办法》第22条，提供电商交易平台服务的经营者因刚建立电商交易平台管理规章制度，包括：交易规则、交易安全保障、消费者权益保护、不良信息处理等规章制度。各项规章制度应当在其网站显示，并从技术上保证用户能够便利、完整地阅览和保存。

（3）事前过滤明显侵权商品信息的注意义务。

在德国法院的判决中，其提出：多数法院认为电商交易平台经营者没有积极监控其网站上的所有商品侵权与否的事前注意义务。[1] 只有当"知道侵权行为"这个条件具备的时候，电商交易平台经营者才负有删除侵权商品链接的义务，并且需要采取一定的措施来防止同一个侵权者的再次侵权。但是其事前通过关键词过滤商品的描述、搜索名称是具有很强可行性的。或者将电商交易平台内部搜索引擎交给商标权人，让商标权人自己搜索可能侵权的商品，由电商交易平台经营者向卖家发出通知并将卖家的相关信息递交商标权人，之后即免责（此项措施eBay已经在合作的商标权人之中实施）。如卖家仍进行侵权行为，由商标权人进行起诉事宜。[2]

---

[1] Coty Germany GmbH v. eBay International AG（No. 1），[2012] E. T. M. R 19，landgericht（Stuttgart），at 429.

[2] Coty Germany GmbH v. eBay International AG（No. 1），[2012] E. T. M. R 19，landgericht（Stuttgart），at 429.

笔者认为，电商交易平台经营者应当具有在事前进行简单过滤搜索的注意义务，将商品名称及商品说明中具有明显侵权性质的产品做下架处理，例如含有"高仿""仿冒"等可辨识度高的词语，就可以进行删除商品链接并且按照管理规章制度进行处罚。

3. 事中注意义务："通知—通知"规则的补充适用

"通知—通知"规则（the Notice and Notice procedures）仅要求电商交易平台经营者将商标权人的侵权通知转交给所称的侵权人，并在之后对于所称侵权人进行一段时间的监督。因多数所称侵权人会因收到商标权人的通知后，基于涉诉消耗大量人力、物力的考虑，主动删除侵权商品的链接，因而"通知—通知"规则也是减轻平台经营者负担、平衡商标权人权利的较好方法。有论文中的数据显示，"通知—通知"规则事实上非常有效，80%～90%的投诉在首次通知之后就解决了，几乎没有针对同一内容的重复投诉。❶ 加拿大已经采取"通知—通知"规则规范著作权的网络侵权行为，并且意图将其写入近期的两部法案中。❷ 有评论认为，"通知—删除"规则对于著作权的适用比较合适，但是对于商标权来说却不那么适合。❸ 第一，因为商标侵权比著作权侵权的认定要困难得多，也更具争议性。因为著作权法基于权利人一系列的排他性权利来保护几乎所有的复制件（排除合理使用情形），而商标法却需要"容忍大量非侵权性的使用"。第二，对于著作权侵权的判定只需相对直接地显示出"实质性相似"即可，而精确确定商标的侵权需要具备多种因素，包括商标的显著性、商标权人与使用者所持商标的相似性、使用者的目的、商标的使用是否会产生实际混淆等。并且，商标还可能会出现在不同市场具有多个合法权利人的情况，基于上述因素考虑，对于无关的第三方来说，让其快速判断是否侵权是相当困难的。第三，当原告声称电商交易平台上有仿冒商品的时候，情况就更为复杂，因为平台经营者无法接触到最终被消费者所购买的商品，其无法判断商品是否属于假冒商品。即使他们可以接触到所销售的商品，其也无法判断商品的真假。虽然有判决认为电商交易平台经营者可以听取独立的"仿冒品专家"的建议，❹ 但是此方法并不能防止商标权人聘用一个带有偏见的、以结果为导向的"专家"，除非政府出资建立一个"仿冒品

---

❶ Broder Kleinschmidt. An International Comparison of ISP's Liabilities for Unlawful Third Party Content [J]. 18 Int'l J. L. & Info. Tech. , (2010): pp. 332 - 351.

❷ Bill C - 61 and the DMCA, Centre for Innovation L. & Pol'y.

❸ Jordan Teague: Promoting trademarks's ends and means through online contributory liability, 14 Vanderbilt Journal of Entertainment & Technology Law, p. 488.

❹ Louis Vuitton Malletier, S. A. v. Akanoc Solutions, Inc. , 591 F. Supp. 2d 1098, 1105 (N. D. Cal. 2008).

专家"的产业。并且商标权人如果将判断商品的真假作为商业秘密来保护，不向外界透露，那么即使有一个公正不阿的专家产业也无能为力。❶ 譬如说，同为淘宝网售卖的商品，侵犯著作权可以很明显地认知到物品的侵权属性，如在买莫言的书，如果不是正规的出版社出版或是没有正规的进货证明，就几乎可以肯定其为侵犯著作权的产品，可以予以下架；而如果是侵犯商标权的产品，当商标权人发送特定卖家所销售的特定商品侵权通知时，电商交易平台经营者很难判定所售商品的真假，如果需要确定真假，首先需要购买产品，然后需要进行检验，检验还分为送到商标权人处检验还是第三方独立机构检验，甚至会碰到商标权人与制造商并不是同一人，情况就更为复杂。并且有研究表明❷，对于 DMCA 的"通知—删除"规则，有可能会引发"寒蝉效应"。❸ 基于上述原因，使用不判断侵权与否的"通知—通知"规则是优于"通知—删除"规则的选择。

"通知—通知"规则可以降低潜在商标权的反竞争性滥用，因为发送通知并不会必然导致商品信息的直接删除。但是笔者认为，可以将"通知—通知"规则与"通知—删除"规则一并使用，将"通知—通知"规则作为补充原则适用，这样既可以避免对原有法律的大修大改，也可以汲取两者之精华。适用原则为，当电商交易平台经营者可以直接判断卖家所销售的商品为假冒商品时（卖家自认、商品说明中写明：仿单、高仿等）就可以适用"通知—删除"规则，收到商标权人的通知后产生了以下注意义务：即刻删除商品链接，并根据自身规定对于卖家进行处罚。但是当电商交易平台经营者无法对于商品进行判断时，则可以采取"通知—通知"规则，将商标权人的通知转交卖家，如卖家没有删除相关商品信息，基于商标权人的请求，电商交易平台经营者产生以下注意义务：将卖家的注册信息等交给商标权人。此后，诉讼将在卖家和商标权人之间进行，电商交易平台经营者已尽注意义务，并无过错，无需承担侵权责任。

4. 事后注意义务：事后监督义务

依据德国法院的判决，电商交易平台经营者故意协助，导致第三方非法行为得以实现，需要承担事前的"检查义务"（Examination Duty）来防止侵权。为了

---

❶ Michael Geist. The Effectiveness of Notice and Notice [EB/OL]. [2013-02-27]. http://www.michaelgeist.ca/content/view/1705/125.

❷ Jennifer M. Urban & Laura Quilter. Efficient Process or "Chilling Effects"? Takedown Notices Under Section 512 of the Digital Millennium Copyright Act, 22 Santa Clara Computer & High Tech. L. J. (2006), pp. 621–655.

❸ 寒蝉效应（Chilling Effects）指某一法律或行为抑制宪法性权利，尤其是为美国宪法第一条修正案所保护的权力行使的倾向或后果。此处意指只有满足"通知—删除"原则才能免责，因而电商交易平台经营者宁可将未侵权商品禁止销售，也不愿承担涉诉的风险。

符合此注意义务，平台经营者一旦被通知有明确的商标侵权行为，必须迅速移除其网站上的侵权信息，并确保相似的商标侵权不会再次发生。上述注意义务包括：防止相同品牌名称的重复侵权，并且在适当的案件中，也防止侵犯同一商标权人的其他品牌名称的权利。为了履行此注意义务，平台经营者需要使用合理的事先过滤方法加上可行的事后人工检查。此处的检查义务虽然被称为"事前"，但其是在首次侵权行为发生之后，在商标权人进行通知之后所产生的检查义务，因而将其作为事后的注意义务。

但德国法院的事后针对同种商标的检查，仍旧无法让电商交易平台经营者可以详细判断是否所销售商品为侵权商品。而单凭商家的商品名称、商品描述的即可判断侵权的商品，早已在事前注意义务中的自检中进行了删除，所以德国法院提出的做法可以说只是一种在没有事前注意义务情况下的补救措施。

而电商交易平台经营者的事后注意义务，笔者认为，可以借鉴美国《数字千年版权法》中的相关规定，对于特定重复侵权的卖家，电商交易平台经营者具有注意义务对其进行监控，针对其销售的商品，如有商标权人投诉，先屏蔽此商品的链接，而不再单纯适用"通知—通知"规则，因为如果网络店铺卖家重复实施侵权行为，从一般理性人的角度来看，可推知网络店铺卖家很可能会继续实施侵权行为，对该卖家的侵权行为负有注意义务的平台经营者应推知其会继续实施侵权行为。并且适用重复侵权的原则，对于多次重复侵权的卖家来说，具有一定程度的威慑力。

但是美国学者 David Nimmer 认为"除非由法院判决，否则任何人都无法被认定为侵权人，当然网络服务商实际上知道用户已经实施侵权行为的除外。"❶因而，对于电商交易平台的卖家来说，虽然基于之前的过错，商标权人通知之后马上屏蔽其商品链接，但是需要给其申辩的机会，如果其反通知可以提供购买凭证、正规进货渠道等，就应该对其商品解禁。

需要明确的是，电商交易平台经营者据以推理的重复实施侵权行为的卖家是确有证据认定的侵权行为（例如法院判决、卖家自认等），还是权利人的侵权投诉通知所指向的侵权行为？笔者认为，认定卖家具有重复侵权行为应当以确有证据认定的侵权行为的重复为判断标准较为适宜。因为在网络交易中，只是根据一般理性人的角度推知该卖家将会继续实施商标侵权行为，如无确实证据，对于电商交易平台的卖家来说，无疑会导致过重负担。

---

❶ Enrico Bonadio. File sharing, copyright and freedom of speech [J]. E. I. P. R. 2011, 33 (10), 619 - 631: p. 626.

三、结 论

对抗电商交易平台上销售的仿冒商品现今已经成为商标权人的首要任务,而电商交易平台经营者的懒散态度也使得商标权人丧失了依靠它的信心。❶ 2011 年底,美国贸易代表办公室(USTR)再次将阿里巴巴旗下购物网站淘宝网列入了"恶名市场"(Notorious Markets)名单当中,对此其解释为,尽管淘宝公司很努力地解决问题,但其网站上仍存在大量盗版和假冒商品,"恶名市场"名单一年发布一次,汇集了全世界最"臭名昭著"的侵权和假冒伪劣产品销售渠道。❷

郑成思先生曾经著论文,说"在线服务提供者"在知识产权侵权发生时所称的责任,一般应分两个方面:(1)在线服务商提供的设施服务、接入服务等本身直接发生了侵权而应负的责任;(2)他人借助在线服务商的系统、设施或搜索工具而侵权了第三方知识产权时,在线服务商的责任。第二种实际属于间接后果的,是否应认定在线服务商侵权,以及如果认定,又应负什么样的侵权责任,则是困难所在,也是争论较多的。❸ 结合之后的案例分析,我们可以看到,这在 2001 年是困难所在,在 10 多年后,仍旧是困难所在。笔者认为,如果我国立法在网络服务提供者的类型细分和电商交易平台经营者的注意义务的扩展上有所突破的话,那么推动电商交易平台长远发展,营造和谐的网络交易环境,实现电商交易平台与商标权人及公共利益之间的平衡将指日可待。

---

❶ Trademarks and Unfair Competition Committee. Online Auction Sites and Trademark Infringement Liability [EB/OL]. [2012 - 08 - 08]. http://www.nycbar.org/pdf/report/Online% 20Auction% 20Sites% 20Final% 20Report.pdf.

❷ 淘宝网再被列入美国"恶名市场"名单 [EB/OL]. [2012 - 12 - 22]. 中国知识产权保护网.

❸ 郑成思. 中国在线服务提供者的法律责任与限制 [J]. 中国法律, 2001 (3): 21.

避风港规则在我国商标网络侵权诉讼中的可行性及其具体适用

吴怡辰[*]

摘 要

近年来,有关在网络交易平台上商标侵权案件不断发生。当此类案件发生时,可以适用版权中的"通知—删除",即避风港规则,来免除网络服务提供商的侵权责任。适用于网络交易平台的避风港规则应对服务商和商标持有人进行监测,并制止网络环境下的商标侵权行为。该避风港规则具体表现为:规定服务提供商侵权条件、限制其审核范围和认定其责任。我国法律应构建类似美国《数字千年版权法》的避风港规则来保护网络交易平台,使其免于负帮助侵权责任,鼓励互联网的发展。

关键词

网络交易平台 避风港规则 商标侵权适用要求

当侵权案件发生时,网络交易平台是否可使用避风港规则是本文讨论的核心问题。事实上,避风港这把保护伞并未平息有关互联网服务提供商(Internet Service Provider,ISP)侵权责任的争议。虽然在我国版权领域,法律上规定了"避风港"制度,但是否适用于网络交易过程中的商标侵权问题,还缺少现实的

---

[*] 华东政法大学知识产权学院 2008 级本科生。

操作性和指导性。

在具体司法判例中，我国法院已将避风港规则适用到商标侵权领域。但由于避风港规则在网络交易平台的使用对我国而言相对陌生，其在网络交易平台商标侵权中的适用条件和适用规则还不清晰。

本文从我国现有的体现出避风港规则的立法着手，通过具有代表性的案例研究避风港规则在我国网络交易平台商标侵权中的具体适用条件以及模式，研究ISP在网络交易平台中的责任认定，进而提出在《数字千年版权法》（DMCA）的基础上运用避风港规则解决我国网络交易平台商标侵权的模式。

一、避风港规则的立法体现

在我国的立法中，体现避风港规则的有两处：第一处是2006年颁布的《信息网络传播权保护条例》（以下简称《条例》）第14、22、23条，第二处是2009年颁布的《中华人民共和国侵权责任法》（以下简称《侵权责任法》）第36条❶。

我国2006年出台的《条例》借鉴了美国1998年的DMCA❷的立法模式，为ISP规定了免于承担赔偿责任的情形，即避风港规则。该规则规定著作权人通知ISP网站上的侵权内容，ISP审查删除后，不承担赔偿责任。《条例》第1条明确指出，保护的对象是著作权人、表演者、录音录像制作者的信息网络传播权。因此，《条例》中有关避风港的规定不能直接适用于商标侵权领域。

《侵权责任法》明确规定了ISP利用网络侵害他人权益，应承担侵权责任的条件、其赔偿责任的免除和例外。其第36条第2款的内容包括对ISP适用"通

---

❶《侵权责任法》第36条：网络用户、网络服务提供者利用网络侵害他人民事权益的，应当承担侵权责任。

网络用户利用网络服务实施侵权行为的，被侵权人有权通知网络服务提供者采取删除、屏蔽、断开链接等必要措施。网络服务提供者接到通知后未及时采取必要措施的，对损害的扩大部分与该网络用户承担连带责任。

网络服务提供者知道网络用户利用其网络服务侵害他人民事权益，未采取必要措施的，与该网络用户承担连带责任。

❷《数字千年版权法》第512条C款规定：根据用户指令存放在系统中的信息的网络服务提供者因为根据用户的指令将存在于由其或为其控制或经营的系统或网络中的材料加以存储而侵犯版权的，在满足下列条件的情况下，网络服务提供者不承担经济赔偿责任：（1）并不实际知晓材料或在系统或网络上使用材料的行为是侵权的；在缺乏该实际知晓状态时，没有意识到能够从中明显推出侵权行为的事实或情况；在得以知晓或意识到（侵权行为）之后，迅速移除材料或屏蔽对它的访问。（2）在网络服务提供者具有控制侵权行为的权利和能力的情况下，没有直接从侵权行为中获得经济利益。（3）在得到侵权通知后，作出迅速反应，移除被指侵权的材料或侵权行为的内容，或屏蔽对它们的访问。

知—删除"程序,这是对 DMCA 的避风港规则适用的具体体现。其第 36 条第 3 款是对红旗规则的适用。该款是关于认定网络服务提供者构成帮助侵权的规定,其核心要件是"过错",具体的表现形式为"知道",相应的法律后果则是 ISP 和网络用户的连带责任。

简言之,法院在适用《侵权责任法》时,首先确认 ISP 是否侵害他人民事权利,一般情况下承担民事责任;其次,看是否符合第 2 款、第 3 款的规定。若 ISP 不知道网络用户利用其网络服务侵害他人民事权益,且在收到被侵权人的通知后采取了必要措施,则可按第 36 条第 2 款规定免责。其他情况皆需承担连带责任。

自从《侵权责任法》颁布以来,避风港规则的适用已不局限于版权领域。我国法院已将避风港规则适用到网络交易平台商标侵权的判例中。

二、避风港规则在网络商品交易平台商标侵权中的具体实践

避风港规则在我国司法实践中的适用尚处于探索阶段,笔者对权威数据库案件进行汇总得出,从 2001~2010 年,我国法院运用类似避风港规则判案有 10 起。下面从两个有较大影响的案例来看避风港规则适用的现状。

首先是"宝健诉淘宝"案❶中,原告对"宝健"等商标享有专用权。原告发现淘宝网上出现大量有关原告品牌产品的信息,遂于 2008 年 11 月以被告侵犯商标权为由要求其承担侵权损害赔偿责任。杭州市西湖区人民法院认为淘宝公司对卖家的侵权行为虽然提供了交易平台,但主观上无过错,且对卖家履行了适当的事前商家身份审查,及时删除了侵权商品网页,不应承担共同侵权责任。

从法院判决来看,其首先肯定了淘宝应承担初步的主动审查义务,即事前商家身份审查;其次认定淘宝在接到权利人的侵权通知后删除了侵权商品,采取了必要措施,符合我国《侵权责任法》36 条第 2 款免责条款的要求。这是典型的在网络交易平台商标侵权案件中对避风港规则的具体适用。

然而随着电子商务的发展,淘宝等网购平台"进入门槛低,出售假货"等问题受到越来越多的关注,避风港规则为企业继续护身渐显艰难。法院在"依恋诉淘宝"案中突破了惯常的审判。

在"依恋诉淘宝"案中,法院认定淘宝公司经 7 次投诉后,对相关商品信息仅通过删除链接的方式予以处理,未能有效防止侵权。淘宝应当知道侵权行为的

---

❶ 宝健(中国)日用品有限公司诉淘宝侵犯商标专用权纠纷案 [EB/OL]. [2010-10-14]. http://www.lyjlawyer.com/show.asp?id=929.

存在，在主观上具有过错，应当承担共同责任。❶ 淘宝公司因此案在全国范围内首次在网络交易过程中的商标侵权案件中被判侵权。

这一案件不同于"宝健诉淘宝"案之处在于，店铺的侵权商品的链接曾多次被删除。法院认为，ISP 接到通知后删除信息只是免于承担赔偿责任的必要条件，而非充分条件。❷ 若网络用户继续利用网络实施侵权行为，ISP 应采取进一步措施制止。从判决来看，避风港规则此处已经不能再为淘宝避风，仅仅凭借"通知—删除"，已经不能为 ISP 免责。

这涉及在避风港规则的具体适用中的"红旗标准"问题，即当被链接的特定内容的侵权性质，已经明显到像一面鲜亮色红旗，则 ISP 不能视而不见，放任侵权内容的传播。❸ 在"依恋诉淘宝"案中，因为其符合红旗标准，从而排除避风港规则的适用。在适用避风港规则之前，首先要考虑是否存在"红旗"。若 ISP 已明显看到侵权内容，那就没有必要适用避风港规则。

综上所述，我国在网络交易平台商标侵权领域能够适用避风港规则，但适用有一定的限制，体现在《侵权责任法》第 36 条关于"通知"与"必要措施"的限定。"通知"即是对请求权的主张，目的在于使 ISP 获悉足够多的用以排除妨害的相关信息。"必要措施"则是排除妨害的具体行为，如删除、断开链接等。

从上述分析可以得出结论：避风港规则在保护 ISP 的同时，对 ISP 运用避风港规则免责的适用条件越来越严格，ISP 有承担更多监管义务与责任的趋势。

三、通知与反通知标准在商标侵权诉讼中的具体适用

DMCA 规定的"通知—删除"系统可以适用于网络平台商标侵权中，即商标权人向 ISP 提交侵权人侵犯其商标专用权的证据的通知，ISP 在确认属实后，必须立即删除任何被指侵权的材料。

笔者认为，在商标权人提供的材料中，通知要具备的内容包括：（1）商标专用权证明；（2）侵权人进行交易的网络地址；（3）构成侵权的初步证明材料，如证明侵权人所卖商品经验货后侵犯商标权的材料等。如果权利人未提供符合要求的通知书，应当视为未发生效力，ISP 可以以信息不全为理由拒绝删除或断开被控侵权内容。

---

❶ 上海一中院全国首判：淘宝网承担商标侵权连带责任 [EB/OL]. [2011 - 10 - 22]. http://www.dffy.com/fazhixinwen/sifa/201105/22854.html.

❷ 上海市浦东新区人民法院（2010）浦民三知初字第 426 号民事判决书。

❸ 王迁. 网络环境中的著作权保护研究 [M]. 北京：法律出版社，2011：292.

DMCA 除规定了"通知—删除"的要求外,还规定了有关"反通知"的要求❶。ISP 删除侵权商品并告知卖家后,若 ISP 收到卖家符合法律要求的反通知(包括证明商品来源、商标非假冒的证据和对证据不真实地了解而错误地删除了材料的证明)来证明出售商品未侵权,那么 ISP 需给予卖家商标权利人邮箱地址,让双方当事人进行博弈决定商品是否侵权。必要时商标权利人可以对卖家提起诉讼。当双方达成协议或经法院判决后,法律应规定网站在较短时间内上传材料,以鼓励 ISP 迅速上传合法内容,减小对商标权利人或者卖家的损害。

四、互联网服务提供商的责任认定

从前述案例来看,ISP 具有部分主动审核商标侵权的义务,其审核义务仅限于尽到合理管理人的职责即可。有必要对 ISP 在交易过程中的监管义务归属以及主动审核范围进行界定,并规定 ISP 采取有效的预防措施来明确权利人和 ISP 的相关责任。

(一) ISP 的审核义务以及审核范围

1. 监管义务归属

笔者认为,权利人的通知应详细到每个侵权商品的链接,且当 ISP 经商标权利人通知后,应该删除通知内容涉及的商品,而不是该店铺所有商品,并且对该侵权用户的其他商品无审核义务。首先,商标权在性质上属于私权,是商标权人的资产。商标权人应关注其商标的使用情况,防止侵权行为的发生。其次,在网络交易中,ISP 仅仅为交易双方提供一个交易的平台。2010 年中国电子商务交易额逾 4.5 万亿。❷ 庞大的网络交易量使 ISP 不可能对商品一一进行审查。因此,当在网络交易平台发生商标侵权案件时,由商标权人承担监管责任较为妥当。

由以上分析可知,ISP 并无监管网络上直接侵权行为的义务,而商标权人应承担监管网络交易过程中的商标侵权责任。

2. ISP 的部分主动审核义务

ISP 应对显而易见的侵权行为通过主观认知及主动审核进行删除或屏蔽。当侵权对象如"红旗"一般明显,ISP 明显注意到侵权的事实和情形,则应当迅速

---

❶ ISP 在收到这样的通知时,必须立即删除任何被指侵权的材料;ISP 需要告知侵权人相关页面因为 DMCA 的删除请求而被移除。如果被控侵权者认为删除决定是因为误会,则有机会"反通知"ISP。ISP 则被要求通知原申诉人,除非在 14 天内采取法律行动,否则材料会重新上线。

❷ 证券日报-资本证券网(北京)[EB/OL].(2011-01-13)[2011-03-05]. http://money.163.com/11/0113/06/6Q8PI4VQ00253B0H.html.

地移除侵权材料，否则不能适用避风港规则。

3. ISP 的审核范围

应根据"红旗标准"来限定 ISP 的审核范围。ISP 对网络交易平台的商标侵权显而易见的情形应当主动删除。ISP 应对卖家在注册时提供的销售商品许可证明、授权资料进行备案，并建立有效的电脑自动筛选系统，对一些显而易见的关键词如"仿冒""高仿""水货"进行搜索并予以删除。对于 ISP 的审核责任不应过于苛刻，可以仅限于其是否尽了合理管理人的职责，是否采取了基本的必要措施即可。

（二）预防措施和具体删除行为

在实践中，各国法院都认为网络交易平台应承担一定的注意义务。注意义务主要体现在如下两个方面。

一是 ISP 是否采取了预防侵权的措施。根据美国《反不正当竞争法重述》第 27 条第 b 款规定❶，网站可以预见到不法分子可利用该平台来销售侵权商品。为此，第一，网站应采取一定的防范措施。如 eBay 引进了一种"反假冒引擎"系统，可以从网站上搜索假冒商品的清单并予以删除。第二，eBay 采用一种 VERO (Verified Bights Owner) 系统❷，即"通知—删除"系统。第三，允许商标权人免费在 eBay 网站上介绍真品的鉴别方法。最后，eBay 可以冻结曾售假的店铺。在我国，许多网站也已采取了类似的预防措施，如 2005 年 6 月 9 日的《淘宝网服务条款》规定❸。

二是 ISP 是否在发现侵权行为后及时删除假冒商品的相关信息。在我国，法院也将类似的观点作为判决依据。如在"依恋诉淘宝"案中，淘宝公司接到依恋公司的投诉通知后，对投诉的内容进行了审核并删除，已尽到了合理的协助义务。

（三）提供帮助和引诱他人

如果 ISP 在知道他人从事侵权行为的情况下，依然对其提供帮助或引诱他人从事侵权行为，则应承担辅助侵权责任和诱引侵权责任。例如，在网络交易商标

---

❶ 美国《反不正当竞争法重述》第 27 条第 b 款规定："在侵权行为可以合理预见的情况下，如果当事人不采取合理的预防措施来防范第三人实施侵权行为，则该当事人应承担辅助侵权责任。"

❷ eBay 采用的 VERO 系统：如果商标权人或顾客发现有人在拍卖网站上出售假货，可以向 eBay 报告，eBay 在收到通知后 24 小时内删除被报告的商品清单，取消买卖双方的交易并返还它收取的费用。

❸《淘宝网服务条款》规定：用户在淘宝网上不得买卖侵犯他人知识产权或其他合法权益的物品；对于在淘宝网上的不当行为或其他任何淘宝网认为应当终止服务的情况，淘宝网有权随时删除相关信息或终止提供服务，而无须征得用户的同意；用户可对出售假冒伪劣和禁售品的行为进行投诉，淘宝网对被投诉方采取警告、取消交易等处罚措施。此外，淘宝网还通过机器排查、人工排查等方式删除网站上的假货清单。

侵权中的提供帮助，即 ISP 在发现他人实施侵权行为的情况下仍然为其提供网络服务，使假货能顺利销售。另一种情况是，ISP 明知他人可能在网站上销售假货，却故意不采取预防措施，这同样构成帮助行为。

综上所述，笔者认为，当 ISP 主观上不知道或不应知的情况下，未对侵权人侵权行为提供帮助和引诱侵权人，不应追究其法律责任。

五、避风港规则在我国网络交易商标侵权中的具体适用

我国在网络交易平台商标侵权领域能够适用以"通知—删除"为核心的避风港规则。商标权利人承担商标的侵权监管义务，同时，ISP 有部分的审核义务。ISP 应当采取商家注册身份认定、建立过滤商标材料模式或反馈系统来防止一般侵权行为的发生。如果商标侵权是显而易见的或具体知道的，则 ISP 应及时删除，否则不能免责。如果商标侵权不是显而易见的，商标权人应通知 ISP 删除侵权信息，ISP 在立即删除信息的同时，通知侵权人并提供商标权人的电子邮件地址。若侵权人认为其所售货物商标不构成侵权行为，则应向权利人证明产品合法以重新上架。

笔者对于避风港规则在网络交易平台的适用的完善提出以下建议：（1）建立 ISP 的登记系统：在买家注册时对买家的许可销售证明等文件进行登记、备案；（2）建立交易过程中的反馈系统：用户可通过参与交易、互相反馈来形成对 ISP 可见的初步鉴定买家侵权行为的证据；（3）对产业内部规范进行立法调整，包括通知、删除内容和 ISP 审核范围的规定；（4）建立起间接侵权责任及引诱侵权规则的一般性条款，与 ISP 的避风港条款形成"一般条款＋具体类型"的立法模式。

六、结　语

在我国，电子商务处于发展阶段，保护的关键是在促进网络健康发展和保护权利人利益之间实现平衡。在处理网络交易商标侵权案件时，应当充分考虑各方当事人的利益，在保护商标权人利益的同时要考虑我国的国情。因此，我国应在认真研究和借鉴国外经验的基础上，参照我国国情，依据我国的立法精神，处理好避风港规则在网络交易平台商标侵权中的适用问题。在条件成熟时，在立法中详细规定 ISP 在商标侵权案件中法律责任之认定标准及免责条件。尽管现行《侵权责任法》也只是初步涉及避风港原则，但随着理论基础的不断成熟、司法的不断实践，避风港规则在网络交易平台商标侵权认定中的适用将会越来越成熟。

商业秘密与新闻自由之辩
——以 Apple Computer Inc. v. Does 案为例

李若昕[*]

摘 要

在美国，限制商业秘密权利行使的公共利益抗辩是逐渐发展起来的。作为公共利益之一的新闻自由在宪法第一修正案的荫庇之下蓬勃发展。当新闻自由抗衡商业秘密，不应当盲目适用公共利益抗辩的规则，而应当区别对待新闻的内容是否符合公共利益的构成要素。如果同时满足具有可报道价值并且构成公共利益，才可以适用公共利益抗辩规则，对抗对于商业秘密的保护，阻却商业秘密持有者申请的禁令。此案例也为我国新闻业界提供一点借鉴。

关键词

新闻自由 商业秘密 公共利益 利益平衡

为了防止对于商业秘密权利的滥用，对于商业秘密有一定的限制，法律设立了抗辩规则，而公共利益抗辩（Public Interest Defence）则是其中一项。通过对英美两国成文法规则与判例的分析，可以得出这样一个结论：如果具有合适的公共利益事由，披露或使用保密信息的人将不被追究商业秘密侵权的民事责任和刑

---

[*] 华东政法大学 2010 级知识产权专业硕士研究生。

事责任。❶ 而在新闻传媒高度发达的美国,新闻自由是否可以划入公共利益范围而对商业秘密有所限制却是值得商榷的问题。

美国对于公共利益抗辩的制定法较少,主要体现在判例上。而在关乎新闻自由是否应当归入公共利益中阻却对于新闻媒体禁令的颁布,美国的判例则出现联邦最高法院与州法院判例情况不一致的情况,这从侧面反映出此问题的复杂性。❷

一、新闻自由与公共利益是交叉关系

笔者认为,在以公共利益抗辩的商业秘密案件中,并不是所有代表新闻自由的案件都可划入公共利益范畴,而是只有部分涉及新闻自由的案件是符合公共利益抗辩构成要件的。正如图1表示的,只有两者交接的A部分属于关乎新闻自由案件可用公共利益抗辩的部分。而剩余的新闻自由案件(画斜线的B部分)因其在新闻媒体利益与企业利益之间的博弈中,重要性稍逊,应当向新闻媒体颁发禁令,阻止其公布商业秘密的行为。因而,只有同时满足具有报道价值(新闻自由)和符合公共利益的条件,才可以阻却商业秘密持有者申请的禁令。以下将以 Apple Computer Inc. v. Does 案为主要案例,阐释观点。

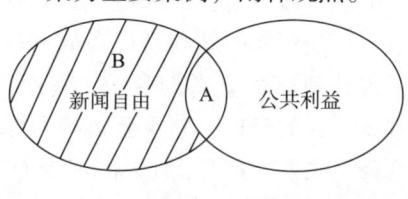

图1

二、Apple Computer Inc. v. Does 案(以下简称"苹果案")❸

Jason O'Grady 拥有和运营 Jason O'Grady's PowerPage(以下简称"PowerPage"),这是一本在线新闻杂志,为其读者提供关于苹果电脑兼容的软件和硬件产品的信息。是受苹果电脑用户欢迎的,集新闻报道、专访和评论于一身的一本

---

❶ 黄武双. 英美商业秘密保护中的公共利益抗辩规则及对我国的启示[J]. 知识产权,2009(3).

❷ New York Times Co. 诉 United States(403 U. S. 713,714 - 724)一案美国联邦最高法院就拒绝向 New York Times 颁发禁令,相似的还有 Bartnicki 诉 Vopper 案(532 U. S. 514,528 - 529)。而在 Apple Computer Inc. v. Does 案(Case No.:1 - 04 - CV - 032178)、DVD Copy Control Association v. Bunner 案(31 Cal. 4th 864)中,加州法院都向企业颁发了禁令,被一些人士称作阻碍了新闻自由。

❸ 案件事实整理自 James p. Kleinberg:ORDER AFTER HEARING. Case No.:1 - 04 - CV - 032178 及 EFF(Electronic Frontier Foundation):Apple v. Does Case Summary.

杂志。在两年时间中，它平均每月有 30 万用户访问。2004 年 11 月 19 日，Jason O'Grady 为此本杂志撰写了一篇文章来探讨关于苹果公司的新产品 Asteroid❶ 的传言，之后，在 11 月 22 日、23 日时又有两篇跟进报道。在 11 月 26 日，PowerPage 又刊登了由特约记者撰写的第四篇报道。

Monish Bhatia 是 Mac News Network 的发行人，并且为不同网站提供主机托管服务，包括在线新闻杂志 Apple Insider（也是一本为读者提供关于苹果电脑软件和硬件产品的报道、评论、小道消息、图片等的杂志）。Kasper Jade 是 Apple Insider 所有者的笔名，他参与杂志的报道与编辑工作。2004 年 7 月，Apple Insider 有 43.8 万名访问者。在 2004 年 11 月 23 日，Apple Insider 刊登了 Kasper Jade 撰写的名为《苹果公司为 GarageBand 软件❷发明了 FireWire 音频接口❸》的文章，其中讨论了 Asteroid 产品。

Nfox.com 公司是一家内华达州的公司，它的电子邮件服务器在德克萨斯州，它向 PowerPage 提供电子邮件服务。

2004 年 12 月 13 日，苹果公司提起了诉讼❹，声称未知的被告侵占了其商业秘密。同时苹果公司提起了单方面申请，请求传唤 PowerPage，Apple Insider 等三家网站。在该案的诉讼中，在线新闻网站和其记者都不是被告。

之后，苹果公司为了查找泄露信息者的身份，转而传唤 Nfox.com 让其提供电子邮件信息以确定机密泄露者的身份。苹果公司特别寻求以下信息：

所有能确定提供苹果公司未发布产品 Asteroid 或者 Q97（以下简称"产品"）的个人或实体身份的信息，包括为 PowerPage.com（以下简称"网站"）在 2004 年 11 月 19 日、11 月 22 日、11 月 23 日和 11 月 26 日发布的文章中提供信息者。这些信息包括：

（a）所有可以确定提供"产品"的个人身份（以下简称"公开信息者"）的信息，包括真实姓名、地址、IP 地址和 email 地址；

（b）所有公开信息者关于产品的信息往来；

---

❶ Asteroid 是苹果公司为其软件 GarageBand 发明的音频接口。

❷ GarageBand 是一款由苹果电脑编写的数码音乐创作软件，是 Macintosh 电脑上的应用程序套装 iLife 的一部分。它允许用户创作音乐。

❸ FireWire 接口，是由苹果公司领导的开发联盟开发的一种高速传送接口，IEEE 1394 是由苹果电脑所创，其他制造商也已获得授权生产。"火线"一词为苹果电脑登记之商标，因此其他制造商在运用这项科技时，会采用不同的名称。

❹ Apple Computer v. Doe No. 1 et al in Santa Clara County Superior Court（Case No. 1 - 04 - CV - 032178）。

（c）所有来自于公开信息者或公开信息者收到的关于产品的文件；和

（d）所有来自于公开信息者发出或收到的图片，包括照片、草图、图表和透视图。❶

而三家网站提出即时申请，寻求对于传票的保护令以阻止对 Nfox.com 传票的生效。申请者声称自己是"记者"❷，基于此，他们声称自己享有不公开自己消息源的特权，也享有加利福尼亚州新闻保障法❸的庇护。

而苹果公司则认为获得和传播所称商业秘密是对于加利福尼亚州法律的违反，与联邦的特权和加利福尼亚州新闻保障法无关，因而申请方无权保护匿名的消息源。

该案已经确定苹果公司关于 Asteroid 产品的相关信息确实为商业秘密。

此案件一方面是申请人所称的"新闻自由"，这个问题就算普通学生都知道充斥着复杂状况与限制；另一方面，该案也毫无疑问应该依照加利福尼亚州法律保护知识产权。由此产生了疑问：法院应该支持苹果公司，准许其传唤三家网站供出消息源，维护企业的利益，还是应该保护三家身为"记者"的网站而维护新闻自由？

美国政府认为，美国高度发达的传媒有赖于其自由的新闻环境，其中美国宪法第一修正案为新闻自由奠定了基础。自 1973 年《华盛顿邮报》成功揭开水门事件促使尼克松总统的下台始，记者隐匿消息源的做法就愈演愈烈。所有类型的记者都有责任保护消息源，不公布消息源身份信息，这样记者们才能获得足够的信息向公众传播。❹ 消息源作为记者获得消息的源头，其身份公开与否，对于新闻自由具有举足轻重的作用。美国 40 个州和哥伦比亚特区都有新闻保障法（Shield Law）。❺ 新闻保障法为记者提供一种特权，可以使其不因为新闻内容或

---

❶ James p. Kleinberg. Order After Hearing. Case No.：1-04-CV-032178.

❷ 一些人也自称是"博主（bloggers）"，www.dictionary.reference.com 对于博客的定义是："一种在线日记；个人在网页上发布的、按照时间顺序的对于思想的记录；也叫做网络日志（Weblog），Web 日志（Web log）。"

❸ 加利福尼亚州新闻保障法向寻求不公开机密消息源或者不公布采访时信息的记者提供法律保护。参见：Cal. Const. article 1 §2（b），Cal. Evidence Code §1070. 最早的一部新闻保障法可以追溯至马里兰州于 1896 年 4 月 2 日制定的法律，起因是《巴尔的摩太阳报》的一名记者因拒绝透露匿名消息源而入狱获罪。Act of Apr. 2, 1896, ch. 249, 1896 Md. Laws 437（codified at MD. CODE ANN., CTS. & JUD. PROC. § 9-112（LexisNexis 2002））. [EB/OL]. [2012-05-06]. State Shield Law, http://www.citmedialaw.org/state-shield-laws.

❹ EFF（Electronic Frontier Foundation）：Apple v. Does Case Summary.

❺ Rozell, Mark J., and Jeremy D. Mayer. Media Power Media Politics. Rowman and Littlefield Publishers, Inc [M], 2008：330.

消息源而接受法院传票或其他质询。多数州新闻保障法为保护消息源而在诉讼程序中提供一定的特权，除非可以列出以下事由：（1）涉及迫在眉睫的事件；（2）通过其他方法无法获得；（3）对于此信息存在可信服的需求。❶

三、案例分析：防止公众感兴趣的信息泄露并没有违反新闻自由

根据美国统一商业秘密法的规定，一旦某项信息构成商业秘密，则散布通过"不正当手段"获得的商业秘密即构成侵占商业秘密；所称"不正当手段"包括违约、违反保密关系、盗窃、贿赂、盗用和其他各种错误。一般而言，商业秘密拥有者可以对三类盗用行为主张权利：❷

第一，要求依据合同负有保密义务的雇员对盗用商业秘密的行为承担责任；第二，诸如竞争者这样的第三方的盗用行为；第三，诸如报纸、网页等与商业秘密所有人不存在合同关系的主体的侵权行为。与报纸一样，新闻网页与商业秘密所有人之间并不存在竞争关系，也不存在保密协议的约束。然而，当这类第三方散布信息时知道或有理由知道这些信息为非法获取的情况下，可以对这类第三方科以责任。❸

苹果案中的三家网站都拒绝透露消息源，这导致原告无法判定第三方在散布消息时是否知晓或有理由知晓信息为非法获取，而该案的关键也正是应否允许传唤 Nfox.com 公司提供三家网站与消息源之间的邮件往来。

在上述案件中，Kleinberg 法官认为加利福尼亚州的法律体现出其对于财产性商业信息的有力保护。❹ 制定法支持在适当的民事案件中公开一些利益比第一修正案的适用更为重要。美利坚合众国和加利福尼亚州最高法院都强调商业秘密法对于所有人都适用，而不论其地位、头衔或职业。加利福尼亚州的立法者并没有对于记者、博主或其他人规定出任何例外。❺

Kleinberg 说："这三家网站认为他们自己是记者。他们这样主张的原因是特

---

❶ State Shield Law [EB/OL] [2012 – 05 – 06]. http：//www. citmedialaw. org/state – shield – laws.

❷ 黄武双.“具有报道价值的公共利益”可否阻却临时禁令发布——美国商业秘密案件中的一个备受关注的规则 [J]. 政治与法律，2007（4）.

❸ Cal. Civ. Code § 3426. 1（b）（West 2005）. 同 14.

❹ 参见 Integral Dev. Corp. v. Weissenbach（2002）99 Cal. App. 4th 576，Magnecomp Corp. v. Athene Co.（1989）209 Cal. App. 3d 526. 也参见：the Uniform Trade Secrets Act. Civil Code § § 3426 et. seq. .（the "UTSA"）adopted in 1985，5 and Penal Code § 499C.

❺ Apple Computer v. Doe No. 1 et al in Santa Clara County Superior Court（Case No. 1 – 04 – CV – 032178）.

权可以保护他们不公开他们的消息源。界定什么是'记者'在现今媒体范围如此繁多的社会是十分复杂的。❶但是就算申请者是记者，这也并不能意味着发了他们一张自由通行证。记者的特权并不是绝对的。比如说，记者不能拒绝公开与犯罪相关的信息。就像高级法院在 Branzburg 案中所说的：'对于实际犯罪行为消息源的隐匿大概是基于逃脱犯罪指控的意图，尽管这种意图可以理解，但这并不表示可以获得宪法的保护。'"❷

笔者认为，该案的关键正如 Kleinberg 法官所说，公众所感兴趣的事物，并不是公共利益（But an interested public is not the same as the public interest……）具有公共利益抗辩可能性的新闻自由应当是：揭露威胁到公众健康、公共安全或者社会福利的事件，或者政府部门工作者对于公共事务的管理不当乃至更糟。❸而该案中三家网站公布的不过是公众对于信息无止境的追求而已。

按照上文的分析，此时三家网站公布的信息并不属于新闻自由与公共利益交叉的 A 部分，而是属于排除公共利益抗辩的 B 部分，即仅有新闻报道价值，符合新闻自由，却未满足公共利益的构成要件。因为仅仅将满足公众对于小道消息的兴趣，并不能等同于公共利益。公共利益是指不特定的社会成员所享有的利益。它必须具有直接相关性，不能将与公共利益间接相关的事项也涵盖进公共利益的范围内。由于公共利益的不可界定性，各国几乎都由立法机构、司法机构来对公共利益进行自由裁量。尽管美国联邦层面的立法对公共利益抗辩规则只有零星的几条规定，但反不正当竞争法重述（第 3 版）之第 40 条"评论 C"对公共利益抗辩事由倒是作了一个概括："是否存在可以披露他人商业秘密的特权宜视个案情况决定，考虑的因素包括信息的性质、披露的目的以及获取信息的手段。假如信息披露与公共健康或安全、犯罪或侵权行为以及公众关注的焦点事项有关，这种特权是很容易被接受的。"❹

---

❶ Merriam - Webster 在线词典定义：
记者：名词。1. a：是从事新闻业的人士；特别指为新闻媒体写作或编辑的人。b：读者为社会大众的作者。2. 运营杂志的人。
新闻：名词。1. a：通过媒体呈现新闻、编辑新闻。b：公共出版。c：新闻学或新媒体管理。2. a：为了在报纸上或杂志上出版而进行的写作。b：根据第一手事实写作或对于事件无添加的描述。c：为了迎合现今公众口味或公告利益而写作。转引自：James p. Kleinberg: Order After Hearing. Case No.：1 - 04 - CV - 032178。

❷ 408 U. S. at 691.

❸ Apple Computer v. Doe No. 1 et al in Santa Clara County Superior Court (Case No. 1 - 04 - CV - 032178).

❹ Restat 3d of Unfair Competition, 40, Comment C.

在此基础上，可以得出这样的观点：该案中的三家网站对于苹果公司新产品的报道，并不能划入公共利益的领域，即使他们声称受到新闻自由的保护，但是此时企业的利益（企业利益也正是象征科技进步与创新的代表）高于新闻媒体的利益，因而法院准予苹果公司传唤 Nfox.com 电子邮件服务提供商，要求其提供消息源。

该案于 2005 年 6 月 2 日上诉到加利福尼亚州上诉法院，于 2006 年 4 月 20 日举行听证。2006 年 5 月 26 日，加利福尼亚州上诉法院准许了三家网站的上诉。但笔者认为，初审法院的判决理由更加具有说服力。支持该说法的也有 DVD CCA 案❶，此案中加利福尼亚州法院就判定新闻自由应当让位于企业的利益。如同法官 Kleinberg 在其 13 页初审法院决定书中所说的：保护和维护商业信息是加利福尼亚州立法者和法院长期确认并给予企业的一种权利，这对于技术和创新的发展十分有利。❷ 在辩论中，即使假定三家网站是记者，法院都未曾被说服其满足人们窥视的权利比支持技术与创新更为重要。

而当新闻自由与商业秘密权利冲突时，美国判例法在一定程度上将对前者的保护上升为公共利益抗辩事由的案例也不在少数。

美国宪法赋予言论自由权胜过保密义务的典型莫过于著名的 New York Times Co. v United States 案（以下简称"纽约时报案"）。❸ 在纽约时报案中，就体现出新闻自由与公共利益的重合，而根据 Kleinberg 法官所指出的，具有公共利益抗辩可能性的新闻自由应当是：揭露威胁到公众健康、公共安全或者社会福利的事件，或者政府部门工作者对于公共事务的管理不当乃至更糟。❹ 纽约时报案已明显符合"揭露威胁到……公共安全事件"的条件，因而符合上文所述的 A 部分条件，即：同时满足具有报道价值（新闻自由）和符合公共利益的条件，才能阻却对方当事人申请禁令的请求。

1971 年 6 月，《纽约时报》和其他一些报纸披露了一批描写美国卷入越南战争的国防部绝密文件——五角大楼文件（The Pentagon Papers）❺。该文件最先由

---

❶ DVD Copy Control Association v. Bunner, (2003) 31 Cal. 4th 864 at 881.

❷ Apple Computer v. Doe No. 1 et al in Santa Clara County Superior Court (Case No. 1 – 04 – CV – 032178).

❸ New York Times Co. v. United States, 403 U. S. 713 (1971).

❹ Apple Computer v. Doe No. 1 et al in Santa Clara County Superior Court (Case No. 1 – 04 – CV – 032178).

❺ 五角大楼文件"the Pentagon Papers"，官方名称为《美国 – 越南关系，1945~1967：国防部作出的研究》(United States – Vietnam Relations, 1945 – 1967: A Study Prepared by the Department of Defense)。

《纽约时报》于1971年头版公布,❶ 这批国防部的绝密档案表明,美国政府在越南战争初期就采取蒙蔽、欺骗公众的行径以获取人们对越南战争的支持,以后这些手段更是成了政府的家常便饭。美国政府请求法院给予禁令,禁止《纽约时报》等公布五角大楼文件,而美国最高法院同意两个下级法院的观点,即:因政府未能证明公布五角大楼文件会"给国家利益造成直接的、即时的、不可弥补的损害",拒绝美国政府申请禁令的请求。该案中,《纽约时报》的报道具有很强的报道价值,并且公众有权利知晓关于越南战争的信息,这被法官判定为公共利益,适用于公共利益抗辩规则,阻却了向《纽约时报》发布禁令的申请。

审判 Preminger v. Principi 一案的法官就旗帜鲜明地指出:"一般而言,一项宪法赋予的权利被侵犯,必然引起公众的关注,因为维护宪法与每个公民都休戚相关。"❷

四、对于我国的启示:制定法+自由裁量双管齐下

我国对于商业秘密规定较少,并且多为框架性规范。对于限制商业秘密滥用的规定更是稀有,而我国现今经济发展速度超前,而相关法律规范的滞后,会造成无法可依的情况。因此借鉴黄武双老师的观点,我国应采取"列举+兜底"式的方式明确公共利益抗辩事由:具体条文可作如下设计:❸

具有下列情形之一,披露、使用保密信息的行为不构成侵权:

1. 为了制止、发觉或揭露已经发生或按计划将要发生的犯罪行为或侵权行为;

2. 为了制止、发觉或揭露已经发生或按计划将要发生的欺诈社会公众的行为;

3. 为了制止、发觉或揭露现在或将来会危及公众健康、安全的事项;

4. 出于保障国家安全的需要;

5. 基于其他公共利益事由。

商业秘密权利的行使不得妨碍公民个人行使宪法赋予的基本权利。

除了在制定法中的条款规定以外,在新闻自由与商业秘密之间如何抉择,需要权衡两者孰轻孰重,而其依据应为前文所述的"具有报道价值(新闻自由)+符合公共利益"的条件,才可以对抗商业秘密持有者申请的禁令;新闻

---

❶ Preminger v. Principi, 422F. 3d 815, 826 (9th Cir. 2005).

❷ Preminger v. Principi, 422 F. 3d 815, 826 (9th Cir. 2005).

❸ 同1.

自由是否与公共利益重合,与商业秘密代表的企业利益在天平的两端,如何平衡,这都需要法官根据个案运用自由裁量权。在苹果案中法官询问道:通过出版隐私会满足何种公共利益?❶ 显而易见,出版商业秘密与此问题有异曲同工之处,对于他人隐私/商业秘密的出版,大部分情况只是满足了公众的窥视心理,并不能构成"公共利益",而第一修正案并没有制止法院抑制言论以保护合法的财产性权利。❷ 在 DVD CCA(DVD Copy Control Association)案中法官得出结论:仅仅依据商业秘密可能受到公众关注并不能产生合法的公共利益。❸

但是当公开的商业秘密构成了对公共利益的侵犯,则此商业秘密就不能称其为商业秘密,因为此商业秘密已经触犯了公共利益而成为公众事件了。此时,对于商业秘密的保护就应该让位于对公共利益的保护,如前文所述纽约时报案。法官运用商业秘密相关知识,判断在新闻自由与公共利益之间,天平应该偏向哪一方,也是十分必要的。

---

❶ Apple Computer v. Doe No. 1 et al in Santa Clara County Superior Court (Case No. 1 – 04 – CV – 032178).

❷ Restat 3d of Unfair Competition, 40, Comment C.

❸ Restat 3d of Unfair Competition, 40, Comment C.

构建涉及商业秘密诉讼中商业秘密存在的举证规则

——以美国法为比较研究对象

戚啸贤*

摘　要

通过探究中美两国法律，以及美国实践中人们如何证明商业秘密存在的方法，结合本国的法律、司法解释，初步建立关于保密措施的举证规则。权利主张人必须列举出自己的保密措施，并证明其至少能够体现保密意图。通过指出保密措施上的薄弱环节，或保密义务上的不足之处，诉讼相对人可以证实保密措施有漏洞。在双方当事人的证据交锋中，法院通过自由裁量判断出保密措施在具体情况下是否是合理的。

关键词

商业秘密　举证规则　美国法

引　言

与其他涉及知识产权的诉讼最大的不同是，在涉及商业秘密的诉讼中，双方是需要提供很多证据证明商业秘密是存在/不存在的，这和商业秘密没有权

---

* 华东政法大学 2008 级知识产权专业硕士研究生；本文修改自其毕业论文，指导老师为黄武双教授。

威的认定方式❶有着极大的关系。商业秘密有着三大要件，即"秘密性""保密措施"和"价值性"。笔者力图通过探究中美两国法律，以及美国实践中人们如何证明商业秘密存在的方法，结合我国的法律、司法解释，希望能初步建立一个保密措施的举证规则❷：即民事诉讼中，在某一方当事人是否对其主张为商业秘密的信息采取了保密措施这个问题上，诉讼双方当事人应当以哪些事实为证明对象举证，又应当举证到什么程度以支持各自的主张。

要建立商业秘密举证规则，首先得知道法律是如何界定商业秘密保密措施的。

一、中美两国商业秘密举证基本规则

中美两国国情差别巨大，如果两国法律在商业秘密保密措施的界定上完全不同，那么美国的法律实践对于我们的意义也不会很大。观察美国以及我国商业秘密保密措施界定、基本举证规则后，笔者认为，两国在商业秘密的保密措施的判断上是共通的。❸

在美国，有2个较为权威的商业秘密保密措施界定，分别见于《统一商业秘密法》（Uniform Trade Secrets Act，UTSA）以及《侵权重述》（Restatement of Torts）。❹

---

❶ 三大传统知识产权有着极为简单的认定方式：专利、商标有注册制度，作品有登记制度。它们的共性是有专门行政机关为知识产权内容作记载，其内容也可能通过登记机关查到。商业秘密不可能有登记机关供人自由查询，那会成为泄密的决堤口。不过，商业秘密信息在登记机关做登记也不会使它的秘密属性消失，只要登记机关有责任保密。

❷ 本文的目的是想建立一个"规则"，它将规定某一方当事人应当以什么"方式"举证来证明某待证事实——否则就会败诉，并在证明到一定"程度"后，对方如果不以什么"方式"举证来证明待证事实，并达到一定"程度"，对方就会败诉。为此，笔者试图找一个词来概括这个"规则"的意思。但是笔者发现，有诸多法学著作都试图分别厘清"举证规则""举证责任""证明责任""证明负担""证明标准""证明任务""证明要求"这几个词互相之间的联系和区别。有些学者认为其中某些词是同义的，又有另一些学者看出了某些词和另外一个词的区别。总之，莫衷一是。如果硬要让笔者在这些词中挑出一个或几个来，并说只有它（们）才能概括上述的那个"规则"，那一定会把笔者拉进词语定义与概念的大混战中去。这完全不符合本文的目的，所以，仅为了行文方便，笔者假定其中的一个词"举证规则"有上述"规则"的意思。参见：俞兆平，杨秀清，刘金华. 民事证据法学[M]. 厦门：厦门大学出版社，2007：83. 陈界融. 证据法：证明负担原理与法则研究[M]. 北京：中国人民大学出版社，2004：5. 宋世杰，廖永安. 证据法学[M]. 长沙：湖南人民出版社，2008：283. 陈一云. 证据学[M]. 北京：中国人民大学出版社，2000：115. 陈洪. 当事人的举证责任分配及其转换[M]//丁巧仁. 民事诉讼证据制度若干问题研究[M]. 北京：人民法院出版社，2004：45.

❸ 其实，两国都明确将"秘密""保密措施"和"价值性"列为商业秘密的特点，但另两个特点并非本文讨论的对象。

❹ 反不正当竞争重述（第3版）（Restatement (third) of Unfair Competition）是另一项美国商业秘密法重要法律渊源。

虽说商业秘密可以归入知识产权的范畴。但是在美国,是由州法而非如商标专利版权那样由联邦法管商业秘密。结果就是没有一部统一的商业秘密法典。不过,UTSA 是美国各州适用最广泛的示范法,至今仅马萨诸塞州、新泽西州、纽约州和得克萨斯州没有宣布 UTSA 在该州生效。而且,除了得克萨斯州❶外,这些州的既有法律或多或少地受到了 UTSA 的影响。❷

UTSA §1 (4) 对保密措施的规定如下:

"'商业秘密'指一种信息,包括配方、图形、汇编、程序、设备、方法、技术或工艺,它的特点为:

……

(ii) 该信息被采取了保密措施以维持其秘密,这一保密措施在具体情况下必须是合理的。"❸

对于商业秘密最具实务指导意义的界定则是早在 1939 年出版的侵权法重述(第 1 版)第 757 条(认为在何种情况下的披露使用商业秘密属于侵权)评论 B 的"六要素标准",它直接给出了 6 个判断参考要素,长期以来造成了比较广泛的影响:"(1)信息在该行业被知晓的程度;(2)信息在其雇员和与其有往来的人中被知晓的程度;(3)其所采取的信息保密措施的程度;(4)对其和其竞争者而言信息的价值;(5)其研发该信息所花费的努力和资金;(6)从其他人处合理获得或者复制到该信息的难易程度。"❹ 其中第(2)、第(3)项直接体现了权利主张人采取保密措施的合理程度。

在我国,自 2007 年 2 月 1 日起施行的《最高人民法院关于审理不正当竞争民事案件应用法律若干问题的解释》(以下简称《反不正当竞争法司法解释》)第 11 条对保密措施提出了要求:"权利人为防止信息泄漏所采取的与其商业价值等具体情况相适应的合理保护措施,应当认定为反不正当竞争法第 10 条第 3 款规定的'保密措施'。

人民法院应当根据所涉信息载体的特性、权利人保密的意愿、保密措施的可识别程度、他人通过正当方式获得的难易程度等因素,认定权利人是否采取了保

---

❶ 得克萨斯州多次拒绝通过 UTSA,该州的商业秘密保护的法律渊源主要为 3 个判例:Hyde Corp. v. Huffines, 314 S. W. 2d 763 (Tex. 1958), K & G Oil Tool & Serv. Co. v. G & G Fishing Tool Serv., 314 S. W. 2d 782 (Tex. 1958), 以及 In re Bass, 113 S. W. 3d 735 (Tex. 2003)。

❷ Gale R. Peterson Cox/Smith: "Trade Secret Law Update 2008: Including Restrictive Post – Employment Covenants", 947 PLI/Pat 799, p. 823.

❸ Unif. Trade Secrets Act § 1.

❹ Restatement of Torts, § 757, cmt. b.

密措施。

具有下列情形之一，在正常情况下足以防止涉密信息泄漏的，应当认定权利人采取了保密措施：

（1）限定涉密信息的知悉范围，只对必须知悉的相关人员告知其内容；

（2）对于涉密信息载体采取加锁等防范措施；

（3）在涉密信息的载体上标有保密标志；

（4）对于涉密信息采用密码或者代码等；

（5）签订保密协议；

（6）对于涉密的机器、厂房、车间等场所限制来访者或者提出保密要求；

（7）确保信息秘密的其他合理措施。"

笔者发现，虽然在法律渊源、法系、文化、发展程度等诸多方面有着很大的不同，我国在商业秘密保密措施的举证规则上还是可以选择借鉴美国的实践。

二、"保密措施"之举证规则

保密措施在具体情况下是否合理？

对于特定的信息而言，如果说秘密性是其商业秘密属性存在的前提，那么权利主张人对之采取的保密措施就是它的商业秘密性质得以存续的条件。从另一方面讲，商业秘密本质是一种私权利，如果权利人都不通过积极的行为加以保护，又为何要兴师动众地假司法之手呢？实质上，笔者认为，商业秘密侵权之诉本身也是一种保密措施。❶

保密措施与商业秘密的另外两个特性秘密性、价值性紧密相关，它可以作为后两者的证据，也可以因为后两者已经得到证明而得到推定。❷

施加在商业秘密上的保密措施应当是在具体环境下合理的。是否如此当是诉讼双方争议的焦点。

（一）权利主张人的举证责任：保密措施

显而易见，保密措施的存在应由权利主张人证明。❸

---

❶ 侵权之诉本身就是保密措施。Future Plastics, Inc. v. Ware Shoals Plastics Inc., 340 F. Supp. 1376, p.1383.（商业秘密侵权之诉本身就是保密措施，因此原告不诉某披露使用者的行为可能影响他对其他人主张商业秘密）

❷ Restatement (Third) of Unfair Competition, § 39, cmt. g.

❸ Wheelabrator Corp. v. Fogle, 317 F. Supp. 633, p.637, (D. C. La. 1970)（原告"有责任证明，它主张为商业秘密的工艺或机械有'实质的秘密性'，……以至于不使用不当方法很难获得该信息。"）

笔者认为，列举保密措施，这应该是权利主张人首先应该做的事情。❶ 并且，虽然保密措施没有一个判断合理程度的标准，但是其应当能够体现保密意图是其底线。

1. 保密措施的列举及初步证实保密措施合理

对于权利主张人而言，将既有的保密措施全部列举出来作为证据应当非常方便。❷ 需要强调的是，在涉及商业秘密的任何类型的民事争议中，法律都不会要求权利主张人一定要采取某些特定的保密措施，❸ 诉讼相对人也无法以权利主张人没有采取某种措施为由证实权利主张人没有采取合理的保密措施。所以，只要能够维护秘密，一些不典型的保密措施也能被确认有效。❹

不过，虽然法律只要求保密措施对为达到维持秘密的目的而言是合理的❺，而非完全周全❻。但权利主张人仍得证实：因为保密措施合理，所以其他人从权利主张人处不使用不当行为就得不到，或者从他/她得到信息的人有义务按被授

---

❶ Lyn‐Flex West, Inc. v. Dieckhaus, 24 S. W. 3d 693 (Mo. App. 1999); In re Ford Motor Co., 211 S. W. 3d 295, 50 Tex. Sup. Ct. J. 291 (Tex. 2006).

❷ 显而易见，没有保密措施的证据自然不会使自己的主张得到支持。参见 U. S. Plywood Corp. v. General Plywood Corp. 370 F. 2d 500, p. 508 (C. A. Ky., 1966).

❸ Televation Telecommunication Systems, Inc. v. Saindon, 169 Ill. App. 3d 8, 15, 119 Ill. Dec. 500, 505 522 N. E. 2d 1359, p. 1364 (Ill. App. 2 Dist., 1988) (即使没有书面的保密协议，对图表的复制也没有记录，可是法院还是认定原告的图表是商业秘密，因为原告的行为让所有接触图表的人都有保密义务。); In re Integrated Health Services, Inc., 281 B. R. 231, p. 238 (Bkrtcy. D. Del., 2002.) (商业计划是商业秘密，它的保密性质不会因为书桌抽屉没有上锁而改变。因为没有证据表明那个雇员把计划散布给了公众，那个雇员是将之限于确实在那里工作的人接触的。) 但见：Business Trends Analysts v. Freedonia Group, Inc., 700 F. Supp 1213, p. 1236 (S. D. N. Y., 1988), affirmed in part, reversed in part: 887 F. 2d 399 (C. A. 2 (N. Y.), 1989). (上诉仅涉及版权争议)

❹ Greenberg v. Croydon Plastics Co., Inc., 378 F. Supp. 806, pp. 813 – 14 (D. C. Pa. 1974). (涉及商业秘密的机器就放在权利主张人的厂区的角落里，但是这个区域"明显是同厂区的其他部分区别开的。"只有一个外部人士在原告将机器作为商业秘密前抵触过它，并且之后再没见过。所以法院还是认为该机器被保护起来了); Water Services, Inc. v. Tesco Chemicals, Inc., 410 F. 2d 163 (C. A. Ga., 1969) (权利主张人机器中的每个部件都是公开市场上可得的，原告采取的措施是将原有的标签替换成自制的标签，用特制的颜色替代标准色。)

❺ A trade "is the subject of efforts that are reasonable under the circumstances to maintain its secrecy.", UTSA, §1(4)(ii).

❻ Matter of Innovative Const. Systems, Inc., 793 F. 2d 875, p. 884, (C. A. 7 (WiS.), 1986) (法院认为，"我们找不到有观点认为：没有离职会面，不要求书面保密协议就必然说明，雇主对涉争信息没有采取足够的秘密性质和采取足够合理的措施防止雇员〔非法使用〕。"), 又参见：E. I. duPont deNemours & Co. v. Christopher, 431 F. 2d 1012 (5th Cir. 1970), cert. denied 400 U. S. 1024, 91 S. Ct. 581, 27 L. Ed. 2d 637 (1971).

权的方式使用和披露。❶

　　值得指出的是，保密合同在很多案件中对证明保密措施及其合理性起到了重要作用。保密合同能够明示地表达权利主张人的保密意图。❷ 它的耗资也不大，甚至，如果能够用保密合同精心将商业秘密围起来，使得所有接触到信息的有限范围的人有保密义务，那么也就不需要什么额外的措施了。❸

　　但是，保密合同条款不合理，或约定内容与争议无关的保密合同也没有什么作用。❹

　　在商业秘密侵权之诉中，原告想要胜诉，必然需要证明保密措施合理，被告的行为或是违反了保密义务披露使用信息，或是获得信息的行为属于不当行为，或者从以上两个来源中获得信息而使用和披露。如前所述，保密措施是否合理往往是焦点问题，所以该争议需要综合诉讼相对人的观点才能确定。

　　2. 保密意图：保密措施的最低标准

　　虽说法律不要求绝对的保密措施，但权利主张人至少要证实自己有他人能观测得到的保密意图。❺ 在 UTSA 之前，"原告意图让［信息］保密"曾是明尼苏达州商业秘密判断标准的考量因素之一，❻ 后来该标准被该州版本的 UTSA 所吸收。

------

❶ 参见，例如：Enterprise Leasing Co. of Phoenix v. Ehmke, 197 Ariz. 144, p. 150, 3 p. 3d 1064, p. 1070（Ariz. App. Div. 1，1999.）（当评估必需的秘密程度时，所有人只需要能够证明，它使用了合理的措施来维护信息的秘密性，以保护在不使用不当方式的情况下，他人很难发现信息）

❷ 参见：Valco Cincinnati, Inc. v. N & D Machining, 24 Ohio St. 3d 41, p. 47, 492 N. E. 2d 814, p. 819（前雇主有一项要求主要雇员签署保密协议的政策。即使前雇员以前拒绝签署这样的协议，他仍旧要对侵占行为负责）

❸ Learning Curve Toys, Inc. v. PlayWood Toys, Inc., 342 F. 3d 714, pp. 725 – 726（C. A. 7（Ill.），2003）（玩具火车的发明人唯一的保密措施就是保密合同，但是他们却周全地与所有接触到玩具火车的人都签订了保密协议。虽然法院认为，发明人也可以在此基础上采取其他保密措施，但光这一些已经合适了）Dept. of Public Utilities v. FOIC, 55 Conn. App. 527, p. 533, 739 A. 2d 328, p. 332（Conn. App. 1999）（法院认为，"我们发现没有判例认为，一份正式的保密协议是维护某文献秘密性所不可或缺的。"）但见：State ex rel. Plain Dealer v. Dept. of Ins., 80 Ohio St. 3d 513, 687 N. E. 2d 661, p. 673（Ohio，1997）（只有保密协议并不足够）

❹ Contracts Materials Processing, Inc. v. Kataleuna GmbH Catalysts, 164 F. Supp. 2d 520, p. 534（D. Md.，2001）（法院认为，负责保密和维护保密关系的义务是原告，而非被告。作为研究机构，原告有责任向第三方负责保密，被告反而没有此义务）；American Red Cross v. Palm Beach Blood Bank, Inc. 143 F. 3d 1407（1998）（保密合同要求对捐献人的医疗信息保密，但该案原告却主张捐献人的身份信息是商业秘密）

❺ Buffets, Inc. v. Klinke, 73 F. 3d 965, p. 969（9th Cir. 1996）（没人告知雇员手册的状态是秘密的，也没人告知他们有安全措施阻止他人获取［信息］。这些事实都暗示，［原告］对保密安全措施的兴趣很小。）

❻ Cherne Industrial, Inc. v. Grounds & Associates, Inc., 278 N. W. 2d 81, p. 90（Minn. 1979）（另外三个是：涉及事项是否普遍已知或能轻易得到；它是否有可证实的竞争优势；它是否是原告 – 所有人花费代价获得的。像"六要素"标准一样，Cherne 标准也不是严格的标准。）

商业秘密是否存在，部分取决于权利人的主观意志❶：权利人如果没有意识到他所知的某具体信息能够成为商业秘密，或者不欲将之作为商业秘密，那么法律就完全没有必要以商业秘密法律制度来保护它。❷ 所以，最能体现权利主张人"保密意图"这种主观意志的，就是他/她是否对该具体信息采取了保密措施。反过来讲，如果保密措施不能体现保密意图，那么也就说明保密措施不够合理，商业秘密也肯定不存在。权利主张人必须证实，自己列举的保密措施至少❸能够体现出能为人发现的保密意图。

体现保密意图的对象不能限于诉讼相对人，所以当其他人接触，或者有机会接触信息的人发现不了保密意图时，权利主张人的商业秘密也就不会被认定。❹

其实，体现保密意图的方式也不必是明示的。❺ 能体现保密意图的简单方法其实并不复杂：在商业秘密文件上标记"专有""秘密""私人财产"等词即可——即使"专有""秘密"等并不是事实。❻

如果在具体情况下，保密协议或标记信息的秘密属性是方便的保密措施，但是权利主张人连这点都无法做到，也没有其他措施，那么，其保密意图就难以体

---

❶ Kubik, Inc. v. Hull, 56 Mich. App. 335, 356, 224 N. W. 2d 80, p. 91（Mich. App. 1974）（"秘密毕竟不是独立于人的思想或行为的实体。其实，仅在占有信息的人将之对待为'秘密'的范围内，该信息才是'秘密'的。因此，要合理地认定特定信息是'秘密'，就必须证实，占有人意图让雇员（或其他信息的被披露方）理解能够理解信息不应不加区分地让第三方或一般公众得到，而且信息披露方也的确这样理解，或应当如此理解。"）

❷ Rockwell Graphic Systems, Inc. v. DEV Industries, Inc., 925 F. 2d 174, p. 178（C. A. 7（Ill.），1991.）（如果［原告］在避免自己［的信息］让如［被告］那样的竞争对手得到方面只投入了微不足道的资源，那么又何必劳烦法律为［原告］提供救济呢？法律的机制可是非常耗费资源的。）

❸ Electro – Craft Corp. v. Controlled Motion, Inc. 332 N. W. 2d 890, p. 901（Minn. 1983）（在认定商业秘密时，"必须不仅［证实］'意图'"。）

❹ Palin Mfg. Co., Inc. v. Water Technology, Inc. 103 Ill. App. 3d 926, p. 931, 431 N. E. 2d 1310, p. 1314, 59 Ill. Dec. 553, p. 557（Ill. App., 1982.）（淤泥分离设备的发明人主张该设备是商业秘密，但是法院认定，发明人根本没有将设备当作商业秘密，为了兜售设备，他甚至会主动披露在诉讼中主张为商业秘密的信息。商业秘密在此情况下不应当存在。）

❺ National Rejectors, Inc. v. Trieman, 409 S. W. 2d 1, p. 35（Mo. banc 1966）（为了在雇员雇主内形成保密关系，"要么得有明示地对信息的保密性质的理解，要么就是，在获得信息的时候，雇员根据具体情况必然意识到，他［对信息］负担了保密的义务。"）也参见：Cloud v. Standard Packaging Corp., 376 F. 2d 384（C. A. Ill. 1967）.

❻ Kirsel v. Duran, 303 F. Supp. 573, pp. 578 – 579, aff'd, 424 F. 2d 1367（2d Cir. 1970），cert. denied, 400 U. S. 964, 91 S. Ct. 367, 27 L. Ed. 2d 384（1970）（如果信函的内容事实上不是保密的或原创的，那么原告将信函标记为"保密的"并不能改变其内容其实不是如此的事实）；Hayden's Sport Center, Inc. v. Johnson, 109 Ill. App. 3d 1140, p. 1049, 441 N. E. 2d 927, p. 934, 65 Ill. Dec. 612, p. 619（Ill. App. 2 Dist., 1982）（保护措施存在的本身……不能证实信息是保密或秘密的）。

现了。❶ 但是，需要强调的是，虽然保密意图需要让他人能够发现，但是保密意图应当先真实存在，然后才为他人发现。❷

权利主张人要证明，通过自己的保密措施，至少它能让接触到信息的人发现自己的保密意图。根据一般侵权原理，在商业秘密侵权案中，被告是否能够发现保密意图也是个责任的前提。❸ 至于保密措施的合理与否的问题，这是在与诉讼相对人的证据交锋后才能弄清的。

（二）诉讼相对人的举证责任：漏洞打击

权利主张人自然不会指出自己的保密措施哪里有漏洞，也没有法律会要求他们那么做。笔者在前文已经强调，不能因为权利主张人没有采取什么特定的保密措施，就认定它的保密措施不合理，诉讼相对人不应当从这条路上反驳对方的主张。所以，诉讼相对人应当证明的是，权利主张人的保密措施在具体情况下不合理。也就是说，只要权利主张人列举了具体保密措施，诉讼相对人就得指出保密措施上的漏洞：从本质上而言，"漏洞打击"没有脱离反驳权利主张人保密措施的范畴，这是个争议权利主张人的保密措施是否在具体情况下合理的问题。

笔者认为，漏洞打击可分为两类：证明保密措施有薄弱环节，或者有人能接触信息却没有保密义务。

1. 保密措施薄弱环节

保密措施只需维护商业秘密的相对秘密性。所以，在某些案件中，即使诉讼相对人指出的真是薄弱环节，❹ 法院也需要衡量一下具体情况，在双方的证据的

---

❶ Liebert Corp. v. Mazur, 357 Ill. App. 3d 265, Ill. Dec. 28, 827 N. E. 2d 909（Ill. App. 2005）.（法院认为，原告既没有要求签署保密协议，也没有在信息上做保密标记，包括被告在内的雇员们无从知晓原告的保密意图：合理的保密措施至少应该让可能接触信息的雇员们知道信息是保密的，这是原告保密措施上的漏洞。最终法院认定部分信息不是商业秘密）

❷ Tyson Foods, Inc. v. ConAgra, Inc., 349 Ark. 469, 79 S. W. 3d 326（Ark. 2002）（原告把公司对雇员的信息也当作了保密措施，但是法院明示地指出，原告有义不容辞的责任证明原告自己认为信息是商业秘密，否则，即使被告真的认为信息是秘密的也没用）

❸ Johns – Manville Corp. v. Guardian Industries Corp., 586 F. Supp. 1034, p. 1072,（D. C. Mich., 1983）（在没有保密协议的情况下，前雇员曾在一份文献中评论到，文献的内容应是保密的。从这一事实中，能够"推断，［被告］不仅意识到了他工作的秘密和保密的性质，也意识到自己有责任保密，这就反驳了他没有意识到需要保密的观点。"）affirmed 770 F. 2d 178（Fed. Cir. 1985）

❹ Interox America v. PPG Industries, Inc., 736 F. 2d 194, pp. 201 – 202（C. A. Tex., 1984.）（原告以商业秘密为由试图阻止自己的旧工厂被拆卸公司转售给竞争对手，但被告却让法院注意到了两个薄弱环节：首先，工厂是建立在高速公路旁边，但却没有用围墙包围起来，而且很多设备又是露天放置，因此从一些角度可以轻易拍摄或描述工厂。其次，为了卖掉旧工厂，原告曾将一份列出工厂中所有机械和设备的手册交给了两家拆卸公司，而这两家公司可能在买到旧工厂后转售给任何一个原告的竞争对手，或者将手册转交给他们；而原告却没有采取任何措施防止它们这样做）

你来我往之间，找出胜利的天平的些许倾斜方向。❶

在每个具体的案件中，权利主张人采取的保密措施是各不相同的。自然而然，其中可能的漏洞也是不尽相同的。如果诉讼相对人能够一一证明权利主张人所谓的保密措施没有一个是能维持秘密的，❷ 那么法院自然更可能在此问题上支持自己。

或者，诉讼相对人也可以让法院查明，在看似严密的保密措施之外，还有一些事实表明，信息会披露。

比如，诉讼相对人可以指出权利主张人自己的行为已经披露了信息，这时，权利主张人的内容保密措施再怎么好也没用。❸

当然，指出某事实会造成商业秘密的披露也并不一定能够成功。❹

---

❶ Interbake Foods, L. L. C. v. Tomasiello, 461 F. Supp. 2d 943, p. 968 (N. D. Iowa, 2006.) （法院判决，原告"保护其商业秘密的行动在具体情况下是合理的，虽然［因为一些不利于它的事实］，这是个双方势均力敌的问题。"）比照：Electro – Craft Corp. v. Controlled Motion, Inc., 332 N. W. 2d 890, pp. 901 – 902 (Minn., 1983.)。又见 Shmueli v. Corcoran Group, 9 Misc. 3d 589, 802 N. Y. S. 2d 871 (N. Y. Sup. Ct. 2005) （原告虽然将客户名单存在设密码的电脑里，但是被告却指出，她的场所人来人往，保密是不可能的，法院据此认定本案存在实质性事实争议，不能既决判决）Electro – Craft Corp. v. Controlled Motion, Inc., 332 N. W. 2d 890, pp. 901 – 902 (Minn., 1983.) （法院承认原告对自己的无刷马达数据和工艺是有保密意图的。但为了具体判断原告的保密措施是否足够，法院查明，虽然它有保密措施，但既有措施却慢慢地松懈，最终漏洞百出。最致命的是，虽然签署了保密协议，但是法院认定，协议中应当有必要指明哪些是商业秘密，这是因为该行业的员工的流动性很大，而且都是他们做同样的产品。虽然法院并不认为保密措施"松懈"必然使信息得不到保护，但是太过松懈的保密措施仍旧会让商业秘密丧失）

❷ Pressure Science, Incorporated v. Kramer, 413 F. Supp. 618 (D. C. Conn., 1976) （被告逐一攻破了原告看似严密的保密措施，使法院倾向于认为，一个有心获得信息，又有技术资源的人可以很容易地通过以上多个渠道完整地勾勒出信息来）.

❸ Nalco Chemical Co. v. Hydro Technologies, Inc., 149 F. R. D. 686 (E. D. Wis. 1993) ［针对原告的剖面图，被告指出，原告会编辑一份小册子，并无限制地分发给任何人，并且它证实，小册子上的信息与原告主张商业秘密的剖面图相同。此外，只要客户有要求（虽然只有少数客户会这样要求），原告就会在没有保密协议的情况下把剖面图送给客户。有这两个保密措施上的漏洞，法院认定该图不是商业秘密］Business Trends Analysts v. Freedonia Group, Inc., 700 F. Supp. 1213, p. 1241, reversed in part, 877 F. 2d 399 （原告主张客户名单为商业秘密。但是它自己的证人也承认，原告没有正式的政策对待这类信息；名单在电脑中没有受到特别的密码保护；名单的复制件甚至可能散落在走廊上，连大楼物业员工也能接触；接触到名单的其他部门的员工根本不知道将之作为什么信息对待。而另外的证言则表明，生成名单的第三方对待信息很随便：只要问问就能从它那里得到名单；它也没有对名单采取额外的保卫措施；名单当初就放在桌子和走廊上；第三方的员工甚至能把名单带回家。加上其他方面的瑕疵，法院实在不能将名单认定为商业秘密）；Defiance Button Machine Co. v. C & C Metal Products Corp., 759 F. 2d 1053, pp. 1063 – 1064 (C. A. 2 (N. Y.), 1985.) （但是法院却查明，在出售自己大多数财产的时候，原告却没有清除出售电脑中名单的信息。虽然被告不是通过售出的电脑得到客户名单的，虽然原告完全不想让名单通过售出的电脑披露，但是被告却可以通过合法获得的源代码本，轻易地获得电脑上的信息。法院认定，原告的保密措施不足，不能获得商业秘密保护）

❹ K – 2 Ski Co. v. Head Ski Co., Inc., 506 F. 2d 471, p. 474, (C. A. Wash. 1974.) （原告主张自己的新型雪橇中含有商业秘密。被告提出的两件会影响该产品秘密性的事情引起了法院的注意：其一是雪橇的材料，供应商从原告处获得了雪橇样品以在一次专业会议中展示，其二是原告会不定期地组织工厂参观。但是法院查明，专业会议没有任何雪橇生产商参与；工厂参观则也是被严格限制，不会披露生产过程的。应用相对秘密性标准，法院维持了地区法院认定商业秘密存在的判决）

诉讼双方都有机会了解保密措施的不合理之处，但是只有诉讼相对人有动力指出它。如果能证实保密措施有薄弱环节，信息有一定程度的可能从中披露出去，那么就说明权利主张人的保密措施有漏洞，进而影响他/她胜诉的可能性。

2. 保密义务漏洞

如果接触到信息的人没有保密的义务，那么这些人自然而然地就可以成为商业秘密披露源。比起指出保密措施上有什么薄弱环节来，指出有这样的人存在更有可能让法院支持自己。因为在此情况下，要求诉讼相对人保密就可能违反了公共政策。所以，诉讼相对人也可以具体地指明哪些人接触了信息但又没有保密义务。❶

诚然，诉讼相对人可以证实，因为有些接触到信息的人没有保密义务，所以保密措施有漏洞，但该人是否真的披露了信息也将会影响法院的判断。❷

---

❶ 在商业秘密侵权之诉中，如果被告提供的证据是自己没有保密意图，那就能完全击垮原告的侵权主张了。Raymond James & Associates, Inc. v. Leonard & Co., 411 F. Supp. 2d 689, p. 694（E. D. Mich., 2006）（证券投资公司希望能够阻止自己的前雇员投入对手门下，从而避免自己客户名单中的客户流失。对于该行业而言，客户名单无疑是有用并不易得的。原告也用密码保护自己的名单，并且要求自己的雇员保密。然而，法院查明，经纪人却能带着写有相同信息的本子——经纪人自己的财产——离职。这些经纪人可以自由使用这本本子，由此法院认定，客户名单不是商业秘密。）Hayden's Sport Center, Inc. v. Johnson, 109 Ill. App. 3d 1140, p. 1049, 441 N. E. 2d 927, p. 934, 65 Ill. Dec. 612, p. 619（Ill. App. 2 Dist., 1982）.（载有名单的红皮书被它自己分发给了自己所有层级的很多员工，包括为没有保密协议约束的一个秘书。）；MBL (USA) Corp. v. Diekman, 112 Ill. App. 3d 229, p. 236, 445 N. E. 2d 418, 4p. 24, 67 Ill. Dec. 938, p. 944（Ill. App. 1 Dist., 1983.）（法院查明，虽然原告有让员工签署保密协议的政策，而且有些员工也的确签了，但是问题是，还有一些员工拒绝签署，却仍旧能够得到继续雇佣）

❷ Space Aero Products Co. v. R. E. Darling Co., 208 A. 2d 74, p. 82（M. D., 1965）.（原告的原料供应商的一个员工证明，他多次访问原告的工厂，对秘密生产工艺的每一步都非常熟悉，甚至还对信息的研发提供过实质性的帮助。虽然原告极力主张该供应商了解的只是信息的一部分，可是法院最终认为该供应商获得了全部的信息，并且没有明示保密义务。不过法院认为，该供应商与原告多多少少是利益共同体，它的公司政策是"从来不乱说哪个人在做什么"，因为"其中牵涉到一些道德问题"，并且它的确从来没有披露或者使用过信息（除了原告外唯一使用秘密工艺的正是合法接触过信息的，作为前雇员的被告）。信息的"实质秘密性"没有被破坏，所以保密措施足够。即使存在不负保密义务的知晓信息者，当该知晓者有意不披露信息，自己也不使用时，保密措施仍可以被认为是使信息不易从权利人来源处得到）Data General Corp. v. Digital Computer Controls, Inc., 357 A. 2d 105, 110 - 11（Del. Ch. 1975.）（原告生产出了一种新型的微机 Nova 1200 并出售，它主张被告侵犯了其中包含的商业秘密。被告指出，为了出售 Nova 1200，原告曾经将其逻辑设计分发给了客户、第三方用户、经销商和培训人员。（双方对这些人的人数产生了争议，被告认为即使在初审期间就有 6000 人接触到它们，原告则认为它只分发了 80 份且有保密关系的存在）并且人们可以通过出售的产品还原 Nova 1200。但是，经过审理，法院却能得出结论认为，产品本身、用户手册等渠道不足以披露足够信息让人复制出完全的 Nova 1200，每次的买卖合同都包含了精心设计保密条款。此外，虽然有人得到了逻辑设计，但是其中也有明确地陈述要求接受保密义务。法院指出，原告只是没有与 2 类接触信息人签订保密合同，即客户的员工和间接的客户，但是他们自然都明白接触到的原告信息的保密性质。加上法院认为，原告自己工厂的保密措施虽然不如客户 IBM，但是已经足够；虽然还有另外一个竞争者也使用了原告的这些信息，但是原告已经经过诉讼和它达成了调解）

综上所述，主张商业秘密的权利人在简单罗列自己已经施行的保密措施时，还应当至少证明保密措施体现了保密意图。而诉讼相对人则可以举证证明保密措施有何薄弱环节，或者存在能够接触信息却没有保密义务的人。在双方的证据交锋中，法院应当能够判断出保密措施是否在具体情况下是合理的，即，是否所有能接触到信息的人有保密义务，并且所有没有保密义务的人很难接触到信息。

三、结　语

商业秘密在任何存在市场竞争的国家都不是新鲜事，笔者只想为我国市场竞争秩序的完善添砖加瓦。

总结起来，商业秘密保密措施的举证规则应当是：权利主张人必须列举出自己的保密措施，并证明其至少能够体现保密意图。通过指出保密措施上的薄弱环节，或保密义务上的不足之处，诉讼相对人可以证实保密措施有漏洞。在双方当事人的证据交锋中，法院通过自由裁量判断出保密措施在具体情况下是否是合理的。

离职后竞业禁止协议效力的判断
——美国判例法研究及借鉴

李 嬛*

摘 要

  随着经济的发展，社会人才的流动日益加剧，由此引起的竞业禁止纠纷也逐渐增多。然而，我国法院对竞业禁止协议的效力判断却各有不同做法，极大地影响了司法实践的统一性，也影响了竞业禁止协议所涉及的雇主、雇员和公共利益的平衡。究其原因，我国立法中竞业禁止协议效力判断相关规定的缺失是导致各法院对竞业禁止协议效力判断方式不同做法的根源。由于美国的竞业禁止制度已经发展得较为完善，其在司法判例和学说中所形成的一系列规则值得我们进行研究并予以适当借鉴。因此，本文在梳理出国内司法实践中存在的问题之后，系统地分析与阐述了美国司法实践中竞业禁止协议的合理性判断标准以及效力认定方式，并针对我国立法和司法实践中的具体问题提出了相应的立法改进措施。最后，本文在现有《劳动合同法》第23条和第24条规定的基础上提出了完善现有立法的具体条文建议。

关键词

  竞业禁止 商业秘密 效力判断 利益平衡

---

* 华东政法大学2008级知识产权专业硕士研究生；本文修改自其毕业论文，指导老师为黄武双教授。

引 言

竞业禁止❶，又称竞业限制，通常指的是对特定营业具有特定关系的特定人的行为予以禁止的制度❷。竞业禁止按其法律效力的来源可以分为法定竞业禁止和约定竞业禁止❸。本文所探讨的竞业禁止系企业与员工之间约定的、就员工离职后的竞争行为进行限制的竞业禁止。

竞业禁止制度的根本设计目的在于保护企业的合法利益、促进市场良性竞争。为保护企业的商业秘密，企业往往与工作中能够接触到商业秘密的雇员签订离职后竞业禁止协议，或者通过其他方式与雇员就竞业禁止进行约定，从而在一定范围内限制雇员从事竞争业务，避免商业秘密的泄露。

竞业禁止制度的核心在于利益平衡、公平兼顾各方的利益。因此，竞业禁止协议的合理性判断至关重要，将直接影响竞业禁止协议的效力。一定程度上，可以认为，竞业禁止协议的效力判断就是合理性的判断，本文正是从竞业禁止协议的合理性角度来探讨竞业禁止协议的效力。

早在20世纪末，我国《劳动法》就为企业与员工约定竞业禁止的这一做法提供了法律支持。然而，由于我国相关法律并未对竞业禁止协议效力的判断方式进行规定，各地法院对竞业禁止协议的合理性判断往往各有解读，导致其判断和认定标准无法统一。为统一司法实践中的处理方式，笔者认为有必要借鉴国外司法实践中的一些成熟经验，厘清竞业禁止协议效力认定的原则和思路，结合我国实际情况予以类型化和条文化。

一、我国竞业禁止协议效力判断中存在的问题

（一）我国竞业禁止协议效力判断的实证分析

为了解我国法院对离职后竞业禁止协议进行效力认定的一般做法，笔者收集了2000年之后的国内36起相关案件（同一当事人的一审和/或二审案件计为一起案件）。在这些竞业禁止案件中，刊登在《最高人民法院公报》上的仅有一

---

❶ 有学者将竞业禁止分为广义的竞业禁止与狭义的竞业禁止。其中，广义的竞业禁止指对与特定的营业行为具有竞争性的特定行为予以禁止的制度，其主体不以特定人为限（参见倪才龙.商业秘密保护法[M].上海：上海大学出版社，2005：119.）；而狭义的竞业禁止则是本文所探讨的针对特定人的竞业禁止。

❷ 倪才龙.商业秘密保护法[M].上海：上海大学出版社，2005：119.

❸ 张耕.商业秘密法[M].厦门：厦门大学出版社，2006：198.

起——王云飞诉施耐德电气(中国)投资有限公司上海分公司劳动争议纠纷案。❶

在对竞业禁止协议的效力进行认定时,法院的考察角度及相关观点无疑是最值得我们关注的一环。通过对所搜集案件的简要整理与分析,我们可以看出,国内司法实践主要存在以下几点问题。

1. 对竞业禁止协议合理性的考察角度不尽完善

竞业禁止的范围和补偿费是竞业禁止协议中的关键条款,其是否合理将从根本上影响竞业禁止协议的效力及履行。然而,在这 36 起案例中,法院对限制的具体方式——期限、地域和行为范围三者之中任何一方面进行合理性考察的却并不多,仅有 11 件案例,足见国内相关案例在分析角度上的不足。

纵观各法院对竞业禁止协议的考察角度,往往呈现出以下特点:

(1) 部分法院对竞业禁止范围的合理性分析流于形式。

有些法院尽管在判决书中明确了需要考察期限、地域等因素,但在实际操作时往往难以结合实际情况去进行分析,使得对期限和地域的合理性分析流于形式,甚至只是很粗略地在判决书中一笔带过。例如,笔者所查阅的判决中有几个案例中仅仅提到,竞业禁止的行业范围和期限与某某公司所要保护的利益、员工的任职经历和任职时间相适应❷,除此之外并未作任何具体分析。

(2) 多数法院通常会考察竞业禁止补偿费的合理性。

出于合同法上的公平、等价有偿等基本原则,法院通常会对竞业禁止协议中补偿费的合理性进行考察,认为企业是否支付合理的补偿费是确认竞业禁止条款是否有效的基本标准与要件之一。

(3) 个别法院完全不对协议的合理性予以分析。

在司法实践中,有少数法院直接以合同系双方当事人真实意思表示,依据合同意思自治认定合同有效,而未对协议的合理性予以任何考察❸,裁判说理有欠周到充分。

尽管如此,仍有些判决的考察对象是比较完善的。如南通大江化学有限公司

---

❶ 该案系由南京市鼓楼区人民法院判决。参见:王云飞诉施耐德电气(中国)投资有限公司上海分公司劳动争议纠纷案[EB/OL]. [2010-06-27]. http://www.court.gov.cn/spyw/ywdy/alzd/201002/t20100221_1391.htm.

❷ 参见北京市海淀区人民法院(2007)海民初字第 6735 号民事判决书和北京市第一中级人民法院(2009)一中民终字第 4986 号民事判决书。

❸ 相关案件可参见:广州市中级人民法院(2005)穗中法民三知初字第 472 号民事判决书和广东省高级人民法院(2008)粤高法民三终字第 161 号民事判决书等。

诉朱慧忠竞业禁止合同纠纷一案❶，该案法院对竞业禁止协议是否合理所采用的标准比较全面，与美国判例法上的要求有所类似。其中阐述道："该竞业禁止协议是否有效、朱慧忠是否负有竞业禁止的义务，除了要依据《合同法》关于合同效力认定的一般规定外，还要考虑以下因素……2. 签订竞业禁止协议的用人单位一方必须具有可保护的利益。3. 竞业禁止协议约定的劳动者禁止从事的行业、禁止的时间和范围等事项必须恰当。4. 用人单位必须支付合理的补偿金。"❷

2. 竞业禁止协议合理性的判断标准不一致

纵观笔者所收集的案例，法院在对竞业禁止协议的合理性进行考察时各有解读，即使在那些具体考察了竞业禁止范围或补偿费的案件中，各法院所采用的合理性标准也存在不一致之处。

首先，对于竞业禁止补偿费的合理与否，尽管法院对补偿费合理性进行分析已经十分普遍，但却没有形成统一的判断标准。

经过分析，目前国内司法实践中对补偿费主要存在以下几种判断标准，参见表1。

表1 司法实践中竞业禁止协议补偿费合理性判断标准汇总表

	补偿费合理性标准	相关案件举例
1	是否满足相关法律法规规定的最低标准	上海市青浦区人民法院（2008）青民三民初字第2936号民事判决书； 南京市玄武区人民法院（2005）玄民一初字第878号民事判决书
2	结合劳动者具体情况进行个案分析	北京市海淀区人民法院（2007）海民初字第17465号民事判决书； 南通市中级人民法院（2007）通中民三初字第0282号民事判决书
3	经双方合意订立竞业禁止协议即意味着合理	广东省高级人民法院（2008）粤高法民三终字第161号民事判决书； 佛山市中级人民法院（2003）佛中法民一终字第146号民事判决书

其次，对于竞业禁止范围的合理性，各法院也存在不同的判断标准。正如上

---

❶ 参见南通市中级人民法院（2007）通中民三初字第0282号民事判决书。
❷ 同上。

节所述，有些法院根本未对此进行分析，有些法院的分析则比较流于形式。❶ 但也有些法院会结合行业特点和劳动者的任职经历等情况进行相对细致的分析。

3. 竞业禁止协议效力认定方式存在较大差别

国内法院对竞业禁止协议的判断依循了传统民法中合同效力的思路，在合同法方面呈现出了一定的体系化特点。然而，各法院的效力认定方式却存在一定差别，参见表2。

表2 司法实践中竞业禁止协议效力认定方式汇总表

	竞业禁止协议的合理性	合同效力认定方式	相关案例举例
1	法院认定协议合理	有效合同	北京市海淀区人民法院（2007）海民初字第6735号民事判决书； 广州市中级人民法院（2009）穗中法民三终字第29号民事判决书
2	未进行合理性认定	有效合同 （理由：合同意思自治）	广州市中级人民法院（2005）穗中法民三知初字第472号民事判决书； 广东省高级人民法院（2008）粤高法民三终字第161号民事判决书
3	法院认定协议不合理	无效合同	南通市中级人民法院（2007）通中民三初字第0282号民事判决书； 上海市高级人民法院（2003）沪高民三（知）终字第1号民事判决书
4		可变更、可撤销合同	广东省高级人民法院（2005）粤高法民三终字第356号民事判决书； 北京市海淀区人民法院（2005）海民初字第5106号民事判决书

笔者认为，除非企业对受到竞业禁止的员工不具有商业秘密❷，否则对于不合理的竞业禁止协议应当以可变更合同来定性。根据《合同法》的相关规定，这类显失公平的合同本应作为可变更或可撤销合同，但法院不宜对竞业禁止协

---

❶ 参见南通市中级人民法院（2007）通中民三初字第0282号民事判决书。

❷ 本文中，"企业对受到竞业禁止的员工不具有商业秘密"指的是两种情况：一种是企业完全不具有商业秘密，另一种是企业本身具有商业秘密，但受到竞业禁止的员工并不知悉或掌握这些商业秘密。以下同。

以无效合同或可撤销合同来认定,因为这样会使用人单位的合法利益得不到应有的保护。另一方面,关于除斥期间的起算,由于竞业禁止协议有别于一般的民事合同,劳动者在劳动合同及劳动报酬、违约责任等的谈判中处于弱势,且通常劳动者于在职期间签订竞业禁止协议后并不会向用人单位主张补偿费不合理,因为这样可能会导致其失去工作,因此,如果从竞业禁止协议签订时起算除斥期间,无疑将使大多数劳动者的利益遭受损害。故笔者认为,在将不合理的竞业禁止协议作为可变更合同进行效力认定时,一年的除斥期间应从劳动者离职时起算。

(二) 国内竞业禁止协议效力判断规则之学理探讨

对于竞业禁止协议效力判断的总体思路,国内学理探讨普遍围绕雇主、雇员和公共利益三个角度进行阐述。至于竞业禁止协议效力判断的具体标准,学界的观点基本是一致的,均认为有效的竞业禁止协议应当满足6个条件:①企业具有商业秘密;②竞业禁止限于特定对象;③竞业禁止的行业种类或领域合理;④竞业禁止的期限合理;⑤竞业禁止的地域合理;⑥补偿费合理。❶

对于不合理的竞业禁止协议的效力如何认定这一问题,国内只有极少数学者对此进行了分析。其观点可以概括如下:①如果企业对受到竞业禁止的员工不具有商业秘密,则竞业禁止协议无效;②期限或领域限制不合理的竞业禁止协议是无效协议,领域限制模糊的协议亦是无效协议;③未约定补偿费的竞业禁止协议是无效协议,但企业通过其他方式事实上进行了补偿的除外。❷ 笔者对其第①种观点持赞同态度,但同时认为,将其他形式的不合理竞业禁止协议一概作为无效协议予以认定的观点似难有依据,同时不利于保护企业的合法利益,也不利于技术的进步和社会的发展。

通过对国内学界现有观点的梳理,笔者认为,目前我国学理探讨中主要存在以下两方面问题。一方面,部分探讨过分拘泥于竞业禁止范围本身的形式。如有些学者纠结于竞业禁止协议的期限限制到底应以几年为宜❸,但期限的合理性应取决于个案实际情况,尤其是个案中行业或商业秘密本身的特性;另一方面,关于竞业禁止协议效力认定的探讨存在严重不足。综上所述,国内学界相关探讨尚不够完善,不足以为我国相关立法和司法的改善提供理论上的参考。

---

❶ 参见张玉瑞. 商业秘密法学 [M]. 北京:中国法制出版社,1999:431-435;倪才龙. 商业秘密保护法 [M]. 上海:上海大学出版社,2005:139-145;张耕,等. 商业秘密法 [M]. 厦门:厦门大学出版社,2006:208-211 等。

❷ 参见倪才龙. 商业秘密保护法 [M]. 上海:上海大学出版社,2005:139-145。

❸ 参见张耕,等. 商业秘密法 [M]. 厦门:厦门大学出版社,2006:210-211。

二、美国竞业禁止协议效力判断研究

美国判例法在商业秘密领域已经发展得较为完善,也形成了一个全面的体系,其在竞业禁止范围合理性界定方面所形成的一些规则对我国有较好的借鉴作用。

(一)竞业禁止协议效力判断标准

在美国判例法中,雇主所需的保护、雇员权利以及公共利益一直是法院对竞业禁止协议进行考察的三个核心,也即目前合同法第二次重述中所采纳的标准。合同法第二次重述第188条指出:"附属于有效交易或关系的限制竞争合同在以下两种情况下不合理,如果:1. 这种限制超出保护订约人合法利益所需;2. 虽不超出保护订约人合法利益所需,但给受约人生活上造成的困难和对公共利益可能造成的损害更严重于保护订约人合法利益所需。"❶

下文将对美国判例法中这三项标准的适用进行具体阐述。

1. 不超过保护雇主合法利益所需

如果设定竞业禁止,竞业禁止协议合理的事实前提是,雇主对于雇员具有合法的可保护利益。这一前提实质上暗含了两个要件:(1)雇主具有商业秘密;(2)雇员知悉雇主的商业秘密。在商业秘密领域中,雇主的合法利益主要体现在雇员从雇主那获得的能为雇主带来竞争利益的商业秘密上,包括雇主投入大量人力物力得到的技术秘密和客户关系等方面,以及雇主在培训雇员知晓熟悉这些商业秘密上的投入。

在满足上述事实前提的基础上,法院才会对竞业禁止范围是否超过保护雇主合法利益所需进行考察。在判断是否超过保护雇主合法利益所需时,法院通常会从雇员工作的性质和特点、所处行业或商业秘密本身的特性等方面进行考量。

2. 未给雇员的生活造成不合理的困难

大多数法院在判例中指出,之所以需要对竞业禁止协议进行详细分析,是因为这种协议可能是不平等议价能力的产物❷,且雇员在与雇主谈判的当时可能很难意识到这将给他之后的生计带来多大的困难。有时,尽管竞业禁止的范围本身可能是合理的,但如果竞业禁止协议给雇员的生计造成了过分的困难,则法院倾向认为该竞业禁止协议无效。

---

❶ See Restatement (Second) of Contracts § 188 (2).

❷ See Gary Van Zeeland Talent, Inc. v. Sandas, 84 Wis. 2d 202, 267 N. W. 2d 242, 250, 251 (Wis. 1978); Central Indiana Podiatry, p. C. v. Krueger, 882 N. E. 2d 723, 729 (Ind. 2008).

竞业禁止协议是否给雇员的生计造成了过分的困难,其判断因素是多角度的。例如对原雇主因履行竞业禁止协议可获得的利益与雇员所受损害进行比较❶、雇员受限制的范围是否过广、雇员寻找其他类型工作的可能性❷等。

3. 未对公共利益造成损害

竞业禁止范围若过宽,无疑会损害公共利益。因此,法院在对竞业禁止协议进行考察时,公共利益成为必不可少的一个因素。

这种公共利益主要体现在保护正常的商业秩序——如果竞业禁止协议的范围过宽,原有企业相当于在无形中独占着这种资源,从而会在一定程度上危害市场竞争秩序。如果这种对公共利益的不利后果在合理范围内,则竞业禁止协议仍是合理有效的❸。另外,在一些有关客户关系的竞业禁止案件中,如果协议中约定雇员在离职后不得与原雇主的任何客户进行交易(即便是客户自己要求与雇员交易),法院通常也会认为此类协议违反公共利益,因为妨碍了公众的自由交易❹。

此外,公共利益还可能体现在对技术传播的可能阻碍以及对公众生存及发展的潜在影响等方面。

(二)竞业禁止协议效力判断的考察对象分析

竞业禁止协议是否合理有效的具体判断实质上是对竞业禁止范围的合理性进行考察。通常而言,美国法院在利用第一节所述三项标准对竞业禁止协议进行合理性分析时,主要是围绕企业对员工进行竞业限制的三个方面——地域、期限和行为范围来进行。

1. 地域

一般而言,竞业禁止协议的地域范围应当以雇员与雇主可能产生实质性竞争关系的经营区域为准,通常为雇员原来服务所涉及的区域或在雇佣期间原雇主产品生产、销售所覆盖的区域,而不应将限制扩大到雇主尚未开展业务的地域。

竞业禁止协议的地域范围如果过度超出雇主的原业务覆盖范围或协议中未就地域范围进行约定,则协议通常会被认为无效❺。

2. 期限

在美国的司法实践中,法院的观点较为一致之处就是,期限的合理性判定没

---

❶ See Selox v. Ford, 675 S. W. 2d 474, 475-476 (Tenn. 1984).
❷ See Ma & Pa, Inc. v. Kelly, 342 N. W. 2d 500, 503 (Iowa, 1984).
❸ See Blue Ridge Anesthesia & Critical Care, Inc. v. Gidick, 389 S. E. 2d 467, 470 (Va. 1990).
❹ See New Haven Tobacco Co., Inc. v. Perrelli, 559 A. 2d 715 (Conn. App., 1989).
❺ See Victor Chemical Works v. Iliff 299 Ill. 532, 551 (Ill. 1921).

有严格统一的规则可以适用。相对而言，行业或技术本身的属性、行业所涉及的保密信息本身的性质以及雇员工作的性质和时间长短是影响期限是否合理的几个重要因素。如果技术或者信息更新速度较快，或者说是失去价值的速度较快，那么设置过长的期限往往是不合理的❶；而如果雇员在雇佣期间所接触和了解的商业秘密越多、时间越长，则相对长一点的竞业禁止期限可能是合理的❷。

3. 行为范围

所谓行为范围，指的是雇员被竞业禁止的具体行业领域或企业，以及具体工作内容、工作种类的范围。雇员承担竞业禁止义务的行为范围通常要与原雇主存在竞争关系，且以雇员离职前所从事的具体工作为限，在保护雇主利益的合理必要范围内承担，否则可能会被法院判定为无效。一般来说，内容为禁止雇员从事与原雇主竞争的"任何经营交易"的竞业禁止协议，法院通常会认为这种协议并不合理。如果对行为种类的限制比保护雇主合法利益所必要的范围更广泛，则法院也通常会认为这种限制不合理❸。

（三）竞业禁止协议的效力认定方式

关于含有不合理限制条款的竞业禁止协议效力及其可执行性，美国判例法上主要有以下 3 种做法，参见表 3：

表3　美国判例法中竞业禁止协议效力认定方式汇总表❹

竞业禁止协议效力认定原则		具体做法
1	全有或全无原则 （All or Nothing）	只有协议中全部的竞业禁止条款都合理，法院才承认该竞业禁止协议全部有效。如果协议中有任何一部分被认定为不合理，则全部竞业禁止协议整体归于无效。只有在竞业禁止协议被当事人修改至合理范围后，法院才会认为该协议可执行
2	蓝铅笔原则 （Blue Pencil）	如果协议中合理与不合理的条款能够很容易地划分开来，则法院可以将其认为不合理的条款划分出去，并认定余下的合理条款有效，赋予合理条款以可执行性。这一做法的前提是——竞业禁止协议的条款间具有可分割性。❺ 如果条款间不可分割，则法院只能判定协议全部无效。（好像一张协议可以用蓝铅笔划分为两部分，因此而得名）

---

❶ See EarthWeb, Inc. v. Schlack, 71 F. Supp. 2d 299, 313 (S. D. N. Y. ,1999).

❷ See Light Corrugated Box Company v. Dubison et al., 26 Pa. D. & C. 169, 1936 WL 5459 (Pa. com. Pl.).

❸ See Diversified Human Resources Group, Inc. v. Levinson – Polakoff, 752 S. W. 2d 8, 11 (Tex. App. Dallas, 1988).

❹ See Elham Roohani Covenants Not To Compete In Nevada: a Proposal [J]. Nevada Law Journal, Winter 2009 (10 Nev. L. J. 277).

❺ See E. P. I. of Cleveland, Inc. v. Basler, 230 N. E. 2d 552 (Ohio. App. 8. Dist. Cuyahoga. Co. ,1967).

续表

	竞业禁止协议效力认定原则	具体做法
3	部分有效原则 （Partial Enforcement）	如果一份竞业禁止协议中有部分条款被法院认定为不合理，则法官可以依其裁量权将不合理的竞业禁止条款修改为合理的条款，然后在该合理的范围内认定协议有效。换言之，法院有权在其认为合理的限度内赋予协议以有效执行的效力

事实上，美国采取全有或全无原则和蓝铅笔原则的州并不多，前两项原则在美国学界亦受到不少抨击。大多数州均系采用部分有效原则。

笔者认为，全有或全无原则或蓝铅笔原则这两种效力认定方式均较为僵化，如果仅因竞业禁止协议的个别条款不合理而认定协议全部或部分条款无效，无疑将不利于对商业秘密权利人利益的保护，损害商业秘密权利人的积极性。而部分有效原则则有效避免了这一不利后果，较好地处理了竞业禁止协议的效力问题。

三、我国竞业禁止协议效力判断制度之完善

在完成了对美国判例法相关规则的探讨之后，如何适当借鉴美国模式并结合我国的法律体系和实际情况予以运用便成为亟待解决的关键问题。要厘清此问题，首先我们需要对国内有关竞业禁止制度的现行法律进行系统性地分析。

（一）我国竞业禁止制度相关立法现状

我国竞业禁止制度起步相对较晚，目前我国有关离职后竞业禁止制度的规定比较混乱，尚未形成统一的体系，而是散见于各层级的法律、法规、规章和其他规范性文件之中。迄今为止，我国竞业禁止制度领域内的唯一全国性立法，也是效力层级最高的法律，即2007年通过的《劳动合同法》，明确对企业与员工之间的约定竞业禁止进行了相对具体的规定。其第23条和第24条分别从补偿费、竞业禁止的人员范围、期限、行业范围等方面对约定竞业禁止进行了规定。

1. 竞业禁止制度立法梳理

《劳动合同法》、各部门规章以及地方性法规对约定竞业禁止进行规定的角度和限定标准各有不同，参见表4。

表4：国内竞业禁止制度典型立法对照表（按发布时间排列）❶

	法律法规名称	期限	地域	行为范围	补偿费
1	《深圳经济特区企业技术秘密保护条例》❷（1995年，于2009年修订）	2年	/	/	应当支付，且提供了具体计算标准
2	《关于企业职工流动若干问题的通知》（1996年）❸	3年	/	生产同类产品或经营同类业务且有竞争关系的企业	应当支付，但未提供具体经济补偿计算标准
3	《珠海市企业技术秘密保护条例》❹（1997年）	2至5年（经批准可超过5年）	/	生产同类产品且有竞争关系的企业	应当支付，且提供了具体计算标准
4	《浙江省技术秘密保护条例》❺（2001年）	3年	/	生产同一种核心技术产品且有竞争关系的企业	应当支付，且提供了具体计算标准
5	《上海市劳动合同条例》❻（2002年）	3年	/	与原用人单位有竞争的业务	可以约定给予经济补偿，未提供补偿标准
6	《劳动合同法》❼（2007年）	2年	/	与本单位生产或者经营同类产品、从事同类业务的有竞争关系的用人单位	可以约定给予经济补偿，未提供补偿标准

从表4中我们可以看出，目前国内立法对竞业禁止期限的规定主要采用固定期限模式，而对行为范围的规定主要是以"与原企业有竞争关系"为中心展开，多数立法为补偿费的支付提供了最低标准，但对地域，没有任何法律法规对此提供了标准，普遍交由企业与员工之间自行约定。

---

❶ 该表中"/"指未明确相应标准，以下同。
❷ 参见《深圳经济特区企业技术秘密保护条例》第23条、第24条。
❸ 参见《关于企业职工流动若干问题的通知》第2条。
❹ 参见《珠海市企业技术秘密保护条例》第18、第20、第22条。
❺ 参见《浙江省技术秘密保护条例》第14、第16、第17条。
❻ 参见《上海市劳动合同条例》第16条。
❼ 参见《劳动合同法》第23、第24条。

2. 现行立法评析

除缺乏对地域范围的界定外，现行法律法规还存在以下几点问题。

首先，在法律层面上，对竞业禁止协议合理性标准的规定仍不充分，亦未明确对竞业禁止协议效力进行认定的考察对象以及效力认定方式。

其次，在部门规章和地方性法规层面，亦存在一些值得探讨之处。第一，从对竞业禁止期限的规定来看，国内立法对竞业禁止期限的规定主要采用固定期限模式。仅有珠海市出台的《珠海市企业技术秘密保护条例》❶体现出了较大的灵活性，能有效兼顾个案的平衡。第二，从对竞业禁止行为范围的规定来看，尽管各法规规章均是围绕"与原企业相竞争"这一中心展开，但要求却不尽相同。多数地方立法规定的是"生产同类产品或经营同类业务且有竞争关系的企业"，广东省和浙江省则将行为范围限定为"生产同一种核心技术产品且有竞争关系的企业"。第三，从对竞业禁止补偿费的规定来看，多数地方性法规明确了企业应当在约定竞业禁止时向劳动者支付补偿费，但仍有少部分地方性法规并未对此进行规定。

此外，在诸多地方性法规中均规定了竞业禁止协议的解除或终止条件。多数地方立法均认为，发生以下三种情形，竞业禁止协议应当解除或自行终止：（1）技术秘密已经公开的；（2）企业违反约定，不支付或者无正当理由拖欠补偿费的；（3）协议的一方当事人主体资格消灭的（如果是企业一方，前提是企业一方的权利义务没有承继者）❷。地方性法规中的这一做法是值得我们在立法中进行借鉴的，其所设定的解除或终止条件亦较为合理。

（二）完善竞业禁止协议效力认定的立法建议

美国系判例法国家，而我国的民事法律制度却渊源于大陆法系，难以直接与美国的制度进行对接。尽管如此，在对竞业禁止协议效力进行认定时，二者所体现的根本价值追求是相同的，因此，通过对我国现行立法进行分析与评价，并从美国判例法中汲取营养，有利于完善我国的竞业禁止协议效力判断制度。

笔者认为，在完善竞业禁止协议效力认定的立法时，我们应以利益平衡为原则，在借鉴美国相关规则的基础上从以下几方面进行改善。

1. 提供竞业禁止协议合理性判断的具体衡量标准

我国立法中应当采取列举加概括的方式，对《劳动合同法》第24条所述

---

❶ 参见《珠海市企业技术秘密保护条例》第20条。
❷ 相关立法可参见《珠海市企业技术秘密保护条例》第23条和《浙江省技术秘密保护条例》第18条。

"范围、地域、期限"的合理性界定提供一些较为具体的衡量标准，将行业的特点或技术的特点、劳动者所掌握商业秘密的程度、劳动者原工作所涉及的地域范围、对公共利益的不利影响等方面作为合理性判断时的综合考虑因素，并将保护企业利益所必要、不给劳动者的生计带来过分的困难和不损害社会公共利益等三方面作为衡量竞业禁止协议是否合理的原则进行规定。

2. 提高条文的灵活性

在竞业禁止制度领域，笔者认为提高条文的灵活性主要应当从竞业禁止期限和补偿费两方面进行。竞业禁止期限的长短可以选择参照珠海在期限方面的做法——确定一个幅度范围，同时允许根据个案实际情况适当调整这一幅度，既确保了原则性，又不失灵活性。而补偿费的多寡则取决于实际竞业禁止的范围、当地物价水平、劳动者的原工资等现实情况，亦需要作个案平衡。

3. 增加对行为范围的限定角度

国内目前的相关规定均着重强调劳动者原工作单位的性质，要求劳动者不得在与原企业生产同类产品或经营同类业务且有竞争关系的企业工作。但如果广泛地禁止劳动者在类似企业工作，无疑将不利于劳动者在自己熟悉的领域谋生。因此，对行业范围的限定不仅应当从企业的性质角度进行界定，还应当结合劳动者在原企业本身工作职责的性质，进一步缩小劳动者被竞业禁止的范围。

4. 法律层面规定竞业禁止协议的解除或终止条件

目前各地的地方立法给我们最重要的一个启示就是，应当在法律层面上完善竞业禁止协议的解除或终止条件。这些地方性法规中所列举的解除或终止条件亦较为合理，可以直接为立法所采纳。

5. 竞业禁止协议效力认定方式

在竞业禁止协议的效力认定上，对于企业不具有商业秘密或其他可保护利益的协议，可作为无效合同予以认定，因为这种协议对劳动者施加的限制缺乏事实依据。但是，对于竞业禁止范围或补偿费不合理的协议，也即显失公平的协议，则可以参照美国的部分有效原则，结合我国的法律体系，作为可变更合同来予以认定，而不宜直接作为无效合同或可撤销认定，否则难以有效保护企业的商业秘密。同时，除斥期间应当从劳动者离职时（即劳动关系终止时）起算。如果劳动者及时行使了变更权，法院可依其裁量权将竞业禁止协议变更为合理范围，或将协议中不合理的限制条款去除，并在合理范围内赋予协议以有效执行的效力。

（三）竞业禁止协议效力认定立法之具体条文建议

笔者的具体条文建议系在《劳动合同法》第23条和第24条的基础上加以完

善。根据上文提供的思路，并借鉴美国判例法中的相关规则以及国内地方立法中较为成熟的条款，笔者认为，我国《劳动合同法》中竞业禁止协议相关条款宜修改为：

第 N 条　对于负有保密义务的劳动者，用人单位可以在劳动合同、保密协议或者竞业禁止协议中约定竞业禁止的相关事项。对于承担竞业禁止义务的劳动者，用人单位应当根据劳动者的实际情况向其支付经济补偿。其中，年补偿费一般不得低于劳动者离职前一年从用人单位获得的年报酬总额的二分之一，同时不得低于劳动者所在地的最低生活标准。劳动者违反竞业禁止约定的，应当按照约定向用人单位支付违约金。

第 N+1 条　竞业禁止的人员限于用人单位的高级管理人员、高级技术人员和其他负有保密义务的人员。竞业禁止的范围、地域、期限由用人单位与劳动者约定，但不得超出合理范围。竞业禁止的约定不得违反法律、法规的规定。

前款所述的竞业禁止的范围应以与本单位生产或经营同类产品、从事同类业务的有竞争关系的企业为限，且不应超出与劳动者原工作岗位类似的岗位，特殊情形除外。竞业禁止的地域一般应在本单位产品或业务所覆盖的区域范围内。竞业禁止的期限一般不应超过二年，但根据情形经国家科学技术行政部门批准的除外。

第 N+2 条　劳动者认为所签订的竞业禁止协议不合理的，有权在终止劳动关系之日起一年内请求人民法院或者仲裁机构变更。

人民法院或者仲裁机构应当本着在保护用人单位合法利益的必要限度内、不致过度损害劳动者的生活和不致损害公共利益的原则，结合案件实际情况对竞业禁止协议的合理性进行审查。

第 N+3 条　人民法院或者仲裁机构在对竞业禁止协议进行审查时可适当衡量以下几方面因素：

（1）行业或技术自身的特点；
（2）劳动者所掌握商业秘密的程度；
（3）劳动者的生活水平和择业自由是否受到严重影响；
（4）是否会过度限制市场竞争；
（5）其他人民法院或者仲裁机构认为应当衡量的因素。

经审查，人民法院或者仲裁机构认为竞业禁止协议不合理的，可依法行使裁量权将不合理的竞业禁止条款变更为合理范围，并在变更后的合理范围内认定协议有效。

第 N+4 条　有下列情形之一的，竞业禁止协议自行终止或经一方当事人通知即可解除：

（1）劳动者所知悉的商业秘密已经公开的；

（2）用人单位违反约定，不支付或者无正当理由拖欠补偿费的；

（3）劳动者死亡，或者用人单位主体资格终止且其权利义务没有承继者的。

双方也可以根据约定或者协商提前终止竞业限制协议。

结　语

实现各方的利益平衡始终是立法和司法的目的所在。如何对竞业禁止范围的合理性进行衡量并有效平衡用人单位利益、劳动者权益以及公共利益三者之间的关系是将来修法考虑的重心。而法院在司法实践中亦应始终将利益平衡作为根本原则，并根据个案的实际情况充分考量协议对各方利益的影响，而不能简单地只做字面考量，力求做到公平与平衡。

美国商业秘密不可避免泄露原则的启示
——兼评我国竞业禁止制度之不足

吴 鑫[*]

摘 要

当前我国立法主要依靠竞业禁止制度控制员工携带商业秘密跳槽的行为,这一制度不足以实现雇主、雇员、公众三者间的利益平衡。建议引进美国司法判例中业已形成的"不可避免泄露原则"以弥补竞业禁止制度的缺陷。该原则并不以竞业禁止协议作为阻止员工携带商业秘密跳槽行为的唯一依据,是商业秘密法控制"即发侵权"行为的理论突破。而当员工的跳槽行为并不至于导致雇主商业秘密泄露,但其签订的竞业禁止协议又不合理地限制了员工的择业自由之时,法院也可借助该原则判定该协议的合理性。较之我国立法,美国以不可避免泄露原则作为竞业禁止制度的补充,并以之作为个案分析员工跳槽行为合法性标准的方式更值得借鉴。

关键词

商业秘密 不可避免泄露原则 竞业禁止 利益平衡

---

[*] 华东政法大学 2008 级知识产权专业硕士研究生;本文修改自其毕业论文,指导老师为何敏教授。

一、不可避免泄露原则的定义及其适用条件

（一）美国判例对于不可避免泄露原则的经典表述——以 PepsiCo, Inc. v. Redmond 案为视角

美国最初确立不可避免泄露原则的案例可以溯及至 1919 年纽约州法院审理的 Eastman Kodak Co. 诉 Power Film Products, Inc 案件，❶ 而后又有许多案例均适用过该原则。❷ 然而对于美国现行法律而言，适用不可避免泄露原则对后世影响最大的案件莫过于 PepsiCo, Inc. v. Redmond 案（以下简称"PepsiCo"案）。该案在《统一商业秘密法》的背景下，明确了不可避免泄露原则适用的几个因素，重新系统地表述了不可避免泄露原则。❸ 值得注意的是，本案在雇佣双方并未签订竞业禁止协议的情形下，仍以被告雷蒙德的跳槽行为将不可避免地导致原雇主 PepsiCo 公司的商业秘密泄露为由对其发布了临时禁令，这也表明不可避免泄露原则的相对独立性，即竞业禁止协议并不是唯一控制雇员跳槽泄密行为的唯一依据。

案件的事实背景如下:❹ PepsiCo 和 Quaker 公司均为饮料界的巨头，产品在市场上竞争激烈。1994 年 11 月 10 日，PepsiCo 公司的加州业务部总经理 Redmond 辞职欲加盟 Quaker，11 月 16 日，Pepsico 公司向法院起诉，诉称 Redmond 作为公司高级管理人员，掌握该公司的战略计划、定价策略等重要商业秘密，若允许其加盟 Quaker 公司，他将在未来的工作中不可能不泄露或使用这些商业秘密，构成不正当竞争行为，因此请求法院发布禁止 Redmond 加盟 Quaker 公司的临时禁令。被告 Quaker 公司及 Redmond 则辩称，Redmond 在两家公司所担任的职务并不相同，Quaker 公司聘用 Redmond 并无利用其所掌握的商业秘密的企图，且公司内部的商业道德准则可以防止 Redmond 将 PepsiCo 公司的商业秘密泄露给自己。法院认为，Redmond 确实掌握其原雇主 PepsiCo 公司战略规划、市场开发计划等属于商业秘密的信息，案件焦点在于 Redmond 的跳槽行为是否会不可避免地导致 PepsiCo 公司商业秘密的泄露，而"除非 Redmon 具有区分信息的特殊

---

❶ Susan Whaley, Comment, The Inevitable Disaster of Inevitable Disclosure, 67 U. CIN. L. REv. PP. 820 (1999)，转引自黄武双. 美国商业秘密保护法的不可避免泄露规则及对我国的启示［J］. 法学，2007 (8): 144.

❷ E. I. duPont de Nemours&Co. v. American&Chemical Corp, 1964; Allis–Chalmers Manufacturing Co. v. Continental Aviation&Engineering Corp, 1966.

❸ 胡成. 论商业秘密不可披露原则［D］. 武汉：武汉理工大学，2009.

❹ 54 F. 3d 1262 (7th Cir. 1995).

功能，否则他在做出决定时会不可避免地使用 PepsiCo 公司的商业秘密"。并且由于 Redmond 在跳槽时向原雇主 PepsiCo 公司谎报其在 Quaker 公司担任的新职务，法院认为 Redmond 缺乏诚信度，其单方承诺不向新雇主 Quaker 公司泄露原雇主商业秘密的声明不值得信任。法院由此发布临时禁令，禁止 Redmond 在 1995 年 5 月前加盟 Quaker 公司，并永久禁止其泄露 PepsiCo 公司的商业秘密。Redmond 提起上诉，上诉法院予以驳回并维持原审法院的判决。

美国成文法并未对不可避免泄露原则作具体表述，我们可以借用 Mattew K. Miller 的表述来为该原则做一个概括，即"根据前、后雇主及其产品的性质，雇员在前后两家单位中承担职务的相似性等证据，有理由认为该雇员必定会在履行其新职务的过程中泄露原雇主的商业秘密，在上述情况下，法院可以认定该雇员有潜在的侵权行为，并依此颁布禁止该雇员在一定时期内在相关领域内执业的禁令。"❶ 该原则突破了仅利用竞业禁止协议防止雇员携带商业秘密跳槽的局限性，而在 PepsiCo 案重新确立该原则后，美国也有多起案例的判决不断加以引用，以至于该案几乎成为不可避免泄露原则的代名词。❷

（二）不可避免泄露原则的适用条件

不可避免泄露原则是美国商业秘密立法中一项极富争议的制度，事实上，不可避免泄露原则在功能上相当于一个事后的竞业禁止协议，❸ 但可能缺乏对雇员利益的合理保护。虽然 PepsiCo 案试图确立该原则的适用规范，但其后法院在适用此原则时仍然表现出不确定性及不一致性，有人批评："对典型的不可避免泄露案件的诸多判决略作抽样即可显示，这些判决通常未能建立在有深度的规范性分析基础之上。"❹ 因此必须对不可避免泄露原则的适用进行严格规范，才能防止雇主滥用该原则以至于不合理地妨碍雇员的择业自由。使之 PepsiCo 案确立的基本规范要素并综合相关案例，笔者认为可以从以下几方面进行综合考量，以判定员工的跳槽行为是否即将不可避免地泄露雇主的商业秘密。

---

❶ Mattew K. Miller, Inevitable Disclosure Where No Non‑Competition Agreement Exists: Additionnal Guidance Needed.

❷ 彭学龙. 不可避免披露原则再论——美国法对商业秘密潜在侵占的救济 [J]. 知识产权，2003 (6)：60.

❸ Bliss Co. v. Struthers‑Dunn, Inc., 408 F. 2d 1108, 1112‑13 (8th Cir. 1969). 转引自黄武双. 美国商业秘密保护法的不可避免泄露规则及对我国的启示 [J]. 法学，2007 (8)：148.

❹ Sullen Lowry, Inevitable Disclosure Trade Secret Disputes: Dissolutions of Concurrent Property Interests, [S]. Stan. I.. Rev.. 1998, (40)：521.

1. 雇员知悉或有理由知悉前雇主的商业秘密

雇主享有受保护的商业秘密是适用不可避免泄露原则的前提，此时可以参照美国《统一商业秘密法》关于商业秘密的界定标准。❶ 而如何判定雇员有理由知悉雇主的商业秘密，可以尝试依据以下标准：其一，雇员担任职务的不同以及是否能够接触到雇主之商业秘密，若雇员为原雇主的高级管理人员或技术人员，如董事、经理、监事，技术研发人员等极有可能接触雇主商业秘密的相关人员，雇主证明其有理由知悉商业秘密的难度就相对较低。反而言之，作为原雇主的普通员工并不直接参与企业决策或经常接触雇主商业秘密时，除非雇主能举出具体的证据证明雇员确实以特定方式掌握其一定的商业秘密信息，否则不能推知该雇员有理由知悉其雇主的商业秘密。其二，雇员掌握的是商业秘密还是一般职业技能，雇员在工作时期积累的个人经验、知识或一般技能应专属于雇员所有，并能为其自由使用或交易，雇主不得以不可避免泄露原则为由阻止其择业自由。然而二者之间在实践中界限十分模糊，因为雇主的商业秘密在雇员的长期使用中可能已经转化为雇员的个人经验而与原有的商业秘密难以区分。我们可以参见在美国司法裁判中几种常用的区分方法，如将信息区分为一般性和特殊性，根据所有人是否在雇佣关系中禁止雇员使用，根据雇员能力是否能自行发展出商业秘密等因素来加以判断。❷

2. 前、后雇主竞争程度及职位相似程度❸

在不可避免泄露原则适用的案件中，法院一般要求前、后雇主的经营范围具有相当的一致性，并且存在竞争关系，这是适用该原则的关键要素，因为只有在此情况下雇员所携带的商业秘密才有可能发挥作用，并形成后雇主不正当的竞争优势。法院在判定前、后雇主竞争程度时通常会考虑以下两个要素：其一，前、后雇主是否处于同一产业上、生产相同的产品或提供相同的服务，这是前、后雇主存在竞争的前提；其二，前、后雇主是否面向共同的市场，仅凭借前、后雇主经营范围的一致不足以判定其间必然存在竞争关系。"如果前、后雇主所生产的产品或提供的服务面向不同的市场，那么它们的竞争性显然就会减弱甚至根本不存在。"❹

在判定前、后雇主确实存在相当的竞争关系时，法院将会对雇员承担职务相

---

❶ 其中规定，"商业秘密是指特定信息，包括配方、式样、汇编、程序、设置、方法、技术或工艺等，这些信息需满足：(1) 由于不为他人广泛所知，他人通过正当手段无法轻易获知，因而局域现实的或潜在的经济价值，并且他人因其披露或者使用也能够获取经济利益，而且：(2) 根据特定情况已经采取了合理的措施，以维持其秘密性。" Uniform Trade Secrets Act 1 (amended 1985), 14, U.L.A. 438 (1990).

❷ 孔祥俊. 反不正当竞争法新论 [M]. 北京：人民法院出版社，2001：176。

❸ 黄武双. 美国商业秘密保护法的不可避免泄露规则及对我国的启示 [J]. 法学，2007 (8)：149.

❹ 刘丽玉. 论商业秘密保护法中的不可避免披露原则 [D]. 广东：广东外语外贸大学硕士论文，2009.

似性进行审查。"显然,在两个职位的工作职责几乎完全相同的情况下,新雇主应当遭受更多的质疑。"❶ 因为其职务越具有相似性,雇员就越有可能不可避免地泄露原雇主的商业秘密。

3. 雇员的主观态度及相关行为

雇员的诚信程度也可作为判定原雇主商业秘密泄露可能性的一个依据,在 PepsiCo 案中,法官就以 Redmond 隐瞒新职位为由推论其承诺不向新雇主泄露原雇主之商业秘密的行为并不值得信任,然而,雇员是否值得信任是一种主观心理活动,举证具有较大难度。笔者建议可以参考以下标准进行判定:(1)在将来的工作中雇员是否会与来自同一前雇主的雇员共事。如果在雇员跳槽之前,新雇主就已大量网罗前雇主的雇员,其恶意程度就已较明显地显示出来。(2)雇员的工资是否因接受新工作而得到显著提高。若其工资确有大幅度提高,可以怀疑新雇主聘用该雇员并不是单纯因为其所掌握的一般技术和知识,而是更多得为了换取前雇主的商业秘密。(3)新雇主在雇佣该雇员时讨价还价的行为是否表现出想获得商业秘密的意愿。(4)雇员在磋商和接受新工作时对其前雇主是否坦诚及诚信。❷

但值得注意的是,PepsiCo 案后,许多法院判例及相关学者并不认为主观恶意程度是判定商业秘密是否"不可避免泄露"的必要依据。笔者亦持此观点,毕竟,雇员前后职位的相似性可能导致其在新职位上不可避免地使用原雇主的商业信息,与其主观恶意程度并无必然联系。正如有学者指出,"法院在决定是否适用不可避免泄露原则所考虑的决定性因素是前雇员在新雇主处实际从事的工作性质和职责而非内心意图。问题在于新的工作岗位是否将导致雇员不可避免地泄露或者使用前雇主的商业秘密,不管是有意还是无心,在判决时可以考虑前雇员的内心意图,但这并不具有决定作用。"❸

4. 竞业禁止协议签订与否

尽管笔者一再强调不应将签订竞业禁止协议作为阻止员工跳槽行为的唯一手段,而 PepsiCo 案也在不存在竞业禁止协议的情形下依旧对 Redmond 发布临时禁令,然而由于不可避免泄露原则实质上相当于一个事后的竞业禁止协议,鉴于其

---

❶ 黄武双. 美国商业秘密保护法的不可避免泄露规则及对我国的启示 [J]. 法学, 2007 (8): 149.

❷ Susan Street Whiley, The Inevitable Disclosure of Trade Secrets, University of Cincinnati Law Review, 转引自:李里. 商业秘密保护中的"不可避免披露"原则研究 [D]. 重庆:西南财经大学, 2009.

❸ Mark Halligan. Trade Secrets and the Inevitable Disclosure Doctrine [EB/OL]. [2002 - 11 - 15] http://rmarkhalligan.com. 转引自,彭学龙. 不可避免披露原则再论——美国法对商业秘密潜在侵占的救济 [J]. 知识产权, 2003 (6): 64.

禁令制度的强制性，在缺乏竞业禁止协议的情况下，对雇员发布禁令则应该慎之又慎。而美国判例也显示出，在没有竞业禁止协议的情况下，法院会更为倾向雇员的利益而不会轻易做出其跳槽行为将不可避免地导致原雇主商业秘密泄露的结论，这也使得凭借不可避免泄露原则保障雇主对商业秘密的所有权的同时不至于过度损害其雇员之利益。❶反而言之，"在雇员签订了竞业禁止协议的情况下法院更倾向于颁发禁令，因为签署了竞业禁止协议的雇员应该预见到自己将来的流动已经受到一定程度的阻碍。"

二、不可避免泄露原则的可行性分析

（一）不可避免泄露原则的立法需要

随着商业社会的迅速发展及信息交换的日益频繁，采用各种不法手段窃取商业秘密的行为也愈加猖獗，笔者认为，之所以在司法实践中逐步形成不可避免泄露原则，与商业秘密特殊的权利性质及传统商业秘密法对于控制"即发侵权"行为立法的不足有密切的联系。

不同于专利，商标等其他类型的知识产权，商业秘密的价值恰恰来自于其秘密性，这种秘密状态一旦被破坏（即该秘密一旦溢出原来存在的范围），商业秘密的价值必然锐减乃至荡然无存，❷对于商业秘密最好的、最重要的救济方式不是在侵权发生后给予损害赔偿，而是阻止对商业秘密的侵权行为的实际发生，将因商业秘密被泄露或非法使用的损失最小化。❸然而，传统商业秘密保护中的"竞业禁止"制度并不足以防止员工跳槽所可能导致的即发侵权行为，加之美国部分法院对于竞业禁止协议本身的排斥态度，不可避免泄露原则随之应运而生。❹

（二）不可避免泄露原则的法理基础

关于不可避免泄露原则适用的法理依据，有学者尝试以违反合同保密义务予以说明，一般而言，雇主和雇员之间存在保密协议或竞业禁止协议可以作为阻止员工携带商业秘密跳槽行为的依据。但当此类协议存在缺陷甚至不存在时，如何确定雇员的违约责任，英、美法官在司法实践中根据普通法上的衡平原则又创设了默示合同理论，根据该理论，雇员对其雇主的商业秘密负有保密义务，而不问

---

❶ 瞿燕. 不可避免泄露原则［D］. 兰州：兰州大学，2008.
❷ 朱谢群. 商业秘密保护中"不可避免披露"原则［J］深圳大学学报》2004（3）：38.
❸ 周琳. 试论美国商业秘密保护法律制度中的不可避免泄露原则［D］. 济南：山东大学，2008.
❹ 尽管 PepsiCo 案以来，不可避免泄露原则得到迅速发展，但是美国各州法院对该原则的态度不一，有些州法院并未接受这一原则，加利福尼亚州即为此例。

其保密协议是否存在。"该理论的出现，以无限期的保密义务取代了明示合同所规定的有限制的保密义务，使保密成为涉及雇佣关系或其他关系的相对人的一项强制性义务，"❶ 成为未签订保密协议时如何阻止员工携带商业秘密跳槽的理论基础。然而此理论亦存在缺陷，合同相对性致使其无法对抗第三人所为的侵犯商业秘密的行为，而若员工的跳槽行为是受竞争企业以不正当手段诱使而为之，以违约理论则难以控制竞争企业的不法行为。违约理论实质上将商业秘密视作相对权利的一种，这也与知识产权之对世权特征并不相同。笔者认为可以以知识产权领域早有的"即发侵权"理论以及民法中的反不正当竞争理论解释适用不可避免泄露原则的法理依据问题。

"即发侵权"❷ 理论旨在侵权行为尚未发生时即在源头上阻断其对权利人可能造成的损害。鉴于知识产权性质的权利一旦泄露可能引发的严重后果，TRIPS 第 41 条第 1 款规定："成员应保证本部分所规定的执法程序依照其国内法可以行之有效，以便能够采用有效措施制止任何侵犯本协议所包括的知识产权的行为，包括及时的防止侵权的救济，以及阻止进一步侵权的救济。这些程序的应用方式应避免造成合法贸易的障碍，同时应能够为防止有关程序的滥用提供保障。"笔者前文已论述过由于商业秘密一旦泄露即可能造成无法挽回的损失，因此在该领域完善即发侵权立法尤为重要，而不可避免泄露原则的确立恰恰提供了控制员工跳槽导致的商业秘密即发侵权行为的法理基础。

事实上，许多学者认为反不正当竞争法可以作为知识产权保护的兜底法律❸，因而理论界也有以反不正当竞争理论来解释不可避免泄露原则的合理性问题的观点。❹ 自己不付出劳动，而不正当地利用他人已经取得的市场成果，获得竞争优势的行为，属于不正当竞争行为，可以纳入反不正当竞争法的调整框架。员工泄露商业秘密，为竞争对手提供了原雇主的重要信息，从而使原雇主的竞争优势大大削减，此时运用不可避免泄露原则予以阻止，也体现了反不正当竞争法

---

❶ 吴汉东，胡开忠. 无形财产权制度研究 [M]. 北京：法律出版社，2005：335.

❷ 所谓即发侵权是指侵权行为尚未发生但存在发生的危险，或虽然已经发生但尚未产生一定损害结果的行为，由于知识产权的客体是无形的智力活动成果，具有易复制性，而知识产权人又无法通过实际占有来控制对它的利用，因此，一旦发现侵权行为即将发生，就应立即采取措施禁止其发生，如果等到侵权行为已经发生或造成一定的损害后果时，才去追究，就为时已晚了。见符琪. TRIPS 中的即发侵权问题 [J]. 律师世界，2001（11）：80.

❸ 吴汉东，胡开忠. 无形财产权制度研究 [M]. 北京：法律出版社，2005：174.

❹ 黄丽萍，刘丽玉. 论商业秘密保护中的不可避免披露原则——以李开复事件为例 [J]. 广东外语外贸大学学报，2006（1）：14.

鼓励合法竞争，维护市场经营秩序的功能。笔者之所以更为赞成后两种理论，因为其突破了违约理论的相对性缺陷，将以恶意手段诱使雇员泄露商业秘密的企业纳入不可避免泄露原则的控制领域，从而大大扩大了该原则的适用范围。

（三）不可避免泄露原则的利益平衡

利益平衡是知识产权领域的永恒话题，也是商业秘密领域必须遵循的根本原则。❶ "知识产权在历史上总的趋势是不断扩张，这种扩张的背后即是利益平衡机制在起作用。"❷ 而不可避免泄露原则至今在美国仍为一项极富争议的制度，其根本原因在于该原则在保护商业秘密权利人利益之时，与员工自由择业权及市场自由竞争权之间产生了冲突。"所以，该原则能否'存活'以发挥其在知识产权保护和维护健康竞争秩序方面的积极作用，不仅取决于该原则有无清晰而严格的适用标准与条件，也取决于该原则中的适用方式能否被普遍接受，至少是被普遍地容忍。"❸

在商业秘密法保护领域，法律所调整的社会关系主要涉及三方面的利益：商业秘密权利人的利益，雇员自由择业，自由使用一般知识、经验和技能的权利以及其他市场竞争主体自由竞争的权利，当三者利益发生冲突时，如何在其间寻求最佳平衡点，这就要求不仅在确定能否适用该原则时有明确的限制条件，并且宜在确定向员工发布禁令时对于救济方式本身进行合理限制。而笔者在前文已详细论述过适用该原则的限定条件，在此仅论述对于禁令本身应设定的限制。

1. 禁令时间的限制

对时间的限制可以参照竞业禁止协议的有效期限予以确定。一般而言，该期限并无具体法律规定，而只是概括规定其最高上限。❹ 在具体确定时间时，禁令期限不宜太长，因为"时间是信息价值的衰减器，一方面，经营信息和技术信息会随时间的推移而发展更新，另一方面，雇员在某一专业领域的研发能力，也随时间的推移而变化甚至下降。"❺ 因此宜在不过分造成商业秘密权利人利益之损失的前提下，确定较短的禁令时间，以期在保护雇主利益的同时，将雇员权利的损害程度降至最低。

2. 禁令领域的限制

禁令的设置应局限于与使用商业秘密有关的业务或者技术领域。以"梯恩梯

---

❶ 倪才龙. 商业秘密保护法 [M]. 上海：上海大学出版社，2005：123.
❷ 刘丽玉. 论商业秘密保护法中的不可避免披露原则 [D]. 广东：广东外语外贸大学硕士论文，2009.
❸ 李里. 商业秘密保护中的"不可避免披露"原则研究 [D]. 重庆：西南财经大学，2009.
❹ 倪才龙. 商业秘密保护法 [M]. 上海：上海大学出版社，2005：141.
❺ 马蓉蓉. 试论竞业禁止时人才流动中保护商业秘密的作用 [J]. 政治与行政，2004 (6)：38-40.

公司诉恩尼诗公司"案为例，涉案的离职员工知悉原雇主 Dodge Viper 和 Mitsubishi3000 GT 两种汽车"客户化"（即按客户要求对原车进行改造方面）的商业秘密，法院并未完全禁止雇员为新雇主工作，而只是禁止雇员在新雇主从事汽车"客户化"的相关工作。❶ 改判决旨在将不可避免泄露原则对于雇员自由择业权的限制降低至最小程度，也减低了公众对于该原则的排斥和疑虑，使得该原则更易为人们接受。

3. 禁令补偿的限制

禁令阻止了雇员在一定时期内从事自己所擅长工作的权利，造成后果是雇员离开原公司的工作同时不能从事自己擅长的工作。此时若不对该雇员进行合理经济赔偿，则会影响雇员的生计而明显违反公平原则。由于不可避免泄露原则的禁令签发效果上相当于一个法定的竞业禁止协议，法院亦可以参照竞业禁止的相关规定对被签发禁令的雇员判以合理经济补偿。

从表面上看，不可避免泄露原则似乎不要求有任何证据，也就是说，不管什么时候雇员离职并准备转投至雇主的竞争者，雇主只要念一声"不可避免泄露"的咒语就可打赢官司。❷ 然而事实情况并非如此，在相关判例中，雇主事实上处于不利地位，即法院会加诸其较重的举证责任，要求雇主必须有充分证据证明雇员的离职行为确实不可避免地导致其商业秘密泄露的情形才可适用禁令。美国判例在没有竞业禁止协议的前提下适用该原则十分谨慎，这也是利益平衡机制在商业秘密法领域作用的具体表现。❸

以上笔者所论述的主要是不可避免泄露原则在赋予企业阻止员工携带商业秘密跳槽行为的同时对于雇员损失利益的相关平衡。而事实上，该原则的恰当适用也可以弥补竞业禁止制度对于雇员利益的损害。实践中大量竞业禁止协议具有天然的不平等性而不合理地限制雇员的劳动权及择业自由权，此时以不可避免泄露原则作为判定竞业禁止协议合法性的依据可以有效阻止其对雇员利益的不合理损害。而人们往往只关注于该原则对于雇主权利的救济而忽视了其对雇员利益的弥补，这也是理论界及实践界对该原则的适用褒贬不一的原因之一。❹

---

❶ 朱谢群. 商业秘密保护中"不可避免披露"原则 [J]. 深圳大学学报，2004（3）：38.

❷ Mark Halligan. Trade Secrets and the Inevitable Disclosure Doctrine [EB/OL]. [2011 – 03 – 01]. http://rmarkhalligan.com.

❸ 黄武双. 美国商业秘密保护法的不可避免泄露规则及对我国的启示 [J]. 法学，2007（8）：149.

❹ 谢薇，赵小东. 试析商业秘密"不可避免披露"原则的不确定性——从 PepsiCo, Inc. v. Redmond 案谈起 [J]. 理论与实践，2005（12）：90 – 92，作者即对该原则持否定态度。

三、我国现行立法及其缺陷——试评我国竞业禁止制度之不足

我国现行立法并没有规定专门的商业秘密保护法，保护商业秘密的相关法规散见于《反不正当竞争法》《合同法》等相关法律中。此后国家工商行政管理局于 1995 年发布实施的《关于禁止侵犯商业秘密行为的若干规定》等规章对于《反不正当竞争法》所规定的商业秘密制度进行了细化。但从这些规定来看，我国商业秘密保护并未对如何控制商业秘密"即发侵权"行为作出特别规定，其立法主要针对商业秘密泄露后的事后救济。事实上，雇员携带商业秘密跳槽之现象屡见不鲜，"骨干员工带着原单位的商业秘密跳槽另迁高就，或者自立门户已经成为侵犯商业秘密权的'主渠道'。"❶

现行立法对人才流动所造成的商业秘密泄露案件也有所关注，并已经形成了较为完整的竞业禁止❷制度，该制度事实上成为我国商业秘密立法中主要控制商业秘密即发侵权行为的制度，其相关规定散见于一些行政法规和地方规章中。❸以竞业禁止法律效力的来源不同可以将其划分为法定竞业禁止和约定竞业禁止。其中，法定竞争业禁止主要约束在职雇员的竞业禁止，而离职雇员的竞业禁止则主要由约定竞业禁止来加以约束。❹ 由于不可避免泄露原则在美国主要是作为判定员工离职行为是否合法有效的相关依据，因此笔者在此所评述的竞业禁止之不足主要针对的是我国立法中的约定竞业禁止制度。

（一）竞业禁止制度下雇主利益之缺失

竞业禁止制度的设置本位是为了保护商业秘密权利人的利益，签订竞业禁止

---

❶ 陶鑫良. 商业秘密保护中的合理竞业禁止 [J]. 学术论坛，2005（12）：32.

❷ 所谓竞业禁止，是指在一定条件下对与权利人有特定关系的人员从事特定竞争性行为的某种限制，即权利人有权要求与其具有特定民事法律关系的特定人不从事针对自己的竞争性行为。

❸ 如《劳动部关于企业职工流动若干问题的通知》第 2 条："用人单位与掌握商业秘密的职工在劳动合同中约定保守商业秘密有关事项时，可以约定在劳动合同终止前或该职工提出解除劳动合同后的一定时期内（不超过 6 个月），调整其工作岗位，变更劳动合同中相关内容；用人单位也可以规定掌握商业秘密的职工在终止或解除劳动合同后的一定期限内（不超过 3 年），不得到生产同类产品或者经营同类业务且有竞争关系的其他用人单位任职，也不得自己生产与原单位有竞争关系的同类产品或者经营同类业务，但用人单位应当给予该员工一定数额的经济补偿。"
国家科委《关于加强科技人员流动中技术秘密管理的若干意见》第 7 条："单位可以在劳动聘用合同、知识产权权利归属协议或者技术保密协议中，与对本单位技术权益和经济利益有重要影响的有关行政管理人员、科技人员和其他相关人员协商，约定竞业禁止条款，约定有关人员在离开单位后一定期限内不得在生产同类产品或经营同类业务且有竞争关系或者其他利害关系的其他单位内任职，或者自己生产、经营与原单位有竞争关系的同类产品或业务。凡有这种约定的，单位应向有关人员支付一定数额的补偿费。"

❹ 倪才龙. 商业秘密保护法 [M]. 上海：上海大学出版社，2005：119.

协议即是为了阻止雇员携带商业秘密跳槽的行为。然而总有部分企业因为欠缺防护意识，管理制度上的不足等原因而尚未与员工签订或签订内容上有瑕疵的竞业禁止协议，前述 PepsiCo 案即为此例，此时法律就未赋予企业其他能控制其商业秘密泄露的合理手段。因此笔者在此阐述的并非为竞业禁止制度本身对雇主不利的情形，而是将竞业禁止制度作为防止员工泄密之唯一制度，并无其他方式保护雇主的商业秘密不被泄露所给雇主带来的不利。

我国知识产权立法事实上是西方立法的移植物，企业对于保护自身知识产权的意识有待提高。商业秘密保护立法由于其自身起步较晚，且无专门的商业秘密保护法，已经成为知识产权保护链中较为薄弱的一环，我国许多公众甚至不知商业秘密权所指何物，[1]此时要求企业只能通过协议的约定才能享有对自己的商业秘密享有权利并不公平。换言之，商业秘密权本身就是权利人的绝对权利，而我国仅凭竞业禁止制度作为控制商业秘密即发侵权行为的唯一依据似乎将商业秘密限制为相对权利。事实上，商业秘密权本身为一种垄断权而非竞业禁止协议创造的权利，权利人即使在无任何约定的情形下当其权利遭到威胁甚至即将不可避免地失去时，也应该获得法律的相关救济。

（二）竞业禁止制度下雇员利益之缺失

依据我国竞业禁止制度的相关规定，竞业禁止协议的签订并不以雇主证明雇员知悉其商业秘密为前提，只要满足在一定的法定期限内，支付合理的补偿费用等法定要件即可。上述规定实际上偏离了竞业禁止制度旨在防止雇员离职行为导致商业秘密泄露的立法初衷，对雇员的择业自由权产生了不合理的限制。该制度的缺陷致使竞业禁止协议赋予雇主对其雇员一定时期的人身垄断权而非其商业秘密所有权，雇员必须为自己的跳槽行为承担责任，即使该跳槽行为并不会泄露原雇主的商业秘密而形成新雇主不正当的竞争优势。

该制度的缺陷不恰当得将许多无法知悉企业商业秘密的员工纳入竞业禁止的范畴，这对普通雇员的利益造成较大的损害。笔者认为，竞业禁止合同的主体不应包括企业的普通员工或临时工，除非雇主有确凿的证据证明其确实通过某种特定的方式掌握一定量的商业秘密。"企业对其商业秘密采取保密措施是商业秘密的构成要件之一，这些保密措施包括对不必知道企业商业秘密就能正常工作的雇员的保密。"[2]因此一般普通员工或临时工并没有机会接触企业的商业秘密，对

---

[1] 黄晓君. 完善商业秘密立法探析 [J]. 大经贸，2005（4）：77.
[2] 倪才龙. 商业秘密保护法 [M]. 上海：上海大学出版社，2005：140.

其进行竞业禁止没有意义而只会造成其自由择业权的妨碍。

即使是公司的管理人员、经营人员等经常接触企业商业秘密的雇员，当企业商业秘密实际对竞争对手价值不大时，对其进行竞业禁止也是完全没有必要的。一些场合中竞争公司并不依赖于跳槽雇员所掌握的商业秘密。如"雇员所知悉的商业秘密可能因为新旧雇主之间相关技术研究手段的迥异、实施条件的差别等各方面因素的存在，而对于新雇主毫无价值；又或者雇员所加入的新企业虽然生产的产品或经营的业务与前雇主同类，但雇员新旧工作之间也可能具有差异性，使之不会必然依赖于前雇主的商业秘密且不会在工作中无意地使用这些信息；再或者新雇主技术水平要高于旧雇主的技术水平，雇员根本没有必要泄露其所知道的商业秘密。"❶ 此时我国的竞业禁止制度的立法规定就显得十分僵硬，而美国判例以不可避免泄露原则作为判定标准，对竞业禁止协议之合法性进行个案分析的方法更值得我们借鉴。

进而言之，商业秘密立法应当遵循防御性原则而非攻击性原则，❷ 竞业禁止制度必然会导致雇员劳动权和自由择业权的一部分损害，该损害是立法为防止商业秘密权利人的利益受到无法挽回的损失而作出的妥协。事实上，雇员在择业时往往迫于雇主的优势地位而与之签订不平等的竞业禁止协议，而我国竞业禁止制度恰恰赋予该协议合法性，致使其成为雇主威胁员工不得重新自由择业的一把利器。❸

（三）竞业禁止制度下公共利益之缺失

笔者上文论述的是竞业禁止制度未能较好地平衡雇主及雇员二者之间的利益，而由于竞业禁止制度缺乏适用上的灵活性，其也不能有效地平衡处于另一利益天平上的雇主与其他市场竞争者，与公共利益的利益制衡关系。

如前文所述，由于竞业禁止制度本身缺乏限制性要素，雇主通常可以利用竞业禁止协议作为威胁甚至于阻碍其雇员自由择业的利器。这不仅对雇员本身的利益造成过度阻碍，并且实际上使得其他市场竞争者处于不利的地位。很多情况下，企业挖角于竞争公司的行为并非为套取其商业秘密，而只因为对于人才自身的需要。此时不加区分得以竞业禁止制度阻挡人才流动的行为，已经违背了该制度防止商业秘密泄露的立法主旨而赋予前雇主不恰当的垄断优势。

并且，竞业禁止范围的不合理扩大实际上也与鼓励人才流动的社会利益产生

---

❶ 胡成. 论商业秘密不可披露原则 [D]. 武汉：武汉理工大学, 2009.
❷ 黄武双. 美国商业秘密保护法的不可避免泄露规则及对我国的启示 [J]. 法学, 2007 (8)：151.
❸ 黄武双. 美国商业秘密保护法的不可避免泄露规则及对我国的启示 [J]. 法学, 2007 (8)：151.

冲突。一个社会中人才流动的自由程度在某种程度上标志着市场经济的发达程度。缺乏合理限制的竞业禁止制度恰恰不恰当地"限制离职雇员到自己所从事的行业工作的直接后果是剥夺了雇员择业自由、阻碍了人才的流动,并进而阻碍社会整体技术的进步。"❶

综上所述,我国仅凭竞业禁止制度作为控制员工跳槽泄密行为的唯一依据无法满足雇主、雇员及社会公众三者利益的有效平衡,并在现实生活中形成以下尴尬的局面:一方面,雇主在未签订或签订内容有瑕疵的竞业禁止协议时无法行使其作为商业秘密权利人的权利,而只能眼睁睁地看其骨干员工携带自己的商业秘密扬长而去;另一方面,雇主一旦掌握竞业禁止协议这把利器,就可以借此阻碍雇员将来重新择业以至于妨碍人才自由流动,损害社会公共利益。笔者认为,该局面出现的根本原因在于我国立法中竞业禁止制度的限定条件实质上是较为笼统的规定,缺乏个案判定该协议是否有效的原则。因此笔者建议我国立法应借鉴美国判例中的不可避免泄露原则作为竞业禁止制度的补充,以增强该制度适用的灵活性及可行性。

四、不可避免泄露原则对我国立法的借鉴意义

鉴于我国现行制度的缺陷,在我国立法中引进不可避免泄露原则也为学界的呼声,❷ 笔者建议从以下三方面具体引入该原则,以弥补我国竞业禁止制度的缺陷。

(一)在商业秘密立法中增加关于"即发侵权"的规定

我国当前商业秘密保护主要是对商业秘密权利人的事后救济❸,这与商业秘密一经泄露,损失就难以弥补的立法需要并不相符。建议在我国立法中增加对于"即发侵权"的规定,即可以不以竞业禁止协议的存在为要件,赋予权利人在其

---

❶ 黄武双. 美国商业秘密保护法的不可避免泄露规则及对我国的启示 [J]. 法学, 2007 (8): 122.

❷ 张玉瑞. 商业秘密保护中的不可避免地泄露、使用原则——以百事公司诉快克公司、雷蒙德案为例 [J]. 法律适用, 2005 (4). 周辉. 论美国商业秘密保护的不可避免披露原则——兼论对我国立法的启示 [J]. 社会科学论坛, 2005 (5).

❸ 如我国《反不正当竞争法》第10条第1款和第2款规定:"经营者不得采用下列手段侵犯商业秘密:(一)以盗窃、利诱、胁迫或者其他不正当手段获取权利人的商业秘密;(二)披露、使用或者允许他人使用以前项手段获取权利人的商业秘密;(三)违反约定或者违反权利人有关商业秘密的要求,披露、使用或者允许他人使用其所掌握的商业秘密。第三人明知或者应知前款所列违法行为,获取、使用或者披露他人的商业秘密,视为侵犯商业秘密。"由上述规定可知,我国立法主要针对侵权行为业以发生时权利人的救济,当该行为尚未发生时,缺乏有效的救济手段。

商业秘密因为员工的跳槽而即将泄露时阻止该行为的权利,这也是不可避免泄露原则在保护雇主利益方面的具体体现。

事实上,TRIPS 第 50 条第 1 款即赋予各成员司法当局控制知识产权 "即发侵权"行为的权利❶,因此在我国立法中增加相关规定,也是贯彻执行该协议的要求。

(二) 严格限制竞业禁止协议的适用主体

我国现行立法一方面赋予签订竞业禁止协议的雇主不需要举证雇员掌握商业秘密就可以阻止其跳槽的合法权利,而另一方面却未对竞业禁止协议适用的雇员范围作出具体规定。现实中雇主可以凭借自己的优势地位,与企业中所有雇员均签订禁止其跳槽行为的竞业禁止协议,无论其是否可能知悉雇主的商业秘密。这就大大扩大了竞业禁止协议的适用范围,不合理地损害了雇员的自由择业权以及鼓励人才交流的社会公共利益。

由于竞业禁止制度的主体缺乏限制,❷因此利益的天平过于倾向雇主一方。因此笔者建议应在立法中以列举的方式将竞业禁止协议的主体明确规定为公司的管理人员、经营人员等有理由知悉雇主商业秘密的雇员,但是在实践中确实有普通雇员通过某种途径掌握雇主一定量的商业秘密,此时一概否认此类竞业禁止协议的合法性并不公平。此时笔者认为可以采用折中方法,即雇员不服其签订的竞业禁止协议而诉至法院时,只需证明自己不是应签订竞业禁止协议的主体即可,雇主必须证明该雇员确实掌握自己的商业秘密,否则该竞业禁止协议自动归于无效。不可避免泄露原则的功能之一在于判断竞业禁止协议是否合法有效,从而对竞业禁止制度主体进行严格限制,亦可以否认一些与无法知悉雇主商业秘密的员工签订的竞业禁止协议的合法性。

(三) 司法中以不可避免泄露原则作为竞业禁止协议合法性的判定标准

笔者前文已论述过由于我国并未规定雇主签订竞业禁止协议必须以雇员有理由知悉其商业秘密为要件,因此不合理地扩大了竞业禁止协议的适用范围而损害

---

❶ TRIPS 第 50 条第 1 款:"司法机关有权责令采取迅速和有效的临时措施以便:(a) 防止侵犯任何知识产权,特别是防止货物进入其管辖范围内的商业渠道,包括结关后立即进入的进口货物;(b) 保存关于被指控侵权的有关证据。"

❷ 目前我国关于竞业禁止制度的立法规定并未对适用主体有严格限制,如《促进科技成果转化法》第 28 条。规定:"企业、事业单位可以与参加科技成果转化的人员签订在职期间或离职、离休、退休后在一定期限内,不得在生产同类且有竞争关系的产品的其他企业内任职。"但法条并未具体对如何可视作参加科技成果转化的人员作出具体规定,这也是笔者建议以列举式的立法模式明确限定竞业禁止协议适用主体的原因。

雇员和公众的利益，立法对于适用主体作出严格限制可以较好地限制该协议对于雇员利益造成的损害。然而在现实生活中，可能有些雇员虽然属于法律规定的可以适用竞业禁止协议的主体，但或者由于其职位仅为挂职而并未实际接触企业的商业秘密，又或者其掌握的商业秘密对于新雇主而言没有价值，此时对其进行竞业禁止并不合理，笔者认为这是由于我国竞业禁止的法律制度为刚性规定，而缺乏个案中灵活判定竞业禁止协议是否有效的原则，此时美国立法以商业秘密是否即将不可避免地泄露作为判定竞业禁止协议合法性的做法值得我们参鉴。

许多美国法院认为，一项竞业禁止合同要得到实际的执行，除了竞业禁止协议必须满足四个法定要件，❶ 还必须证明雇员披露商业秘密是不可避免的。也就是说，在这些法院看来，如若雇员的跳槽行为并非不可避免地导致雇主的商业秘密泄露，该协议就失去了执行的依据。笔者建议在我国立法中也增加"执行竞业禁止协议必须以员工的跳槽行为即将不可避免的导致商业秘密泄露"为必要条件，并以之指导司法实践，这可以为个案判断竞业禁止协议合法性提供柔性标准，并赋予法官一定自由裁量权，从而将竞业禁止协议的适用仅限定为商业秘密权利人的权利即将受到无法挽回的损失，必须得到法律救济的情形，也满足了该制度的设立应当实现雇主、雇员、员工三者之间利益平衡的立法需要。

五、结　语

我国知识产权立法多参见大陆法系成文法的立法模式，亦不可避免地带有该模式所固有的"滞后性"弊端，这就要求我们必须扩展视野，广泛吸收国内外司法判例中的创新性，合理性的规则。本文作为一篇制度引进型文章，其重点并不为介绍美国商业秘密保护中的不可避免泄露原则，而在于分析我国立法的缺陷及如何具体在法律中吸收该原则的合理因素。

不可避免泄露原则并不为一个新生事物，在美国判例中亦经过漫长而曲折的发展历史，国内也有学者早已开始关注该原则并具体探讨其对我国立法的参考价值，这些文章多为从宏观上具体探讨应如何在我国立法中引入该原则。与其他相关论文不同，笔者针对其与竞业禁止协议的关系，展开对该原则的具体论述，或许可以更明晰不可避免泄露原则与竞业禁止协议之间的关系协调，并分析其对

---

❶ 美国司法中竞业禁止协议效力的判定标准主要有：(1) 竞业禁止协议必须依附于合法的劳动合同而存在；(2) 雇主有合法受法律保护的商业秘密存在；(3) 竞业禁止的事项、年限期间、区域必须合理，不能过于严苛，否则将因违背公共政策而无效；(4) 竞业禁止协议必须有相应的对价，例如，雇主曾为雇员提供培训费用、在签订竞业禁止合同后给其相应的经济补偿等。

我国竞业禁止制度的补充作用。

但必须强调的是，笔者分析竞业禁止制度的缺陷以及呼吁在我国立法中引入不可避免泄露原则的目的并不在于论述应将该原则凌驾于竞业禁止协议之上，使之成为判断员工携带商业秘密跳槽合法性的首要依据。那么应如何协调不可避免泄露原则与竞业禁止协议可能造成的冲突，笔者认为宜将该原则作为竞业禁止制度的补充，判定员工跳槽行为的合法性首先应遵循合同自愿原则，即依照竞业禁止协议进行限定，若轻易援用不可泄露原则可能导致对竞业禁止协议的冲突，甚至背离，会导致该协议形同虚设，违背私法自治精神。因此只得在该协议主要凭雇主优势地位得以签订，抑或在雇主由于疏忽等原因尚未签订竞业协议，雇员掌握重要商业秘密，其跳槽行为极有可能导致雇主商业秘密的泄露并造成无法挽回的损失，严重违反公平原则时可以适当引用该原则。简而言之，不可避免泄露原则只应作为竞业禁止制度的补充，切忌矫枉过正，反而使我国业已形成的竞业禁止制度失去其适用意义。

详解美国商业秘密案件中的引诱规则

刘 肖*

摘 要

  商业秘密案件中,由于雇员离职而引起的客户名单案件为数众多。在接触并掌握了商业秘密客户名单的前雇员离职后,如何认定其与该名单上的前雇主客户发生联系或者交易的行为,是一个重点,更是一个难点。通过对美国判例的分析,可知美国法院在该类案件中采用以"Aetna规则"为核心的"引诱规则"对前雇员的行为进行认定。"引诱规则"下的各规则从不同角度进行的认定和规制充分体现出了该规则的成熟和合理。实践中,由于缺乏认定规则,该类案件在我国的处理与美国法院相比,存在较大的差距。

关键词

  商业秘密 客户名单 引诱行为 引诱规则 Aetna 规则

  符合商业秘密构成要件的客户名单不仅产生着独特的经济价值,也产生着各种法律争议。其中的一种,是如何认定和规制接触并掌握了该客户名单的雇员在离职后,与该名单上的前雇主客户发生联系或交易的行为。该问题不论对于保护商业秘密权利人,还是雇员的合法权益来说,无疑都是需要审慎地加以考虑和判断的。对于该类案件,相较于我国立法上的规制和司法实践中的认定,美国商业

---

* 华东政法大学 2010 级知识产权专业硕士研究生;本文曾发表于《电子知识产权》2012 年第 10 期。

秘密案件中的"引诱规则"显得更加的成熟和合理。

引诱规则是以对前雇员的行为是否属于引诱行为（Solicitation）的认定为要点，包含以此为目的的成文法、普通法规则在内的一种综合判定体系。根据美国已经成熟的商业秘密"使用"规则，前雇员实施的行为如被认定为是引诱行为，该行为在美国将被界定为对商业秘密的一种"直接使用"行为。而对于引诱规则的来龙去脉，加利福尼亚州第二区上诉法院在审理 American Credit Indemnity Co. v. Sacks❶ 一案（以下简称"ACI 案"）时作出了极为精辟的阐释。

一、ACI 案要点

（一）事实综述

原告暨上诉人 American Credit Indemnity Co.（以下简称"ACI"）是一家全美信用保险公司，并且在信用保险的销售领域处于领先地位。被告暨被上诉人 Sacks 于 1979 年成为 ACI 公司信用保险的承销员，到 1987 年，她已经成为 ACI 公司顶尖级别的承销员，原因在于她经办的保单中，一部分是由 ACI 公司提供的，另一部分则是她自己发展的客户。

1988 年 3 月 4 日 Sacks 从 ACI 公司辞职，此时她向大约 50 位曾经服务过的 ACI 公司的客户寄出了一封日期标注为 1988 年 3 月 7 日的信。信的开头这样写道："在我们大约合作了 15 年之后，我现在已从 ACI 公司离职，并且很高兴地通知您们一家独立保险公司的成立。我将继续专注于信用保险领域的工作，不过将主要作为马里兰州 Fidelity and Deposit Company 公司（以下简称"F&D"）的代表，F&D 公司现在为客户们提供与 ACI 公司和 Continental 公司签发的保单种类相同的，令客户们非常感兴趣的选择。如果您想要了解更多 F&D 公司保单的相关信息，我将很高兴地在您们需要更新合同时，与您们就信用保险的续期问题详细谈判。与此同时，ACI 公司将为您们的保单委派新的承销员。如果我能在过渡期为您提供服务或者在任何时候为您答疑解惑，请您不要犹豫，打电话给我。我为我们过去的合作感到十分高兴，并希望我们能保持联系。"❷

ACI 公司于 1988 年 3 月 23 日向本案的初审法院，洛杉矶郡高等法院（以下简称"初审法院"），提交了诉状，主张 Sacks 使用 ACI 公司的"商业秘密"引诱了 ACI 公司的客户，寻求法庭给予禁止性救济。❸ ACI 公司同时表示其已经要

---

❶ 213 Cal. App. 3d 622, 262 Cal. Rptr. 92（Cal. App. 2. Dist. 1989）.

❷ American Credit Indemnity Co., 213 Cal. App. 3d 622 at p. 626.

❸ American Credit Indemnity Co., 213 Cal. App. 3d 622 at p. 626.

求员工签署保密协议，而 Sacks 并未对此表示异议。随后的加速调查发现，部分客户已经决定终止与 ACI 公司的合作，并准备与 F&D 公司订立合同。这其中包括一家每年投入 23 万美元保费，占 Sacks 每年经办保费总额 30% 的主要客户。[1]

Sacks 称，3 月 7 日的信是"仔细草拟的，目的是驳斥任何可能来自 ACI 公司的违法指控。"Sacks 指出这封信特别表明，客户在意图作出保险事项的任何变更时，建议其等到保单续期时再变更，并同时向客户保证 ACI 公司将会继续为他们的保单提供服务。[2] Sacks 否认引诱交易以及劝阻客户继续与 ACI 公司进行交易。

（二）法庭裁决

在关于初步禁令申请的首次听证会上，初审法院作出了如下陈述：Sacks 的信构成了引诱，但 Sacks 有权引诱她在 ACI 公司工作期间由于私人熟识而服务过的前雇主客户。[3] 初审法院驳回了 ACI 公司提出的初步禁令申请，并认定 Sacks 的行为不构成不正当竞争。

本案的上诉法院，加州第二区上诉法院（以下简称"上诉法院"）则在认可 ACI 公司的客户名单构成商业秘密的基础上，根据以 Aetna 规则（the Aetna rule）为核心，同时包含一系列成文法、判例法规则在内的引诱规则，否定了初审法院的裁决，认定 Sacks 的行为构成引诱，侵占了 ACI 公司的商业秘密，属于不正当竞争，并应当颁发禁令禁止其今后可能的引诱行为。

二、引诱规则

上文提到，引诱规则是以 Aetna 规则为核心的综合判定体系。循着 ACI 案上诉法院的判决，我们来细看引诱规则的究竟。

（一）适用前提

首先需要明确的是，与所有的客户名单案件一样，对涉案的客户名单是否构成商业秘密进行认定，也是此类案件，即接触并掌握权利人客户名单的雇员离职后，与该名单上的前雇主客户发生联系或者交易案件首先需要判断的问题。鉴于对商业秘密的认定并非本文讨论范围，因此这里不赘述认定的相关规则。

在涉案客户名单不构成商业秘密的情形下，前雇主无权禁止前雇员对该信息

---

[1] American Credit Indemnity Co., 213 Cal. App. 3d 622 at p. 628.
[2] American Credit Indemnity Co., 213 Cal. App. 3d 622 at p. 628.
[3] American Credit Indemnity Co., 213 Cal. App. 3d 622 at p. 629.

的使用。上诉法院就明确指出:"在受保护的商业秘密不成立的情形下,公平竞争的权利在价值上超过了雇主保护其客户免遭前雇员竞争的权利。"❶

不过 ACI 公司案实际上是另一种情形,上诉法院认为无论是适用《统一商业秘密法》(以下简称"UTSA")还是 UTSA 生效之前的判例法对涉案的 ACI 公司客户名单是否构成商业秘密进行认定,均能够得出 ACI 公司的客户名单构成受保护的商业秘密的结论。法院还指出,相比于早先发生的一案,即 State Farm Mut. etc. Inc. Co. v. Dempster❷ 案,"ACI 公司客户名单的精华程度更高,更加值得保护。"❸

总之,引诱规则适用的前提是涉案的客户名单构成商业秘密。在商业秘密不成立或者被否定的情形下适用引诱规则对前雇员的行为进行判断,虽并非不可,但实际上并不会产生任何"引诱"范畴内的法律意义。形象地说,商业秘密不存在,就"谈不上"也不可能存在"引诱,"前雇员对信息的任何利用均属于"公平竞争"的范畴。

(二) 前雇员行为的界定和规制——否定行为合法性的规则

对前雇员行为的界定和规制是引诱规则围绕的中心,作为引诱规则的核心规则,能够直接赋予前雇员行为合法性的 Aetna 规则不仅从"排除"或者"反向"的角度对引诱行为作出了界定,也包含着其他较为丰富的内容,因此笔者将在下一节中单独并详细阐释。下文将介绍引诱规则下,否定前雇员行为合法性,即认定行为构成"引诱"及给予相应规制的普通法和成文法规则。

1. 普通法规则:"引诱"的认定

所述的普通法规则与 Aetna 规则同出一案,各从不同角度对"引诱"进行了界定。该普通法规则是从行为的表现上,通过列举的方式对引诱行为下定义所进行的界定,也可以认为是一种"肯定"或者"正向"的界定。该界定可以单独并直接认定引诱行为。❹

值得注意的是,本案初审法院虽然认为 Sacks 的行为构成"引诱",但却认定她有权进行"引诱"。这是不是表示引诱行为本身能够在特定情形下产生合法性呢?笔者认为,产生这个问题的原因,是初审法院错误地适用先例中的特殊情形对 ACI 公司客户名单商业秘密的属性进行了否定。鉴于对商业秘密的认定并非

---

❶ American Credit Indemnity Co. , 213 Cal. App. 3d 622 at p. 634.
❷ 174 Cal. App. 2d 418, 344 p. 2d 821 (Cal. App. 1. Dist. 1959).
❸ American Credit Indemnity Co. , 213 Cal. App. 3d 622 at p. 632.
❹ 需要明确的是,本文所述对侵权行为的认定,与我国侵权法上的相关规则并不存在对应关系。

本文讨论的范畴，笔者不在此进行赘述，只在后文对 Aetna 规则的阐释过程中对该问题的来龙去脉进行一定程度的说明。而该问题与本文的关联在于，初审法院的理论基点恰是上一节结论的再现：初审法院实际上是指有权"公平竞争"，而非有权"引诱"。因此，初审法院的确权认定实际是对商业秘密的否定，与引诱行为的合法性并没有关系。在引诱规则下，前雇员的行为一旦被认定为引诱即直接丧失合法性。

在对什么是"引诱"进行阐释时，上诉法院引用了下一节将要详述的，加州最高法院曾经审理过的经典案例：Aetna Bldg. Maintenance Co. v. West❶ 一案（以下简称"Aetna 案"）。加州最高法院在该案中通过对学理和不同判例的引用，对什么是"引诱"作出了形象和精辟的阐释："（引诱是指）诚挚地请求、祈求，试图获得、使意识到或引起行动、投其所好、引起兴趣，或者邀请。其向特定对象暗示个人祈求和强求以使对象做出特定行为……它（引诱）是指：投其所好、引起兴趣；使为获得某物而实施；诚挚地请求；以获得为目的而请求；通过请求或恳求以试图获得；恳求、祈求或不断要求；向某人祈愿、恳求、试图获得。"❷

根据上述对"引诱"的列举式定义，上诉法院认为 Sacks 一直在尝试获得 ACI 公司客户名单上的客户的生意。简而言之，Sacks 实施了引诱。因此，依法可以认定 Sacks 的 3 月 7 日的信构成引诱。❸

2. 成文法规则：UTSA 对引诱行为的规制

前文提到，引诱行为在美国被界定为对商业秘密的直接使用。而作为不具备合法性的使用，根据 UTSA 的规定，将构成对商业秘密的侵占。UTSA 对于侵占是这样规定的："（1）明知或者应知获取他人商业秘密已经使用了不正当手段的人，获得该商业秘密；或（2）未经明示或默示许可而披露或使用他人商业秘密，且该侵权人：（A）使用了不正当手段获取该商业秘密；或（B）在披露或使用时，明知或应知该商业秘密是：（i）来源于或者曾经手于采取了不正当手段获取该商业秘密的人；（ii）在已产生保密或者限制使用义务的情形下获得的；或（iii）来源于或者曾经手于，对已寻求司法救济以保持商业秘密的秘密性或限制其使用的人，负有义务的人；或（C）在商业秘密的状态产生实质性变动之前，明知或者应知相关内容为商业秘密，但由于意外或失误而获得的。"❹ 结合

---

❶ 39 Cal. 2d 198, 246 p. 2d 11 (Cal. 1952).
❷ Aetna Bldg. Maintenance Co. ,39 Cal. 2d 198 at pages 203 – 204.
❸ American Credit Indemnity Co. , 213 Cal. App. 3d 622 at p. 637.
❹ Civ. Code, § 3426.1, subd. (b)

本案来看，上述规定在 ACI 公司案中的应用为："禁止未经明示或默示许可而'披露或使用'他人商业秘密，且该人在披露或使用时，明知或应知该商业秘密是在已产生保密或者限制使用义务的情形下获得的。"加州第二区上诉法院据此指出，"很显然，在该规定的最宽泛解释下，Sacks 给 ACI 公司客户们的信已经构成对 ACI 公司客户名单的'使用'。"❶ UTSA 的规定明确了 Sacks 违反对 ACI 公司客户名单所负的保密义务，上诉法院结合下一节将要探讨的问题，排除了 Sacks 行为可能的合法来源，并最终据此对其行为的违法性作出了认定。

（三）前雇员行为的界定和规制——赋予行为合法性的规则

从利益衡量的角度来看，上文阐释的规则侧重于保护前雇主的利益，而本节阐释的规则则从相反的角度出发，侧重于保护离职雇员的合法利益，为离职雇员的行为提供"抗辩理由"，形成了法律对双方利益平衡保护的态势。

赋予行为合法性的规则，是指引诱规则的核心规则：Aetna 规则（the Aetna rule）。

笔者之所以认为 Aetna 规则是引诱规则最核心的部分，原因在于：一方面，其从"排除""反向"的角度对引诱行为作出了界定，使引诱行为的形态趋于完整；另一方面，其本质上能够为离职雇员实施的行为提供合理来源，以避免该行为被认定为"引诱"，使行为具有合法性。而在这两方面之外，Aetna 规则还存在其他补充规则，因此当选核心规则实无争议。

从 ACI 公司案来看，上诉法院之所以适用 Aetna 规则是由于 Sacks 提出了普通法赋予公民的公平竞争的权利来为其行为进行抗辩。具体到本案，Sacks 认为 UTSA 不能因为限制他人对 ACI 公司客户名单的使用，而剥夺她声明自己新的任职的权利（right to announce a new business affiliation）。❷ 上诉法院承认，普通法上公平竞争的权利，包括声明新任职的权利在内，均不受上文 UTSA 规定的影响，自然亦不受商业秘密权利人的控制。但如此强大的抗辩来源，当然是不可随意使用并成立的，它要受到 Aetna 规则的控制。

1. Aetna 规则的内容

Aetna 规则是在 Aetna 案中产生的。作为加州最高法院审理过的经典案例，Aetna 案的关键倒不在于前雇员的行为，而在于房屋维护服务商的客户名单不构成商业秘密。虽然如此，加州最高法院却在这样一个案子里对判断前雇员行为的

---

❶ American Credit Indemnity Co., 213 Cal. App. 3d 622 at pages 632 – 633.
❷ American Credit Indemnity Co., 213 Cal. App. 3d 622 at p. 633.

Aetna 规则作出了精辟的阐释:"仅仅是通知前雇主的客户,雇主、雇佣关系发生变化,而不包含更多内容的,不属于引诱。作为被邀请的一方,在收到对方的邀请后产生了商谈交易的意愿,也不构成引诱。衡平法不会禁止一位前雇员由于其前雇主客户的交易意愿而收到交易,即便是在该雇员应当被禁止引诱这样的交易产生的情形下。"❶

以上即 Aetna 规则的内容。Aetna 案虽然是一个商业秘密不成立的案件,但该规则却适用于客户名单构成商业秘密的案件,也因此,Aetna 规则才有可能成为引诱规则的核心规则。

笔者尝试对 Aetna 规则的内容进行总结,并将其转化成如下两个方面的内容:第一,对新任职的单纯声明是雇员的固有权利,不构成引诱,这一点也被称之为"声明规则"(the announcement rule);第二,前雇员离职后,仅仅由于前雇主客户主动向其表示了交易意愿而进行交易准备,或者已经发生交易的行为不构成引诱。

2. Aetna 规则的作用

其中一方面作用上文已经提到,即从"排除""反向"的角度对引诱行为作出界定。结合上述规则的内容可见,两类情形、三种行为被排除在引诱行为之外,而不符合条件的行为则将构成"引诱"。Aetna 规则的界定与上一节普通法对"引诱"的定义"一反一正",共同完善了对引诱行为表现的列举,使引诱行为的"面貌"更加清晰。但笔者认为,在对引诱行为的界定上,普通法上的定义是直接的认定,应当作为主要的认定方式,而在这一角度上,Aetna 规则起着辅助的作用,应配合定义适用。

Aetna 规则的主要作用在于保护离职雇员的合法利益,为其行为提供合法来源以避免被认定为"引诱"。Aetna 规则使前雇主的商业秘密不能过度控制雇员的行为,保护雇员在离职时和离职后能够不受干预地进行正当的从业行为。但是,前雇员的行为必须严格符合 Aetna 规则的要求,上诉法院就对此指出:"普通法上,对于受保护的客户名单,区分其上的公平竞争和不正当竞争的界限在于,做出的行为是声明还是引诱。"❷ 前雇员的行为只有落入 Aetna 规则的范畴,在侵犯商业秘密的十字路口才能最终"转危为安"。

所以,结合上文的分析可见,Sacks 的行为由于不符合 Aetna 规则的要求,其提出的抗辩最终不能成立。上诉法院从普通法对引诱的定义和 Aetna 规则二者

---

❶ Aetna Bldg. Maintenance Co., 39 Cal. 2d 198 at p. 204.
❷ American Credit Indemnity Co., 213 Cal. App. 3d 622 at p. 634.

相结合的角度,对 Sacks 的行为进行了综合分析,并指出:"Sacks 称其 3 月 7 日的信仅仅是新任职声明。虽然这封信是以她从 ACI 公司的离职并加盟 F&D 的声明开头的,但其很快呈现出了一种不同的语气。Sacks 告知 ACI 公司的客户,相较于 ACI 公司的具有利益竞争关系的另一选择 F&D 公司。Sacks 邀请他们咨询 F&D 公司的产品并表示她乐于在客户们准备续期时与他们商谈。她以个人名义请求、纠缠和恳求 ACI 公司的客户,可在任何时间打电话给她,以获取 F&D 公司可以提供的更好的产品信息,并在承销员更换过渡期为客户答疑解惑。"❶ "Sacks 实质上承认了,她已经为这家主要客户推荐了 F&D 公司,并因为 F&D 公司保单的签发而获得了报酬。Sacks 承认她对这家客户所为之行为,与过去她对自己所服务的客户表达出对竞争对手的兴趣时的态度截然不同。"❷ 上诉法院对 Sacks 抗辩的最终否定,彻底使其行为失去了最后可能的合法来源,也使其行为侵犯 ACI 公司商业秘密的判决结果成为必然。

3. Aetna 规则的补充规则

(1)补充规则的背景。

上文提到初审法院认定 Sacks 有权"引诱"的问题并进行了分析,而初审法院作出裁决所依据的特殊情形正是来源于为 Aetna 规则提供了补充规则的 Moss,Adams & Co. v. Shilling❸ 一案(以下简称"Moss 案")。

Moss 案的案情与 ACI 案类似。Moss 案中,一家会计公司的离职员工向他们曾经代表原公司服务过的客户作出声明,他们已离开原公司并组成了一家新的会计师事务所。该案的初审法院根据声明规则作出了有利于这些员工的即决判决:"仅仅是通知客户雇主、雇佣关系发生变化,而没有其他行为的,不构成引诱。"❹

Moss 案中,离职员工给前雇主客户的声明是这样陈述的:"Moss Adams 的前雇员 John D. Shilling 和 Cynthia L. Kenyon,很高兴通知你们一家新的会计师事务所的成立:Shilling, Kenyon & Co.,注册会计师,Lloyds Bank Building, One Almaden Blvd., Suite 1110,圣何塞,CA 95113,(408) 295-3822。"❺

Moss 案的上诉法院,加州第一区上诉法院,维持了该案初审法院的判决,并在判决书中引用了经常被引用的格言,即雇员不得"被强迫'擦干净记忆的

---

❶ American Credit Indemnity Co., 213 Cal. App. 3d 622 at p. 636.
❷ American Credit Indemnity Co., 213 Cal. App. 3d 622 at p. 637.
❸ 179 Cal. App. 3d 124, 224 Cal. Rptr. 456 (Cal. App. 1. Dist. 1986).
❹ Moss, Adams & Co., 179 Cal. App. 3d 124 at p. 127.
❺ Moss, Adams & Co., 179 Cal. App. 3d 124 at p. 127.

石板'。"❶ 但加州第一区上诉法院同时得出两点结论："（1）前雇员不得利用商业秘密向前雇主的客户声明新的任职；（2）前雇员发出声明的对象客户的姓名或名称，是通过这些雇员个人提供会计服务所了解的，因此不属于商业秘密……"❷ 因此，加州第一区上诉法院之所以维持了该案初审法院的判决，主要在于其否定了涉案信息的商业秘密属性，而与 Aetna 规则并无直接关联。ACI 公司案初审法院所依据的正是上述结论第二点，但上诉法院对此指出："事实上，Moss 案的规则是针对以个人名义为雇主们最需要保护的客户提供服务的特殊雇员的。因此，初审法院以 Moss 案作为依据是错位的。"❸

（2）补充规则。

加州第一区上诉法院在 Moss 案中的第一点结论引起了本案上诉法院的注意。上诉法院对于该结论指出："声明新任职的权利，即使是向位于前雇主的商业秘密客户名单上的客户声明，也是个人参与公平竞争的基础权利。因此，在产生受限使用责任的情形下对商业秘密的获取，正如同本案，是明显允许对新任职的声明的。对其他不必要的意见的支持，将会违背已经被广泛接受并且已经很好地建立起来的商业惯例。"❹

上诉法院实际上不赞成加州第一区上诉法院在 Moss 案中得出的第一点结论。其观点是，向位于前雇主的商业秘密客户名单上的客户声明新的任职，亦归属于声明规则的范畴，而不应受到 UTSA 的限制。这即是 Aetna 规则在内容上并未明确的补充规则：离职声明可以向位于商业秘密客户名单上的客户们声明，当然行为同样必须严格限定在"声明"的范畴下。

（3）补充规则的作用。

显然，补充规则是针对 Aetna 规则在适用过程中可能遇到的最大问题而产生的，该规则更进一步明确了对离职雇员权利的保护方式。笔者的观点是，补充规则实际应当是 Aetna 规则本质上的应有之义，只不过 Aetna 规则在内容上并未将其表述出来，而上诉法院在判决中将其明确进行了表述而已，也正因为如此，笔者才称其为补充规则。

4. Aetna 规则适用中的其他注意要点

笔者经过仔细分析后认为，对于 Aetna 规则内容的第二点，规则并没有对前

---

❶ Moss, Adams & Co., 179 Cal. App. 3d 124 at p. 129.
❷ Moss, Adams & Co., 179 Cal. App. 3d 124 at p. 130.
❸ American Credit Indemnity Co., 213 Cal. App. 3d 622 at p. 636.
❹ American Credit Indemnity Co., 213 Cal. App. 3d 622 at p. 636.

雇主的客户基于什么样的交易意愿而意图与前雇员进行交易或者实际发生交易行为作出合法性限定。当然，这里的意愿不论具体内容如何，显然均是合法的，否则即不再属于本文讨论的范畴了。特别值得一提的是，Aetna 规则并未要求该意愿是基于对前雇员的个人信赖。对于这一点，笔者在下文还将结合国内的司法解释和案例进行讨论。

三、理论联系实际：案例分析与点评

本部分将以上文对引诱规则的分析为基础，对中美两国与引诱行为有关的案例进行一定的分析与点评。鉴于两国处于不同法系，国情与司法体系不同，笔者在参阅了近百例两国案例之后，尽可能地选取了与 ACI 公司案情形最大程度相似的案件作为分析与点评的对象。此外，由于引诱规则的核心在于 Aetna 规则，且文章篇幅有限，因此在案例分析的过程中，笔者将以引诱规则的核心即 Aetna 规则为主线，对于其他问题将结合案件反映出的重点进行评析。

（一）Aetna 规则的经典说明：Theodore v. Williams❶ 案（以下简称"Theodore 案"）

值得一提的是，对于 Aetna 规则第一点，即声明规则来说，上文已经详述的 Moss 案，其初审判决正是对该规则很好的佐证。而较早发生的 Theodore 案，则对于 Aetna 规则有着完整的体现和说明。

Theodore 案的案情是这样的：原告是 Anaheim 市一家洗衣店，Anaheim 洗衣店的经营者，被告 Adkins 曾经是该店的配送司机。其后 Adkins 离开了 Anaheim 店并开始为原先配送工作路线内的另一家洗衣店工作。在 Adkins 明显对沿线客户实施了引诱行为后，Anaheim 洗衣店起诉了 Adkins，并获得了法庭的禁令支持，该禁令是禁止 Adkins 其后引诱行为的永久禁令。

此后，Adkins 实施了如下行为：沿着该路线开着重新标识过的卡车，投放内容为声明其新任职的报纸广告，并仅仅收走"之前曾以个人名义通过便笺或电话要求 Adkins 上门服务"的客户的待洗衣服。"❷ Anaheim 洗衣店认为 Adkins 继续实施引诱行为，并寻求法庭追究 Adkins 蔑视和违反禁令的责任。最终做出裁决的同样是加州第二区上诉法院，其认为在洗衣店沿线客户名单应当受到法律保护以使名单上的客户免遭来自 Adkins 引诱的基础上，根据 Adkins 的行为，其对新

---

❶ 44 Cal. App. 34, 185 p. 1014（Cal. App. 2. Dist. 1919）.

❷ Theodore v. Williams, 44 Cal. App. 34 at p. 39.

任职的声明以及随后从该路线上所获得收入不受前雇主即 Anaheim 洗衣店的控制。

Theodore 案充分再现了 Aetna 规则：Adkins 沿着路线向客户作出的行为实际是补充规则的再现，由于其行为构成对新任职的声明，因此不受前雇主的控制；另一方面，Adkins 所为的交易是仅仅由于前雇主客户主动表示出交易意愿，而 Adkins 单纯收到交易的行为，因此亦满足 Aetna 规则而不受前雇主控制。此外，法院并未限定这些客户之所以要求 Adkins 上门服务是基于什么意愿，这亦是 Aetna 规则的体现。可见，Theodore 案是从 Aetna 规则的各方面充分说明该规则的一个经典案例。

（二）我国案例：实例中凸显不足

相比于美国法院，我国法院对该类案件的处理往往显得有些混乱，虽然结论未必存在错误，但审判过程中思路不够清晰，亦缺乏对行为认定要点的把握。本质上，之所以会出现上述问题，根源还在于我国作为大陆法系国家，缺乏对商业秘密保护统一、成熟且完善的立法。目前，我国对于商业秘密的保护主要依赖于《反不正当竞争法》第 10 条及相关司法解释的规定。❶ 然而这些规定缺乏细则，特别是缺乏对于行为的判断，因此在实践中往往难以作出精确的认定。更不利的是，部分规定自身即存在问题，因此极易造成法院在审判工作中遭遇困难。"工欲善其事，必先利其器。"对于包括该类案件在内的商业秘密案件，建立完善的认定和规制法律体系显得尤为迫切。

1. 莎丽公司与吴维银、凯撒洁具厂、叶江涛侵犯经营信息纠纷案❷

原告暨被上诉人莎丽公司是一家经营淋浴产品及卫生洁具的公司，被告暨上诉人吴维银于 2002 年 6 月成为莎丽公司雇员并负责产品销售。吴维银接触并了解了莎丽公司的重要客户资料，为此，莎丽公司与吴维银签订了保密合同。

吴维银于 2002 年 12 月 10 日从莎丽公司辞职。其间，吴维银再次向莎丽公司出具了一份《承诺书》，书面承诺离职后不主动联系莎丽公司的经销商以使其经销其他厂家生产的与莎丽公司同类的产品，否则向莎丽公司承担赔偿责任。

---

❶ 此外，其他的部门法也对商业秘密的保护有一定程度的涉及。比如《合同法》第 43 条的缔约过失责任，《劳动法》第 102 条劳动者对用人单位的违约责任，《公司法》第 150 条董事、监事、高级管理人员对公司的赔偿责任，《保险法》第 28 条保险人、再保险接受人的保密义务等。这些部门法的规定虽然在一定意义上可用于保护商业秘密，但显然，它们并非专门针对商业秘密的保护，无力解决商业秘密保护中的重点和难点问题。

❷ (2004) 粤高法民三终字第 205 号民事判决书。

吴维银离职后加入了其丈夫叶江涛创办的凯撒洁具厂。2003年4月，吴维银以凯撒洁具厂经理的身份，向莎丽公司的经销商S经营部发放凯撒厂的产品宣传资料，并以低于莎丽公司产品价格的方式推销凯撒厂的产品。随后莎丽公司向法院起诉请求判令吴维银等停止侵犯商业秘密并承担赔偿责任。

该案一审法院，中山市中级人民法院，认定莎丽公司的客户名单构成商业秘密。法院认为吴维银应当按约定履行保密义务，其推销产品的行为已经侵犯了莎丽公司的商业秘密。吴维银随后提出上诉称：散发资料的行为不构成侵犯商业秘密。

二审法院，广东省高级人民法院认为，吴维银的推销行为违反了保密义务，侵犯了莎丽公司的商业秘密。故驳回上诉，维持原判。

该案是国内法院判决的一个典型案例。在对吴维银行为的认定上，一审和二审法院均注意到了其实施的推销行为，这个在程度上比较严重，侵犯商业秘密客户名单比较明显的行为，成为法院作出判决的依据。值得注意的是吴维银的上诉理由，其认为散发宣传资料的行为不属于实际销售，不构成侵犯商业秘密。二审法院并没有对该行为作出分析认定，只是基于对推销行为的认定作出了判决。

笔者认为，该情形出现的根本原因在于，基于我国现行立法，法院缺乏对行为进行判断所必需的标准。如果适用引诱规则，该问题则迎刃而解。结合引诱行为的定义及Aetna规则对吴维银的行为进行分析，将得出以下结论：作为前雇员，吴维银一直在试图获得其前雇主客户的生意，且由于其是主动，故行为不属于Aetna规则的范畴。因此，适用引诱规则将明确得出吴维银的行为属于"引诱"的结论。

2. 南通明康复合材料有限公司与钱志琴等侵犯商业秘密案❶

与上例相比，如果对前雇员行为进行判断的依据自身就存在问题，无疑会带来更为严重的后果，本案即是很好的例证。

原告暨上诉人明康公司是一家复合材料公司，产品以外销为主。被告暨被上诉人钱志琴1998年成为明康公司雇员，后担任销售部副经理，钱志琴负责明康公司对外客户的一系列重大事务，后于2006年末离开了明康公司。被告暨被上诉人顺吉公司也是一家复合材料公司，其在钱志琴的参与和指导下，于2005年9月成立。

日本U－系统公司等九家公司曾是明康公司的客户，在顺吉公司成立后，其中的数家公司转而与顺吉公司建立了合作关系。明康公司认为钱志琴与顺吉公司侵犯了其商业秘密，因此向南通市中级人民法院提起诉讼，要求停止侵害并赔偿损失。

---

❶ （2008）苏民三终字第0159号民事判决书。

一审的南通市中级人民法院查明，钱志琴离开明康公司时，曾于2006年11月24日向包括上述九公司在内的客户发出传真，正式告知其已离职，原任工作已移交给新任经理，并告知了新任经理的联系信息。而上述九公司中的日本U-系统公司、台湾中凡实业有限公司对于更换供应商发表了声明，表示是基于对明康公司与顺吉公司在成本、品质、时效、服务等方面的比较，以及基于保护市场的考虑，更换了供应商，无任何不正当因素。

南通市中级人民法院认为，上述九公司的客户信息构成明康公司的商业秘密，但根据明康公司提供的证据，不能认定钱志琴及顺吉公司实施了侵犯商业秘密的行为。

该案的二审法院，江苏省高级人民法院持不同意见，其认为：钱志琴的离职声明不能证明钱志琴未将其所掌握的客户信息披露给顺吉公司；钱志琴参与、指导顺吉公司与明康公司客户转向具有因果关系；钱志琴必须证明日本U-系统公司等是基于对钱志琴的个人信赖而与其前雇主明康公司交易且其后是自愿与顺吉公司进行交易，否则其行为构成侵犯商业秘密，而钱志琴未能证明。最终，江苏省高级人民法院撤销原判并进行了改判，支持了明康公司的诉讼主张。

笔者认为，该案充分体现出国内法院在审理此类案件时存在的问题。虽然江苏省高级人民法院作出的二审判决符合法律规定，但从引诱规则的角度看，一审法院的正确判决最终被撤销，而二审判决则至少存在以下问题：第一，不明确新任职声明的作用；第二，对引诱行为存在错误的认定；第三，为Aetna规则的适用设置了不合理的条件。

离职雇员对新任职的声明，只要符合声明规则的要求，就属于离职雇员的固有权利。结合本案的情况来看，钱志琴所发的传真并不含有声明以外的内容，显然是符合声明规则要求的。这恰恰证明了其行为的合法性，而二审法院的意见反映了其并不明确新任职声明的作用。

对引诱行为的认定应当结合定义以及Aetna规则共同进行。虽然目前我国对此尚无据可依，但二审法院的认定显然不合理：前雇员对其他公司的参与、指导行为与引诱行为并非同一范畴，前者不能推导出后者。这更加凸显出引诱规则在前雇员行为认定上的作用。

而对于二审法院要求的离职雇员对转向客户是基于对其个人的信赖关系而与其前雇主进行交易的自证，是本例评析的重点。二审法院之所以作出该认定，是依据了2007年出台的《最高人民法院关于审理不正当竞争民事案件应用法律若干问题的解释》（以下简称《解释》）第13条第2款的规定，即："客户基于对职工个人的信赖而与职工所在单位进行市场交易，该职工离职后，能够证明客户自愿选择与自己或者其新单位进行市场交易的，应当认定没有采用不正当手段，但职工与原单位另有约定的除外。"该款规定的本意是要赋予离职雇员行为以合法性，然而，与 Aetna 规则对比可见，该款自身存在相当大的问题，以致对法院的审判工作造成了混乱。前文已经阐述过，Aetna 规则并没有对前雇主的客户基于什么样的交易意愿而意图与前雇员进行交易或者实际发生交易行为作出合法性限定。实际上，客户基于什么样的意愿而转向，根本就不应是法律作出限定的对象，《解释》第 13 条第 2 款也的确没有对此作出限定。但该款却同时设置了另一个意愿型限定条件，即转向客户与前雇主进行交易的意愿必须是基于对前雇员的个人信赖。该限定导致了极为严重的后果，即我国法律只承认前雇主客户基于对前雇员的个人信赖而与前雇主交易后的主动转向，能够赋予前雇员其后的相关行为以合法性。于是当客户基于正当的市场选择、交易喜好等因素与前雇主发生过交易，其后一旦主动转向离职后的前雇员，前雇员将很可能无法得到合法性认可。❶ 既然客户转向的意愿不应是法律限定的对象，又更何况是客户与前雇主交易的意愿？对比 Aetna 规则，该款不仅不能起到赋予离职雇员行为合法性的作用，反而由于要求前雇员证明完全不应证明甚至是其无法证明的对象，实际上起了"剥夺"合法性的作用。鉴于我国立法本就没有对前雇员行为的认定作出规定，该款的适用将导致大量根本没有实施引诱行为的前雇员承担侵犯商业秘密责任的可能性大幅上升，而该案即是一例。形象地说，前雇员将深陷侵犯商业秘密的"迷宫"而难以找到"脱身"之道。这种实际上过度保护前雇主的效果，不仅与法律的公平正义背道而驰，也并非我国立法的本意。笔者认为，《解释》的这一规定是在商业秘密司法实践上的一次尝试，但遗憾地出现了失误。

四、结　语

实践充分体现了中美两国在商业秘密保护的标准和依据上的差距，而这种差距的解决之道，好比那句经典的诗句："山重水复疑无路，柳暗花明又一村。"笔者相信，美国商业秘密案件中的引诱规则，正是我们所要探寻的答案。

---

❶ 对于是否侵犯商业秘密，各国在司法实践中通常采用"接触＋实质性相似＋违反保密义务－合理来源"的归责标准。在"引诱"案件中，前雇员以客户主动要求交易作为抗辩理由是其主要的抗辩方式，因此《解释》的不合理限制将极大地增加前雇员通过合理来源有效抗辩的难度。